漢字知識挖掘叢書

漢字文化學

〔韓國〕河永三 著

上海古籍出版社

2018年度人文韓國PLUS（HK+）項目
This work was supported by the Ministry of Education of the Republic of Korea and the National Research Foundation of Korea
(NRF-2018S1A6A3A02043693)

2022年度教育部人文社會科學重點研究基地重大項目
"全能型出土實物文字智能圖像識別研究"
（項目批准號：22JJD740034）

漢字學科與 AI 融會的人機協調發展
——《漢字知識挖掘叢書》前言

臧克和

2023年7月4日—8日韓國釜山世界漢字學會第九屆年會"漢字跨學科研究及漢字知識挖掘"會議進入閉幕階段,本屆大會秘書長韓國漢字研究所所長河永三先生,要我借此談一談在如今這個人工智能化迅速發展的時代,漢字爲主要類型的表意文字範圍研究課題的發展,所面臨的機遇與挑戰。這也爲後面第十屆年會籌備活動提供一些參考。OPEN AI 發展出生成内容的智能工具,比如當下風靡全球的 Chat GPT4.0,若干行業都受到了顯而易見的影響。我就從事有關課題研發過程中所經由之"道"的某些思考,提出了一個請年會與會者思考批評的不成熟想法,也可以説漢字學科建設發展的根本出路——走向人機協調 AI 融會的優化發展時代。

漢字知識挖掘,這是一個永恒的課題。由漢字屬性所規定,歷史漢字需要知識挖掘,同樣,現代使用過程中的漢字規範標準處理也離不開屬性知識採集:就目前這方面的數據集而言,還遠不是交給生成式 Chat GPT

閱讀就可以勝任的課題。因此，一種理想的文字學學科建設模式，就是文字學者可以充分利用 GPT4.0 乃至新的升級版本的閱讀效率、廣泛關聯，更加充分地實現科學分類，恢復中介聯繫，挖掘漢字認知的觀念形態的深層結構。

我們知道，最早的文字學工具——漢代許慎《説文解字》，依據"類符"分析結構，同時進行分類，直接體現了漢字基本屬性。從看起來散漫的字集裏，尋找其中藴含的共有的形體成分，提取出來，從而建立起統一的關係類型。《説文解字》集合了秦漢之際存儲下來實際使用的字符，包括在某些特定場合繼續使用的古文字單位，這一體系的基本文字類型，屬於物理空間上的二維結構，而且天然地易於與其表徵的事物實現"對應"關聯，確切地説是與物體的實體圖像存在"同構"關係。這類關係的理解，在文字認知領域要靠"意會"。

會意與意會生產知識。合體複合結構的漢字，也就是古人所説的"形聲"和"會意"。"會意"不用説實質就是"意會"，要將參加會合的幾個字符整理出一個構字意義，説得簡單些，就是靠解讀者的"意會"；就是"形聲"類乃至所有結構類型的認知過程，實際上也離不開"意會"的參與。在人類認識發生發展史上，意會知識是一切知識的基礎和源泉。波蘭尼認爲："意會知識比言傳知識更基本。我們能夠知道的比我們能説出來的東西多，而不依靠不能言傳的瞭解，我們就什麽也説不出來。"就是説，意會知識在時間上先於邏輯的、言傳的知識，没有意會便無法產生和領悟言傳知識。造字離不開意會，人們解讀字形字義也必須有意會能力的參與。基於此，AI 只能遵循有標注的程序，從而生產"內容"，但無法產出"知識"。知識，有待於挖掘；機器學習，則有待於標注。第九屆世界漢字學會"漢字知識挖掘"年會上，來自香港理工大學的謝肅方教授（英國紳士、愛丁堡大學漢學家、原香港知識產權署長），自己動手檢測 Chat GPT4.0 識別"愛"字，結果無能爲力。

研究表明，漢字文明對於智能的追求永遠是"反求諸己"，企圖打破人自身思維的界限而達到超越性的智能；AI 則是追求借助外力計算實現超越,計算即要求有窮,或者至少極限存在。針對無窮發散式的問題,人工智能很難跨出聚合這一步,而人機融合智能則有可能跨出這一步:人的"意會"意向性可以靈活自如地幫助人機協調各種智能問題中的矛盾和悖論。

期待同道同行更加關注歷史漢字發展過程中的中介因素過渡性知識環節,更加關注漢字認知的深層結構即漢字表徵的認知觀念史,共同關注構建"漢字文化圈"區域保存人類書寫記憶文本庫的課題——共同走向與業已具備"生成式"人工智能融會的優化發展時代。

"問渠哪得清如許,爲有源頭活水來。"東方漢字文化地區,傳統上將漢字歸"小學",小學涉及漢字的結構書寫和教學。小學的學問被十分重視並運用到訓詁學,訓詁學也稱爲"考據"學,成爲採集學問知識的重要手段。傳統的學術結構分類分層,就是"義理考據辭章"。考據學跟現在的知識挖掘關聯,而且與包含觀念史的"義理"學問統一在一起。個中的知識挖掘、邏輯的訓練、聯繫的建立,東方漢字文化智能,今後將會得到深入研討:

在世界文字體系範圍内,漢字是唯一使用歷史悠久而没有中斷的視覺符號書寫記録體系。這個體系是由最基本的類符構成,以及類符合成結構,再由合成結構標記語素單元。事物越是最基本單元,越具備整體性。基於此,融會文字、考古以及文博等學科群專業領域,整合各類數據集,構成漢字文化屬性資源庫,將滿足下列幾個主要方面功能需求:

一是工作平臺系統。構建人文學義理、考據等領域的會通實證實驗場。文字知識挖掘採集,遵循著與 AI 人工智能、Chat GPT4.0 一類機器學習迥乎不同的認知習得流程和信息加工傳遞方向。

二是學習資料體系。呈現漢字認知深層結構聯繫,研製真正具備通識意義上的漢字標記單位觀念史系列。爲文化史上長期積澱下來的系列價值觀念,還原其深厚的歷史文化演進場景。

三是書寫記憶文本庫。漢字文化屬性資源庫匹配韓國、越南、日本、中國等漢字文化圈區域,唐宋及唐宋以降漢字傳播傳承使用的真實書寫數據集,恢復激活漢字使用共同體的漢字"認知原型記憶",貢獻漢字智能。

要之,漢字學學科體系知識挖掘,可以爲機器深度學習賦予新的能量;脱離歷史漢字知識的深入挖掘,許多專業特色内容、泛化的智能工具可能難以生成。

(據2023年7月4日—8日韓國釜山世界漢字學會第九屆年會"漢字跨學科研究及漢字知識挖掘"會議總結發言删改。2024年季春於上海華東師範大學中國文字研究與應用中心)

參考文獻:

臧克和:《説文解字的文化説解》,武漢:湖北人民出版社1994年版,修訂再版《〈説文〉認知分析》,2019年版。

臧克和:《結構的整體性——漢字與視知覺》,北京:《語言文字應用》2006年第3期。

關於漢字"類符",參見臧克和等編著《中國文字學手册》"漢字性質"部分,上海:華東師範大學出版社2023年。

李景源:《史前認識研究》,長沙:湖南教育出版社1989年,78—79頁。

白駒:《再思人機智能融合》(人機與認知實驗室)https://chuansongme.com/n/3004933451014;2019年6月16日。

目　録

漢字學科與 AI 融會的人機協調發展
　　——《漢字知識挖掘叢書》前言（臧克和）　/ 1

人類誕生神話的漢字考古學闡釋：釋"罷"　/ 1
"漢字考古學"方法論建構及漢字研究的領域擴張　/ 30
古文字所見熊圖騰文字考：紅山文化的文字擴散　/ 49
東亞"文字中心主義文明"之理據：漢字的文化性　/ 75
滌除負面性和陰險性的漢字
　　——異體字背後的文化心理　/ 105
"貞""眞"同源考　/ 132
漢字和鬼神：鬼神系列漢字群的文化指向　/ 151
漢字與東方主義：古代中國人的視覺思維　/ 185
"言"與"文"系列漢字群的字源所見中國文字中心的象徵體系　/ 210
"單"字字形與"單"族字的語義指向　/ 235
"一"的象徵和"壹"的原型：漢字的文化性　/ 256
甲骨文所見"天人關係"
　　——以人類中心的思惟　/ 281

《語言地理類型學》韓文版譯後記 ／ 297

《漢語文字學史》韓文版譯後記 ／ 300

《漢字王國》韓文版譯後記 ／ 303

《流行語與社會時尚文化》譯後記 ／ 308

《商周金文》韓文版譯後記 ／ 310

《中國青銅時代》韓文版譯後記 ／ 313

《許慎與說文解字》韓文版譯後記 ／ 326

《漢字文化學》導論：漢字與東方主義 ／ 331

《商代甲骨文韓國語讀本》韓文版譯後記 ／ 337

《字字有來頭》韓文版譯後記 ／ 342

《全譯說文解字》引言 ／ 347

《聯想漢字》前言 ／ 361

《對不起漢字(部首篇)》引言 ／ 365

《對不起漢字(詞彙篇)》引言 ／ 371

《漢字字源辭典》前言 ／ 374

《24個關鍵漢字解讀東方文化》前言 ／ 381

《韓國歷代漢字字典叢書》前言 ／ 385

《韓國近代漢字字典研究》前言 ／ 390

《以漢字解讀釜山的歷史和文化》前言 ／ 392

《以一百個漢字解讀中國文化》序言 ／ 394

甲骨文研究史的新地平：《甲骨學一百年》韓文翻譯版引言 ／ 400

參考文獻 ／ 422

人類誕生神話的漢字考古學闡釋：釋"翼"

一　引　論

"翼"字大量出現於戰國楚簡中，其字形結構簡單明瞭，由"羽"和"能"上下組合而成，但其本意、讀音以及造字依據一直沒有得到很好的考釋。幸運的是，1998 年《郭店楚簡》對外公布後，通過對比此字在文獻中的用法，大多數學者已經認識到該字在使用上可以和"一"互用，可以說是對該字研究的一大進步[①]。

然而，對於字形與"一"字完全不同的"翼"是如何與"一"互用的，目前仍缺乏相應的研究。以前的學者未能釐清"翼"的造字意義，都只把"翼"字當作"一"字的假借用法，單純地從"翼""一"在聲音上的聯繫來判斷二者之間的關係[②]。

漢字的造字理據蘊含在字形之中，因此對"一（翼）"造字理據的探索將是對"一（翼）"字進行研究的關鍵，並將是相關研究取得新進展的

[①] 蔡麗利，《楚文字"翼"綜述研究》，《現代語文》2010 年第 9 期。
[②] 詳參蔡麗利，《楚文字"翼"綜述研究》。

有力線索。因此,本文試圖通過將迄今爲止尚未討論過的"罷"的造字理據與"一"的另一種書寫形式"壹"字聯繫起來,同時利用"漢字考古學"的方法來闡釋其含義,並由此揭示其文化象徵意義。本文大致可分爲以下幾部分:(1)對出土文獻中"罷"的各種字形以及學者們的相關研究成果進行收集整理。(2)揭示"罷"字如何在語義和文化上與一、壹字相聯繫。(3)闡釋"罷"的造字理據是如何對其字形的構成產生影響以及如何使這種分析方法適用於其他已有的文獻用例。(4)對漢字考古學的方法能否擴展到其他漢字以及對該理論的擴展性進行討論。

二 釋 "罷"

雖然"罷"字在商代甲骨文中有迹可循①,但它主要集中出現在戰國時期的金文和簡牘文字中。例如,戰國時期的中山王譽壺銘文、鄂君啓節銘文,以及《郭店楚簡》,《上海博物館藏戰國楚竹書》(以下簡稱《上博楚竹書》)、《清華大學藏戰國竹簡》(以下簡稱《清華簡》)等竹簡中均有該字。除中山王譽壺銘文外,其餘均屬於楚系文字。因此,通常將"罷"字看作戰國時期的楚系文字之一②,以下是目前收集到的一系列"罷"字字

---

① 在《小屯南地甲骨》(2169.2)中,有"其在向熊 法(）"的卜辭,徐中舒將 解釋爲熊:"這些甲骨都是關於狩獵的。"然而,仔細觀察就會發現,該字不僅描繪了腿和前爪,還描繪了背部的翅膀,因此可能不能簡單地釋爲"熊"字。李實注意到這個字清楚地描繪了翅膀的形狀,認爲于省吾和《類纂》在釋字上並不準確,它應與鄂君啓節銘文中由能和羽構成的" "是同一個字。(參看李實《甲骨文字叢考》,甘肅人民出版社,1997年,第224—225頁。)倘若從李實所說,該字字形很可能是一只熊。儘管如此,由於不能確認它是否像後來在楚簡中一樣被用作一,所以我們對它是否可以被看作是罷持保留意見。徐中舒在《甲骨文字典》中,將 (1887)字列在該之後,並把它解釋爲熊,但缺少翅膀。(參看徐中舒,《甲骨文字典》,vol.2,p.1837)一個類似的例子是"其在盂,叙漯吉?"(《小屯南地甲骨》1141.5)。當然,也有完全不同的解釋;例如,劉雲(2010)認爲它不是熊而是鸕鶿,雖然鸕鶿是鳥類,但其脚有蹼,像野獸的爪子,而背上的翅膀則代表鸕鶿飛翔時的兩個翅膀。

② 袁金平(2007),第85頁。

人類誕生神話的漢字考古學闡釋：釋"鼪"

形(按有意義的類型篩選排序)①。

(左)噩君啓車節(《殷周金文集成》,12110) (右)《文物精華》摹寫本	(左)中山王䜭方壺(《殷周金文集成》,9735) (右)《文物精華》摹寫本	《新蔡·甲一》22號簡	《新蔡·甲一》22號簡
《郭店·成之聞之》簡18	《郭店·太一生水》簡7	《郭店·太一生水》簡7	《郭店·五行》簡16	《郭店·語叢四》簡25	《包山·卜筮祭禱》簡200
《包山·卜筮祭禱》簡200	《包山·卜筮祭禱》簡200	《包山·卜筮祭禱》簡203	《包山·卜筮祭禱》簡203	《包山·卜筮祭禱》簡205	《包山·卜筮祭禱》簡206

從上面的字形表可以看出，隸定爲"鼪"的字結構非常清晰，均爲上羽下能的構形。只是對於中山王䜭壺銘文中的 字，有部分學者認爲該字是鼠和一的合體或鳥和一的合體②，但大多數學者仍然將其解釋爲"一"。

---

① 另一個可能與"鼪"有關的字是史墻盤銘文中的 。其原文是："弘魯卲(昭)王廣 楚刑(荊)，唯貫南行。"裘錫圭(1978)將其釋讀爲笞(此外，唐蘭釋爲貔，李學勤和戴家祥釋爲能，徐中舒釋爲支)，爲廣撻之義。裘先生將這句話看作是對著名的邵王征伐荊楚的歷史記載，"有福有德的邵王在荊州地區遠播美德，將王政傳播到南方"。不過，究竟是把 看作與前面的"廣"字結合的動詞，還是看作與後面的"荊楚"有關的修飾語，需要進一步研究。然而無論如何，這個字由能(熊)和支(驅出)組成，很明顯與聲稱自己是熊的後裔的楚國傳統有關。

② 例如戴家祥把它解釋爲从鼠从一的鼠，即第一個字是鼠，不是能。這是因爲在十二生肖中，鼠是象徵開始的動物，所以有一的意思。劉雲(2010)認爲，這個字的左邊是鳥，不是鼠，所以應該解釋爲鳦-，是鳦，就是燕的另一種寫法(異體鳦)，意思是一。

3

因此，爲方便起見，本文在討論時將中山王譽壺銘文中的"羆"也納入其中。爲了分析"羆"的字形，我們必須先看它的組成成分"羽"和"能"。《說文解字》（以下簡稱《說文》）是這樣解釋的：

羽：羽：鳥長毛也。象形。（4卷上）

能：熊：熊屬。足似鹿。从肉㠯聲。能獸堅中，故稱賢能；而彊壯，稱能傑也。（10卷上）

羽在古文字中的寫法如下：

（甲骨文）　（金文）　（簡牘文）①

其字形是畫了一個鳥的羽毛，對此學術界的意見是統一的。問題在於能字的結構是否如《說文》所說爲"从肉㠯聲"。對此很早就有人質疑，例如徐鉉（916—991）曾言："臣鉉等曰：㠯非聲。疑皆象形。"這表明從唐朝末年開始，學者們對能字的結構已經有了爭論。段玉裁（1735—1815）對此也做過詳細的辨證："能，**熊屬**。《左傳》、《國語》皆云晋侯夢黃能入於寢門。韋注曰：能似熊。凡《左傳》、《國語》能作熊者，皆淺人所改也。**足似鹿**：故皆從比也，鼋足、鼈足亦同。**从肉**：猶龍之从肉也。**㠯聲**：奴登切，古者在一部，由之而入於咍，則爲奴來切，由一部而入於六部，則爲奴登切，其義則一也。**能獸堅中，故偁賢能**：賢，古文作臤。臤，堅也。**而强壯，偁能傑也**：此四句發明叚借之怡。賢能，能傑之義行而本義幾廢矣。子下曰：十一月陽氣動，萬物滋，人以爲偁，亦此例也。韋朋來西鳥

---

① 上述形狀基於河永三（2014）（下文皆同），該數據庫基於華東師範大學中國文學研究與應用中心的古文字字形數據庫。

五篆下説解皆此例。**凡能之屬皆从能。**"

上述段玉裁對《説文》的注解進行了補充,對字的結構、字的讀音、字義的引申等都作了非常詳細的説明,需要注意的有以下幾點。

首先,《説文》不直接説"熊"而説是"熊屬",這似乎是爲了給當時另一部重要詞典《爾雅》所説的"三足鼈"叫作"能(熊)"作證。①

段玉裁對此的看法是,"《左傳》、《國語》皆云晋侯夢黄能入於寢門",又引用了韋昭(201—273)的評論:"能似熊。凡《左傳》、《國語》能作熊者,皆淺人所改也。"段玉裁認爲儘管能和熊是同一個字,但《左傳》和《國語》中把能寫成熊,是不符合當時用字習慣的。他還闡述了"能"的字形結構,對"足似鹿"作了補充説明:"故皆從比也。兔足、麁足亦同。"關於"从肉",段玉裁説:"這和龍从肉的道理一樣。"關於"能"的讀音"㠯聲",段玉裁説:"奴登切。古者在一部,之而入於咍,則爲奴來切,由一部而入於六部,則爲奴登切,其義則一也。"②他還闡述了"能"的引申義,對《説文》之"能獸堅中,故偁賢能",補充説:"賢,古文作臤。臤,堅也。"又對"而强壯,偁能傑也"補充道:"此四句發明叚借之恉。賢能,能傑之義行而本義幾廢矣。"③然而,段玉裁所説的"㠯聲"仍然值得懷疑,因爲根據小篆以前的古文字字形來看,"㠯"代表的是"熊頭",不應與熊的身體分開來看。因此,正如徐鉉所指出的,把整個字看作是一個象形字似乎更合理。段玉裁的解釋是建立在小篆的基礎上的,很可能是由於"能"字發展

---

① "鼈三足,能;龜三足,賁。"(《爾雅·釋魚》)《爾雅》所提到的"三足鼈"與《説文》所提到的"熊"不一樣,是指《山海經》中的一種異獸。郭璞對此的評論如下:"《山海經》曰:'從山多三足鼈,大苦山多三足龜。'今吴興郡陽羨縣君山上有池,池中出三足鼈。又有六眼龜。"同樣,邢昺還補充了以下內容:"案:《中山經》云:'遊戲山東南二十里曰从山,從水出其上潜其下,其中多三足鼈,食之無蠱疾,是从山多三足鼈也。'又云:'放臯山東五十七里曰大苦,山陽狂水出焉,西南注伊水中,多三足龜,食者無大疾,可以已腫,是大苦山多三足龜也。'雲吴興郡以下者皆以時驗而言也。"

② 這是對《廣韻》所提出的兩種讀法的評論。《廣韻》提示了能的讀法爲"奴來切"和"奴登切"。

③ 段玉裁對"人以爲稱"的注釋補充云:"此與以朋爲朋黨,以韋爲皮韋,以烏爲烏呼,以來爲行來,以西爲東西一例。凡言以爲者,皆許君發明六書假借之法。子本陽氣動萬物滋之稱,萬物莫靈於人,故因叚借以爲人之稱。"又云:"假借專行而本義廢矣。"

到了小篆階段時,"目"已經從身體分離,成爲聲符。

這樣一來,我們可以對這個字作如下解釋。（金文）能 能（簡牘文）（説文小篆）等古文字字形最初描繪的仍是一隻熊,只是形狀發生了很大變化。以現在的字形來看,"厶"是熊的頭,"月"(＝肉)是身體,而兩個"匕"是腿和爪。熊是一種擁有巨大力量和勇氣的動物,其體型雖大但可以輕鬆攀爬遠高於自身的樹木。尤其是棕熊,其兇猛程度甚至可以與老虎媲美。因此,熊被視爲卓越能力和天賦的象徵,這一意義在語言中也常被運用。爲了表示"熊"的原始含義,這個字通過添加"火"(據《説文》所言爲炎之省形,是聲符)而分化爲"熊"①。不過有人認爲"火"是"大"的訛變。②

值得注意的是《説文》對熊冬眠的特性亦有描述③,這可能與"復活"有關④,因它們在冬季進入長時間的休眠狀態而在春天蘇醒。這一特性被視爲不朽和重生的象徵,以至於"人才"一詞也可能由此而來。此外,熊還被認爲是大禹之父鯀的化身⑤,因此在春秋戰國時期,熊可能已被賦予了極高的神聖性。

2.1 對"罷"的前人研究

對"罷"字"羽"和"能"構件的功能,已有多位學者做了相應的研究。蔡麗利(2010)將這些研究按《郭店楚簡》出土前後分爲兩個時期。《郭店楚簡》出土公布後,學者們通過用字的對比發現"罷"與"一"是同一個字,⑥在將"罷"釋爲"一"這一觀點上也達成了共識。

---

① 河永三(2014),"能"條。
② 季旭昇《説文新證》,107 頁。
③ 熊:"獸似豕,山居,冬蟄。从能,炎省聲。"(《説文》熊字)
④ 葉舒憲(2018),105—106 頁。
⑤ 在《國語·晉語》(八)中有:"昔者鯀違帝命,殛之於羽山,化爲黄能以入於羽淵。"《左傳·昭公七年》中也有:"昔堯殛鯀於羽山,其神化爲黄能以入於羽淵。"
⑥ 蔡麗利(2010),142 頁。

人類誕生神話的漢字考古學闡釋：釋"羅"

《郭店楚簡》公布前，由於缺乏與現有文獻的參照，"羅"字的用法難以確定，因此出現了各種解釋。例如：殷滌非和羅長銘（1958：8）將"羅"隸定爲"膵"，認爲是"歲膵"的聯綿語，釋爲"歲暮"之義；于省吾（1963：444）將其隸定爲"盈"，並説它與贏、嬴通用。即便是將其隸定爲"羅"的學者，對該字的具體解釋也大相徑庭。譬如郭沫若（1958：3）將其隸定爲"能"，讀爲"態"；何琳儀（1998：77）將其讀作"能"，認爲是一種蟲子（蠃）；朱德熙和李家浩（1989：61）將其讀成"代"；包山簡整理者（1991：53）將其讀成"嗣"；李零（1993：425）將其讀作"翌"；吳郁芳（1996：76）將其讀作"羆"；孔仲温（1997：579）將其讀作"熊"；徐在國（1998：79）將其讀作"祀"；安世賢（2000：104—105）甚至認爲羽和能都是聲符。①

從以往學者的研究中可以看出，在《郭店楚簡》公布前，對該字字形的討論已經從最初認爲的"膵"或"盈"字逐漸轉向了"羅"，但在結構分析、意義推測和"羅"的解讀方面，學者們仍有很大的分歧。

《郭店楚簡》公布後，學者們對"羅"的認識發生了質的變化。《郭店楚簡》中出土的大量儒道文獻，使該字用法與傳世文獻的對照成爲可能。在此基礎上，大多數學者達成了共識，即將該字隸定爲"羅"，與"一"通用。然而，儘管解決了隸定的問題，但"羅"爲什麼應讀作"一"，爲什麼會被寫成"一"的問題仍未解決。由於研究者們無法找到"羅"的造字理據，也就無法找到二字的語義聯繫，只能從讀音上將"羅"和"一"聯繫起來，因此出現了各種各樣的解釋。

在對"羅"的造字理據缺乏瞭解的情況下，多數學者試圖通過將"羽"或"能"的其中一字視作"羅"字的聲符，並在讀音上將二者聯繫起來，以論證其相關性。例如，李天虹（2000：94）指出，構成"羅"的"羽"與"慧"相同，且

---

① 把羽和能都看做聲符是難以成立的。因爲在漢字中，如果把兩個單音節成分都當作聲符，就無法確定漢字的語義來源（其中一個一定表語義）。雖然後代文獻中有一些合音字，但這種情況十分特殊，因爲這些合音字往往用來表示由佛經或西方著作翻譯而來的詞彙的音節，且見於中古和近現代的文獻之中。《説文》中没有僅用聲符構成漢字的例子。因此，這一觀點理論上似乎可行，但在漢字構成上，特別是在上古時期的漢字構成上，是不切實際的。

"慧"和"一"的上古音相同;又如,何琳儀(2003:301)以"一"的異體字"壹"爲例,認爲"壹"的聲符"壺"與"羅"的聲符"羽"韻部相同,故二者通用。①

此外,安世賢(2000:94)認爲"羅"由甲骨文中的"翌"字發展而來,並試圖將翌和一在語音上聯繫起來。鄭偉(2007:378)注意到這些材料的發掘區域在古楚國地區,試圖通過古楚國方言和侗台語的讀音來尋找與"一"與"羅"的聯繫。② 宋華強(2006)則稱"一"是應是"烝"字,並試圖在"烝"和"一"之間找到語音聯繫。③ 另一方面,季旭昇對上述的觀點做了辨析並總道:"羅的原意可能不是數字'一'。但是,很明顯它在楚文字中被寫成了數字"一"。因此,把它列入於'一'字下。"④換句話説,他雖把"羅"看作是一個"一"字,但其本義並不是數字"一"。

可以發現,儘管已經有許多研究試圖將"羅"與"一"聯繫起來,但這些結論僅從二者的語音聯繫出發,忽略了對"羅"字造字理據的研究,不免偏頗。這讓人聯想到奥卡姆剃刀(Occam's Razor)理論,即假設和論證越複雜,離真理就越遠;當結論相同時,他們似乎把核心證據和常識方法放在一邊,轉而尋找各種理由和不尋常的證據。漢字是最具代表性的表意文字系統之一,其字形中包含着意義,所以對古文字的考釋首先要討論的

---

① 據郭錫良(1986)的研究,壹的上古音被重構爲/ĭět/,帶有影姓和質韻(《廣韻》的中古音爲于悉切,影質開三入臻)(63頁),而壺被重構爲/ɣɑ/,帶有匣姓和魚韻(《廣韻》的中古音爲户吴切匣模合一平遇)(94頁)。這兩個字的聲母分别是影母和匣母,均爲喉音,發音相似,韻部分别是質部和魚部,對應陰入旁對轉,讀法相似,因此可以互换。這與下文討論的壹和羽之間的關係是一致的。與壺相比,吉的上古音被重構爲/kĭět/(中古音在《廣韻》,見質開三入臻),聲母爲見母,韻部爲質部(69頁),因此在韻部相同的情况下,吉和壹的互用更爲妥當。這樣一來,應該把吉而不是壺視爲"壹"的聲符。如果將壺視爲聲符,那麽吉就是義符,然而"吉"本身就是一個合體字,不是《説文》的部首,所以很難將其視爲義符。此外,《説文》把"壹""壺"均設爲部首,考慮到壺、壹、壺、懿之間的關係,壺可看作是壹的語義成分,因此把"吉"看作聲符更爲合理。

② 他認爲,學者們之所以没有找到"羅"的語源,是因爲他們只在漢語文獻中尋找"羅",而實際上"羅"是侗台語的"一"的音寫字。在古代,侗台語和楚語都屬於楚方言。此外,"能"字的龍州壯語擬音爲[nəŋ1]、泰語擬音爲[nɯɯ]、版納傣語擬音爲[nɯɯ]、德宏傣語擬音爲[lə:ŋ6](<*n-)等。"羅"的聲符"能"的上古音爲泥母蒸部,今天擬音爲[*nɯŋ],與侗台語的"一"字讀音一致。

③ 以上所引用的前輩學者的考釋,詳參蔡麗利(2010)。詳見142—143頁。

④ 季旭昇:《説文新證》,30頁。

是字義的生成原理,倘若難以確證漢字造字理據和語義之間的關係時才會考慮假借關係;而一旦破譯了漢字的造字原理,解決了漢字在語義之間的聯繫,自然也就解決了漢字語音間的聯繫,也會明瞭它們之間究竟是異體還是假借的關係。當無法證明它們爲異體關係時,在不考慮意義的情況下,往往會通過借用的語例來證明它們爲假借的關係。

其實,從"一"字的造字理據中可以窺見"罷"字的造字理據。然而"一"的字形過於簡單,僅僅通過一劃來表示"一"之義,無法找出更深層的造字理據。但通過與"一"爲異體關係的"壹"字,可以找到更多的線索。那麼,"壹"的造字理據爲何?筆者曾提出:"壹"出現於戰國時期,是"一"字的另一種轉寫。① 同時筆者一直在研究其造字原理與"一"的關係,以及其所反映的文化信息。② 如果能證明"罷"與"一"的意義相同,那麼可認爲"罷"與"壹"是同一個字,"壹"的文化象徵意義也可以應用於"罷"上。如此,我們將得到"罷"的造字理據以及它與壹能通用的根本原因。同時,還可以借此評估前人的研究成果,如對"罷"字形結構的隸定、從"一"與"壹"的關係拓展到古代社會的崇拜儀式、圖騰、民族誕生背景等方面的研究,此外,還能爲"漢字考古學"這一研究方法的可行性爭取到另一個重要的支撐。

2.2 "罷"字的結構

關於"罷"字結構的討論已有很多,主要有以下幾種:(1)"從能羽(彗)聲";(2)"從能羽聲";(3)"從能從羽";(4)"從羽能聲";(5)"羽和能都是聲符"。③

因此,以往的研究認爲,所有在能上加上羽形成的"罷"都是一種形聲結

---

① 如《清華大學藏戰國竹簡(柒)·越公其事》簡19:"壹式子弟","壹"寫作 ![] ![]。此外,在秦系文字中有 、、等寫法,上述寫法似乎是秦始皇統一文字時期的字形。如《説文》所説,"壹"的寫法是壺中有吉,而不是像 、、、那樣以壺取代"壹"。
② 見河永三(2011)、河永三(2021)、河永三(2022)等。
③ 詳見蔡麗利(2010),142—143頁。

構。其中最具爭議的是(5)將"羆"認爲是合音字或兩聲字,即兩個只具有語音屬性的元素組合在一起,形成一個在漢語中原本不存在的單音節。① 在這種情況下,對於是"羽"和"能"的音讀是否相近的問題,仍存在著不同的意見。

然而在楚簡中,"壹"是與一"交替使用的,説明"壹"是後起所造的字,以代表不同於"一"的特殊含義,即表示人類從葫蘆中誕生的神話。如果這個假設成立,那麼與一(壹)使用方式相同的"羆",也當看作是一個從能(熊的本字)的本字中分化出來的字,代表"人類從熊中誕生"這一特殊意義。這一屬性應該在結構分析中得到體現。

關於漢字的産生,一般有三種情況:(1)在原來的表意文字中加入聲符(斤、鷄、裘等);(2)將部分表意文字改爲聲符(囿、何、弦等);(3)在現有文字中加入意符。以(3)爲例,又分爲(a) 爲區分假借義而添加的意符(師—獅),(b) 爲區分引申意義而添加的意符(取—娶),(c) 爲明確本義而添加的意符(爰—援、喿—噪、韭—韮、須—鬚、北—背、它—蛇,等等)。②

就(1)而言,需根據新字字義是否改變來看,如果字義未變(意義與原字相同),則稱爲累增字(如爰援、喿噪、韭韮等);如果字義改變(意義與原字不同),則稱爲分別文(如須—鬚、北—背、它—蛇等)。累增字和分別文的概念是由王筠提出的,他認爲如果一個字的意義已經足夠明確,不需要再加偏旁以作區分,那麼偏旁當爲後人添加。③

本字通過"分別文"的方式造成新字後,本義通常由後起字來表達,而

---

① 例如"饡"[名養]和"韺"[亭夜],在佛教翻譯過程中出現的[勿要]和[勿曾]等方言的字符,以及後來的元素符號,如羥(qiǎng,羥基)和羰(tāng,羰基)。當然,裘錫圭也認爲矧、羑、眇是漢字中的一般形聲字。(參看裘錫圭《文字學概要》,北京:商務印書館,2013年,112頁)但它們究竟是合音字還是像引、久、少那樣的無聲形聲字,還需要進一步討論。《説文》所説"亦聲",也應該被看作是一種形聲結構。

② 見裘錫圭(2013),150—151頁。

③ 王筠提出的累增字和分別文的概念可參考如下:"字有不須偏旁而義已足者,則其偏旁爲後人遞加也。其加偏旁而義遂異者,是爲分別文,其種有二。一則正義爲借義所奪,因加偏旁以別之者也。一則本字義多,既加偏旁,則衹分其一義也。其加偏旁而義仍不異者,是謂累增字,其種有三。一則古義深曲,加偏旁以表之者也;一則既加偏旁,即置古文不用者也;一則既加偏旁而世仍不用,所行用者反是古文也。凡類此者,許君説解,必殊别其文。"(王筠,《説文釋例》,北京:中華書局,1987年,173頁。)

本字不再用於表示本義。例如,在"須—鬚"中,"須"不再是"鬍子",而是"必須";在"北—背"中,"北"不再是"背",而是"北";在"它—蛇"中,"它"不再是"蛇",而是"它(指示名詞)"。

因此,"羿"也可看作是"能"的分別文,是通過添加"羽"來賦予其"熊"的特殊含義。① 也就是説,在"能"的基礎上加上"羽"而形成的"羿",通過與"一"(人類的誕生)或"壹"(人類由葫蘆誕生)互用,表達了一種新的特殊含義:"人類由熊中誕生"。而分化成"羿"後,原字"能"就不再表示"熊"的本義而表示"能夠"或"可能"的意義。②

但這仍未解決"能"和"羽"究竟誰爲聲符的問題。爲此,需要重新梳理"能""羽"和"一""壹"在讀音上的關係。在上古音的重建上,學者們歷來多有分歧。以高本漢(Karlgren)、王力、李方桂和巴克斯特-薩格特(Baxter-Sagart)的擬構音最有代表性,如下表③:

字	上古音 中古音	擬 構 音			
		Karlgren	王力	李方桂	Baxter-Sagart
一 壹	(古)影質	ʔi̯et	ĭet	·jit	"一" ʔjit "壹" *ʔit{*[ʔ]i[t]}
	(廣)于悉切,影質開三入臻	ʔi̯et	ĭet	·jiet	ʔjit
羽	(古)匣魚	giwo	ɣĭwa	gwjagx	*Gʷaʔ{*[G]ʷ(r)aʔ}
	(廣)王矩切,云麌合三上遇 王遇切,云遇合三去遇	i̯u	ɣĭu	ju	hjuX

---

① 當然,"羿"也可能是一個會意字,但這種可能性相對於形聲字而言並不高。因爲從現有的象形、指事、會意結構出發,通過添加聲符而發展爲形聲字是漢字文字系統中的一般規律。如果在分析構字理據時,能把意符和聲符結合起來,就是最理想的狀態。

② 當然,同樣由能派生出來的熊和羿,也可以看作分別字。

③ Karlgren、王力和李方桂對上古和中古的擬構音可參考"漢字古今音資料庫",Baxter-Sagart的古音擬構可參考"Appendix: Baxter-Sagart Old Chinese reconstruction"。

續表

字	上古音 中古音	擬構音			
		Karlgren	王力	李方桂	Baxter-Sagart
能	（古）泥之 泥蒸	nəŋ	nə nəŋ	nəg nəŋ	ŋˤəʔ {(ŋ)}nˤəʔ | ŋˤəʔ ŋˤəʔ ~ nˤə(ʔ)ʔ | ŋˤəʔ
	（廣）奴來切，泥哈 開一平蟹 奴登切，泥登 開一平曾 奴等切，泥等 開一上曾 奴代切，泥代 開一去蟹	nəŋ	nɒi nəŋ nəŋ nɒi	nâi nəŋ nəŋ nâi	noj noŋ

"一、壹、羽、能"字的擬構音

　　從王力的擬構音中可以看出，"一"或"壹"的上古音被重構爲/ĭet/，爲影母質部；"能"的上古音被重構爲/nəŋ/，爲泥母之部；"羽"的上古音被重構爲/ɣĭwa/，爲匣母魚部。雖然"能"和"羽"都與"一"沒有直接的對轉或旁轉關係，但它們能在韻腹類似、韻尾不同的字之間通用，可以看作是旁對轉關係。

　　就韻部而言，王志平指出，上古音中"能"的韻母爲之部，"一"的韻母是質部，在《詩經》等上古韻文材料中，之［職］部與脂［質］部之間有大量的諧聲用例，二者的差別在於塞音韻尾/-t/和/-k/的不同，這種通假現象在傳世文獻中更爲常見，因此"能"爲"罷"聲符的可能性更大。①

　　就聲母而言，"能"字的聲母（泥）和"一"字的聲母（影）常常通用。

---

① 對轉指的是韻腹相同的陰聲、陽聲、入聲之間的通用，旁轉指的是韻腹相似且韻尾相同的韻部之間的通用，旁對轉指的是韻腹相似但韻尾不同的韻部之間的通用，通轉指的是韻腹相同但韻尾的發音部位不同的韻部之間的通用。對轉、旁轉、旁對轉、通轉也被稱爲合韻或通韻。這要歸功於清代音韻學大師的研究成果。不過各位學者的研究成果也存在差異，如顧炎武把古音分爲10部，戴震分爲9類25部，段玉裁分爲17部，孔廣森分爲18部，朱駿聲分爲28部。（《古文字研究》第二十七輯，北京：中華書局，2008年）

倘若如《説文》所説，"能"的聲符是"㠯"，"㠯"可歸爲以母，而以母和影母就變得更加接近。它們不僅在通假字中可以互換，在諧聲字、聲訓字、異讀字裏也是如此。① 因此，以前認爲讀音較遠的"一"和"能"字，從漢語史上的發展及漢藏語言之間比較來看，它們在上古時期的讀音應當是非常接近的。②

儘管"羽"和"能"在上古漢語中都有作爲"羂"的聲符的可能性，但綜合王志平的論述以及形聲字的衍生過程，特別是參照分別文的特點，"能"是"羂"的聲符的可能性更大。

因此，根據語義、語音和漢字的發展規律，比較合理的假設是："羂"字是爲了表示"人類從熊中誕生"的特殊意義，通過在"能"字上增加新的意符"羽"而分化出來的。同時，鑒於語音也常常參與形聲字意義的構成③，因此也有理由認爲聲符直接參與了原始意義的構建。

三 "羂"的造字理據

在出土文獻中，"羂"能和"一"通用，説明二者之間可能存在著更深層次的聯繫。"一"在漢字中具有非常特殊的含義。它含義多樣，從簡單的數字"一"到創造萬物的原始能量以及"道"等，在東方"一"是最崇高的概念之一，相當於西方的"The One"或者"logos"。④《老子》言："昔之得一

---

① 例如，《禮記·樂記》"獶雜子女"的獶（泥母幽部）字，在《禮記注》寫成優（影母幽部）字；又《説文》諧聲字中，餧、諉、錗（泥紐微部）等字皆从委（影母幽部）字得聲；另在《經典釋詞》中以"乃"（泥母幽部）作爲解釋"一"（影母幽部）的聲訓材料；以及"腌""餕""娆"等字的異讀材料皆是。見王志平（2008），396—397頁。

② 王志平（2008），398頁。

③ 聲符參與形聲字意義構成的理論，以宋代的"右文説"爲代表，但段玉裁通過詳細的論證發展出了更系統的理論。段玉裁《説文注》："凡从皮聲皆有分析之義"（詖字注）、"凡从甬聲之字，皆有興起之義"（甬字注），進而提出"凡从某聲皆有某義"的主張。當然，不能將此絶對化，不是所有的聲符都是這樣。但後來的研究，如魯實先的"形聲必兼會意"、黃永武的《形聲多兼會意考》、沈兼士的《右文説在訓詁學上的沿革及其推闡》等，都加深了對聲符語義功能的研究。

④ 河永三（2022），25頁。

者,天得一以清,地得一以寧,神得一以靈,谷得一以盈,萬物得一以生,侯王得一以爲天下正。"(第39章)正如《老子》所言,"一"是一個神秘而神聖的實體,是萬物法則的基礎,它使一切能各司其職。

但"一"如此崇高的意義和如此特殊的地位是如何生成的呢?要回答這個問題,必須分析"一"的詞源。只是"一"是一個簡單的字元,描繪了一個單一的物件,對其詞源實在難以找到線索。然而,"一"的異體"壹"字尚有小篆保留。"壹"的小篆字形雖複雜,但仍能從中分析出其造字理據,因此從"壹"的小篆字形和造字理據出發,可以分析"罷"能與"一"通用的理由。

《說文》和《段注》對"壹"字是這樣描述的:

《說文》:專壹也,从壺吉聲。凡壹之屬皆从壹。

《段注》:嫥壹也。嫥各本作專,今正。嫥下云,壹也。與此爲轉注。从壺吉,吉亦聲。于悉切。十二部。俗作壹。凡壹之屬皆从壹。

很明顯,壺是壹字的義符。至於"吉"是否爲"壹"的聲符,各家觀點不一。段玉裁就說:"从壺吉,吉亦聲。"若如段玉裁所說,則"吉"除作聲符之外,還參與了"壹"字語義的構成。學界對"吉"的詞源一直存有爭議,其古文字字形很可能描繪的是一個站在房子前的男性形象,象徵著生命的孕育,與生命的誕生有關。[1]

另外,從與"壹"關係密切的"壺"字中也能找到"吉"參與"壹"字語義構成的線索。《說文》將"壺"歸於壺部,並將其排在"壹"字之前,其解釋如下:

---

[1] 見郭沫若《釋祖妣》(《甲骨文研究》),10b—11b。馬叙倫《說文解字六書所證》(vol.3)也解釋爲放在房子前面的象徵物,以祝願幸福或吉祥,這與郭沫若的評論一致(古文字詁林編纂委員會,《古文字詁林》,vol.2,pp.85 - 86)。李實(1997)還認爲吉字的上部"土"描繪了男性生殖器,這是原始生育崇拜的痕迹(《釋土》,539頁)。祖也通過描繪男性生殖器來反映祖先崇拜,似乎與這一傳統有關。

14

人類誕生神話的漢字考古學闡釋：釋"壹"

  壹，壹壹。从凶，从壺。不得渫，凶也。《易》曰：天地壹壹。（10卷下，壺部）

  "壹"被訓釋爲"壹壹"，指"萬物剛産生時陰陽能量合一的狀態"。"壹"字未見單獨使用，往往以"壹壹"成詞出現，故它很可能是一個聯綿詞，因此可以説"壹"和"壹"義同①，由此"壹"有了"專一"或"凝聚專心"之義。②

  另外，"壹"和"壹"字的核心意義都來自"壺"，而"壺"的原型是葫蘆。葫蘆在中國文化中具有特殊的象徵意義。葫蘆是許多少數民族誕生神話的基礎，這些神話作爲民間傳説保留在他們的社會中，被稱爲葫蘆崇拜。③ 這一崇拜在漢族中還有所保留且表現在文學作品中，包括《詩經》中以葫蘆作爲繁衍生息的起興手法，④中國神話中以葫蘆作爲在大洪水中求生的工具、伏羲和女媧的交配，⑤以及"破瓜"和"合巹禮"等傳統。

  人類從葫蘆中誕生的神話可以在中國許多少數民族的葫蘆崇拜習俗和以"人臉"爲代表的考古文物中看到，尤其以彝族的葫蘆崇拜爲代表。⑥由此可以將人類從葫蘆中誕生的創世神話"壹"與中國其他文化遺址中的類似模式互相比較。比如，陝西省西安市半坡仰韶文化遺址出土的"紅陶

---

① 爲此，段玉裁還解釋説："許釋之曰不得渫也者，謂元氣渾然，吉凶未分，故其字從吉凶在壺中會意。合二字爲雙聲疊韻，實合二字爲一字。"（見《説文注》"壹"。）
② 壹和壹，分別是吉和凶爲聲符，如考慮到吉和凶的詞源，吉指的是男性生殖崇拜，凶描繪的是將靈魂和身體的殼進行分離，都與生命的誕生有關。它們的語義定位已經被論證過了，見河永三（2011年，266—274頁）。
③ 詳參河永三（2011）第七章，252—309頁。
④ 在《大雅·緜》中，這首關於周人誕生的歌中有："緜緜瓜瓞，民之初生。"
⑤ 該研究涵蓋了66種神話，49種出自聞一多《神話與神》，17種出自陶陽、鍾秀《中國創世神話》。對這66種神話進行分析後，可將大洪水神話中使用的疏散工具和方法總結如下，共使用了37種疏散工具：（1）葫蘆（24個葫蘆和13個瓜）；（2）20個葫蘆的變體 [7個鼓，1個罐，6個桶（包括箱子），5個船，1個大鍋]；（3）3個其他類型 [1個石獅子，2個其他（昇天）]（4）6個未提及。在這些神話中，"葫蘆"（37種）和"葫蘆"的變體（20種）共占總數的86.36%。見河永三（2011），280—283頁。
⑥ 關於這方面的詳細討論，見河永三（2011），第七章，252—309頁。

人頭壺"和甘肅省秦安縣仰韶文化遺址出土的"人頭器口彩陶壺",以及青海省樂都縣柳灣新石器時代晚期仰韶文化後期馬家窯遺址出土的"彩繪肉身人像陶壺"等,其共同特點是將一個人臉放在陶瓶的口部,這些都可視爲人類誕生於葫蘆這一神話的證明。①

此外,雲南西南部佤族自治州的滄源巖畫描繪了佤族人從一個山洞誕生出來的情景。在佤族語中,山洞和葫蘆具有相同的含義。因此,該遺址被稱爲"司崗里",其中"司崗"意爲葫蘆(葫蘆=崖洞),"里"意爲"出來"。因此,"司崗里"意味著佤族人從這裏出來,從崖洞出來。② 這就是"壹"字的造字意義。此外,位於中國東部沿海的浙江連雲港巖畫中的"人面草、人面花",以及商代後期遺跡河南殷墟的鳥頭人身像、四川三星堆的人頭鳥神像等等,都反映了同一個內涵:他們的祖先從葫蘆、從花、從鳥中誕生。誕生母體的不同,是因爲他們生活根據地的環境差異,各自崇拜的圖騰不同。

這一反映不僅可以在上述考古文物中看到,也可以在漢字和相關詞彙材料中看到。例如漢字符號"華"字描繪的是"盛開的花";"帝"是一個絕對統治者,描繪的是"有種子的花臺";"英"字面意思是"花蕾",指的是"植物的核心部分",這些都與植物崇拜、穀物崇拜和花卉圖騰有關。其文化含義與連雲港巖畫一樣,指一朵從植物中冒出來的花變成了人的形狀。③ 在佤族的語言中,"司崗"的意思是"葫蘆",也指巖洞。前面提到,描繪其民族誕生神話的巖畫所在的地方叫"司崗里",意思是"他們從葫蘆誕生出來"。因此,司崗里意味著"人類第一條路"和"人類的發源地",這就是以前把滄源縣稱爲"葫蘆國"或"葫蘆的國家"的緣故。④

此外,《詩經》所唱的"天命玄鳥,降而生商,宅殷土芒芒",或"殷契母曰簡狄,有娀氏之女,爲帝嚳次妃。三人行浴,見玄鳥墮其卵,簡狄取吞

---

① 關於出土相關文物的地位和象徵意義及其文化意義的討論,參見河永三(2021)。
② 見河永三(2022),37 頁。
③ 見河永三(2011),304—305 頁。
④ 見河永三(2022),37 頁。

人類誕生神話的漢字考古學闡釋：釋"羆"

之,因孕生契"(《史記·殷本紀》),都是描繪商人誕生的典型故事。這種商代人從鳥類中誕生的神話既反映在殷墟出土的鳥頭人像中,也反映在甲骨文中。甲骨文中不僅有《史記·殷本紀》中的"玄鳥",被稱爲"商高祖"的"王亥"的"亥",還增添了鳥形符號,如 、、(䧹,隻),這是將商族以鳥爲圖騰的出生神話直接文字化。①

尤其是最近新出土的三星堆遺跡中的"人頭鳥神像",也是這種傳統的又一體現。2022年6月,中國中央電視臺對三星堆第三號至第八號坑新發現的大量文物進行了直播,該直播被稱爲"三星堆新發現2022"。在第七號坑裏出土的"人頭鳥神像"因其藝術性和豐富的象徵意義而備受關注。雖然其象徵意義有待進一步研究,但根據上述材料和三星堆出土的大量鳥類主題文物,很可能"與他們以鳥爲圖騰的誕生神話有關"。

① 紅山文化女神像（牛河梁女神廟）	③ 仰韶遺跡"紅陶人頭壺"	⑤ 雲南滄源司崗里和崖刻畫（葫蘆洞）	⑦ 伏羲女媧圖	⑨ 三星堆2號墓出土人頭鳥身像
② 遼寧朝陽德輔博物館所藏"熊陶尊"	④ 拉祜族的葫蘆崇拜	⑥ 彝族中藥店（昆明,雲南）	⑧ 殷墟出土"陶鴞身人面像"（殷墟博物苑）	⑩ 江蘇省連雲港將軍崖刻畫

---

① 于省吾(1959),60—69頁。

由此可見，"一"不僅僅是一個數字；它更象徵著所有事物的起源，亦包括人類。這就是爲什麼它也有"活力"和"道"的含義。特別是，"人類誕生於葫蘆"的神話和對原始時代的記憶導致"一"在秦系文字中有了"壹"這一特殊的寫法。根據同樣的原理，甲骨文中在"亥"字上加鳥（隹）以稱呼"王亥"，稱之爲隽，殷墟遺址發現的鳥頭人身像等反映了人類從鳥類中誕生的神話。華、帝、英三字和連雲港巖畫中描繪的人面草反映了大傳統時代①的神話中，人類從植物中誕生的無意識現象。

如果是這樣，由"羽"和"能"組合而成的形象爲有翼之熊的"罷"，也可以說是反映了"人類由熊而生"的神話思想。人類從熊中誕生的神話起源於以紅山文化爲代表的東北地區，在中國廣泛擴展。不僅是東夷和楚地，秦朝的嬴姓也是由女人和熊（羸）組成，反映了熊崇拜的思想和母系社會的歷史傳統。②

此外，它還與東北地區的鄂溫克（Evenki，通古斯）人和日本北部的阿伊努人的"熊"崇拜有著直接聯繫。例如，鄂溫克人（通古斯人）稱熊爲"homottiri"，稱祖先神爲"homokkor"，稱精神爲"homogen"，這表明三者具有相同的詞源，因此鄂溫克人對熊非常崇敬。③ 這源於始祖神話，在始祖

---

① 大傳統時代和小傳統時代是羅伯特-雷德菲爾德（Robert Redfield，1897—1958）的概念，他在《小社會（*The Little Community*）》（1955）和《農民社會與文化（*Peasant Societyand Culture*）》（1956）中使用了這些概念。然而是葉舒憲（2019）將非文字時代作爲大傳統時代，將文字時代作爲小傳統時代。

② 根據《史記·楚世家》所載楚王的名字，從鬻熊開始至熊心結束，所有47個名字都含有熊字。以下是詳細的分類：（1）鬻熊—（2）熊麗—（3）熊狂—（4）熊繹—（5）熊艾—（6）熊䵣—（7）熊勝—（8）熊楊—（9）熊渠—（10）熊摯—（11）熊延—（12）熊勇—（13）熊嚴—（14）熊霜—（15）熊徇—（16）熊咢—（17）熊儀—（18）熊坎—（19）熊昀—（20）熊通—（21）熊貲—（22）熊艱—（23）熊惲—（24）熊商臣—（25）熊侶—（26）熊審—（27）熊招—（28）熊員—（29）熊圍—（30）熊比—（31）熊居—（32）熊珍—（33）熊章—（34）熊中—（35）熊當—（36）熊疑—（37）熊臧—（38）熊良夫—（39）熊商—（40）熊槐—（41）熊橫—（42）熊元—（43）熊悍—（44）熊猶—（45）熊負芻—（46）熊啓—（47）熊心。楚王的名字都含有熊，這說明楚國有以熊爲圖騰的傳統。然而，楚王名字中的"熊"在出土文獻中被寫成"酓"，這就是爲什麼周朝的祖先經常被稱爲"嬭"而不是"芈"。要確定楚國的祖先是否一直是嫘氏，還需要進一步研究。

③ Chung, Ho-Wan（1995b），p.144.

神話中,"熊被認爲是他們的祖先神和精神"①。

　　韓國的建國神話——檀君神話,講述了一個由熊變成人的女人——熊女,她嫁給了一個天外客桓因,生下了檀君王儉。這些熊崇拜的神話和圖騰也傳播到了日本。例如,阿伊努人也有熊的節日和儀式,"kamui"一詞,在他們的語言中是"kamishin"的意思,與日本的"神"(kami)和韓國的"熊"(gom:bear)同源,表明他們視熊爲神的傳統。這也反映在日語中現存的許多"Kuma"家族地名中,它們似乎是"熊"的變體。②

　　韓國語中,"어머니(母親)"也是從"곰(gom)"演變而來。從韓國各地的方言中也可以推斷出這一點,如"옴마(omma)"、"오메(ome)"、"오매(omae)"、"어마니(ermani)",它們與"곰(gom)"、"(고마,goma)",即檀君的母親有關。③ 這也與古代韓民族的別稱"貊""貉"的語源有關。而與"곰(熊)"(《訓蒙字會》)同源的"고마",在《新增類合》中被解釋爲"敬""虔""欽"等詞,可見其中包含著"熊崇拜"的語言表達。④

　　因此,"罷"造字理據中的"熊起源",不僅可以從語言學資料、考古遺跡和文物中得到證實,還能從廣泛分布於東北亞的熊圖騰以及反映它的神話和地名中得到證實。⑤

　　基於上述假設和論證,下表總結了中國不同地區的出生神話與文字資料之間的關係。⑥

　　這樣一來,"罷"就和"一"一樣,不僅僅是一個數字,而是與象徵著萬物誕生的"壹"相聯繫。所以"罷"就是"一"的替代字,與有"專一"之義的"壹"字在意義上完全相同。這樣一來,如果"一"的核心含義是"數字

---

① Chung, Ho-Wan(1995b), p.1.
② Chung, Ho-Wan(1995a), p.7－8.
③ Chung, Ho-Wan(1995a), p.4.
④ 這在 Choi, Jung-Sook 和 Jeong, Ho-Wan(2021), "*The Bear Totem and the Flexibility of Linguistic Culture*"《文化與融合》(Vol.43,No.1,總集 77)中有詳細討論。
⑤ 東北亞的熊圖騰和反映它的神話、地名和語言學資料,以及考古學和考古文物證據,將在另一篇論文中詳細討論。
⑥ 見河永三(2022),38 頁。

一",那麼"壹"就是一個專門造字出來的字元,它是一個表示萬物(包括人類)誕生的符號,反映了萬物的原始能量即將從混亂的狀態中迸發出來。因此,《説文》將"壹"字釋爲"專一",也就是"把所有的力量和心思都集中在一起"之義,這與《中庸》所説的"誠心誠意"是一樣的。

區　域	文化類型/地點	器物類型	圖　騰	有關漢字
東北及東夷	紅山文化	女神像、熊陶尊、熊頭人身像	熊(羽熊,天熊,飛熊)	羆＝一,壹
黄河中上游	仰韶文化	人頭壺	葫蘆	壹,壺
黄河下游	商,殷墟遺跡	人頭鳥身像	鳥(玄鳥)	玄鳥,鳦,王亥〔夒〕
長江上游	三星堆遺跡	人頭鳥身像(2號墓)鳥頭人身像(7號墓)	鳥(鳳凰?)	
淮河下游	連雲港遺跡	人面草	植物(穀類)	華,帝,英

四　"羆"的用例分析

對目前出土文獻中"羆"字用法的分析主要見於武漢大學簡帛研究中心網(http://www.bsm.org.cn)、劉志基(2013)和蔡麗利(2010)等研究論述之中。"羆"在鄂君啓節銘文中出現2次,在《望山楚簡》中出現2次,在《天星觀卜筮簡》中出現7次,在《包山竹簡》中出現4次,在《新蔡竹簡》中出現5次,在《上博楚竹簡》中出現2次,在《郭店竹簡》中出現4次,總計26次。此外,若包括中山王𦉢壺銘文的話,共有29例。但中山王𦉢壺銘文不是楚國文字,故不在此作分析。上述材料如下:

[1]《鄂君啓節》

01、屯三舟爲一舿,五十舿,歲羆返。(鄂君啓舟節,《殷周金文

集成》,121105)

02、車五十乘,歲罷(一)返。(鄂君啟舟節)

[2]《上博楚竹書》

03、季庚子問於孔子:"肥從有司之後,罷不知民務之安在。"(《上博楚竹書·五·季庚子問於孔子》簡1)

04、……夫子曰:"智而比信,斯人欲其[智]也;貴而罷讓,斯人欲其長貴也……"(《上博楚竹書·五·君子爲禮》簡4+9)

05、"王就之曰:夫彭徒罷(一)勞,爲吾謐之。"(《上博楚竹書·八·王居》)

[3]《郭店楚簡》

06、"淑人君子,其儀罷(一)也"。能爲罷(一),然後能爲君子,君子慎其獨也。(《郭店楚簡·五行》16)

07、罷缺罷盈,以忌(紀)爲萬物經。(《郭店楚簡·太一生水》7)

08、福而貧賤,則民穀(欲)其福之大也;貴而罷讓,則民穀(欲)欲其貴之上也。(《郭店楚簡·成之聞之》17—18)

09、罷(一)言之善,足以終世。(《郭店楚簡·語叢四》,25+3)

[4]《清華簡》

10、"湯或(又)問於小臣曰:人赫得以生?何多以長?孰少而老?固猶是人,而罷(一)惡罷(一)好?"(《清華簡·五·湯在啻門》)

[5]《包山竹簡》

11、罷禱於邵王戠(特)牛,饋之;罷禱於文坪夜君、郚公子萅(春)、司馬子音、蔡公子(家),各戠(特)豢,酉(酒)飤(食);罷禱於夫人戠(特)豭昔。(《包山》200)

12、罷禱於邵王戠(特)牛,饋之;罷禱於文坪(平)君、郚公子萅(春)、司馬子音、蔡公子(家),各戠(特)豢,酉(酒)飤(食);夫人戠(特)豭昔。(《包山》203—204)

13、罷禱於邵王特牛,大臧饋之。邵吉爲(位),既禱致福。(《包

14、䌛禱於文坪（平）夜君、郚公子䕞（春）、司馬子音、蔡公子（家），各戠（特）豢，饋之。邵吉為（位），既禱至（致）福。（《包山》206）

[6]《望山竹簡》

15、䌛禱先君東公戠牛，饋☐。（《望山》M1·112）

16、䌛禱王孫槑（巢）塚豕。（《望山》M1·119）

[7]《天星觀楚簡》

17、䌛禱大禍戠牛（《天星觀卜筮簡》）

18、䌛禱祉戠牛（《天星觀卜筮簡》）

19、䌛禱祉戠牛（《天星觀卜筮簡》）

20、䌛禱勞尚戠豢，酒食。（《天星觀卜筮簡》）

21、䌛禱西方全，豬豕。（《天星觀卜筮簡》）

22、䌛禱惠公戠豢，卑饋。（《天星觀卜筮簡》）

23、䌛禱卓公訓（順）至惠公。（《天星觀卜筮簡》）

[8]《新蔡楚簡》

24、以䌛禱大牢，饋（《新蔡》甲三 136）

25、疾䌛瘥䌛已。（《新蔡》甲一 22）

26、疾䌛瘥䌛已。☐。（《新蔡》甲三 284）

27、疾䌛☐。（《新蔡》甲三 365）

28、䌛已。（《新蔡》零 339）

[9]中山王䚄壺

29、曾亡（無）䌛（一）夫之載（救）。（中山王䚄方壺，《殷周金文集成》9735，戰國初期）

從上述材料可以看出"䌛"與"一"通用似乎是毫無疑問的，這一點也已被以前的研究所證明。而且，正如我們在"䌛"的造字理據中所看到的，"䌛"也與一些民族的出生神話有關，並將這種崇高的原型意識通過文字人類誕生神話的漢字考古學闡釋：釋"罷"

形式表達出來。正如"壹"不僅僅是一個簡單的數字，而是被後世作爲萬物的元氣和"道"一類的崇高概念，"罷"也有相同的內涵。故如果"罷"與"一（尤其是壹）"被作爲同樣的含義使用的話，我們應該仔細研究"罷"出現的文本，看看整體語境是否有問題。

首先，讓我們把重點放在"罷"在不用語境的字義上。①

① 數字：一、第一、一場、一面：07 罷缺罷盈；09 罷言之善；29 曾亡（無）罷（一）夫之栽（救）。03 罷不知；05 罷（一）勞；10 罷（一）惡罷（一）好。

② 連詞：一方面……，另一方面……：25、26 疾罷贋罷已；27 罷□；28 罷已。

③ 同一：06"'其儀罷（一）也。'能爲罷（一）"。

④ 盈滿：01、02 歲罷（一）返、歲罷返。

⑤ 始終如一：04、08 貴而罷讓。

⑥ 熊圖騰：11—24"罷禱"。

首先，如①所示，"罷"被用作一個數量詞，即數字一。例 07"罷缺罷盈"就是"一缺一盈"，例 09"罷言之善"是"一言之善"②，都可以解釋爲一。另外，例 29"曾亡（無）罷（一）夫之栽（救）"中，亡即無，罷即一，栽即救。這些都是將"罷"解釋爲最基本的意義"數字一"。

其次，如②用作一個連詞，意思是"一方面……，另一方面……"。這與現代漢語選擇題中問兩個對稱的概念是怎麼回事類似。由於問題是對稱的，所以答案只可能是其中一個。例如，"疾罷贋罷已"問的是一種疾病是會持續下去或是被治癒。更現代的解釋是："疾病會好嗎？還是會持續

---

① 除了"一（壹）"字的數字、道、元氣、一切等實詞語義外，還有（1）皆、（2）或、（3）忽、（4）太、（5）既已、（6）乃、（7）則、（8）語氣詞等虛詞語義（見裘學海，1983 年，213—217 頁）。

② 正如《左傳》之"一言而善"，《韓非子》之"是以不言而善應，不約而善增"之語。

下去?"現代韓語中也有"一邊……一邊……"這種形式。

第三,如③表示"相同"之義,引申自數字"一"。例如,例6中的"'其儀罷(一)也。'能爲罷(一)"就屬於這一類。

第四,如④表示"盈滿"之義,如例1、2中的"歲罷返"。于省吾對此作了詳細的闡釋。他認爲此處"罷(一)"是一個羸字(這裏省略了貝)。在金文裏,羸和嬴經常互換使用。羸有"餘"的意思,而嬴是作爲姓氏使用的。從這裏分化出來的字叫"盈","盈"是"滿"的意思。① 所以"歲罷返"即"歲滿返",意思是"歲滿而返",說明通行證的有效期是一年。②③《禮記·禮運》有"皆有期以返節"之語,可見符節是有時效的。這也與陳世輝、湯餘惠(2011)"一年之内還一次"的説法相吻合。④

如果"罷"只是單純的數字一的話,就變成了"歲一返",意思是"歲末歸來"。因爲歲是指一年,與一同義的壹,描繪著"壺裏元氣盈滿"之象。尤其與此句之前的"屯三舟爲一舿"(《舟節》)和後一句的"屯十台堂一車"(《車節》)等語比較,"罷"顯然與一作爲數字的用法不同,更接近於壹,強烈表達了"盈滿"之義。

這樣一來,"一"不是指"一返"的頻次,即"一年返回一次",而是指"在一年結束時返回",也可以解釋爲符節允許使用"直到一年結束",即一年的時間。

此外,在《舟節》和《車節》的同一内容中都用"一"來表示器物的數量,這説明"一"和"罷"雖然在意義上是相同的,但在語用上還是有區別的。由此,例07"罷缺罷盈"顯然應該看作是"一缺一盈"。如果將這裏的"罷"看作是"羸"的後起字"嬴",它應該被解釋爲"滿",而"罷"和盈連在一起出現會導致語義重複。

---

① 于省吾(1963),444頁。
② 鼠爲義符,一爲聲符,義爲"一"。劉祥(等)(2004),196頁。
③ 姚漢源(1979)説,它是"翼"的異體字,"翼"與"翌"相同,意思是"明年回來"。(《安徽省考古學會刊》[第一至第八輯合訂本]安徽省文物考古研究所專題資料匯編)
④ 陳世輝,湯餘惠(2011),257頁。

人類誕生神話的漢字考古學闡釋：釋"畀"

第五，如⑤表示"始終如一"之義，例04、08中的"貴而畀讓"屬於此例。學者們對此提出了各種解釋。一種解釋是把"畀"解釋爲揖，意思是"揖讓"。也可以把它解釋爲"一"或"壹"，意思是全心全意。相比較之下，後者在語法和語境上更加合適。

> 故君子不貴庶物，而貴與（第16簡）民有同也。智（知）而比卽（次），故民谷（欲）其智之述（遂）也。福（富）而貧（分）賤，則民谷（欲）其（第17簡）福（富）之大也。貴而畀讓，則民谷（欲）其貴之上也。反此道也，民必因此厚也（第18簡）以復之，可不慎乎？（第19簡《成之聞之》）

換言之，"貴而畀讓"這句與前面兩句"知而比次"和"富而貧賤"形成對文。其中"知—富—貴"構成對文，而"比次—分賤—畀讓"構成對文。雖然在這些字詞的訓釋有一些分歧，但"比次—分賤—畀讓"分別與"知—富—貴"有關，指的是當一個人變得有知識、有財富或地位提高時應該做什麼。因此，"比次—分賤—畀讓"可以分別解釋爲"遵命""分貧""謙讓"之義。這樣做，人們會希望獲得更多的知識、更多的財富和更多的高貴。知識越多，財富越多；地位越高，秩序越好；財富越多，貧窮越多；謙卑越多，地位越高，就越能贏得民心。

最後，如⑥用作"畀禱"之例。雖然對例11—24中"畀禱"的解釋有很多，但大家都認爲它與祭祀有關。例如，吴郁芳（1996：75）説："在《包山竹簡》，這是經常舉行的儀式之一，其對象只限於死者的直系祖先，即從他的父母到楚國的周朝的昭王，其目的在於求得祈福（與驅除災難之義的"功解"不同）。"特別是"畀禱"在《包山竹簡》的相當重要（共53枚），是對"卜祭禱"的記錄。"卜祭禱"是楚國貴族在年初爲了預測一年的吉凶，或在患病時爲了治療而進行的占卜祭祀活動。楚簡中記載的占卜形式分爲五段，與甲骨文的形式相似，包括前辭、命辭、占辭、禱辭，第二次占辭等。李零認爲：此是經過二次占卜進行的結果，其中前辭、命辭、占辭屬於第一次占卜;第二次命辭①和第二次占辭屬於第二次占卜。② 前辭包括舉行占卜的日期和時間、進行占卜的貞人和占卜的對象,命辭包括占卜的内容,占辭則記録了占卜的結果,即占卦。在第二次命辭中,占卜者詢問如何解決第一次占卜中將發生的灾禍,第二次占辭包含了在第二次命辭得到的解决方案(即祭祀或對策)是否合理。

"罷禱"出現在第二次命辭中,是從第二次命辭中得到的解決辦法的具體做法,它與"賽祭"和"塱祭"一樣,是《包山竹簡》中三種辟邪的祭祀方式(大概是善)之一,與祭神和祭女並列。罷禱、賽祭(賽禱)、塱祭包括爲誰祭祀,用什麽祭品,以及如何祭祀。在這三種祭祀中,一多祭祀與其他兩種祭祀有些不同,它主要是爲死者或其直系祖先舉行的,祭祀的動物是特别飼養的牛,而且祭品是煮熟的。

關於罷禱、賽祭(賽禱)、塱祭這三個儀式名稱的象徵意義,工藤元男(1950—)認爲"它們可能是爲一年的吉凶進行占卜的占卜師和爲治病進行占卜的占卜師在自己的團體内使用的儀式名稱""它們之間没有本質的區别"。③ 然而,如果這些是"被召到楚國最高貴族邵佗家的占卜師群體内使用的儀式名稱,他主要對邵佗本人進行占卜,但也對其直系祖先進行占卜",那麽我們可以認爲它們指的是楚國最正統分支的儀式做法,該分支仍然保留着熊崇拜的傳統。④

從上面的例子可以看出,除了"罷禱"之外,將戰國文字出現的"罷"字替换爲"一"是没有問題的,但"一"不單單是作爲一個數字,而是更深地浸透了"盡心盡力""全心全意""誠心誠意"之義的"壹",這是因爲

---

① 李零認爲它是第二次命辭,因爲它問的是如何解决算命的結果。但彭浩却稱其爲"禱辭"。因爲它問的是解决不吉利的命運或不幸的問題,希望能解决它。
② 李零(1993),《包山竹簡研究(占卜類)》。
③ 工藤元男(2001),86頁。
④ 當然,這個節日的性質需要進一步討論。例如,宋華强(2006)注意到"罷"讀爲"一"這個事實,又在古代文獻"壹"與"乃"通用,認爲"罷"該讀爲"能",而"能"可與"烝"通用。"烝"又是《爾雅·釋天》所説"祀、蒸、嘗、禴"那樣,是按季節祭祀的時祭的一種,來自"登祭"。(見1—3頁)。

"羆"所包含的神話象徵意義比"一"的單純數字意義更接近"壹"的意義。

五　漢字考古學的闡釋

上文討論了"羆"的造字理據,即"羽"與"能"的上下結合,這集中體現在戰國時期的楚系文字中。同時從多方面論證了"一"能與"羆"通用的原因,並將一的來源追溯到壹字。正如"壹"是人類從"葫蘆"中誕生的神話的反映一樣,"羆"也是人類從"熊"中誕生的神話的直接反映。現用漢字考古學的方式將其總結如下:

首先,從字形結構上看,"羆"是爲了強調特殊含義,而在原來"能"字的基礎上加上意符羽分化來的"分別文",是"從羽能聲"的形聲結構。因此,"羆"代表"有翅膀的熊",這可以看作是熊圖騰和宗族從熊中誕生的神話的反映。在各種文明中,翅膀"屬於太陽,代表神性和靈性;也象徵著有翼之神的自由運動、保護、無孔不入的力量、異世界的力量、不動搖、無所不在、空氣、風、自發運動、飛行時間、意外緊急、意志、靈神、自由、勝利和迅捷"。①

因此,翅膀是天空和神靈的象徵。② 從語義上講,"羆"直接反映了人類從熊中誕生的神話,這一點從壹的造字原則中可以看出。③ 也因此,

---

① 特別是在中國,"有翼的龍是天的力量,天馬有翼,屬於陽。比翼鳥,每只都只有一個翅膀,代表堅不可摧的結合,忠貞不渝,是一對戀人"。Gene Cooper(1994),454頁。

② 另一方面,有些人將羽視爲"鳥圖騰"的象徵,把檀君神話解釋爲熊和鳥圖騰的結合。例如,根據高句麗壁畫中的"神樹"、角抵冢一號墓的"熊和神樹"以及遼寧省平崗出土的高句麗銅飾上的"翅膀"符號認爲這些是"鳥"的象徵,並將其與三足鳥代表的鳥圖騰聯繫起來,解釋爲與朝鮮半島民族起源有關的韓族(鳥圖騰)、貊族(熊圖騰)、濊族(虎圖騰)的融合。(見 Lim,Jae-hyun,2022)1977年從河北省平山縣三汲村戰國時期中山國王墓出土的金銀鑲嵌的"錯金銀雙翼神獸雕塑",也可以被解釋爲鳥族和虎族圖騰群體結合的象徵。然而,將羽作爲"鳥圖騰"的解釋需要進一步討論。

③ 葉舒憲(2018)認爲殷墟婦好墓出土的"石怪鳥"(奇形怪狀的鳥類雕塑),實際上是頭像鳥的坐熊,可稱爲"熊鳥",這一傳統由"飛熊"延續,在漢代的雕塑中經常出現,反映了古人的鳥和熊圖騰。(174—176頁)這些熊鳥和飛熊與"常見的鳥熊崇拜"圖騰無關,反而是與"有翼的熊"有關,從而提供了它們是"熊圖騰"遺留物的可能性。

"𦐇"與反映了人類葫蘆誕生神話的"壹"能在同一語境上使用,也能與意味着"萬物之源"的"一"字通用。在表示"誕生""始源"意義上,"𦐇"是一個與"壹"意義相同的字,都能與"一"通用且意義和語音相同,只是字形不同,故"𦐇"不是"一"的假借字,而是異體異構字。

其次,"𦐇"是"人類從熊中誕生"的神話的直接反映,這不僅有文學資料的佐證,還有民俗學、人類學、神話學等資料的佐證,如各地與熊有關的地名、楚王室世系中留下的熊的標誌和象徵、以黃帝軒轅和有熊氏爲代表的中國熊圖騰文化、以桓雄和熊女爲代表的檀君神話、以鄂倫春和鄂溫克族爲代表的鬥熊舞等。此外,紅山文明中發現的熊陶尊和熊陶塤以及熊頭女神像等各種考古學方面的資料,都可以作爲此論證的旁證材料。

第三,"𦐇"沒有出現在秦系文字中,更沒有出現在甲骨文中,而是集中出現在楚系文字中。因此先秦時期,"𦐇"字的使用區域也屬於楚國,在秦國一統六國後統一文字的過程中"𦐇"字才消失。據此我們可以推斷出"𦐇"字形的變化過程如下(→:直接傳承;…>:間接傳承):

隸定	甲骨文	金文	戰國文字	小篆
能			→	
熊		→	→	
羆			→	
𦐇		→	……>	
羆羆				

28

人類誕生神話的漢字考古學闡釋：釋"羆"

　　第四，"羆"很可能是一種東夷文字，這將使我們能夠進一步擴展研究，因爲它能夠進一步揭示古代中國文明的三個主要系統——華夏文明、東夷文明和三苗文明之間的關係。① 此外，中山王譽壺銘文則可能反映了熊圖騰的一條傳播路綫，這條路綫始於紅山文明並分流，一條路綫以中山國所在地爲出發點向西南傳播至秦國和楚國②，另一路綫則通過朝鮮半島向東南傳播至日本。③

---

①　例如，徐旭生（2012）寫道："經過對編撰資料的比較審查，我們可以將中國商代的部落大致分爲三組：華夏、東夷和苗蠻，它們又可以進一步細分爲六個支派部落。"（23頁）關於補救性的論證和解釋，見第二章，"中國上古時代的三大部族集團"，93—326頁。

②　關於秦族的起源有幾種説法，但據説是在山東濟南的臨沂附近。《史記》認爲秦族即在商朝後期中滿時期爲了保護西遷而遷往西戎地區，見《秦世家》。關於秦人的起源有幾種説法，包括東來説、西來説、南來説和北來説。東來説認爲，秦族和楚族都是高陽氏的後裔，高陽氏屬於東夷族集團，他們的祖先都在東部的海岱地區（今山東的渤海和泰山之間的地區）。北方説認爲，楚族起源於北方的中原地區，20世紀30年代由傅斯年、張蔭麟和徐旭生主張。然而，近年來，根據最近發現的河南《新蔡葛陵楚簡》和《清華簡·楚居》等材料，許多學者都傾向於北方起源説。見黄瑩（2015），46—52頁。

③　熊圖騰文化的傳統起源於紅山文明，並通過朝鮮半島向東南延伸至日本，將在另一篇論文中介紹，所以這裏不做討論。

"漢字考古學"方法論建構及漢字研究的領域擴張

1. 何謂"漢字考古學"?

亞洲東部的漢字、中東地區的蘇美爾楔形文字、北非地區的埃及聖書體文字、中美洲地區的奧爾梅克-瑪雅(Olmec-Maya)文字被認爲是世界四大起源文字。然而只有漢字自創造之初一直沿用至今,是唯一一套能夠在文字中表達意義的文字系統。①

因此,漢字中不僅保存了其創製時的原始意圖,而且在其悠久的歷史中,不同的字形所反映的思考痕跡都被非常系統地保存了下來。此外,漢字很早就被擴展到漢字文化圈中其他鄰國,因此其發展過程也經歷了異域的各種變革。從這個角度看,漢字不僅超越了當下的時間,而且在空間上也超越了某一國家的使用範疇,可以說是一種超時空的文化檔案,也是一個活化石。這正是漢字與其他文字,特別是表音文字能區分開來的一個特點。

由於此種特性,相較於其他文字,漢字能容易從詞源和語用變遷的角

---

① 參見陳光宇等(2021),附錄7"世界四大起源文字的起源",第394頁。

"漢字考古學"方法論建構及漢字研究的領域擴張

度來研究其所反映的文化和思維方式。反過來,這也顯示了這一優勢在漢字學研究中的必要性。但進行這類研究不僅需要基於其悠久的使用歷史進行歷時性的考察,還需要將其與其他區域的相似文化作整合性研究,其在漢字文化圈內的比較研究也必不可少。這使得這種實踐並不容易,也難以得出高質量的研究成果。再者,"漢字文化學"這一學問的歷史並不悠久,其定義、研究對象及方法論也尚未明確確立。這使這一研究變得更加困難。[1]

本文基於這種認識,提出了"漢字考古學"這一概念作爲一種解決方法,並試圖通過對實例分析來進行定義,並描述研究的具體過程,以初步檢查此方法論的建設可能性。至今,"漢字考古學"這一術語幾乎未被使用,即使在少數情況下被提及,其概念也與這裏所描述的學術方法論有所不同。[2]

首先,讓我們探討"漢字考古學"這一詞彙。此語組成自"漢字"與"考古學"兩詞。僅就"漢字"一詞而論,其定義就非常多樣。狹義的漢字

---

[1] 與1980年代中國學開始興起的"文化研究熱"一同出現的"漢字文化學"這一術語,1990年由何九盈等人在《漢字文化學論》中首次提出。1994年王寧在《說文解字與漢字學》中將漢字學的研究領域劃分爲漢字形義學、漢字字源學、漢字字用學、漢字文化學,使其逐漸確立。何九盈的《漢字文化學》(遼寧人民出版社,2000年)也在一定程度上推動了其普及化。之後,中國國內雖然以同樣的名稱出版了多部著作,但"漢字文化學"的指向和內容,究竟是"漢字文化+學"還是"漢字+文化學",究竟是從文化學的角度研究漢字還是研究漢字所反映的文化性,學者間存在一些爭論。例如,王寧認爲應"從文化學的角度觀察和解釋漢字",而何九盈則認爲應"從漢字的角度出發,討論它們與文化之間的關係"。劉志成(2003)使用"文化漢字學"這一術語,認爲應"從文化的角度考察漢字"。筆者在先前的研究中也定義"漢字文化學"爲"研究漢字背後所反映的文化"(河永三,2011)。有關中國漢字文化學的研究史,可以參見金恩熙(2013)。早期的相關目錄和概述,可參看宋永培(1993)的著作。

[2] 筆者在《漢字與écriture》(2011)中嘗試建立一種拆解漢字在"構造成文字"以前的意義,並將其作爲考古學的發掘和人類學解釋的重要實證依據的方法論。在此,"écriture"被解釋爲文字之前的文字,即"原(proto)文字"。周清泉在《文字考古》(四川人民出版社,2003,第一卷)中也有類似的嘗試,他使用"文字考古"這一術語,嘗試透過文字來解讀中國的古代神話和武術文化中的原始意識。李敏生在《漢字哲學初探》(社會科學文獻出版社,2000)中通過"漢字哲學"這一概念進行了類似的嘗試。干樹德(1993)首次使用了"漢字考古學"這一術語,但他指的是"使用考古學資料進行的古文字考釋",與這裏描述的研究方法論在意義上有很大的不同。

特指由漢族所使用的中國文字;廣義的漢字還包括了在漢字的基礎上發展而來又有所變化的鄰近國家的文字。①

然而,此處所謂的"漢字",考慮到要對其詞源進行分析,因此特指狹義的由漢族使用的文字。但在後面的對比研究中,我們認爲不應僅限於中國,還應包括韓國、日本、越南以及整個東亞地區,甚至全球範圍的海外華人社會中使用的漢字。至於"考古學",正如《標準國語辭典》中所定義的,是一門"通過文物和遺址來研究古代人類的生活、文化等"的學問,也可以説是一門對某些目標物進行挖掘、解讀、驗證,並解釋其內含意義的學術研究。

故此,"漢字考古學"可定義爲"通過漢字留存的痕跡,探究和解讀背後的無言文化史"的學科。它專門研究漢字,並通過其詞源揭示漢字所反映的文化特性。在此論證方法中,語言文字學、文獻學、考古學和人類學等各種資料均可被利用。②

换句話説,透過與"語言文字學、文獻學、考古學、人類學的資料"的聯繫和相互驗證,對"在漢字中反映的漢字文化領域的原始思想和原型"的探討,即可定義爲"漢字考古學"。③

---

① 見河永三(2013)第 19—20 頁。此外,中國還有一種稱爲女書的漢字變體,是在特定區域被特定漢族階層所使用。還有中國的少數民族所使用或曾使用的文字,例如:契丹文字、西夏文字、女真文字,還有方塊壯族文字、方塊白族文字、方塊苗族文字等,雖然演變程度有所不同,但都可以説是根據漢字變化而來。

② 從這一意義上看,這可以稱爲"四重證據法"。20 世紀 20 年代,王國維曾將傳世文獻與新出土的甲骨文進行對比,並稱這種方法爲二重證據法。此後,也出現了三重、四重證據法等名稱,但其具體含義在使用者間存在差異。例如葉舒憲(2019)認爲利用傳世文獻、出土文獻、田野調查資料以及出土文物和圖像等多樣化材料進行證據間的相互證明可以稱爲四重證據法,他在《四重證據的立體釋古方法——"熊圖騰"與文化尋根》(《華夏文化論壇》,2010 年第 9 期)中也表達了同樣的觀點。

③ 當然,這裏所説的"考古學"可以讓人想起米歇爾·福柯的《知識考古學》中所描述的"斷層沉積"和"認知體系"。但"漢字考古學"强調的是揭示漢字背後的文化意識,並與文獻學、人類學,特別是考古學的實物資料相結合。即其强調的不是"斷裂性",而是各種資料之間的相互印證以及與後續文化之間的"連續性"。因此從這個角度出發,考古發掘資料的文化解讀讓人想到了"漢字考古學"這一名稱。對於以前的嘗試,可以參見河永三(2011)和 HA Youngsam(2021)。

此種研究意在將原有的漢字學領域擴展至文化研究,且在與相鄰學問的交接中,將過去僅限於漢字內部的視角擴展到外部,以進行新的解讀並開拓新的相關領域的研究,此舉在學術上有著拓展研究視野、研究領域的意義。進一步而言,這對相鄰領域,特別是語言學、文獻學、考古學、人類學等,也將產生相同的有效影響,通過交叉研究同時拓寬其學科的學術視野和學術領域。

爲完整地構建"漢字考古學"的方法論,我們打算通過筆者先前深入探討的"壹"字的詞源及其相關象徵分析作爲實踐案例進行檢視。因此,我們將從(1)文字學的角度探討"壹"的詞源和象徵;(2)從考古學角度研究壺及人面壺的象徵;(3)從人類學角度研究葫蘆的崇拜傳統;(4)梳理出土文獻中的相關資料;(5)梳理延伸研究的各種相關資料,例如黃河中上游地區的人面壺、中國東部海岸的連雲港巖畫、西南部的滄源巖畫、商代後期的殷墟鳥頭人身像、四川省的三星堆人頭鳥身像、紅山文化的女神像以及熊陶尊等。此外,還對與這些資料相關的文字資料以及其意義進行簡要的討論。

2. 漢字學:"壹"的詞源與象徵

(1)"壹"的詞源

"壹"是"一"的另一種書寫方式,根據現有的資料,其最早見於戰國時期。[①] 正如我們所知,一最早見於甲骨文,其使用歷史相當悠久,且在漢

[①] 例如在秦始皇統一文字的時期,記爲 ▨(始皇詔版 1)、▨(始皇詔銅權 2)及 ▨(始皇詔銅權 10)等。《説文》的小篆字形中,壺内清楚地有吉的形狀。但在更早期的其他秦文字中,壺被記作 ▨(秦封宗邑瓦書)、▨(《詛楚文・巫咸》)、▨(秦綱玉版・甲)及 ▨(《睡虎地秦簡・日書甲》59 背),這些文字以壺取代了壹。因此,帶有聲旁吉的壹可能還沒有進一步區分。參見林宏佳(2021),4—7 頁。在 2017 年公開的《清華大學藏戰國竹簡(柒)》中,也出現了 ▨▨(《越公其事》19 "壹弌子弟")等,這表明它不僅限於秦文字,而且可以追溯至《清華簡》的撰寫時期,即戰國中晚期(約公元前 305±30 年)。

字中具有特殊意義。一代表了某種抽象的"一"。①

然而"一"不只是一個簡單的數字"1",它是創造萬物的元氣,也是道。這與西方的"The One"相對應,具有至高無上的概念,與"Logos"的重要性相當。那麼,"一"是如何從單純地表示"一個"的數量詞擴展到這麼崇高的概念呢?在甲骨文中,一是通過簡單的橫筆劃表示某物"一"的,因此也難以發掘其文化象徵性。但後來出現的複雜字符"壹"由不同的意符組成,這些意符就成爲發掘其意義來源的有用資料。那麼,"壹"是如何形成的,又爲何在已有用"一"來表示"一"這一概念的情況下,創建了如此複雜的新字符呢?

《説文》(壺部)對秦小篆中"壹"的詞源解釋如下:

壹:專壹也,从壺吉聲。

許慎認爲"壹"有"全一"的意思。但是公元前221年,秦始皇統一全國後頒發的詔書中記載:"廿六年……乃詔丞相(槐)狀、(王)綰,法度量則,不壹歉疑者,皆明壹之。"此處的"壹"用作"統一""一致"之意。古文獻中雖有如"志壹"(意念一致)或"氣壹"(氣勢一致)的用法②,然而卻没有更進一步的詳細解釋,這使得對"壹"的詞源進行深入的研究變得困難。更關鍵的問題是,如何從"壹"的組成部分"壺"和"吉"中表示出"全一"或"統一"的意思。在《説文》之後,雖然有許多學者對"壹"中的"壺"和"吉"的功能進行了深入的討論,但這些闡釋都不盡人意。隨著甲骨文等材料的發現以及詞源研究的進展,我們推測"壺"象徵著壺狀物,而"吉"可能有對男性生殖器崇拜的痕跡,但二者如何結合成"壹",並具有"全

---

① 在戰國時期的楚文字中,有加上弋的異體字式,《説文》古文中也保留了該字的字形。弋不僅扮演聲旁的角色,還表示古代社會中重要工具的"箭",代表了需要計數的"物品",這同樣適用於式和弒。

② 例如在《孟子·公孫丑》中:"志壹則動氣,氣壹則動志也。今夫蹶者趨者,是氣也,而反動其心。"

一"的意思,或被作爲"一"的另一種寫法使用,相關的研究成果仍然不夠充分。

《説文解字》中,將"壹"字歸屬於"壺"部首下,而在"壺"部首後又設立了"壹"部首,將"壹"和"懿"作爲归屬字(見第 10 卷下,第 395"壺"部首,第 396"壹"部首)。考慮到《説文解字》中連續的部首(第 395"壺"部首和第 396"壹"部首)不僅在形態上,且在語義上都有著緊密的關聯,[①]據此,我們可以推測"壹"與"壹"在語義上有著密切的聯繫。[②] 此外,《説文解字》中的"壹"雖然是獨立收錄,但在實際使用中常見於"壹壹"這一組合形式,説明它們在語義上有緊密的關聯。而《説文解字》對"壹"的解釋也反映了此點。

壹壹也。从凶从壺。不得泄,凶也。《易》曰:"天地壹壹。"

如此,許慎認爲"壹"指的是"壹壹",即"聚集而未能發散的氣"和"密集,欲要上湧的狀態"。雖然《説文解字》獨立地收錄了"壹"這一字,但"壹"在古代漢語中的使用與《説文解字》中的例子一致,並不是獨立使用,而是如"壹壹"這樣的雙音節結構。例如,《周易》中形容"天地之間的氣聚集在一起以造化萬物"的狀態,就用"壹壹"來表示。當然,在我們今天所看到的各種文獻中,它也被記作"絪緼"、"氤氲"、"烟煴"等。例如,班固《東都賦》中曾寫:"降煙煴,調元氣。"《南齊書・樂志》中也提到:

[①] 高明(1978)在《論説文解字之編次》中指出,《説文解字》的部首和各部首内的归屬字的排列頗爲有序,部首的排列"以形態的聯繫性爲最普遍的原則"(113—114 頁),而归屬字的排列則"以語義的聯繫性爲最優先的原則"(117 頁)。

[②] 在《説文解字》第 10 卷下,設置了第 395 部"壺",包含"壺"和"壹"兩字;第 396 部設置了"壹",包含"壹"和"懿"兩字。因此,這兩個部首共包含了四個字,從形態和語義的聯繫性來看,完全可以不將"壹"設爲獨立的部首,而將"壹""壹"和"懿"都归屬於"壺"部首下。然而,將"壹"設爲獨立的部首,很可能是因爲"一"在漢字中所承載有象徵意義。《説文解字》將"一"作爲 540 部首中的首部首,也是其所收錄的 10 516 字(包括 1163 個"重文")中的首字,其語義不僅是"一"或"單",而是將其描述爲"惟初太始,道立於一,造分天地,化成萬物"。這與"壹"的象徵意義相吻合。

35

"駕六氣,乘煙熅。"《昭明文選》中引用《廣雅》來注:"絪縕,元氣也。"

從這個角度看,"壹壹"很可能是一個聯綿詞。聯綿詞是一種雙音節詞,這在以單音節詞爲主的古代漢語中較爲特殊。它的特點是成詞的兩字不會單獨使用,且這兩個字之間通常具有諸如對仗、重疊等音韻上的相似性,並擁有多種寫法。如果"壹壹"確實是一個聯綿詞,那麼這兩個字之間必然具有密切的語義關係。正如《説文解字》對"壹"的解釋,認爲它意味著"氣勢旺盛地聚集在一起的樣子",那麼"壹"的"整體"之意也很可能與此緊密相關。

除此之外,《説文解字》將"懿"與"壹"共同歸於"壹"部首。因此,"懿"亦與"壹"在語源上密切相關,這對其原義的探討亦可提供一定的啟示。《説文解字》對"懿"的解釋爲:"專久而美也。从壹,从恣省聲。"①②

在古文字中,"懿"以 ![金文字形] (金文)等方式書寫,其中"壹"和"恣"均爲義符。雖然"壹"可能同時兼具音符功能,但由於《説文解字》將其歸入"壹"部首,我們暫時將其視爲一種會意結構。未分化的陰陽氣質集結而形成一切,結合了"壹"所代表的"集中"和"恣"所代表的堅強意志,從而給予了其"美好"和"生命的誕生"這樣的含義,並從中衍生出"深厚"和"偉大"的意思。③

從上述分析可以看出,不論是"壹"、"壹"還是"懿",它們都指向一個共同的目的,即"萬物生成時,那種糾纏在一起的陰陽氣質"。而這一切都源於共同的義素"壺"。

---

① 但段玉裁《説文解字注》對此進行了補充和修正,稱蓋或淺人所改竄,應當是从心和从欠爲義符,而壹同時爲音符。
② 《段注》補充説明,許慎將"懿"的意義解釋爲"嫥久而美也",其中"嫥"即是"壹"的意思。《爾雅·釋詁》與《詩·烝民》之"傳"都稱"懿"爲美好之意。《周書·謚法》中説:"柔而能克者稱爲懿,溫柔且有聖善者稱爲懿。"許慎認爲,由於字中含有"壹",因此加入了"專久"的解釋。只有專心一致,才能夠持久;只有持久,才能達到美好。《小爾雅》和《楚辭注》中,"懿"被解爲深遠之意。《詩·七月》"女執懿筐",《毛傳》訓"懿"爲深深的籃筐,"深"即是"專壹"的意思。從這角度看,段玉裁認爲"壹"所蘊含的義素,即深沉而又集中的氣質匯聚成一,也是"懿"這一詞代表"美好"意義的根源,因此成爲古代文獻中用來稱讚内在美德的詞彙。
③ 參考河永三(2014)"懿"的解釋。

(2)"壺"原意

"壺壺"中的"壺"和"壺",代表"氣質旺盛地聚集的樣子",均以"壺"作爲義符,以"吉"和"凶"作爲音符。雖然《説文解字》以"吉"爲音符,以"凶"爲義符,但需要注意的是"吉"也具有義符的功能。而二者共同使用的義符"壺",在字形上描繪了青銅時代的容器"壺"。《説文解字》中,"壺"的解釋是:

昆吾圜器也。象形。从大,象其蓋也。凡壺之屬皆从壺。

此所述之"壺"爲器物,其器物模型是通過模仿自然界中的生物而得到的。"壺"的真實原型應爲"葫蘆瓢皮"。從作爲自然物的葫蘆瓢皮演變出陶製的葫蘆瓶,後隨著青銅時代的來臨產生了青銅葫蘆瓶,這或許就是"壺"字的原形。因此,《説文解字》將"壺"歸入象形字,爲"圓形的器物",且上方描繪了"蓋子"之形。

那麽"葫蘆瓢皮",或是模仿其形態的器物"壺",是如何與代表"全體"以及"創造萬物"的"壺"産生關聯的呢?好在葫蘆瓢皮不僅僅是"葫蘆瓢皮"這一實物,它在古代中國文明,甚至在現代仍持有特殊的象徵意義,我們可從多處證據中確認這一點。對於其象徵意義,我們將在後面再進行討論。在此之前,我們需要探討"吉"和"凶"的語源和象徵意義。

(3)"吉"與"凶"的語源

在《説文》中,"吉"被視爲"壺"的聲符,而"凶"被視爲"壺"的義符。"壺"的聲符真的只有"吉"嗎?事實上,關於漢字中的聲符在表示音讀外是否也具有義符的功能的問題,長期以來一直存在爭議。近年來的研究結果顯示,聲符除了表音的功能,還具有表義的功能。在編寫《漢字語源辭典》的過程中,其作者通過分析字符形態得到的結論也能支持這一觀點。[①]

---

① 在分析《漢字語源辭典》的詞源時,除了少數特殊的後起字、新生字外,聲符的字義表示功能是完全可行的,這已經有實證證明。參見《漢字語源辭典》(2014)"序言"部分。

若將"吉"不單單視作聲符①,則需要從詞源的角度,對"壹"中的"吉"與"壹"中的"凶"的意義來源進行更深入的探討。

吉:甲骨文中以"🙰"表示,關於其字源意義,學界尚有不同看法。其中一說認爲,上方部分是箭尖的形狀,而下方則是容器的象形,用於存放此種武器的容器必須堅固,而"堅固"即意指"吉祥"或"好"的意義。另一解說是,上部象徵祭祀的祠堂,而下部是入口,從祠堂期望"好事"發生的儀式,由此而得"吉"的意。②

凶:其古文字字形見於出土簡帛文獻。初衷是描述在死者胸部刺痕(或稱刺青)以便魂魄能從肉身中分離的形象,此外還有"害、凶、壞、過度"等意義。這似乎體現了古代社會爲阻止腐敗而採取的措施。爲了明確其意義,於"凶"上加上"儿"形成了"兇",此外"凶"再加上"勹"變成了"匈",最後再添加"肉"或"月"成爲"胸"。③

關於"吉"的字源,學術界已經提出了衆多的觀點,但筆者認爲郭沫若的解釋最爲切合。也就是說,"吉"可解讀爲古代原始社會半地下的"窩"的入口以及其上放置的男性標誌物,④這與古代社會普遍存在的生殖崇拜相關。與上文描述相似,"凶"描述的是胸前的疤痕,隨著時間推移,它被用作"不吉"的意思,爲了強調其原始位置,於是添加了整體的人形"勹"

---

① 故段玉裁亦曾如此評述:"許釋之曰不得潎也者,謂元氣渾然,吉凶未分,故其字從吉凶在壹中會意。合二字爲雙聲疊韻,實合二字爲一字。"
② 參見河永三(2014)對"吉"的詮釋。
③ 參見河永三(2014)對"凶"的詮釋。
④ 詳見郭沫若,《釋祖妣》。馬叙倫在《說文解字六書疏證》中解釋說,它是爲了祈求平安和吉祥而置於家門前的象徵物,與郭沫若的解釋相符(見《古文字詁林》第二卷,8586頁)。且描繪了男性生殖器來映射對祖先的崇拜,"祖"也與此傳統相關。此外,李實(1997)《釋士》認爲"吉"的上部分"士"描繪的是男性生殖器,這反映了原始的生殖崇拜。當然,關於"吉"在甲骨文中的字形存在多種解讀,《說文》認爲從"士"的話與"口"中衍生出"善"的意思;于省吾《釋吉》認爲"吉祥"意義是從將武器存放在箱子中而來的;許εεε認爲"冂"表示深坑,"↑"代表鑄模,鑄造青銅時將其置於坑中使其冷卻速度變慢,從而生產出"優質"的武器,即"優秀"的意思(《甲骨文高級字典》,396頁)。

來形成"匈",又添加了"人"形成"兇",然後又添加"肉"形成"胸"。此外,胸前的疤痕可被解讀爲"使死者的靈魂從肉體中分離的儀式"。這與"文"的字源"爲了使靈魂能從肉體中分離而在屍體上刺刀"直接相關,並且與"微"的字源反映了"原始社會中殺害老人"的傳統一起,反映了原始社會時期爲了使靈魂從肉體中分離而流血的儀式。①

根據此觀點,"吉"與"凶"在意義上均與"生命的誕生"有關。② 此外,儘管它們表面上似乎具有對立的意義,但它們實際上是"對立統一"的結果。這也可以被視爲古代漢字中常見的反訓現象之一,其中反訓的"認知架構(Estheme)"使這兩種對立不再對立,而是統一,並可以作爲相同的意義元素。③

因此,從某種意義上說,壹和壺在字形和字義上既是不同的也是相同的。這種內在特性可能使壹和壺結合成爲連綿詞。基於這種認識,壹和壺的意義發展和字符分化的過程,可概括如下。④

壹 壺 混沌 道生一	→	吉　陽 凶　陰 陰陽分離 一生二	→	壹壺 陰陽結合 二生三	→	萬物 生成萬物 三生萬物

從這個角度看,在"壹"的小篆字形中,壺是義符,吉是聲符,其字形經過演變,變成了現今的形式。"壺"在中國古代神話中是能讓人誕生的瓮的原型,而"吉"與男性生殖器相關,象徵創造萬物的存在。因此,"壹"可視爲混沌狀態下的創造萬物的氣在瓮中被壓縮和凝結的形象。通過"壹"

---

① 參見河永三(2011),65—73頁。
② 在組成"凶"的字群的意義取向中,這一點更爲突出,如"(1)割傷的地方→胸腔;(2)割痕→疤痕→凶惡;(3)被割傷的屍體→可怕;(4)割傷的目的→從肉體中分離靈魂→給予新生命→氣勢熾烈"等等的擴展。參見河永三(2011),266—274頁。
③ 這在漢字文化圈中普遍存在的兩種對立的統一性轉化中也表現得十分明顯。例如,死亡即生命、損失即獲益、失敗即成功、縮小即擴大、奪取即給予等,當然,我們熟悉的"塞翁失馬"和"轉禍爲福"也反映了這種對立概念的辯證轉化認知架構(Estheme)。
④ 參見 HA Youngsam(2021),24頁。

與相關的"壹""懿"等字,以及吉、凶、微、文等字的詞源,可以證明這一點。所以,"壹"不僅是簡單的數字"一",它還代表著創造一切的元氣,甚至是最高的道的深奧概念。後來,瓮卷曲的腳和凸起的身體部分演變爲"豆",蓋子演變爲"士",最終形成了當前的字形。①

3. 考古學:人面壺的秘密

黃河中上游地區出土了的大量"具有人臉的瓮狀物"器物。因爲這一奇特的形貌,這些器物被稱作人面壺或人頭壺。對於迄今爲止發現的各種人面壺,筆者在之前的研究中已經從①人頭器口彩陶瓶(1973年於甘肅省秦安縣的仰韶文化遺址出土)開始,一直到⑭新石器時代的人面壺(新石器時代仰韶文化晚期的馬家窑型式)總共提供了14種的整理。②

這些器物從形態上可以分爲三類:① 人的頭部位於瓮狀物的上方;② 人的頭部位於瓮狀物的頸部;③ 人的頭部位於瓮狀物的主體部分。這些器物的命名各有不同,有"人首罐""人像彩陶壺""人像葫蘆瓶""紅陶人頭壺""人面壺"和"人頭壺"等,這反映了學者們對這些器物是作爲"罐(即大型容器)""壺(即瓮狀物)"還是"瓶(即小型容器)"的不同認識和理解。再者,學者們對其用途的解釋也相當多元,包括作爲巫術工具、儲存穀物種子的容器、孕育種子的器具以及祈求繁殖的儀器等。

然而,從形態上觀察,這些器物主要可以區分爲人頭位於器物口部和人的形象畫在器物主體上兩種類型,其中,畫在主體上的人形經常伴隨著生殖器,既不完全是男性,也不完全是女性,有時被呈現爲雌雄同體。這些器物可能涵蓋了雌雄同體的象徵,並被認爲是圖騰。在命名上,雖然由於人臉的特點而包括了"人面""人頭"和"人像",但"人面"似乎是這些命名中最具代表性的。由於它們是彩色陶器,因此有時也包含"彩陶"的名

---

① 參見河永三(2014),"壹"的解釋。
② 詳細的清單可參見 HA Youngsam(2021)35 至 39 頁。此外,筆者還提供了日本先史時期出土的2種人面壺。參見前文43頁。

(圖1) 仰韶文化遺址的"紅陶人頭壺"(1953年陝西省洛南縣出土,高23 cm,西安半坡博物館收藏)。
(圖2) 人頭器口彩陶瓶:1973年於甘肅省秦安縣的仰韶文化遺址出土,爲泥質紅陶製成。高31.8 cm,口徑4.5 cm,甘肅省博物館收藏(參見張朋川,1979,第53頁)。
(圖3) 彩陶壺肉體人像陶壺:新石器時代仰韶文化晚期的馬家窯類型。高33.4 cm,口徑9.2 cm。1974年於青海樂都縣柳灣三坪臺出土,中國國家博物館收藏(參見張朋川,1979,第55頁)。

稱,根據對該器物的認識,有人稱其爲"壺",有人稱之爲"罐",還有人稱之爲"瓶",但考慮到其與瓮狀物的關聯,"壺"似乎是最合適的稱呼。進一步地,除了其實際用途之外,這些器物也很可能具有儀式性的象徵意義。

綜合考慮上述情況,這些器物不僅只有表面的用途,更可能是中國各地普遍存在的"人類誕生神話"的具體體現,即"從葫蘆瓢中人類誕生"的中華民族的誕生神話。[①] 此觀點在中國各地普遍存在的葫蘆瓢崇拜、民間傳說以及相關詞彙和文獻學的證據中都可以得到印證。

4. 人類學:葫蘆崇拜及其起源

葫蘆崇拜是中國各少數民族,特別是南方地區的少數民族中廣泛存在

---

① 參看河永三(2011),252至309頁。

的傳統。筆者在 1995 年、1997 年兩次前往雲南省少數民族居住地進行現地文化考察中的過程中，綜合各種文獻學與人類學資料對此進行了確認。

不僅如此。彝族、拉祜族、壯族、佤族、傣族、布衣族、苗族、水族、仡佬族等，若觀察他們的創世神話，大多數均源於葫蘆的故事。①

這些神話雖然因民族與地區有所不同，但大都反映了"由於洪水，世界遭受滅頂之災，但在此過程中乘坐葫蘆幸存的兄妹結合，使人類再次繁衍"的普世的創世敘事結構。這類創世神話與漢族神話裏伏羲和女媧結合以及人類誕生的神話非常相似。例如，在漢族的創世神話中，女媧和伏羲也是乘著一種"瓢"躲過大洪水並得以生存。

（圖4）雲南滄源的司崗里和崖刻畫（葫蘆洞）："司崗"代表葫蘆（崖洞），"里"意爲出現，因此"司崗里"意指葫蘆在此出現。

葫蘆因地域不同名稱也不同，有葫蘆、瓠、匏、甘瓠、壺、壺盧、蒲盧等不同的名稱，都可以說是同一神話的反映。

這種象徵在洪水神話中也可以找到充分的綫索②，這也與各民族的創世神話密切相關，可能是因爲在大洪水過程中，乘著"瓢"生還的"遺失的記憶"與因葫蘆而誕生的人類神話發生了連結。

---

① 參見于錦繡、楊淑榮（主編）（1996）和各相關的民族資料。
② 洪水神話是全球最廣泛傳播的神話之一，已在超過 180 個國家中確認。自 19 世紀英國的史密斯在巴比倫的黏土板文獻中發現洪水故事起，學者認爲全球各地稍稍挖掘就可以找到與此相關的大量文件，顯示其是普遍而古老的神話。在中國，鯀偷取上帝的息壤以封鎖洪水的神話和女媧、伏羲的神話都是其代表。

爲了具體論證,筆者對中國洪水神話中出現的避難工具進行了研究。以聞一多《神話與詩》中所記載的49種神話和陶陽、鍾秀《中國創世神話》中所記載的17種神話爲資料,本文綜合分析了這66種大洪水神話中使用的避難工具和方式,並將其避難工具歸納爲如下。①

① 葫蘆37種:葫蘆24種,瓜13種;② 葫蘆的變體20種:鼓7種,鷹1種,桶(包括箱子)6種,舟船5種,钁1種;③ 其他3種:石獅子1種,其他(飛上天)2種;④ 未提及6種等。因此,這些神話中的葫蘆(37種)和葫蘆的變體(20種)總計占了總數的86.36%。

如此,"葫蘆"以及包括"瓢"在内的元素,不僅成爲中國人類誕生神中多種民族誕生的基礎,還是大洪水時期先民得以躲避洪水延續至今的代表性工具。事實上它們不是割裂的,而是一體的,具體化地講就是存在於中國各民族中的"葫蘆誕生神話"。先前檢視的"人面壺"正是遺留在祭祀工具中的集體無意識的表現,這種原型使"一"這一數字超越數量概念,發展出如"元氣"或"道"的哲學觀念,並直觀地保留春秋戰國時期爲了進一步具體化而分離創造的"壹"這一字符中。

5. 文獻學:"壺"的語言學擴展

與"(葫蘆)瓢"相關相關的詞彙和文學表達在傳統文獻中均有記載。首先,最具代表性的是中國最早的詩歌集《詩經》。《大雅·緜》:"緜緜瓜瓞,民之初生,自土沮漆。古公亶父,陶復陶穴,未有家室。"這首詩描述了周民族的起源故事,講述他們的祖先古公亶父從遠方的"土沮"越過"漆水",並在此定居。這裏出現的"緜緜瓜瓞"意指周民族從瓢中誕生,並無止境地延續其血脈。

進一步,"瓢"常與婚姻和女性關聯,象徵"生殖"。如"破瓜"在漢語中意指女子到達16歲,且用以象徵失去處女之身份及到達可生育的婚

---

① 參見河永三(2011),280—283頁。

齡。此外,婚禮儀式中仍保留有"合卺禮",即傳統婚禮中新郎與新娘互贈酒杯,用以表示婚約,這一過程中使用了由葫蘆製成的酒杯。此傳統始自《儀禮·婚儀》的"共牢而食,合卺而酳",已有長久的歷史。在合卺禮中,通常會交換三次酒杯,分別代表對天地神明的承諾,男女雙方的婚約,以及彼此的愛護且百年好合的承諾。值得注意的是,在儀式結束後,將其中一杯朝上,另一杯朝下,象徵男女的結合和陰陽的結合。此可視作"葫蘆瓢"所擁有的原型意識的延續與發展。

再者,"交尾"是指雄雌雙方爲了生育的交合,字面的理解爲"交纏其尾",這是對伏羲和女媧作爲蛇身,以相互纏繞的尾巴合爲一體的語言映射。這種形象在多個地方都有呈現,被稱爲"人首蛇身交尾圖像",這正是從一體分裂成兩體,再由此誕生了人類的"葫蘆瓢誕生神話"的另一種發展。

此外,前文提到的中國東部沿海的連雲港巖畫、西南部的雲南省佤族的滄源巖畫、商代晚期的遺址殷墟的鳥頭人身像,還有四川的三星堆的人頭鳥身像等,也與"葫蘆瓢誕生神話"息息相關,僅是地域的差異罷了。這些也可以在漢字或相關的詞彙資料中進行確認。

例如,象徵中國的"華",是描繪"花朵繁盛地開放"的樣子;意指絕對的統治者的"帝",則是描繪了"帶有種子的花莖";而"英"指的是花蕾,正好代表"植物的核心部分"。這些都與植物崇拜、穀物崇拜和花朵圖騰有關。可以說,這些象徵表達的原型就是從植物中綻放的花朵轉變爲人形的連雲港巖畫。[①] 再者,佤族的語言中,"司崗"指的是"葫蘆瓢",而"司崗里"的意思正是"從葫蘆瓢出來"。位於中國西南部的雲南省佤族地區的滄源石刻所在地正是"司崗里"。因此,在佤族自治縣存在的"司崗里"具有"最初的道路"和"人類的發源地"之意。這也是爲什麼過去把滄源縣稱作"葫蘆國",即葫蘆瓢之國的原因。

進一步說,《詩經·玄鳥》中所歌頌的"玄鳥":"天命玄鳥,降而生商,宅殷土芒芒。"此乃商族的代表性起源傳說。該傳說反映了商族從鳥類中

---

① 參見河永三(2011),第 304—305 頁。

誕生，其證據正是殷墟出土的鳥頭人身像。而在甲骨文中，我們也能找到這一傳說的痕跡，如"玄鳥婦壺"銘文中的"玄鳥婦"，《殷墟花園莊東地甲骨文》中的"玄鳥"，以及被稱爲"商高祖"的王亥，其名稱 ![字] (《合》3691：甾隻)中的亥字旁增添了鳥字，這些都可以直接視爲被文字化了的鳥類圖騰和商族的起源神話。①

不僅如此，在遼寧省的紅山文化中發現的熊與女神像以及帶翅膀的熊形象(羆)，都令人聯想到以熊爲圖騰的一系列亞洲東北民族的起源神話。②

將以上內容整理爲如下列表：

区　域	文化類型/地點	器物類型	圖騰	有關漢字
黃河中上游(甘肅)	仰韶文化	人頭壺	(葫蘆)瓢	壹、壺
黃河下游(河南)	殷墟文化	鳥頭人身像	鳥(玄鳥)	玄鳥、王亥(甾)
淮河下游(江蘇)	連雲港	人面草	植物(穀物)	華、帝、英
長江上游(四川)	三星堆文化	人頭鳥神像	鳥(鳳凰?)	
遼河(遼寧)	紅山文化	女神像、熊陶尊③	熊	能、熊、羆、嬴

6. "漢字考古學"方法論的建構

根據以上的考察，我們可以總結：在漢字中具有重要象徵意義的

---

① 參見于省吾(1959)，60—69頁。
② 對此，參考河永三(2023)。
③ 女神像是在牛河梁女神廟中被發現的，被譽爲中國最早的女神像。牛河梁女神廟遺址屬於紅山文化，位於遼寧省西部，凌源市與建平縣的交界處的牛河梁地區。該遺址於1983年被挖掘出土，其絕對年代約爲公元前3630年。熊陶尊於2016年由遼寧省朝陽市德輔博物館收藏，並在2017年8月由郭大順正式命名，確定爲紅山文化時期的文物。目前，它已被列爲中國國家一級文物。

"一",與具有相同意義和讀音的"壹"實際上一字異形,當"一"未能充分體現其在無文字時代集體潛意識中的象徵意義時,"壹"就作爲一種更具體的表達符號被創造出來。

換言之,經歷了人類史上普遍存在的大洪水時期的中華民族,要麼乘坐"葫蘆瓢"生還,要麼直接從"葫蘆瓢"中誕生,這實際上是"人類誕生神話"的反映。這不僅體現在文字符號"壹"中並直接留下了集體潛意識中,還在各種形如"人面瓢"的出土文物中直觀地反映出來。漢族以及各種少數民族的誕生神話、葫蘆瓢崇拜習俗,尤其是雲南佤族的葫蘆瓢誕生神話和司崗里遺址等都可以證明這一假設。

此外,連雲港的巖畫反映了將花作爲圖騰,人從植物中誕生的傳統。殷墟的鳥頭人身像和相關的甲骨文資料反映了商人將玄鳥作爲圖騰的傳統和與玄鳥結合而生人的傳說。新近出土的三星堆遺址中的人頭鳥身像也可以看作是這種傳統的另一種反映。① 再者,遼寧省的紅山文化中發現的熊和女神像,以及有翅膀的熊形像等,也可以看作是以熊爲圖騰的誕生神話的延伸。

是故,在沒有文字的"大傳統時代",葫蘆誕生神話的集體無意識或許是通過故事、傳說、神話等形式將原型意識保留了下來。② 這種意識物化爲具體的形象就是"人面瓢",之後進入有文字記錄的小傳統時代,留下的形式爲文字和語言,就是"壹"和"壹",還有"壹壹",或"絪縕""氤氳"等。

因此,通過對"壹"這一漢字形態和意義的分析,並與文獻學資料、人類學資料、考古學資料等進行相互驗證和論證,我們將研究解析漢字符號背後的文化意識的學術領域稱爲"漢字考古學",並試圖找到通過結合語

---

① 2022 年 6 月,中國各大媒體直播了在三星堆第三至第八坑新出土的大量文物,被命名爲"三星堆新發現 2022"。第七坑中出土的人頭鳥身像因其藝術性和豐富的象徵性受到了廣泛關注。

② 大傳統時代和小傳統時代是由雷德菲爾德(Robert Redfield, 1897—1958)提出的概念,並在《小社區》(*The Little Community*, 1955)和《農民社會與文化》(*Peasant Society and Culture*, 1956)中被使用。但是,將沒有文字的無文字時代視爲大傳統時代,而將存在文字記錄的時代視爲小傳統時代,是由葉舒憲所提出的,參見葉舒憲(2019)。

言文字學、文獻學、考古學和人類學等資料來研究漢字背後的文化性的可能性。

如上所述,在"漢字考古學"中,首先要重點注重語言文字、詞彙、考古資料、神話等人類學的資料以及哲學文獻等各種資料中散布的各種現象的共通性,透過這些來深入挖掘隱藏在漢字背後的文化意識。具體過程中,要根據詞源所固定的具體字符中的漢字特性進行分析。如對"壹"字,應首先專注於"壹"字源分析。"壹"由"壺"組成,象徵著充滿神話意義的葫蘆形象,而"吉"則象徵新生命的誕生。從而提出"壹"是"人類從葫蘆中誕生"的直接反映的假設。此外,這些特質使"壹"成爲道或元氣象徵的"一"的另一種書寫形式。再進一步,利用黃河中上游地區集中出土的考古學實物"人面壺"來作爲這一假設的補充證據,並通過中國各民族神話中出現的人類從葫蘆中誕生的創世神話和葫蘆崇拜傳統等人類學資料,以及各種文獻中相關的象徵和詞彙含義,進一步精確地證明這些假設。

漢字考古學:透過漢字所留下的痕跡,挖掘與解釋無言的文化史之學問。

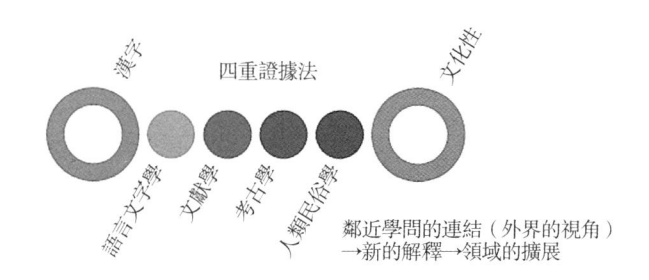

四重證據法
漢字 — 語言文字學 — 文獻學 — 考古學 — 人類民俗學 — 文化性

鄰近學問的連結(外界的視角)
→新的解釋→領域的擴展

依據"漢字考古學"所建立的"人類從葫蘆中誕生的創世神話",這種原型意識及其反映的現象可以被擴展應用於其他多種問題和現象的研究中。舉例來說,如果將葫蘆置換成"鳥",則與商朝的創世神話相關;若置換成"熊",則與熊圖騰的民族創世神話相關聯;若置換成"植物",則可與華夏民族的創世神話相關。此外,這些解讀也爲解析"雧""華""帝""英"及"罷"等詞的詞源和象徵意義鋪設了道路。不止如此,它們對於解釋殷商文化的人頭壺、商代銀河文化遺址的鳥頭人身像、三星堆的人頭鳥身像、連雲港的人面草、紅山文化遺址的女神像以及熊陶尊等文化象徵也都提供了有益的指引。

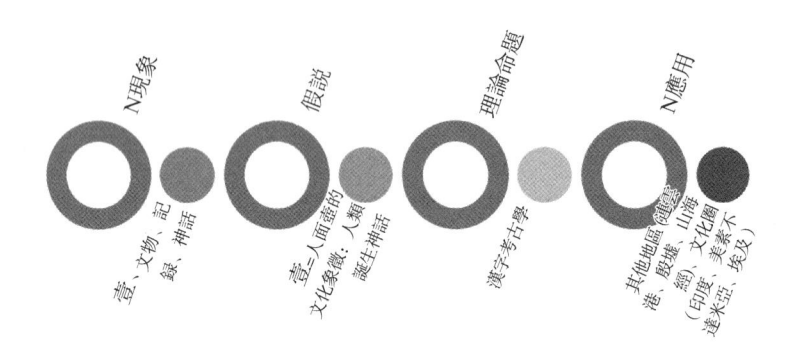

```
○●    ○●    ○●    ○●●
N現象  假說  理論命題 N應用

壹、文物、記    壹-人面草的      漢字考古學    其他地區（紅山
錄、神話       文化象徵：人類                港、殷墟、山海
              誕生神話                      經、文化圈
                                           (印度、美索不
                                           達米亞、埃及)
```

进一步而言，这些文化符号不僅局限於中國這一個國家，而且可以擴展應用到周邊的東北亞地區，甚至東南亞、西亞及其他世界各地。通過此途徑，我們可以建立更大範疇的普遍理論。這將使原本被限制在漢字研究領域的研究體系，透過與其他領域的連接，進一步拓展其研究範疇。當然，文獻學、人類學、考古學等學科亦可利用漢字的這些特性，以類似的方式擴展其領域，這也是"漢字考古學"的實踐意義所在。

古文字所見熊圖騰文字考：
紅山文化的文字擴散

一、引論：紅山文化的女神像與熊陶尊

在中國東北地區的西南部廣泛分布的新石器時代紅山文化遺址中，發掘出了許多與熊圖騰相關的文物。其中，著名的牛河梁女神廟出土的女神像、圓雕石刻女神像、裸體孕婦像以及最近被命名爲"熊陶尊"的熊形陶制酒器等均是代表文物之一。①②

紅山文化遺址指的是分布於中國東北地區西南部的新石器時代遺址。於 1935 年最早對赤峰市的紅山遺址進行發掘，在當時發現了遺址中

---

① 《光明日報》(2018 年 11 月 12 日 09 版)。https://epaper.gmw.cn/gmrb/html/2018-11/12/nw.D110000gMr.Bigb_20181112_1-09.htm

② 有人認爲其形制類似於野豬，但《爾雅義疏》言："熊，有豬熊，有馬熊。"明毛晉《毛詩陸疏廣要》(卷四)亦云："今獵者熊有兩種：豬熊，其形如豬；馬熊，其形如馬。各有牝牡。"其中馬熊就是傳統文獻中所謂的"羆"，也叫棕熊或人熊。它"毛棕褐色，能爬樹游水，是陸地上體型第二大的食肉動物，在夏季進食之後，體重會增加一倍，成年棕熊可達 600 公斤，最大可以達到 800 公斤"(百度百科)。"熊陶尊"的形象很可能是傳統文獻中所謂的"豬熊"，它比"羆"體型小，形象類似於野豬(參見附錄圖)，故"熊陶尊"所表象的可以看作是"熊"或類似於"野豬"的"豬熊"。

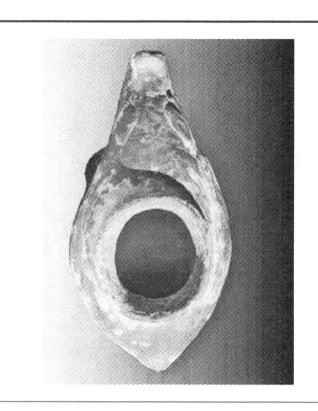

遼寧省朝陽市德輔博物館所藏"熊陶尊"(來源:《光明日報》)
2016年,遼寧省朝陽市德輔博物館收藏了這件文物,2017年8月,郭大順爲其命名並確認爲紅山文化時期的遺物。目前,該文物已被列爲中國國家一級文物。

有彩陶與新石器共存,於1954年被命名爲"紅山文化"。① 紅山文化主要分布在內蒙古東南部、遼寧省西部、河北省北部和吉林省西部等地。迄今爲止,已經發掘出的代表性遺址有赤峰紅山後蜘蛛山、西水泉、敖漢旗三道灣子四棱山、巴林左旗南楊家營子、遼寧省喀左縣東山嘴、建平縣牛河梁遺址等。這些遺址的放射性碳修正年代約爲西元前3600年至3000年。

這一遺址目前是中國東北地區史前文化的代表,也是引發中國學界主張中國文明起源多元論的重要遺址。② 同時它也被認爲是古朝鮮(高句麗的前身)的發源地和主要據點,是韓民族的文化源流,對韓國人來説具有更加特殊意義。與中國其他遺址不同,這裏發現了包括女神像在內

---

① 中國社會科學院考古研究所(1984),《新中國的考古發現與研究》,172頁。

② 近年來,由於新的考古發掘等原因,關於中國文明起源的學説已從黃河中心的一元論發展爲多個地區同時起源,隨著時間推移形成了不同的地區文明,最後黃河中心的文明成了中國文明的主流。這一觀點的代表性學者是張光直(K-C Chang),他在《The Archeology of Ancient China》(1963,耶魯大學出版社,初版)的第四版(4th ed., 1986)中修訂了原有的文明起源一元論,提出了多元起源論。進入21世紀,李學勤在中國大陸接受了這一觀點。最近,針對紅山文化,葉舒憲(《熊圖騰:中國祖先神話探源》,上海錦繡文章出版社,2007)也主張這一觀點,引起了學界的關注。

古文字所見熊圖騰文字考：紅山文化的文字擴散

|  紅山文化發現的女神像（牛河梁女神廟）。 |  紅山文化石刻女神像。 |  1979 年遼寧省喀左縣東山嘴遺址出土石像局部。 |

的女神雕像和孕婦陶塑，是迄今爲止在中國發現的唯一包含女神像的史前遺址。尤其是最近，在這裏發現的其他遺址很少見的"熊形酒器"，引起了學界的極大關注。①

考慮到每個原始民族都存在圖騰等人類學中的傳統標誌物，因此這裏發掘出的"熊陶尊"不僅僅是單純的器具，更應當被視爲反映神話原型的象徵物。換句話説，這是"女神創世神話原型的象徵符號，熊陶尊的造型形式和作爲禮器的功能顯示出它不僅是女神的象徵，還是孕育和創造的象徵。更重要的是，它是再次創世和開天闢地的象徵，是女神創世的神聖顯聖物"②，"特別是在 2018 年，在該器的內壁上發現了果酒的痕跡，這

---

① "熊陶尊"之外，紅山文化還出土了不少"熊"形象的文物，諸如（1）石熊類有"1975 年赤峰松山區城子鄉興隆窪文化遺址出土的石熊""赤峰林西縣出土的石熊""1982 年内蒙古巴林右旗那日斯台遺址出土的石熊"以及"赤峰玉源博物館所藏石熊"；（2）玉熊類有"1979 年在遼寧牛河梁遺址第十六地點 3 號墓葬出土的雙獸首三孔器"和"遼寧省博物館藏玉熊首"；（3）蚌熊類有"翁牛特旗解放營子鄉蛤蟆山出土的熊形蚌飾"等。詳細情況參看辛學飛（2019），31—34 頁。

② 楊樸、楊暘（2018），《女性文明的象徵符號：熊陶尊造型意義的文化解讀》，《吉林師範大學學報》（人文社會科學版），2018 年第 5 期，第 15 頁。

51

使人們推測此物不應該只是普通器物,更有供奉神靈的用途"。① 因此,紅山文化中的牛河梁文化的創造主體可能是供奉在神壇上的女神像,即熊女神的形象。②

對韓國人而言,從"女神像和熊形的祭祀用陶器"這一點可能會立即想到與"熊女""桓雄"以及他們生育的"檀君王儉"有關的"檀君神話"。更進一步,這與朝鮮半島乃至整個東北亞廣泛存在的熊圖騰傳統,以及熊與神結合誕生人類的"人熊交婚"傳統等所反映的韓民族誕生和建國神話息息相關,具有特殊的意義。

熊崇拜傳統對中國文明產生了巨大的影響,而且熊圖騰反映在古代漢字中的痕跡依然存在,然而這在過去並没有得到太多關注。本文旨在深入探討與熊崇拜相關的漢字,確認這些漢字反映的熊崇拜及其傳統,並將其作爲研究熊崇拜民族的形成和遷徙過程、對中國文化形成的影響③以及東北亞地區相關文化研究的基礎資料。其中最具代表性的民族是楚人,他們將"熊"用作國王的名字。此外,還有以"嬴"爲國君姓氏的秦人、通用"嬴"的盈族、匽族以及被認爲與秦人有同一祖先的趙人。

二、"熊"崇拜傳統的文字學材料

與熊崇拜傳統相關的文字學資料包括:義爲"動物熊"的"熊"字及其原始字形"能";儘管爭議仍較多,但在甲骨文中被解讀爲"熊"

---

① 孔祥羽、姜亭亭(2020),《"神熊"文化大傳統的解碼與重構》,《吉林師範大學學報》(人文社會科學版),2020 年第 1 期,第 66 頁。
② 葉舒憲(2007),《熊圖騰——中華祖先神話探源》(上海文藝出版社),第 35 頁。
③ 最具代表性的民族是將熊用於王的名字的楚人和將嬴用作姓氏的秦人。此外,還有使用嬴和匽作爲姓氏的盈族和匽族,以及戰國時期被認爲與秦人擁有共同祖先的趙人。特別是盈國,被認爲是商朝時期商國東部地區嬴姓的後代或分支所建立的國家。《逸周書・作洛解》記載,周公東征時,"凡所征熊盈族十有七國"。根據相關文獻資料,盈和嬴可以互通。又《東夷雜考》提到,"東夷中有盈、嬴二姓氏族,實非兩姓而爲一字之同音異書"。嬴國被周國所滅,此後由國降爲邑,稱爲嬴邑。

古文字所見熊圖騰文字考：紅山文化的文字擴散

的 ![字];戰國文字中，特別在楚國竹書中大量出現的意爲"一"而與"一"字通用的"羆"；秦國的始祖姓氏"嬴"字等。在這裏，我們將逐一詳細考證這些字的詞源，通過這些字來探討其中融入的熊圖騰及相關崇拜傳統。

2.1 "能"與"熊"

（1）"能"

現今漢字中表示"動物熊"的"熊"字是從"能"字分化而來的。關於其原始字形"能"的解釋，《説文》言：

![字]：熊屬。足似鹿。从肉㠯聲。能獸堅中，故稱賢能；而彊壯，稱能傑也。（10卷上）

據《説文》的解釋，"能"是"熊的一種，足像鹿。因此，由兩個匕（象徵腳）組成，肉是意符，㠯是聲符"。這意味著，"熊"（能）是一種強壯的動物，由此產生了賢能（聰明才智）之義，並且因爲它強壯，又被稱爲能傑（優秀的人）。①

《説文》詳細地解釋了"能"的字形、讀音以及其引申意義。然而，與《説文》所依據的小篆（![字]）字形不同，在古文字中，"能"以 ![字形] ![字形] ![字形] ![字形] ![字形] ![字形] ![字形]（金文）![字形] 能 能（簡牘文）等形式書寫。因此許慎對"能"的解釋有可待商榷之處。許慎在解釋字形結構時，認爲㠯是聲符，但根據金文等出土文字資料，這部分描繪的應該是熊頭的樣子。② 因此，"能"的結構並

---

① 當然，關於"能獸堅中，故稱賢能；而強壯，稱能傑也"這一解釋，也有觀點認爲這並非許慎的原文，而是後人添加的内容，諸如清朝錢坫就是代表之一，參考《古文字詁林》第8册第635頁。

② 當然，熊頭部分後來變成了㠯，這既可以看作字形變化，也可以看作表示讀音的變化。然而，這種變化至少可以追溯到小篆書寫時期。

非"从肉㠯聲"的形聲結構,而是應該將整個字看作一個象形字。①

此外,《説文》解説中將"能"説成"熊的一種",而不直接稱它爲"熊",這也是值得思考的一點。正如許慎所説,"能"不是"熊"而是"熊屬",是指當時存在的具體獸名,或者是指"熊"的另一種種類。儘管爲何不稱"能"爲"熊"而是"熊屬"的原因尚未明確,但很可能是當時已有了"熊"種的分類,諸如"熊""羆""豬熊"和"馬熊"之類。也許是指"熊"的特殊種類,即《爾雅·釋魚》所提到的"三足鱉能,三足龜賁"那樣的形狀特殊或神秘意義的動物。因《爾雅》已將"三足鱉"稱爲"能",故《説文》説"熊屬",可能是爲了與《爾雅》所説的"三足鱉"(能)加以區别。儘管如此,《説文》將"能"説成"熊屬",仍然存在問題,需要作進一步的補充研究。

另外,"熊"在《説文》中被描述爲具有强大力量和非凡智慧的野生動物。除了這種"能力"之外,熊還是一種需要冬眠的大型動物,由於它在冬眠後再次醒來的自然行爲,因此也被視爲"復甦"的象徵。這種"能力"在很大程度上構成了以熊爲形象的"能"的含義,即"能力"。此外,熊能像人一樣用兩隻腳行走一段距離,這一點可能讓熊在某些民族中被尊爲崇高的祖先和"祖父"②,這進一步强化了熊的神聖性。

(2)"熊"

《説文》對"熊"的解釋如下:

🐻:獸似豕,山居,冬蟄。从能,炎省聲。(10卷上)

《説文》的解釋總體上看似乎没有什麽問題。但是許慎所説的"炎省

---

① 清王筠也認爲這個字像龍一樣,既是動物的象形,又兼具意義和聲音(動物之象形而兼意與聲者)。

② 譬如鄂倫春人認爲熊與他們有著血緣的聯繫,將熊視爲自己的祖先。稱公熊爲"雅亞"(祖父),稱母熊爲"太帖"(祖母),從不直呼其名。《中國各民族宗教與神話大詞典》(1993),129頁。

部"的結構似乎有點難以理解。因此,段玉裁也對此特別補充了以下解釋:

>　　**熊:獸似豕。山居。**俗作居。**冬蟄。**見《夏小正》。**从能,炎省聲。**按炎省聲則當在古音八部,今音羽弓切。《雉詣》火始焱焱,《漢書》作庸庸。《淮南書》東北曰炎風,一作融風。皆古音之證。《左傳正義》曰,張叔《反論》云:"賓爵下革,田鼠上騰。牛哀虎變,鯀化爲熊。久血爲燐,積灰生蠅。"或疑熊當爲能。王劭曰:"古人讀雄與熊皆于陵反,張叔用舊音,傅玄《潛通賦》與終韻,用新音也。"玉裁謂:熊不妨古反于陵,要之《反論》必是能字。《春秋》左氏"敖嬴",《公》《穀》作"頊熊"。蓋炎熊嬴三字雙聲。**凡熊之屬皆从熊。**

段玉裁如此詳細地對《說文》中"炎省聲"的解釋作了補充,主要是因爲"炎"與"熊"的讀音之間的關聯並不容易理解。然而,即使是段玉裁作了如此詳細的解釋,它們之間的讀音關係仍然不太明確。

　　從漢字的演變規律來看,從"能"加"炎省聲"引申出"熊"的這種解釋也難以令人信服。因爲在漢字中,當原有的象形或指事結構中的意義發生新的派生且原有字形喪失原義時,爲了表示原義必須爲其創建新字,通常是在既有漢字上添加義符進行區分,而新創建的字中,原字通常作爲聲符發揮作用。例如,須—鬚、北—背、它—蛇、莫—暮、其—箕等都是典型的例子,這些新造的字通常被稱爲分別文。[1]

　　"能"和"熊"也是如此,"能"的本義爲"熊",但在它的多種能力和崇拜背景下,"能"被用作"能力"和"才能"之意。因此,按照一般規律,爲了表示原來"熊"的意義,應該加入新的意義成分使其分化爲"熊"字,在此

---

[1]　這同樣適用於諸如"爰—援、喿—噪、韭—韮、須—鬚、北—背、它—蛇"等累贅字的情況。參考裘錫圭(2013),150—151頁。

過程中,原來的"能"轉變爲聲符(當然也兼具意義)。而《說文》所說的分化過程是通過添加一個新的讀音成分來分化,即是添加了一個"炎的省略"形式的"聲符",這是頗爲異常的。

此外,學者們認爲《說文》中所謂的"省聲"可信度較低。這是因爲《說文》中"省聲"這一術語,許慎一般用於形體變化頗爲嚴重以致無法辨識其來源的情況。① 從這個角度來看,季旭昇對熊的新解釋值得關注。

> 熊:楚文字從大能,似"能"之本義即爲"大能"。若然,則"熊"從"火"實爲"大"之訛變。秦系文字從"火",《說文》以爲"炎省聲",然目前"熊"字並未見從不省之"炎"者。學者或謂"熊"之本義爲"光氣炎盛相烱耀之貌"(《山海經·西山經》"其光熊熊"注),如此又必須說成"從火、能聲",然"能"與"熊"聲韻都不相近。(《說文新證》下冊,107頁,"熊"字條)

1 戰·楚·包156(楚)	2 戰·楚·帛甲1.4(楚)	3 戰·楚·鄢陵公戈	4 戰·楚·葛·甲-7
5 戰·楚·葛·甲三237	6 戰·秦·詛楚文	7 秦·十金童3.14	8 西漢·遵引圖(篆)

---

① 例如,唐蘭早在《古文字學導論》中就表示"《說文》中所謂的省形或省聲往往是錯誤的"。梁東漢也表示:"《說文》所收錄的省聲字多有可疑,事實上大多數都不能稱作'省聲'字。"(《漢字的結構及其流變》)而姚孝遂則斷言:"《說文》中所謂的省聲字十之八九是不可信的,這是因爲許慎的誤解或後人的篡改所致。"(《許慎與說文解字》)當然,並非《說文》中所有的省聲字都如此。當時許慎所見的文字資料以小篆爲主,即使是小篆,也已經經歷了相當程度的變形,且在當時無法觀察到像今天這樣的金文或甲骨文資料,因此形成了這樣的結果。

古文字所見熊圖騰文字考：紅山文化的文字擴散

在新出的《新蔡葛陵簡》中也可以看到，"熊"經常用於楚國先王的名字。例如，楚國遠祖"穴熊"的"熊"被寫成龕，這明確地表明在楚竹簡中，"熊"字的形狀是以上下結構集合的大與能，即"龕"。因此，裘錫圭也將它視爲能的繁體古形，並認爲它是"能"的分化字。①

如此看來，我們可以推論："熊"實際上是"能"的本義被新的引申義"能力"和"才能"取代時，爲了表示本義而添加義符"大"所分化的字。② 同時，由於"大"與"火"的古文字形體相似，且構建互換位置在古文字中是常見現象，"大"變形作"火"，其位置也從"能"上移動到"能"下，於是"龕"也變作"熊"。如此看來，"熊"應該是一個以"火"（大字的訛變）作爲義符，以"能"作爲聲符的形聲字。但許慎可能不瞭解這一過程，才將"熊"中的"火"視爲"炎"的省略形式，無可奈何地將其解釋爲聲符，故云"炎省聲"。

2.2 "𦈢"

特別值得關注的與熊崇拜相關的字形是金文中的"𦈢"字，它在熊的象形"能"字上加上了表示翅膀的"羽"字。這種奇特的字形通常被認爲是文獻中出現的羽熊或飛熊的形象。③

事實上，雖然這一字形最早見於金文，但其原型可以追溯到甲骨文中。例如，《小屯南地甲骨》（2169）中有"其在向熊𦈢"一句，徐中舒將此處出現的𦈢字解釋爲"熊"，並解釋道："該甲骨篇章記載了與狩獵有關

---

① 參考 https://humanum.arts.cuhk.edu.hk//Lexis/lexi-mf/search.php? word=熊（2023年5月8日檢索）。
② 考慮到"大"的本意是指人的正面形象，在"能"加上"大"不僅表示"大"和"偉大"的意義。還有，也可能強調了從熊誕生的"人"概念。這方面需要更精確的研究。
③ 參見葉舒憲，《天熊神話：華夏文明的基因——兼及史前動物形酒器的薩滿致幻意義》，《吉林師範大學學報》（人文社會科學版），2019年6期（47輯）等。

的事情。因此,熊在此處以其本義即野獸名稱使用。"①

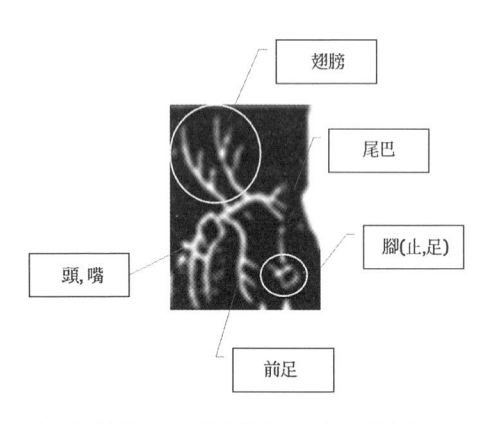

若仔細觀察此字,可以看到張開的嘴部、向前俯下頭、繪製出的腿和前蹄以及背上有翅膀(羽)等特點。徐中舒在《甲骨文字典》中,在該字後羅列了 (1887)字,並將其解釋爲"熊",似乎認爲它與前面的字相同,只是缺少翅膀。對此,于省吾、姚孝遂、劉釗等人也表示贊同。此外,孔仲溫認爲這是能的形狀,從意義上看,應該解釋爲"熊"。②

(圖中標注:翅膀、尾巴、腳(止,足)、頭,嘴、前足)

《小屯南地甲骨》(2169)	《懷》1398	《殷輯佚》977	《合》31001

當然,對於這個字還有其他的解釋。例如,裘錫圭認爲這個字( )左邊是水,右邊下面是盍,形狀相對複雜,但表示的是一個地名。③

此外,劉雲(2010)認爲它不是熊,而是一種鳥,即鷽(鸒)。他解釋説,

---

① 徐中舒,2 册,1837 頁。接下來的第 1887 個字也包含有熊字,徐中舒認爲這也是熊字,並認爲它應與前面(1887 號字)的字一起處理。
② 季旭昇(2002)同意徐中舒的解釋,即這兩個字是合文,但反對將其直接解釋爲熊,並表示:"字的上部分有一個簸箕(箕)形狀,顯然不是熊字。"然而,對於這個字具體意味著什麼,他並未進一步討論。《説文新證》上册,29 頁。
③ 參考: https://humanum.arts.cuhk.edu.hk// exis/lexi-mf/search.php? word = 能 (2023.05.08.搜索)

以動物的腳畫鳥腳是因爲鷈的爪子間有蹼,而鳥背上的翅膀是畫出鷈飛行時將兩個翅膀向上的姿態。①

此外,季旭昇(2002)同意該字如《說文解字》所說的是合文(兩個字合併成一個字),但他反對直接將其解釋爲"熊"字。他指出,"在字的上面加了一個像掃帚的形狀,這明顯不是熊字"。他將上面的部分解釋爲掃帚而不是翅膀,並表示這個字並不是畫的熊,但是對於這個字的含義卻沒有作進一步的具體討論。②

然而,按照劉雲的解釋將其視爲"鷈"或像季旭昇所說的將其上半部分解釋爲"箒"似乎有些困難。首先,在甲骨文中,與鳥有關的字中並沒有用"止"表示鳥的腳或蹼的例子。也就是說,"止"字表示的腳都是動物的腳,而並沒有蹼的表現方式。即使是動物的腳,它們更多地出現在代表神靈和神話動物的字中,如"夔""夒"或"夏(憂)"等,而非實際的動物。

此外,根據《小屯南地甲骨》2169號片甲骨文的實際情況和上下文,將其視爲"鷈"的可能性更加渺茫。首先,整個甲骨文的原文如下:

    壬午卜,王其口?
    其在向▨熊▨▨?
    兹用。王隻鹿。
    不畢?
    口王口田口宮。

由於該片甲骨是不完整的殘片,因此很難準確理解其整體意思,但總體上可以確定這是有關某王在某地進行狩獵的記錄。此外,我們也可以

---

① 劉雲,《釋"鷈"及相關諸字》;劉雲,《甲骨文中"燕羊皿"字又一例》(https://www.xianqin.org/blog/archives/1940.html)。
② 季旭昇,《說文新證》,上册,29頁。

從驗辭中確認,他們在占卜後果然捕捉到了鹿。此地是叫作"㐭"的場地。① 此外還出現了"宮"字,此字前面的部分雖然殘缺,無法確定其具體含義,但在甲骨文中,"宮"往往用於宗廟、地名、人名等。② 如果殘缺的部分是"于"的話,那麼它可能是指一個具體的地點;如果是指地名,那麼殘缺的部分很可能是建有行宮的地名。

因此,我們可以得出:這個甲骨片很可能是某王進行狩獵時的占卜記錄。儘管"鷄鳥"可能也是狩獵對象之一,但全部關於田獵和貢納物的甲骨裏從來沒有出現過"鷄"這種鳥,因此,我們難以將這個符號解釋爲"鷄鳥"並將其作爲狩獵的獵物。

此外,在甲骨文中,獸類的腳用"止"來表示,其中代表性的有"夔"和"憂(夒)",其表現形式如下:

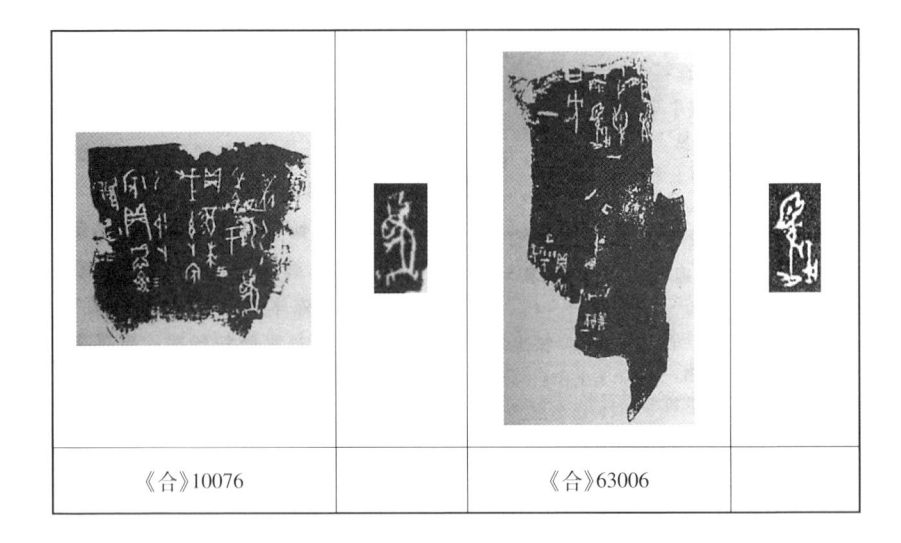

《合》10076		《合》63006	

---

① 在甲骨文中,儲存食物的庫被稱爲"㐭",這是指"倉廩"的"廩",在《合》9638、《合》9639、《合》33236、《合》33237 等處都有出現。從甲骨文中"㐭"的主要用法來看,它既被用作部落名稱和地名,又用於獻貢,甚至在某些情況下,被用作被火燒人祭的犧牲品。例如:①"㐭致鹿?"(《合》40061);"於公㐭其祝於危方奠?"(《合》27999)②"其呼衆戍甾受人更㐭土人暨不毛人有災?"(《合》26898);"甶多子族,令'從㐭罒戋王事'?"(《後下》38.1)③"炊㐭?"(《合》9177 片正面)等。

② 崔恒升(2001),444 頁。

古文字所見熊圖騰文字考：紅山文化的文字擴散

根據甲骨文,商朝的祖先神可大致分爲兩類,一類是遥遠的祖先神,如高祖神;另一類是直系先祖,如先公、先王、先妣等。根據陳夢家的統計,商朝人崇拜的遥遠祖先神中,有夒、王亥、土、季、王恒、岳、河、兕、王吴、斀等 10 個神。① 其中,排名第一的"夒"是一種把手臂舉到胸前、頭伸到手前的形象,如圖所示：

《甲》1147	《甲》2043	《佚》645	《後》(下)33.5.	《佚》376

《甲骨文字典》(徐中舒,622 頁)：1. 猴子。2. 先公名：帝嚳。3. 神名。

王國維最初將其解讀爲"夋"字,後來確定爲"夒"。此外,他引用了皇甫謐之語："帝嚳的名字是夋",並將《山海經·大荒東經》中的帝俊視爲帝嚳。他這樣論述道："關於夒的記録在甲骨文中有 100 多條。例如,可以在《合集》1205 篇的'貞：告即侑於夒,於上甲？'中看到,夒位於上甲前面,説明其先祖的地位比上甲還要高。目前,甲骨學界認爲,甲骨文中出現的夒應是傳世文獻中所説的帝嚳(高辛氏),是商朝的遥遠祖先。《史記》和傳世文獻中,帝嚳、夋、俊、佲、帝佁、高辛氏等名稱與之相關。據相關文獻,帝嚳是黄帝的曾孫,玄囂的孫子,蟜極之子,在高辛氏興起之後,以土地名高辛作爲姓氏。"② 因此,甲骨文中出現的大夒、高祖夒、夒高且(祖)等名稱中的"夒"是商朝重要的遥遠祖先,被描繪成類似於動物的神話形象。

被于省吾釋之爲"憂"字的 ![字] 字,其字形中爲手持著武器的形象,其中的腳被描繪成"止"。"憂"指的是帝堯之子舜的始祖契,"契"在傳世文獻中也被稱爲"偰""商契""卨""嵩""兕""閼伯"等。他的姓氏是子(子

---

① 參見陳夢家的《殷虚卜辭綜述》,中華書局,1988 年,337—345 頁。
② 郭旭東(2020),588 頁,"閼"的解釋。

姓),是帝嚳的兒子,也是帝堯的弟弟。他的母親是簡狄,根據中國古代神話,簡狄吞下了玄鳥的卵並生下了契。

依此看來,用"止"來表示的腳是指"人"的腳,而在代表商朝祖先契的字和代表他的父親帝嚳的字中,限定性地用獸蹄的形狀來代替原本應用"止"表示的人腳。這些祖先們雖然被描繪成動物的樣子,但作爲商朝的始祖和祖先,他們的存在也具有非常強烈的圖騰特性。因此,可以認爲這種把人的腳描繪成動物的蹄子的特別表現方式,是爲了強調他們祖先的誕生象徵和神聖性。

因此,將以"止"作爲足部的形象(🐾)看做"鷸鳥"是不太合理的。應該將其視爲熊,且這頭熊不是普通的獸名,而是象徵著神聖的人類始祖神或圖騰,只有這樣才能解釋熊所具有的神聖性以及其爲何會有帶翼的羽毛。

熊身著羽翼的神聖熊象徵著人類的誕生,這與紅山文化神廟中發現的身有羽翼的熊形神秘玉璧和熊陶尊直接相關。由此也可以推斷出在"熊(能)"背上刻畫羽翼的象徵和意義。①

2.3 "翼"與"壹"

在春秋戰國時期,特別是在楚文字中,常常出現"翼"字,這個字與"一"字通用。它由"羽"和"能"組成,可以直接解釋爲描繪帶翅膀的熊的字形。然而問題是,非常具象地表現帶翅膀的熊的"翼",如何能用作與"一"完全相同的意義的字?它所反映的文化象徵以及使其成爲可能的因素是什麼?初步統計,迄今爲止,"翼"的用例總共有29個,其中代表性的字形如下②:

---

① 有些學者將紅山文明中出現的羽翼解釋爲"鳥",並將其與由鷹(鷹=鳥)和熊(熊=能)結合而成的鷹熊形態的器物相聯繫,並研究它們之間的音相和象徵。因此,一些學者主張這可能成爲後來"英雄"的原型。

② 關於具體的列表和字形,請參見河永三(2022),第312—313頁;關於用例分析,請參見第335—345頁。

古文字所見熊圖騰文字考：紅山文化的文字擴散

"中山王礜方壺"(《殷周金文集成》,9735,戰國早期)		"噩君啓車節"(《殷周金文集成》,121105,戰國)	《文物精華》摹寫本	"郭店楚墓竹簡"("太一生水"7,戰國)	"郭店楚墓竹簡"("五行"16,戰國)

　　從中山王礜方壺銘文到最近公布的《清華簡》，"羆"一直與"一"字通用。這是如何實現的？它代表了什麼象徵意義呢？

　　實際上，"一"可謂是漢字中具有很特殊意義的字。正如筆者之前的研究所提到的，"一"不僅僅表示簡單的數位"一"或者代表數詞的"一個"，在中國，它更代表了一切生命的源泉——元氣，甚至代表了創造和維持一切事物的根本秩序——道。因此，"一"是一種崇高的概念，類似於西方的"一者(The One)"，擁有與羅格斯(logos)同等崇高的意義。①

　　這樣的話，被用來表示與"一"相同含義的"羆"也可以說包含著這種意義。那麼，表示"帶翅膀的熊"的"羆"字爲何會有這種含義呢？

　　爲了回答這個問題，需要更仔細地梳理"一"的含義。這可以從"一"的另一種寫法"壹"字中可以找到綫索，一般認爲"壹"是秦系文字的寫法。②

　　"壹"字小篆字形"从壺吉聲"，但隨著時間發展形體有所變化，寫法變爲現在的形態。"壺"在中國古代神話中是誕生人類的"葫蘆"的原型，而"吉"則與男性生殖器相關，象徵創造一切事物的存在。因此可以說"吉"也參與了"壹"字語義的構成。因此，"壹"不僅僅是簡單的數位"一"，它是一種深奧含義的漢字，代表了一切生命的源泉——元氣，

---

① 一和壹的文化内涵，請參見河永三(2011)的《漢字與艾克里特爾》，第7章，第252—309頁。

② 關於其出現時期請參考河永三(2022)和林宏佳(2021)的研究。

甚至是最高概念——道。後來，"壹"字下部的捲足和中間的圓腹變爲"豆"，頂部的蓋子變成了"士"，再經過一系列演變，最終成爲了現在的形態。①

那麼，"一"不再只是一個簡單的數位或數量詞，而是指元氣或道這樣崇高的概念，這反映在無文字時代"人類誕生於葫蘆"這一創世神話的神話思維。此原始集體思維被包含在"一"字中，後來爲了進一步具體化這個含義而創造了"壹"。這一點可以在各種"人面壺"（加上人頭的壺）以及漢族和其他少數民族的葫蘆崇拜習俗和相關神話中找到充分的證據。②

正如"壹"是爲了表徵"人類從葫蘆誕生"這一遠古神話時代的遙遠記憶而特製的文字符號，與"壹"（一）通用，語義完全一樣的"羆"字，可以説是"人類從熊誕生"的神話思維的反映。此論題已在另外論文詳述之，不再贅述。③

2.4 "嬴"

除"羆"外，還有其他與熊的神聖性和相關崇拜，即與熊圖騰相關的漢字，"嬴"就是其中之一。嬴是中國最悠久的初期八姓之一。中國古代早期八大姓有：姬、姜、姒、嬴、妘、嬀、姞、姚（姞或以妊代替），它們的組成部分全都有"女"字，這被視爲母系社會的痕跡。

那，"嬴"字是怎麼來的？《説文》云：

嬴：少昊氏之姓也。从女嬴省聲。（12卷下，女部）

對《説文》所説"少昊氏之姓也"，《段注》補充説：

---

① 以上内容參河永三（2014）。
② 參見河永三（2021）。
③ 參見河永三（2011）、河永三（2021）等相關著作。

嬴：**帝少皞之姓也**。按秦、徐、江、黄、郯、莒皆嬴姓也。嬴，《地理志》作盈。又按伯翳嬴姓，其子皋陶偃姓。偃、嬴，語之轉耳。如娥皇女英，《世本》作女瑩，《大戴禮》作女匽，亦一語之轉。**从女，嬴省聲**。依《韻會》作嬴，今各本作嬴省聲，非也。以成切。十一部。

事實上，甲骨文中尚未發現"嬴"字，"嬴"字從金文才開始出現，但其用例非常豐富。代表性的字形如下圖所示，其中 ![] 可謂是代表字形，右邊是女（女性），左邊則是被描繪成帶翅膀和腳的某種動物。在《説文》小篆裏，這個字被寫作"![]"，許慎對此字的結構解釋説："從女嬴省聲。"但是，《説文》中所説的省聲，正如上文對熊的解釋中所指出，它的可信度較低，這是因爲省聲這個概念通常是指當形體變化較大時，爲了讓人們更好地辨認其内涵而使用的術語。

那麽，許慎所解釋的"嬴"字的結構，還不如説"從女羸聲"更爲合理。因此，《字源》就認爲"嬴"字是"从女羸聲"，"羸"是來自"能"分化而來的。[①]

從這個角度來看，表示整個語義範疇的"女"象徵著母系血統、母系社會的傳統，剩下的"羸"則是"嬴"的核心義素。這與形聲結構裏聲符保存該字更原始更接近原義的理論相一致。[②]

因此我們可以説：某種帶翅膀的動物的形象變成了"羸"，而在此加上象徵著最初母系氏族姓氏的"女"，就成了"嬴"。所以"嬴"作爲中國早期的八大姓氏，才具有典型的母系社會痕跡。在金文中，女有時被"卩"替

[①] 李學勤主編（2012），1087 頁。

[②] 聲符在意義的決定中發揮作用的理論是宋朝時期的"吳門學説"最爲代表性，但系統地闡明了這一理論並作出實證性的詳細論證的可以説是單玉傑。單玉傑在《説文注》中指出："凡從皮聲皆有分析之義"（皮作爲聲符的字表示分裂的意思）或"凡從甬聲之字，皆有興起之義"（甬作爲聲符的字都表示興旺的意思）等，提出了"凡從某聲皆有某義"的學説，對聲符的意義標示功能進行了重大突破。當然，並不是所有的聲符都是如此，也不能絶對化。但是，通過後來的魯實先的"形聲必兼會意"、黄永武的《形聲多兼會意考》、沈兼士的《右文説在訓詁學上之沿革及其推闡》等研究，聲符的意義標示功能得到了深入研究。

金文所見嬴字

代,因爲"卩"象一個跪坐的人形,作爲義符與女字通用交換是沒有問題的。所以,爲了探究"嬴"字的真正含義,我們需要注意的是"羸"。那麼,"羸"是怎麼來的? 我們看看以下的字形:

上表的分類上,Ⅰ組是帶有"女"字的字形,其中1—3沒有特殊意義,只是爲了排版的方便而添加的,Ⅱ組是以"卩"代替"女"的字形,Ⅲ組是既不帶"女"也不帶"卩"的字形,Ⅳ組是以"貝"代替"女"的字形,但常用於"嬴"這個字。

Ⅰ組:正如Ⅰ-1-a( )(伯衛父盉,西周早期,《集成》9435)所示,

古文字所見熊圖騰文字考：紅山文化的文字擴散

Ⅰ組由"女"組成，剩餘部分是某種動物，這種動物由尖嘴、圓頭、翅膀、身體和腳構成。Ⅰ組共有23例，占全例的82%。根據"女"的位置，可再分爲四類："女"在左側(3-f)的有1例，"女"在右側(1-ac,3-ae)的有8例，"女"在上方(2-h)的有1例，"女"在下方(1-dh,2-ag,3-g)的有13例。

Ⅱ組：像Ⅱ-a(𡥀)(嬴季簋，西周早期，《集成》3558)所示，是以"卩"代替"女"的字形，共有2例。卩象人跪之形，從意義上説，與"女"可以通用，因此可以説是交換義符得來的異體字。

Ⅲ組：没有"女"或"卩"之形。有人認爲，"雖然這兩種字形的出現時間比較晚，但它們可視爲從'能'發展到'嬴'這一過渡時期的字形"，但"正如其他金文一樣，其時間雖爲西周後期，有時也可以看到保留了原始字形的情況"，"因此其出現時間雖稍晚，但不一定只反映了發展後的字形"①。

Ⅳ組：是由"貝"組成的字形，常用於"贏"這個字，與其他三組字形不同。

甲骨文中雖未出現"嬴"字，但從上表所收録的《金文編》資料中可以發現，其字形大多數都由頭部、翅膀、身體和腳構成。與"能"的古文字字形相比，組成"嬴"字的"㐭"顯然是"熊"。② 然而問題在於，儘管這些字形中畫的是相同的"熊"，但兩者腳的數量卻不同。例如：

Ⅰ-1a中，腳以三隻表現，而在Ⅰ-1f、Ⅰ-1g、Ⅰ-2a等中，則以兩隻表現，而在Ⅰ-1h、Ⅰ-2b等中，則出現了類似翅膀的物體。在Ⅲ-a中，腳有時也被描繪成手的形狀。此外，偶爾也會出現省略腳的情況(如Ⅲ-c)。

遺憾的是，目前尚無明確的與它們之間的差異有關的研究。三足雖然對意義的確定不會産生決定性影響，但筆者認爲它們至少具有某些象

---

① 于省吾，《釋能和嬴以及從嬴的字》，《古文字研究》第8期，4—5頁。
② 例如，王藴智認爲它是"蟠螭"，而孫海波和徐中舒則認爲它是"龍"，唐蘭則認爲它不是龍或蛇，而是"螭"的形狀。之後，于省吾將其視爲"熊"，成爲代表性學説，參見于省吾，《出土資料中所見的"嬴"與"龍"》。

徵意義。例如,正如《爾雅》中爲了增加某些動物的區別性添加"足"的例子:"鱉三足能,龜三足賁。"(《爾雅·釋魚》)正常來説,龜或鱉都有四足,但有時它們只有三足,就特別賦予了"賁"或"能"這樣的專名。《爾雅》在解釋時還提到了《山海經》中生活在特定地區的龜和爬行動物,而《山海經》中充滿了關於神秘動物或賦予這些動物某種神聖象徵的故事。另外,中國的傳説、神話裏常出現的"三足烏"也具有神聖意義。①②

因此,表中畫著三只腳的"熊"似乎具有與一般"熊"不同的"特殊"意義,這些字形可能旨在表示這些字所具有的某種特殊區別性。尤其是新增的"翅膀"所象徵的神聖意義使這種解釋的可能新大大增強。因此,構成"嬴"的"羸"(熊)可能表示具有神聖性的"熊"部落,而"女"則反映出這種社會進入父系社會之前的母系社會狀態。

如果這樣看,那麼秦國的國姓"嬴"就可以解釋爲更積極地表達了"熊"崇拜和"熊"圖騰。

由此推斷,繪有三只腳的熊所表達的是熊崇拜社會中熊所具有的神話性或崇高性。因此,可以認爲"嬴"的原始含義是與母系社會的"熊"圖騰有關係,所以其才能成爲中國早期八大姓氏之一。之後,"嬴"被用於與熊圖騰有關的族系,也被用作初期的姓氏,比如嬴秦。甚至通過代指地名被用來指稱秦族。③

―――――――

① 《尚書大傳》(卷二)云:"武王伐紂,觀兵於孟津,有火流於王屋,化爲赤烏,三足。"《淮南子·精神訓》云:"日中有踆烏。"漢高誘注:"踆,猶蹲也。謂三足烏。"高句麗壁畫、漢代各種畫像石以及馬王堆帛畫也明顯畫了太陽裏的三足烏。

② 在西方神話中,三足禽獸的出現相當罕見。然而,在希臘神話中,卻出現了一種特殊的三足動物,名爲刻耳柏洛斯(Cerberus),它是地獄之狗。刻耳柏洛斯有三個頭,每個頭下均有一只腳。它在希臘神話中是地獄的守門者,阻止死者離開冥界。它的三足並無特別神聖的意義,主要是用來强調它的恐怖和威脅性。此與東方的傳統有所不同。其具體情况,尚待以後的研究。

③ 《孟子·離婁下》中有"孟子自齊葬於魯,反於齊,止於嬴"的描述,這裏的嬴是指今天山東省萊蕪市的西北地區。《説文解字》中的"少昊氏之姓"和《丹丘篇》中的"秦、徐、江、黃、郯、莒,皆嬴姓也"都反映了這一點。另外,"嬴氏"指嬴秦,用來指稱秦國或秦王朝;"嬴女"指傳説中秦穆公的女兒弄玉;"嬴項"用來指嬴秦和項楚兩個軍隊;"嬴臺"指古代傳説中蕭史和弄玉居住的鳳臺。

再者，"嬴"這個字也有"充滿""剩餘""肥沃"的含義，這可以被視爲是嬴原本含義的衍生。進一步來説，從嬴衍生出的"瀛"在《説文》中被定義爲"水名"，後來用來指代大海或大湖的中心，如瀛洲，也被用來描述傳説中存在著不老草的海上島嶼。

另外，"賏"字在"貝"上加"嬴"，表示財富充裕或者溢出，從此衍生出"贏"的意思（如在賭博中"贏錢"）。再者，"羸"字是由"羊"加在"嬴"上，根據《説文》，"羸"表示"瘦弱"，指的是消瘦或者衰弱。"羸"字與"嬴"字的原始含義"滿溢"或"充滿"完全相反，形成了"瘦弱"的含義，這種情況可以看作是漢字中常見的反訓。

關於以"嬴"作爲姓氏的秦族的來源，存在著多種説法。由於秦國崛起於陝西和甘肅地區，因此通常被認爲是西部地區的民族，且有觀點認爲其起源於西北。然而，自20世紀80年代以來，基於在秦國主要活動地甘肅和陝西的各種考古發掘結果以及文獻資料的研究，秦國"源自東方"的觀點逐漸在學界占據了主導地位。

秦族很可能是《清華簡·繫年》中所述的"商奄之民"，則秦人故土即屬於商朝的奄地，奄地大致是現在山東省濟南的萊蕪。而萊蕪，據説是伯益的封地。

由此可見，"嬴"作爲中國初期的代表性姓氏之一，可以視爲象徵著源於熊的民族的標記，"女"字象徵了其起源於母系社會。如果秦族以含有熊形象的"嬴"作爲他們的姓氏，那麼可以認爲秦族是以熊爲圖騰的民族，並在很大程度上藴含了源自紅山文明的民族元素。被認爲是秦族早期活動地的山東萊蕪，不僅可以從遼東半島向南沿著海岸綫經過今天的秦皇島、山海關地區到達，而且是與遼東半島隔渤海灣最近的地方，因此，把他們的早期活動地與起源地同紅山文化聯繫起來的可能性也大大增加。

2.5 其　　他

在《説文》小篆其他先秦古文字中，與"能"有關的漢字還有以下幾個：

（1）"䏿"

此字收錄於《說文》。

　　《說文》："埃䏿，日無光也。从日能聲。"
　　《說文注》："埃䏿，逗。疊韻字。日無光也。埃䏿猶靉靆也。《通俗文》雲覆日謂之靉靆。从日能聲。"

如此看來，"䏿"是"从日能聲"，此結構表示"太陽被山嵐遮蔽，陽光無法照射"之義。那麼，"䏿"字在語義上與"能"字並無關聯。雖然"能"字被用作聲符，且聲符也包含相關的意義，但是"䏿"字不見於《說文》小篆之外的其他古文字中，因此無法進一步確定它是否與"能"字的意義有關。①

然而，在《山海經·西山經》中，有"南望昆侖，其光熊熊，其氣魂魂"的說法。在郭璞的注解中，將"熊熊"一詞解釋爲"光氣炎盛相焜耀之貌"。由此看來，能字似乎有"如熊般強大的力量"的意義，與"太陽強烈地照耀"類似，但是，"䏿"字恰恰相反，表示"因雲遮蔽而無陽光"，因此仍然難以找到與"能"字的關聯性。不過，如果借用"杲"（表示"明亮"）和"杳"（表示"黑暗"）的關係，它們分別通過"太陽在樹上方"和"太陽在樹下方"的相對關係來表示明暗，那麼我們可以推測，或許通過"太陽在能上方"和"太陽在能下方"的表述，來表示陽光強烈地照射和太陽被雲遮蔽的昏暗。

（2）"㲱"

此是由"日"和"能"構成的上下結構，見於戰國竹簡，其字形如下：

🖼新蔡甲三22,59（㲱日癸丑）：《新蔡葛陵簡》

🖼子儀19（㲱（翌）明）🖼子儀10（㲱（翌）明）：《清華大學藏戰國

---

① 在《說文》的這種解釋之後，《集韻》中僅將瞄記作䏿字，並未顯示其他含義。

古文字所見熊圖騰文字考：紅山文化的文字擴散

竹簡》(陸)187

對該字,《戰國文字字形表》(943)讀爲"翼";《簡帛古書通假字大系》(23)讀爲"㠯(酓)"。徐在國對將其讀爲"翼"作了解釋：

> 這個字的結構,"日"是義符,而"能"是聲符,應讀作"翼"。在古音中,"能"和"㠯"是可以互換使用的。"異"和"眙"在古音中也是可以互換的。因此,可以說"翼"的音節部分是"能"。翼日意爲第二天。

因此,這可以解釋爲"翌",意爲"第二天"。然而,由於資料的限制,"能"對該字意義構成的參與程度無法進一步確認。

(3)"𢼸"

此字見於金文,其具體字形如下：

🅰️ 🅱️ 廣𢼸(笞)楚荆

此字由"能"和"攴"構成的,形象地描繪了用棍子打熊的場景。裘錫圭將其解釋爲"笞",解釋爲"廣泛地撻伐楚荆"之義。①

(4)"𢾺"

此字見於戰國竹簡,其具體字形如下：

🅰️(子產8):《清華大學藏戰國竹簡(陸)》(201)

𢾺(㠯):《簡帛古書通假字大系》(23)

此字由"能"和"攴"構成的左右結構,是"翌"字的另一寫法。

(5)"𣄰"(熊)

此字由"大"和"能"構成的上下結構,見於楚竹簡：

🅰️:《子彈庫帛書文字編》(45)

🅱️(子儀10)𣄰(翌)明:《清華大學藏戰國竹簡》(陸)

---

① 裘錫圭,《史墻盤解釋》,《文物》1978年第3期,27頁。

龕(翌):《简帛古書通假字大系》(23)

對此,季旭昇的論證頗爲詳盡,可以參考:"熊:楚文字從大能,似'能'之本義即爲'大能'。若然,則'熊'從'火'實爲'大'之訛變。秦系文字從'火',《説文》以爲'炎省聲',然目前'熊'字並未見從不省之'炎'者。學者或謂'熊'之本義爲'光氣炎盛相焜耀之貌'(《山海經・西山經》'其光熊熊'注),如此又必須説成'從火、能聲',然'能'與'熊'聲韻都不相近。"①

三、結　論

綜上所述,我們對古代漢字中與熊圖騰相關的漢字進行了研究,即表示"熊"的熊字和它的本字"能"、已解讀爲"熊"的甲骨文中的"𤉡"字以及在戰國文字中尤其是楚國竹書中大量出現的與"一"(壹)具有類似含義的"罷"字,還有秦國始祖姓氏的"嬴"字等。我們對這些字的結構和創制意義等作了詳細考證,論證了它們可能與熊崇拜傳統有關。因此,我們得出了以下幾個結論:

(1)表示"熊"的本字能應被視爲象形字。《説文》基於小篆字形所説的"從肉㠯聲"的形聲結構難以令人信服。相反,我們可以將"㠯"看作頭部,"月"看作軀幹,其餘部分看作綫形的兩條腿,這種解釋更爲合理。

(2)當"能"字用於表示天賦和能力之意時,又分化爲"熊"字。然而,《説文》所説"從能,炎省聲"的結構也難以令人信服。這是因爲《説文》中大多數關於"省聲"的解釋不夠嚴謹,而且炎(聲符)與能之間的讀音聯繫也難以確立。根據戰國竹簡文字的證據,我們更傾向於將它們視爲"分別文"的關係。相較於許慎將它強制説爲"炎省聲",筆者認爲最初的"大"字訛變爲"火"字更爲合理。

---

① 季旭昇,《説文新證》下册,107頁,"熊"字條。

(3) 在甲骨文中,對於解讀爲"熊"的"🐻"字,有人認爲其實指的是鸕鷀。然而,根據對當時田獵場景等方面的綜合研究結果,鸕鷀並未被包含在獵物的範疇中,並且在後世的文獻中也沒有鸕鷀的出現,因此這種解釋難以成立。此外,在甲骨文中,用"止"來表示動物之腳的情況僅限於象徵商朝遠古祖先的一些神話動物,象"夒""憂"等。因此將其視爲鳥類的腳也是不合適的。但是,翅膀可以被看作類似於後世文獻中提到的"羽熊",該字很有可能就是楚簡中頻繁出現的"罷"字。

(4) 楚國竹書中大量出現的"罷"之能以與"一"(壹)通用,可能是因爲它承載了"從熊中誕生"的人類起源神話。與"一"具有相同意義的"壹"或"壺"反映了"從葫蘆中誕生人類"的葫蘆崇拜傳統,而"華""帝""英"等反映了"從植物中誕生"的植物崇拜傳統,與此類似,玄鳥、鳦、王亥(夋)等與"從鳥中誕生"的鳥崇拜傳統相聯繫。

(5) 秦國的始祖姓氏"嬴"也是與"能"或"熊"具有相同意義或讀音的分化字,其上部分"目"描繪了熊的頭部,"月(肉)"代表身體,而釆描繪了綫條狀的前腳和後腳。女是用來象徵姓氏以反映母系血統的字符。

這些與熊崇拜相關的字的解讀和意義解釋可能有助於以下研究,並有潛力進行擴展研究:

(1) 這與以紅山文化爲代表的東北地區的古代文明—遼河文明的熊崇拜圖騰相連。秦族的姓氏嬴、楚文字中頻繁出現的"罷",都是象徵從熊誕生的神話意義的一類字符。因此楚王會以"熊"爲名。考慮到這些因素,筆者認爲秦人和楚人與北方系的紅山文化有聯繫的可能性很高。①

(2) 這可以作爲秦族多種來源說中的東方(現在的山東省)起源說、楚人之北方南下說(河北省、河南省北部等)的重要依據。

(3) 這可以作爲中華民族形成學說中"多源起源說"的重要依據。也就是將中華民族的起源從黃河中心的一元說或仰韶—龍山文化的二元說

---

① 關於熊是姓還是氏的問題,爭議仍然存在。主張熊是氏而非姓的學者認爲,楚族的姓是芈(|女爾|),代表母系血統,而熊是氏,代表父系血統(朱俊明,1987,參考)。

中脱離出來,中華民族的形成是由多個文化共同作用的,除了上述文化之外,還有長江下遊的河姆渡文化、長江上遊的三星堆文化,當然還包括東北地區的紅山文化等。特別是,這將爲研究與紅山文化相關的熊崇拜民族在中華文明形成過程中所占據的地位和産生的影響提供參考價值。

(5)進一步説,這與高句麗、檀君神話(熊女神話)以及韓民族的形成直接相關。在紅山文化、檀君神話與韓半島文明甚至日本有關文化的關聯性研究中,這將作爲參考資料。

此外,本研究將爲筆者提出的"漢字考古學"方法論的建設提供新的證據。這種方法論通過連接古代漢字、考古遺物、人類學(民俗)資料、文獻資料等進行研究。也期待本文能夠進一步使"漢字考古學"更加理論化。①

參考圖片:

豬熊　　　　　　　　　馬熊(羆)

---

① 請參見河永三(2022)的文章《"漢字考古學"方法論建設與漢字研究的領域拓展》(《中國學》第80輯)。

東亞"文字中心主義文明"之理據：漢字的文化性

一、東亞文明之特色

此文所謂"東亞"，主要包括韓國、中國、日本以及越南等國家；該"文明"，是指在漢字使用背景下建立的"文字中心"文明，故這些國家地區的文明亦稱"漢字文化圈"。當然這裏所講"文字中心主義文明"概念是與雅克·德里達(Jacques Derrida, 1930—2004)所提出的"邏各斯中心主義文明"(logos-centrism)相對比的概念。

以"文字中心文明"爲核心的東亞漢字文化圈，很早就擁有了獨特思維方式和文化模式。諸如：系統思維[1]、循環思維、直觀思維、具象思維、連續性的發展模式[2]等，此與西方文明之分析思維、直綫思維、邏輯思維、抽象思維、突破性的發展模式等相對。

筆者認爲這些特色主要與漢字的使用密不可分，因此東亞文字中心文明之根源在於漢字，所以該文明的各種特徵也主要由其所使用的

---

[1] 參見劉長林《中國系統思維》(北京：中國社會科學出版社，1990)，《序言》，p.4。
[2] 參見張光直《考古學專題六講》(臺北：稻鄉出版社，1988)，p.18。

漢字和漢字特徵所決定。本文從字源和文化學的立場闡釋並論證了漢字的文化性和哲理性，同時管窺漢字之所以能形成建立"文字中心文明"的背景。

爲此，本文先通過"中"字的字源和文化含義發展的模式來闡釋漢字的文化性；再通過"真"字的剖析來考究"真理"概念在中國的產生和發展過程及其在文明史上的意義。最後通過對"文"與"言"字的分析闡釋論證文字中心文明和邏各斯中心文明實質。

本文得到的結論如下：漢字裏的"文"與"言"相當於西方傳統的"話語"和"文字"，東亞的"文字"就相當於西方的"語言"。因此西方的邏各斯中心文明和東方的文字中心文明絕非兩樣，其本質是一樣的，所以兩大文明之間不會存在優劣、文明和野蠻之別。由此可以找到糾正東方主義謬誤的具體方法論之一。漢字是漢字文化圈文明根源之"源"，是探索理解漢字文明之源的關鍵。

二、東亞的"文字中心文明"傳統

東亞文明是以漢字爲基礎而發展來的文明。漢字是這個世界最具代表性的表意文字，因其文字本身具有意義，故可稱爲意義中心文字。人類思想的表達方式大體上分爲話語和文字兩種方式。話語屬於聽覺體系，文字屬於視覺體系。文字體系又分爲兩大類，一是僅有音值的文字，一是擁有意義的文字。前者中，最具代表性的文字體系就是英語、韓語和日語的字母文字；後者中，最具代表的文字體系就是漢字。當然，在字母文字之前，最初的美索不達米亞楔形文字和埃及文字也都屬表意文字，只是後來其表義功能逐漸喪失，只存留了音值。

漢字通過具體字形和抽象意義的結合來表達概念，沿用至今的漢字使中國人形成了自己獨有的文化。漢字強調的是直觀而不是邏輯，強調的是具象而不是抽象，強調的是總體而不是分析，強調的是循環思維而不是綫形思維，此種特點自始至今連綿延續從未間斷。

東亞"文字中心主義文明"之理據：漢字的文化性

比如，古代中國人看到"▨▨▨（止）"時，很直觀的認爲這是個"腳"，通過停止的腳步聯想到"停止"，但進一步通過停止的腳步，又聯想到停止之前來的動作"走來"和停止之後還將要邁出去的動作"走去"。這樣"走"和"停"兩個對立的概念，雖然矛盾但又互爲連接，從總體上看甚至不是矛盾關係，反而可以認爲是同一概念。這樣的思維使中國人通過亂麻般絞纏的"亂"字聯想到"治理"；通過葉子旋轉下墜的"落"字聯想到"新的開始"。中國訓詁學上所謂的"反訓"即是典型的例子。又如，中國人看到站立的"人"和樹"木"合在一起的"▨（休）"字時，不會聯想到"如木頭一樣毫無感覺的人"或"像人一樣長大的樹"，而會聯想到"人倚在大樹旁休息"的場景，從而想出"休息"，又從"歇息爲美事"衍生出"吉慶、美善"等義。

東亞文明的思維特徵和漢字表意方式是如此相似，都是直觀的、具象的、總體的、循環的，這正是因爲長期使用漢字的結果。所以漢字是理解中國本身和中國文明的根源，也是核心要素。中國人以漢字爲根爲幹，構築了自己的文明，甚至周圍鄰國——韓國、日本以及越南也借用漢字來記錄生活，創造了近似中國文明的文化世界，所以這些地域才形成了"漢字文化圈"。

由於漢字的屬性，相較於"話語"，中國人更加關心"文字"，並研究出了文字的本質以及與之相關聯的特性，甚至認爲只有文字才能表達真實的概念，文字優先於話語。這種文明特點和西方認爲"話語"優先於"文字"的"邏各斯(logos)中心主義"概念相對應，可以稱之爲"文字中心主義"文明。

當然，"文字"中"文"的概念是"不可以再進一步分化的基礎字"，而"字"的概念是"由兩個要素組成，可進行拆分的合體字"，後來這兩個字合而爲一形成"文字"一詞。但在這個詞語中"文"仍是核心字。

三、漢字的文化性：以"中"爲例①

(1) 箭靶中心爲"中"？

韓國出身的世界級射箭運動員金珍浩(1961—)，曾於 1972 年和 1982 年分別在柏林和洛杉磯，蟬聯世界射箭錦標賽五連冠，真可謂空前絶後。他是神弓誕生的標志，從此韓國的射箭神話開始了。韓國女子弓箭手創造了一箭命中靶心，擊碎設置在靶心上的攝像頭的神話，震驚了世界。

現在國際比賽所用的箭靶直徑爲 122 釐米，箭靶中心範圍的直徑爲 12.2 釐米，是箭靶直徑的十分之一。射手站在距離箭靶 50—100 米的地方，射中中心範圍時才能獲滿分十分，射中中心也叫"中的"。韓國話則詞序倒過來作"的中"，是常用詞。"的"字，在魏晋時期的《玉篇·白部》解釋爲"射質"，其義爲射中箭靶的正中心，"中的"是射中("中")靶的中心("的")之義。這就是"中"在字典中的第一個意義，爲"箭靶的中心"及"準確地射中中心"。當然這裏强調的並不僅僅是位置上的中心，而且還包括準確射中之義。

"中"字不僅筆畫少、字義明確，而且是東亞三國的常用字，但對"中"的字源及其語義的發展多有誤解，比如"中庸"之義。首先，提起"中"字，人們會想起射箭用的箭靶。然而據甲骨文和古代文獻裏的用法，"中"表示的是旗杆。其次，"中庸"的哲學意義並不是人們所謂非左非右，而是至公無私，不偏不倚，恰到好處。

基於以上認識，本文將對"中"的字義發展進行論證："中"的字義發展經歷了從本義到哲學意義的轉變，即"中"不僅僅只是空間意義上的正

---

① 部分内容已發表於［韓］《月刊中央》2018 年第 6 號(2018 年 05 月)(http://jmagazine.joins.com/monthly/view/321387)。此爲"24 個核心漢字來解讀東方文化"系列文章之一，本系列將二十四個核心漢字的字源以及字義的衍變過程，通過與西方文化的比較，分析出背後的文化差異、探尋東西方文化不同的根源。

中心或旗杆建中之地,其通過中心與周邊的位階關係,進一步發展出"中庸"這一不偏不倚的哲學意義。①

甲骨文階段的"中"字象旗旒之形。② 之後才發展爲位階意義的"中心",正如中國人自認爲是文明世界的中心地,故稱之爲"中"國、"中"華,此時的"中"就含有權力中心之義。中國成爲文明的標準,與之相比,周邊諸家變成野蠻、蠻夷。從這裏可以看出"中"含蓋了垂直的等級秩序,於是"中"成爲劃分文化等級的分界綫。欲確立中心,首先要設定一個中心,再圍繞這個中心進行等級劃分,因此出現了"中心和周邊"。中心和周邊的區分,其實和空間距離以及實際地理位置沒有直接關係。比如南韓的地理中心雖在大田附近,然而首都首爾才是韓國的中心。這是"中"的第二層次的意義,含有中心和周邊的等級概念的"中心"之義。

但"中"的字義沒有停滯,而是進一步發展到哲學意義上的"中",這就是"中"的第三層次的意義。"中庸""中和""中道""中正"等皆爲東方哲學思想的核心詞。它們不僅在中國,在韓國和日本也具有重要哲學意義,同時也是儒家經典中出現頻率最高的詞彙之一。尤其"中庸"更是作爲書名,成爲代表儒家經典的四書之一。

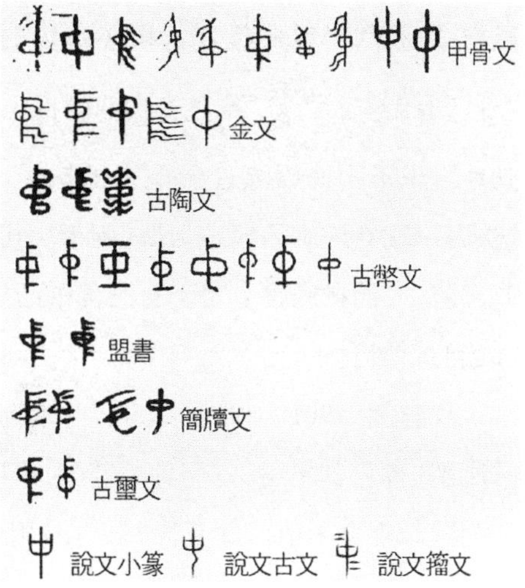

我們所看到的經典裏的"中"並不是像"中國"的"中"那樣偏重於中國的概念,而是

〈圖表1〉古文字"中"字字形。
《漢字字源辭典》(修訂版)(釜山:圖書出版三,2018)

---

① 宗富邦等主編,《故訓彙纂》(北京:商務印書館,2003),對"中"字的義項,共羅列528項,主要有:内、入、不偏不倚、中間、平、半之義。參見24—30頁。
② 李學勤主編,《字源》(天津:天津古籍出版社,2012),28頁。

像朱熹(1130—1200)在《中庸章句》中提到的"不偏不倚,無過不及之名"之"中"。那麼,"不偏不倚,無過不及"到底意味著什麼呢?

這個"中"是怎麼來的?有何現實意義?下面將通過探尋"中"字的字源、分析其演變歷史來闡釋"中"的三層含義及其發展過程,以及它在現代社會的意義,以此爲視窗管窺漢字的文化性。

(2)作爲位置中心的"中":豎立旌旗之地

"中"字究竟表象了何物?中國第一部字源辭典《説文解字》解釋:"中,内也。從口。丨,上下通。㆗,古文中。㆗,籀文中。"義爲"事物的内部"。但是根據甲骨文的用法,"中"並没有"内部"之義①,這説明"内部"並不是"中"的本義,而是後期派生出來的引申義。

其實,甲骨文中的"㆗"和"㆗",象飄揚的旗(㫃)幟之形。上端是迎風飄擺的飄帶,很形象地再現了飄揚的旗幟。有時旗杆也會豎立兩側:"㆗",有時又以"㆗"描述奔向旗幟的人們。各自擺向同一側的飄帶很生動地再現了兩面旗幟迎風飄揚的樣子。這幾個字形中出現的圓圈或方塊,表示豎立旌旗的場地。據《周禮·司常》的記載②,爲了體現自己的氏族部落,人們在旌旗上畫上自己部落的象徵圖案(圖騰),來表明這是某個部族的旗幟。

故唐蘭(1901—1979)亦云:"中者最初爲氏族社會中之徽幟,周禮司常所謂'皆畫其象焉,官府各象其事,州里各象其名,家各象其號',顯爲皇古圖騰制度之孑遺。此其徽幟,古時用以集衆,周禮大司馬教六閲,建旗以致民,民至,仆至,誅後至者,亦古之遺制也。蓋古者有大事,聚衆於曠地,先建中焉,群衆望建中而趨附,群衆來自四方,則建中之地爲中央矣。

---

① 據崔恒升編,《簡明甲骨文詞典》(合肥:安徽教育出版社,2001),甲骨文時代"中"有四種意義:(1)旗幟;(2)表示在中正方位;(3)人名;(4)用爲仲。101—102頁。
② 《周禮·春官·司常》:"司常掌九旗之物名,各有屬以待國事。日月爲常,交龍爲旂,通帛爲旜,雜帛爲旆,熊虎爲旗,鳥隼爲旟,龜蛇爲旐,全羽爲旞,析羽爲旌。"(《十三經注疏》,臺北:藝文印書館,2007)

東亞"文字中心主義文明"之理據:漢字的文化性

列衆爲陳,建中之酋長或貴族,恒居中央,而群衆左之右之,望見中之所在,即知爲中央矣。"①

正如唐蘭所説,在古代中國,部落共同體遇到重大事件時,首先會在空曠的場地上豎立旌旗,然後以旌旗爲中心地召集族人集合。甲骨文中經常出現的"作中、立中"等詞②,都是豎立旌旗之義,也是"集合群衆"之義③,這也爲我們提供了"中"的本義不是"内"的依據。如有發生重大事件時,先豎立象徵自己部落的旌旗,部族民衆會來聚合於旗幟飄揚的中心地,此地即是"中央"。由此,"中"有了"中央"之義,繼而派生出位置上的"中央",以至擴展到空間概念的"中心"。

"中",在寬敞的場地(口)豎立旌旗(丨)④,共同商討部落的重大事情,並在做出最終裁決之前,聽取部落所有人的意見,由此得出大衆的結論。當然,由此得出的結論,和今天的民衆意願有所不同,是指天神或神靈的旨意,這個義項將在後邊中庸的"庸"字中進行詳細闡釋。在當時,這個結論絶不會是某個人或哪一個掌權者的個人意見,而是衆心所向,也就是説衆心所向是最近乎天神旨意的。采納衆人的意見,就要不爲某個人或某個特定集團的利益所動摇。通過這種方式,可以匯集更高一階的智慧,在得到同意意見、確定結論之的過程中,一定需要付出更多的努力,需要高度集中力。

所以在原始社會,弓箭不僅僅是戰爭武器,更是貴族修煉身心的課程,在這個課程裏,"箭靶中心"成爲某個事物中心的象徵,同時也成爲這個象徵的媒介。這要求弓箭手注意力高度集中,所以射箭不僅僅是鍛煉身體,更是修心養性,知禮育德的一項必需活動。

---

① 《釋中》,《殷墟文字記》,轉引自《古文字詁林》,第一册,328—329頁。
② 諸如:"己亥卜,争貞:王勿立中? 一。"《歐美亞》200;"己亥卜,争貞:王勿立中? 二。"《合集》7367;"己亥卜,争貞:王勿立中? 三。"《合集》7368。轉引自王宇信(等),《甲骨學一百年》,第六章。韓文翻譯版(河永三譯),第二册274頁。
③ 同上,韓文翻譯版,第四册,194—195頁。
④ 也有人認爲:"口實爲鼓形。古有杆上安鼓之旗。"胡安耕,《唐蘭釋"中"補苴》,《安徽師大學報》1991年第2期。參見《古文字詁林》,第一册,337—342頁。

實際上,"中的"這個詞也是這樣形成的。通過以上對"中"字字源的探尋,我們得出:"中的","中"和箭靶有關,其本身也有"對準靶心"之義。如《禮記・鄉射禮》中的"虎中""鹿中""兕中"分別表示"伏虎形箭靶""鹿形箭靶""犀牛形箭靶"。① 所以今天的現代漢語中表示"中心"時讀作一聲,表示"命中"動詞時讀作第四聲。

(3) 作爲位階中心的"中"及其分化

"中"字的初義爲"旗杆"和"中心","中"的其他字義又是怎樣發展分化來的呢? 正如《説文解字》的解釋:"中,事物的内部","口"和"丨"爲表意符號,"丨"表示貫通上下(上下通。内也。從口丨,上下通)。所以,"中"指的是某個分界綫以内的"内部"。"内部"是相對於"外部"的存在,之後由"内部"又派生出了抽象的空間概念"裏面"。

正如上述,"中"不僅表示"中的"或"中心",還擴充到"中和"之義。爲了更好地區分其細微差别,以及更加精確地進行表達,進而演變出了一系列漢字:衷、忠、仲、史(叏)等字。

首先,衷,"裹褻衣。從衣中聲。《春秋傳》曰:皆衷其衵服"(《説文》)。可見"衷"的原義是穿在裏面(中)的衣服,也就是内衣。如《左傳》裏出現的"衷甲",表示穿在裏面的鎧甲。在此基礎上,"衷"由"内衣"的義項擴展到"内心"之義。如"衷心",表示發自内心的真心;還有"衷情",表示由衷的真情;又如"意衷",表示藏於心中的真意。其實在"衷"字所表之義從"中"分化出來之前,這些詞語都書寫爲"中心""中情""意中",可見"中"與"衷"通用。

其次,忠,"敬也。從心中聲"。《説文》解釋:"敬也,盡心曰忠"。②

---

① 《儀禮・鄉射禮》曰:"君國中射,則皮樹中,以翿旌獲,白羽與朱羽糅;於郊,則閭中;以旌獲,於竟,則虎中,龍旜。大夫兕中,以其物獲。士鹿中,翿旌以獲。"鄭玄注曰:國中,城中也。謂燕射也;於郊,謂大射也。於竟,謂與鄰國君射事也。畫龍於旜,尚文章也。通帛爲旜。士謂小國之州長也,用爲翿旌以獲,無物也。(《十三經注疏》,臺北:藝文印書館,2007)

② 《段注》:"敬也。敬者,肅也。未有盡心而不敬者。此與慎訓謹同義。盡心曰忠。各本無此四字。今依孝經疏補。孝經疏、唐元行冲所爲。唐本有此。從心。中聲。陟弓切。九部。"

也就是説不偏不倚的正確之心、正直之心。如,《論語》所云"一日三省"之一的"爲人謀而不忠乎"。還有可謂概括孔子"道"之核心的"忠恕":如果忠爲嚴以律己的話,恕爲寬以待人。所以"忠"的本質是向著正確的方向盡己之心,毫無私心不被誘惑所利用,堅守自己的本分。

如此,"忠"原本是限用於爲官者對自己的道德要求,正如《左傳·桓公六年》所云"上思利民,忠也"。可是,在此之後,"忠"卻演變成對臣子和下級的要求,正如《管子·五輔》中提到"爲人君者,中正而無私;爲人臣者,忠信而不黨"。"忠"與君主的"中正"相呼應,最終成爲對臣子的要求。

實際上,爲官者守住不偏不倚的公正之心實在不易,反而是將權力僞裝成正義較爲容易。正如帕斯卡(Pascal, Blaise, 1623—1662)在《沉思録》(*Pensées*)中所説:"使權力能與正義(justice)相伴,必須給正義賦予力量而把它做成正義。……正義往往淪爲被爭議的對象,但是對權力抵抗是不易的。所以人們時常將力量強大的一方看作是正義,而把它正當化。"如此,爲官者的"忠"心越來越淡化,與之相反,"忠"逐漸變爲百姓對國家、下級對上級、個人對組織的盡"忠"之心。

再次,仲,"中也。從人從中,中亦聲"(《説文》)。字義爲排行居中。在甲骨文中已經出現"中丁""中己""中子"等記録,表示排行老二,爲了更加精確地表示這個義項,在原有的"中"字添加了"人",成爲"仲"。

還有,史,甲骨文寫作從又從中。故"史,記事者也。從又持中。中,正也。凡史之屬皆從史"(《説文》)。"史"的異體字"叓"(古文)更爲形象。其中的"又"字表示手或行爲,在此我們不難看出"叓"字的意義,即不偏不倚、客觀公正地記録史實是史官的責任。

(4)"中心"與"周邊"

"忠"字的語義變化,給我們提供了"中"是如何從表位階關係上升到表示東方普遍理念的哲學意義的綫索。要研究表位階秩序的"中心"和"周邊"之間的關係,如果從"周邊"這個詞的詞源來觀察則更爲清晰明確。

〈圖表2〉古文字"周"字字形。河永三,《漢字字源辭典》(修訂版)(釜山:圖書出版三,2018)

甲骨文裏"周"用爲方國名,指稱周方。但對其字形的解說則意見紛紜。諸如趙誠(1933—)解釋爲:"均象币封閉之形。甲骨文用作方國之名,如:'周方弗其有禍?'(《乙》3536),則爲借音字。從卜辭來看,周方曾是商王的屬國,如商王多次爲周方卜問是否有禍。並有'令周'(《續》3.28.3)之記載;周方也曾向商王貢納,如'周入十'(《乙》5452)。"① 方濬益(？—1899)認爲:"按周之爲字,本取象於關中地形四圍周密,河山四塞之固也。從口則並嶠南之險而象之。"高田忠周(1861—1946)亦從其說。朱芳圃(1895—1973)即認爲"㘴象方格縱橫,刻畫文采之形,當爲彫之初文。"周法高(1915—1994)認爲:"周爲農業社會,以后稷爲祖。故造字象田中有種植之物,縱橫者,仟陌之象也。其兩端或伸出作田,所從非田也。畫字從之,亦取界綫之義也。……加口者,孳生字也。"郭沫若(1892—1978)亦從此說。

但筆者認爲,"周"先有"周密",後有"周全"之義,再引申爲"周邊""周圍""周匝""周轉"等義。這與中國古代的城市結構有關。在中國,城市以城爲主(至今還有"進城"之語),"城"爲城市的中心;"周"爲圍繞著都城的周圍地區,也是種穀耕作之地,故稱之爲"周邊"。"周"則是爲城中心提供穀物之地。再則"周"用於指稱王朝名,則強烈反映了周朝是農業爲主的國家,已經擺脫狩獵采集經濟而進入農業經濟階段。周朝的始祖"后稷",其名就是農神之義,也反映周朝爲農業國家。"后稷"的"后"爲"神","稷"爲"穀物"之義,只是構詞結構與現代漢語不同,被修飾語放

---

① 趙誠,《甲骨文簡明詞典》(北京:中華書局,2009),143頁。

在修飾語之前而非之後。①

"邊"的字源更爲複雜。《説文》:"邊,行垂崖也。從辵臱聲。"(垂崖爲邊崖之義)《玉篇》云:"邊,補眠切。畔也,邊境也。"《萬象名義》:"補賢反。近也。垂也。厓也。方也。偏也。倚也。"據《康熙字典》,除了"邊境"之外,還有"旁近"(《前漢·高帝紀》齊邊楚)、"側"(《禮·檀弓》齊哀不以邊坐)、"邊璋"(半文飾)(《周禮·冬官考工記》邊璋七寸)之義。《説文》所云"臱聲",實際上兼義。

但日本白川静(1910—2006)則認爲此反映的是"髑髏棚"習俗。所謂"髑髏棚"是指把死人的骨頭向上疊放在玄室四方的龕室裏的習俗。②辵象徵移動,臱由自(鼻本子)、穴、方組成,就反映著古代髑髏棚習俗。殷墟遺跡裏也可以找到把羌族的骨頭疊在一處的痕跡。1976年發掘的殷墟婦好墓中也有此民俗的痕跡。③

如果以上的"周"與"邊"的字源解釋可以成立的話,"周"和"邊"與"中心"的關係就非常明確。"周"有爲了城裏的中心提供穀物之義;"邊"有通過自己的犧牲,把從屍體分離出來的骨頭奉獻給自己主人(或支配勢力、民族)之義。換句話説,"周邊"爲"中心"提供無限的犧牲。"中心"支配"周邊",作爲位階秩序而存在。

這個意義上,"中心"雖然是世界的中心,但没有"周邊"的犧牲,則其無法生存維持下去。

(5) 作爲哲學意義的"中": 至公無私的適宜

值得注意的是,《説文解字》雖然把"中"解釋成"内",但有其他版本

---

① 此爲古代漢語的特徵,在古代漢語常見。諸如"神農"(現代漢語:農神),"婦好"(現代漢語:好婦)等等。橋本萬太郎認爲此結構是南方話的特徵,時間越早,漢語中"被修飾語+修飾語"的結構越多。參見《語言地理類型學》(河永三譯,首爾:學古房,1991)。

② 白川静,《字統》(東京:平凡社,1984),770—771頁。

③ 在距墓口深6.2米的東西兩壁各挖出一長條形壁龕,兩龕内都埋有殉人。墓底四壁有熟土二層台,墓底近南部發現了有殉人、狗各1具的腰坑。在棺木範圍内,没有發現人骨,因此墓主人的骨架已無法確認。此墓椁室上層埋4人,壁龕中3人,腰坑1人,連同水中撈出的8個人架,共計殉葬16人之多。王宇信,《新中國甲骨學六十年》,66頁。

將"内"寫成"和"。① 因爲和諧之義的"和"字,象多管笛子(龢)之形,表示每個笛管須各自發出準確的音時,才能奏出"和諧"之音,也就是說只有互相配合、關照才能創造出"和諧之音"。②

再後來,"中"字不僅僅表示一個地域或靶心,還成爲人們的行爲道德准則,正如《中庸》所述:無過、無不及。儒家的重要經典《中庸》並不是孔子之作,一般認爲是孔子之孫子思(孔伋,公元前483—公元前402)所著。當然也有另外說法,如錢穆(1895—1990)認爲《中庸》裏包含了道家思想,以此推斷《中庸》是後人假託之作。③ 到了北宋時期,程頤(1033—1107)、程顥(1032—1085)兄弟兩人尊承了《中庸》(《中庸》是《禮記》49篇中的第31篇,而《禮記》又是以禮爲核心的儒家思想的經典之作),之後再由朱熹整理成四書,即《論語》《孟子》《大學》《中庸》。由此奠定了《中庸》至高無上的地位,成爲人們必讀的書籍,隨即"中"也成爲最重要的道德准則。

《中庸》首章開頭就說:"喜怒哀樂之未發,謂之中;發而皆中節,謂之和;中也者,天下之大本也;和也者,天下之達道也。致中和,天地位焉,萬物育焉。"所謂"中庸"即"中用"。"庸"從"用"派生出來,"用"字再添加一個"庚"字(庚原來是指被吊掛著的一種樂器),和"用"相通。最初表示事情的實施,事情的實施又包含了開始"使用"之義,所以在發展演變過程

---

① 《段注》:"内也。俗本和也。非是。當作内也。宋麻沙本作肉也。一本作而也。正皆内之譌。入部曰。内者、入也。入者、内也。然則中者、別於外之辭也。別於偏之辭也。亦合宜之辭也。作内,則此字平聲去聲之義無不賅矣。許以和唱和字。龢爲諧龢字。龢和皆非中之訓也。周禮中失即得失。從口丨。下上通也。按中字會意之恉、必當從口。音圍。衛宏說。周(冏)字從卜中(冏)。則中之不從口明矣。俗皆從口。失之。云下上通者,謂中直或引而上或引而下皆入其内也。陟弓切。九部。"(《說文解字注》,臺北:漢京文化事業公司,1983)

② 參見河永三,《東亞文明核心詞的闡釋之一——"和"》,[韓]《月刊中央》(http://jmagazine.joins.com/monthly/view/320113)

③ 根據已有的研究成果,對《中庸》作者有三種看法。第一,認爲孔子之孫子思所作,此說從司馬遷提出之後,鄭玄、孔穎達、朱熹等支持。第二,認爲後人假託僞造,此說從北宋歐陽修提出之後,清代崔述,近代馮友蘭、錢穆、勞思光等支持。第三,並不否定子思所作,但部分内容是後人假託僞造的,此說由宋代王柏首次提出。

中又增添了"必要""雇傭""勞苦"等義項。如果事情實施的對象是人,再加上單人旁,便成爲"傭"字,以便區分。

"用"的字源不是很清晰,據考證有多種解釋,如:其一,描述牛圈的模樣,從而延伸出"使用"之義;其二,描述鐘的模樣,示意重要之事的開端,表示開始"實施"之義等等。但是仔細觀察不難發現,中間是"卜"字,其餘部分由"冎(gua)"字(刮肉之義,骨的源字)組成,也就是説"用"是占卜時使用的骨頭,這個推斷比較有説服力。還有的學者認爲"用"是由"卜"和"中"字組成,"卜"爲占卜之義,"中"爲恰好合上之義,即占卜的結果恰好合上天意可以實施,從而産生了"使用"之義。①

總之,占卜是古代社會裏決定重大事件時必要的步驟,尤其商是奴隸制部落的宗主國,所有部落共同體的事務均由占卜來定奪。由此,占卜用的骨頭象徵行使,從而演變出"使用""應用""作用"等義項。再以後,每當對重大事件做出決定後,以敲鐘的形式來告知部落的所有成員開始"實施",於是"用"又多了"鐘"的義項。由"用"派生出來的"甬",上邊是鐘的掛鉤,"甬"表示掛起來的鐘,在古代文獻裏"用"和"甬"經常通用,也是源於此。所以,以"用"和"甬"字爲元素的漢字大部分都與"鐘"有關聯:有的字有"豎立"之義,好比掛起來的鐘;還有的有"通透"之義,恰似鐘的空心;也有的字有"强勁"之義,就像洪鐘之聲。

"中庸"的"中"表示無過、無不及,適中和諧。而"庸"通"用",表示占卜後得到的結果和天神旨意一致,象徵天神的意志,並代表恒常不變的"正"。所以,"中庸"並不是非此非彼的中間道路,而是人類最真的、恒常的真理。所以《論語·雍也》篇裏説:"中庸之爲德也,其至矣乎。"由"中庸"的詞源,我們能看到中庸天人合一的理論基礎。

《中庸》的理想境界是中和,不被喜怒哀樂所動,保持平和安定的狀態,這不僅是人類的本真,也是世間萬物真正的狀態和模樣。即使這些情

---

① 許進雄先生對此有此解釋:"甲骨文像是有環圈的鐘體,所以以爲'用'字是竹節的形象。竹節可以敲擊,用來打節拍,所以有'施行'、'用處'的意義。"參見《新編進階甲骨文字典》(臺北:字畝文化,2020)382頁。

感爆發,也要以"中"的態度來節制調和,從而達到"和"。所以,"中也者,天下之大本也;和也者,天下之達道也;致中和,天地位焉,萬物育焉"。

這樣的中和就是萬事萬物最理想的目標,這一目標就是通過中正(不偏不倚)的規範來實現;中正又由時中(恒常地不偏不倚)這一內在本質形成;時中又以尚中(崇尚不偏不倚)作其起點。

(6) 走出"中心":真正的"中心"

綜上所述,"中"爲豎立旌旗的地方,由"中心地"之義延伸出靶心"中央"之義。箭靶中央代表的不是單純的靶心部分,而是極其精準、絲毫不差的點,而"中庸"這一哲學概念又恰好體現了這種精準精神。"中庸"如此,那麽"中道"就是堅定的真理之路,而不是非左非右的中間道路。

那麽,真理之路究竟在哪裏呢?我想,天道即真理之路,好似古人依靠占卜通達神靈旨意之後開始實施,今天的天道應是民心,民心即是天心。所以所謂中道既不是非左派非右派,也不是進步或保守,而是民心所向。跟著民心所在向前進就是中庸之路。隨時隨地體察兩端的細微差異,做到不偏不倚,這就是關鍵。

然而在現實中,想要實行中道政治、做到"中道",依然有一段艱難的路程要走。"中道"尚且如此,又何能談"極中"?但是筆者認爲,中道政治之難以實現,還是源於對"中道"概念的誤解。如今的中道應是民心所向,是爲官者對民心的悉心體察與踐行;使中道成爲現實需要爲官者努力踐行民心所向,同時還要擁有必定實現民心所向的精神。這才是中庸的現實意義。

如果說,"中"只停留在位階等級層次,單純地將"中國爲中心的文化"進行了特權化的話,那麽"中"不會以哲學概念傳播到周邊國家並得到適用與發展。"中",只有不停留在以中國爲中心的價值觀念時,才可能發展成爲普遍價值,並適用於其它國家和地區。也就是說,只有消除地域的特殊性才能獲得普遍性,才能擴散到其它地域,並與當地文化相結合形成新的價值。

這個啟示,在二十一世紀仍然有效,諸如:中心與周邊,人類與自然,第一世界與第三世界之間的關係。尤其是對我們思考中央與地方的關係提供了綫索——權力中心的"中",能維持中央、中心的位階,實際上是依賴於"周邊"。

漢字就是這樣,每一個字都蘊含著該字的文化源頭和漢字使用過程中的歷史累積;漢字既是文化的累積,也是文化的 Archive、活化石。故漢字與拼音文字和話語不同,漢字同時包容時間和空間、意識和無意識,因橫跨時空而可以包含過去和未來。這就是漢字的文化性。

四、漢字的哲理性:以"真"爲例①

(1) 黑格爾對中國的批判

十三世紀末,馬可波羅(Marco Polo,1254—1324)的東方之行開啟了西方十五世紀的大航海時代,此後西方對東方的關注暴增。以此爲契機,西方開始了對東方尤其對中國的研究。其中,黑格爾(G. W. F. Hegel,1770~1831)於十九世紀初對中國的研究在西方有著特殊地位。他對中國尤爲關注,也留下了許多相關的研究成果,這些研究成果對西方認識中國產生了巨大影響,甚至形成了不可摧毁的框架。在黑格爾研究的最後,他得出了"中國没有歷史、没有哲學"的結論。②

這個極富打擊性的斷言讓人極爲震驚。黑格爾認爲儘管中國有王朝更迭和興亡盛衰,但也僅僅是王朝交替,並没有實現真正的歷史變革,更没有隨之而來的發展。人類歷史分爲少年期、青年期、壯年期、老年期,文明剛剛伊始的美索不達米亞時期就屬於少年期;希臘時期是生機勃勃的青年期;羅馬時代是壯年期;而日耳曼族活躍的時期就是理性成熟的老年期。

那麽,中國屬於哪一階段呢?他認爲中國甚至連西方文明伊始的美

---

① 部分内容已發表於[韓]《月刊中央》2018 年第 1 號(2017 年 12 月)(http://jmagazine.joins.com/monthly/view/319340)。
② Georg. W. F. Hegel,"China"in The Philosophy of History (2001),pp.132 – 155.

索不達米亞時期都不如,還不屬於"幼年期"。並指出當時的中國没有理性和自由的太陽,是還未脱離原始自然的愚昧階段。加之國家又是一個巨大的"家庭","個人"僅僅是根據道德規律生活在"大家庭"中的"孩子",根本不是獨立的人格體。所以中國是不存在自由的個人意志、理想、精神的"王國"。①

黑格爾認爲没有研究過理想(idea)的地方就没有科學,没有對理性進行探討意味著没有對真理進行研究,没有真理概念的地方必然不存在哲學。或許與黑格爾個人的影響力有關,此結論一出,就產生了巨大的影響並帶來了嚴重的後遺症。

最具代表性的就是近期依然有學者認爲:中國的真理概念表現在"真"字上,而該字到了漢代才第一次出現,並且"真"字的真理之義也是佛教傳入後才出現的。②難道中國思想只有道德常識而不存在思辨思維嗎?就算是不存在思辨,難道思辨就是衡量文明和野蠻的唯一尺度嗎?僅僅依據自己的歷史來衡量他人,不能説這不是偏見。只有自己是文明,他人都是野蠻,這是極度的西方中心主義(Orientalism)思維。當然這種思想到了現代已經得到了很大的修正,但是在細微之處仍然存在西方式偏見和誤區。筆者認爲,漢字就是糾正這種偏見的主要渠道和極爲有效的方法之一。故在此先從與"真理"有關的漢字談起,一觀漢字在中國文明研究中的重要地位。

(2) "真"字真的漢代才出現的嗎?

"真"字真的是到了漢代才出現的嗎?西方的真理概念真的是在佛教傳入中國之後才有的嗎?在此之前,中國確實不曾存在真理的概念嗎?中國確實不曾有哲學嗎?

西方學者們的認識貌似非常正確,"真"字在漢代《説文解字》中的最

---

① Georg. W. F. Hegel, "China" in *The Philosophy of History* (2001), pp.132-155.
② 諸如: Chad Hansen, "Chinese Language, Chinese Philosophy and Truth" (1985), p.504; Donald J. Munro, *The Concept of Man in Ancient China* (2001), p.55; A.C. Graham, "Chuang Tzu's Essay on Seeing Things as Equal" (1969-1970), p.39.

東亞"文字中心主義文明"之理據：漢字的文化性

初釋義既没有"真理",也没有"真正"等抽象的含義,當佛教傳入中國後"真"字才擁有"真諦"的義項。雖然這些都是事實,但是他們忽略了一個重要的細節,就是"真"字在西周金文中已經出現,其產生要遠遠早於漢代。不僅如此,"真"的原形"貞"字早在甲骨文時期就已經存在了。加之中國文明是不同於西方的文化體系,所以中國的"真理"也以不同於西方的形式存在。

許慎(58—147)編纂的《説文解字》收録了當時所能見到的 9 353 個漢字(據最近復原的資料顯示爲 9 833 字①),並對這些字的字形、來源、讀音、意義及意義的引申等一一進行注釋,是一部規模龐大的字書。在大約 1900 餘年前能編纂出規模如此龐大又具有體系的字書,不能不令人驚歎。

但《説文解字》中對"真"字的釋義頗爲模糊,難以理解：

眞：僊人變形而登天也。从匕,从目,从乚,音隱；八,所乘載也。 古文真。(《説文解字》卷八,匕部)

許慎將"真"字分解爲"化(匕：化的原字)"和"目",以及"乚"和"八"等四個部分進行解釋,描述神仙升天的情景,有很明顯的道教痕跡。不過許慎將"真"分解爲四個部分解釋,多少有些複雜,也許是"真"的字形變化太繁複,也與當時的字形和意義不太相符。因此對"真"的字形衍變過程一直没有明確的考釋研究,就連段玉裁(1735—1815)也没能從許慎的解釋範圍中脱離出來。

慶幸的是,二十世紀後期出土了大量的春秋戰國時期文物,在青銅器的銘文中我們能找到"真"字字形演變的蛛絲馬跡。如下圖所示,"真"字並非是許慎所説由的四個部分構成,而是由"化(匕)"和"鼎"組成。根據具體情況,"鼎"字有時也寫成"貝",爲了標注讀音有時添加"丁","鼎"的下端有時也會變爲"其(丌)"。無論怎樣變化,都表明"真"是由"化"和"鼎"組成,其他的字形是在此基礎上的變形。② 雖然有多種變形,但我們很肯定

---

① 參見：臧克和、劉本才(編),《實用説文解字》(上海：上海古籍出版社,2012)。
② 參見：何琳儀,《戰國文字字典》(北京：中華書局,1998),pp.1114-1115.

91

的是"真"字在甲骨文中就是"貞",即"真"是由"貞"字分化而來。①

〈圖表3〉"眞"的各種金文字形《伯真甗》《季真鬲》《叴簋》《真盤》(《金文編》,轉引自《古文字詁林》)

(3)"眞"與"貞"同源

"貞(貞)"字在甲骨文中非常重要。雖説現在其字形由"卜"和"貝"組成,但在當時是由"卜"和"鼎"組成,寫成"鼑",後來"鼎"字被簡化,衍變爲今天的"貝"字,就形成了"貞"字。"貞"的組成部分"卜",表示古代占卜時,被火烤出裂痕的龜殼,這些裂痕就是卦辭依據,所以"卜"有占卜的義項。

在當時"貞"通"真",都有問神的含義,因爲這個字産生於剛剛形成神權統治的殷商時期。《説文解字》中"貞"字的釋義爲"問也",漢代經學家鄭玄(127—200)也説過:"貞,問也。國有大疑,問於蓍龜。"以龜殼進行占卜,問神於國家重要之事,通過龜殼上的裂痕解釋神的旨意,當時稱呼從事這種職業的人爲"貞人"。"貞人"是世襲的聖職,有時也由君王親自擔任,在當時非常神聖,也很重要。如今"貞"的義項僅剩下"直"和"正直"之義。其中,"直"應該是由龜殼被火烘烤後的直綫裂痕而來;"正直"的義項是由"能夠正確理解神的旨意"衍生而來。

由此看來,"真"的字源和其"真理"義的根源可以從"貞"字中找到,"貞"指占卜行爲,"貞"就是"正",即事後結果表明占卜的正確可靠,於是有了正確之義。加之"鼎"和"貞"字通用,都有問神之義,是占卜儀式的象徵。而"鼎"是最具代表性的儀式器物,所以利用"鼎"强調此義項。此外,爲强調"占卜"的含義,添加"卜"字,於是衍變成"鼑"。②

"問天"的行爲稱"貞",掌管問天儀式的人稱之爲"貞人",兩者就是

---

① 對於"真"來源於"貞"字,筆者已做過詳細論證。參見《貞真同源考》,《中國文字研究》(華東師大中國文字研究中心),2014,19(1),pp.104 - 116。

② 筆者曾經考證過眞與貞字的關係,詳情參見:河永三,《漢字與 Écriture》(首爾:Acanet,2011),pp.133 - 148。

"真"的字源。① 即"貞"的本源是占卜,而占卜必須通過祭儀來完成,能夠代表祭儀的恰恰是"鼎"。由此"貞"有了占卜的義項,同時也指稱掌管祭祀的祭祀長。占卜官既是祭祀長又是讀誦文本的問天者,比如在大旱時他可能會問先祖神靈"何時來雨",天、地、自然的應答以龜殼體現,有時也由器物體現。於是占卜官就是觀察天神、地神、祖神,以及聽諸神靈旨意的聽者。

〈圖表4〉"真"和"貞"的各種古代字形

在今天,占卜家是迷信的代名詞,進入近代以後,占卜術與科學的距離就更遠了。然而殷商時代是神權政治,貞人就是聖職人員、知識階層,而且貞人中地位最高者正是君王。他們爲了詢問神的意志進行占卜,通過烤裂的龜殼痕跡來詢問"神的隱形旨意",他們是神與人的媒介。古代中國人認爲,發現隱蔽世界的過程即爲真理。② 如果説柏拉圖(Plato, B.C.427—B.C.347)没有將"理念(idea)"設定爲真理並傳授給大衆,那麼真理就會以"非隱蔽"的方式與這個世界和我們相見,而這種方式又會出現在我們解讀這個世界的行爲裏。

---

① 甲骨卜辭中的貞人角色,詳情參見:河永三,《漢字與 Écriture》(首爾:Acanet, 2011),pp.149-158。
② 潘德榮,《文字·詮釋·傳統——中國詮釋傳統的現代轉化》,上海:上海譯文出版社,2003,26頁。

其實這是聆聽傳承,由過去看未來又站在未來呼喚過去,同時也是將過去的時空和通向未來的古今時空融爲一體的行爲。世界被重重疊疊的謎團包裹,這是占卜官在謙卑地請求充滿謎團的世界,懇請他向人們展露眼前的真實。

將過去視爲原始或野蠻,或者將現在視爲過去的發展,這種觀點是所依據的是西方的發展概念對時間空洞的複製。呼喚過去並不是退回到幼兒期,而是謙虛請求神的行爲,請求神賜予我們目前依然未能解讀出的真相。

(4) 中國"真理"之真相

中國的神和西方的上帝一樣,不是爲所欲爲的存在。雖說是神靈,但也和人類一樣需要環顧四周,顧及周圍。① 同理占卜官也不可以對卜辭隨意解釋以支配他人。在古代社會,即使占卜官可以行使強權,但這權力是由他者、自然、萬物而出,並非自己產生。

之所以稱爲占卜官,是因爲他有資格對事情發出質問,而並非能夠透視到事情的內幕而做出裁決。所以他總是在詢問"是否有雨"。所以"真"含有祭祀長之義,同時沒有固定的某一個義項,而是擁有多個不固定的含義,比如"充滿""很多"等等,隨之也有睜大(超級)眼睛去觀察的義項。這要求祭祀長必須從多種多樣的龜殼預示中,梳理出貫穿始終的答案並做出判斷,同時他也會爲判斷的不確定性備受煎熬。

當然這個角色在王權得到強化以後逐漸失去了力度,王權最大限度地削弱了不確定性,君王作爲判斷者以及施令者,不斷地加強鞏固自己的王權地位。但是殷商時期的君王通過占卜行使權力的特點和後期的皇帝截然不同。

古代中國人不認爲依靠簡單的占卜做出的判斷是"真理",他們不是在"真"和"僞"的二分法基礎上篩選出非虛僞的部分來判斷真理,而是認爲詢問本身、觀察各種繁複現象本身、呼喚神的各種隱形旨意本身等,才

---

① 潘德榮,《文字・詮釋・傳統——中國詮釋傳統的現代轉化》,15頁。

是通往真理之路。也就是説古代中國不同於西方,真理不是固定不變的某個概念,而是將詢問神的行爲看作是通往真理的路。難道中國的真理概念是從這條路上派生出來的? 在這裏筆者非常謹慎地提出這一設想。

(5) 真理到底是什麽?

我們一般認爲真理既是自明的,也是普遍的。但是和這種常識相反,當我們面對"真理是什麽""真理是隱形的嗎""真理會因爲時間、地點與人的變化而發生改變嗎""真理是清晰自明的嗎"等等質問時,没有比真理更讓我們頭腦混亂的概念了。

關於真理,西方每個學者的觀點都不盡相同。有的學者認爲真理是狀態和認知的統一;也有的學者主張相對主義真理觀;還有的人認爲真理是隱形的。不過,在西方衆多觀點中最爲傳統的就是符合論真理觀,即觀念或陳述的真假在於它是否與事實相符合。在西方的主流哲學史中,真理和事實是對應的,即真理是語言表象的準確度。"有就説有或没有就説没有,這是真理;把有説成没有,把没有説成有就是虚假。(To say of what is that it is not, or of what is not that it is, is false, while to say of what is that it is, and of what is not that it is not, is true.)"[1]這是亞里士多德(Aristotle, B. C.384—B.C.322)對真理的定義,也是最早的符合論真理觀之一。

真理拉丁語的詞源爲"Veritas",即正確的、真正的、準確的。根據亞里士多德的觀點,真理是判斷和狀態的完全一致;根據柏拉圖的理論,真理和理念(Idea)是相應的。從中世紀的羅馬到近代,約翰·塞爾(J. R. Searle, 1932—)認爲:"陳述和事物實際存在的狀態相一致是真。"[2]所以真理是客觀的、固定的。從而中世紀以後在西方近代主流哲學中真理是按照真理和假象,用真與假二分法來進行解釋的。隨著科學的發展,真理的概念也越來越精確,不是對現象和内裏的探索,而是分析對現象的認知是否正確。

---

[1] Aristotle, *Metaphysics*, chap 7, 1011b25.
[2] Searle, J. R., 1995, *The Construction of Social Reality*, New York: The Free Press. Chapter 9.

真理是西方哲學的終極目標,是學術探索的宿命命題,這就是知識的殿堂——大學講台上經常出現"Veritas"的原因。哈佛大學、耶魯大學、首爾大學的校徽裏都有"Veritas"。但是在古代中國,真理不以"真理/假象"的二分法進行解釋,也不是以陳述和事實的"一致/不一致"的邏輯進行分析而要求真理必須以準確的語言來表述。東方世界是怎樣認識真理的呢?《道德經》第一句最爲代表:"道可道,非常道。"

　　從羅馬時代稍加往上追溯,我們由"真理"的希臘語詞源中,能夠看到西方的看法與東方無太大區別。真理的希臘語詞源爲"aletheia",和"Veritas"倒是有區別。"aletheia"一詞由"a"和"letheia"組成,"a"表示滌除,也就是否定其後邊的詞語,而"letheia"有"隱藏、隱蔽"等義項,那麽"aletheia"是"滌除 letheia(隱藏)",是把隱藏隱秘的顯現出來,成爲非隱蔽、非隱藏(Unverborgenheit,unconcealment)[①]的。但是"Veritas"探討的是陳述和事實是否一致;而"aletheia"強調的是真理本身既是自明的、一致的,是挑明躲藏在自明表象背後的某種意義。

　　在希臘、羅馬神話中,真理僅僅是名稱不同而已,其内涵是一致的。一般真理由女神來代表,如桑德羅·波提切利(S. Botticelli)等以真理爲素材的大部分名畫都以裸體女神來表現[②]。雖然是想象的再現,但所表現的真理是被遮掩的,有的是我們不願面對的某種真相,有的是我們無能力承擔的某種真相,也許是因爲真理很神聖,也許是因爲好比讓我們露出私處變得赤條條,也許是因爲超出了我們的理解力。

　　換言之,真理不是追究對與錯,而是探索被隱藏在深處的根源,所以希臘語詞源爲"aletheia"。如果説西方在近代根據"Veritas"來探求自明的真理,那麽這表明進入後現代思想時期,西方開始重新審視中國和東方

[①] 參見: Martin Heidegger, *The Essence of Truth: On Plato's Cave Allegory and Theaetetus*(2005);"Plato 의 真理論",《里程標 1》(2005),申香姬(音譯)(譯),pp.319-320。
[②] 此外,還有吉安·洛倫索·貝爾尼尼(G. Bernini)(1645—1652),弗朗西斯科·戈雅(Francisco Goya)(1797—1800),普呂東(Prud'hon)(1799),列斐伏爾 (J. Lefebvre)(1870),克林姆特(G. Klimt)(1898)等作品。

東亞"文字中心主義文明"之理據:漢字的文化性

了,即後現代思想以後,以結構主義及其逐漸消退爲發端。蘇源熙(Haun Saussy,1960—)和卡瓦菲斯(C.P. Cavafy,1863—1933)認爲後現代思想是"中國被編入世界,開始發生的事件",如同德里達、福柯(Michel Foucault,1926—1984)、羅蘭·巴特(Roland Barthes,1915—1980)、拉康(Jacques Lacan,1901—1981)、朱麗婭·克里斯蒂娃(Julia Kristeva,1966—)等人關於中國的研究以及他們的哲學圖示所顯示的那樣。[1]

想瞭解東方的真理概念,不僅要對真理的"真"字進行研究,對"道"字也要進行研究。由於這裏重點探索"真"的字源,所以對"道"字的闡述將留到以後進行。下面我們將重點圍繞"真"和真的古字"貞",來探究其中的奥妙。

(6) 以後的變化

雖然"真"字最早被收録於《説文解字》,但周代金文中已經有了"真"字,如果再往上追溯,"真"早在甲骨文中就已存在,"貞"就是其源字。貞始於占卜行爲,即通過龜殼占卜"問神","呈現神的隱形意志"。

只是由於戰國末到漢代初普遍流行的神仙思想,把悟出宇宙萬物變化原理之人稱爲"真人",在這個過程中"貞"和"真"開始出現明確地分化,於是貞有了"直"和"正確"之義,從中派生出來的"真"就成爲"真人"。之後佛教傳入,又爲"真"字標注"真理"的概念並延續至今。

從中我們能看出,在中國"真"字其實早在《説文解字》之前,並且是很久以前就已經出現,上可追溯至甲骨文時期的"貞"。"貞"作爲"真"的原型,與希臘語的"真理(aletheia)",即"滌除(a)""隱蔽(letheia)"没有區别。

由於環境不同,中國和西方的發展軌跡也截然不同。換言之,西方人認爲能够明確標識並描述的概念才是真,然而在漢代以前中國人的真理是行動的過程而不是語言的描述。所以他們不會像西方人那樣提出"真

---

[1] Haun Saussy, "Outside the Parenthesis (Those People Were a Kind of Solution)" *MLN*, vol. 115 no. 5, 2000, pp.849-891.

理是什麽"的問題,而更注重"做,執行(doing)",或者更加關注通往正確的行動之路。對中國人來說不是在主體和客體、人類與世界的二分法的關係中認識真理,而是真理駐在於"專一的一者關係"中(in the relation of the one in united relationship)。這種傳統通過直觀來知曉,而非以邏輯學或認識論去解讀。

真理的存在與否並不依賴於邏輯的有無,東方僅僅是沒有從語言學的角度去思考真理而已,東方沒有將概念從歷史和人類學的體系中分離出來,而是一直秉持著"物質中存在理性、理性中也包含著物質"的觀點。所以西方以分析哲學爲主導,東方以解析學爲主導。

因爲思維方向不同,所以在漢字中難以找到與西方思維相對應的要素。進一步講,從與西方"真理"的中文翻譯詞彙相對應的漢字去遡尋"真理",也不是研究東方"真理"的正確方法。要求漢語必須擁有與英語中的相關指代詞相類似的語素本身就是不正確的,這和西方主義對東方文化的歧視並無二致。

五、"文字中心文明"的理據:"文"與"言"之關係[①]

在歐洲,"語言"是人類理性的至高標志,也是追索並表述"真理"的最重要的工具,但這一概念在東方語言中相對應的應該不是"言"字,而是"文"字。還有西方理論認爲的隨著時間流逝和空間變化而發生改變的"文字",對應的也應該不是我們東方的"文"字,而是"言"字。

在西方,語言即"logos",是真理,與之對應的應該是中國的"文字"概念,即"文"。這些都是與人類靈魂相關聯的,由於可以傳達靈魂,所以"文字"是文明的核心。也就是説,從根本上看,"語音中心主義"和"文字

---

① 部分内容已發表於[韓]《月刊中央》2018 年第 2 號(2018 年 01 月)(http://jmagazine.joins.com/monthly/view/319782)。

中心主義"並不是兩回事,它們的本質是一樣的,僅僅事稱呼不同而已。

(1)"文"是指"文字"嗎?

提起"文",馬上讓人聯想到西方的"文字",而與"言"相對應的則是"語言",漢語裏果真如此嗎?

在中國"文"是比任何概念都重要的漢字,它可以組成"人文""天文""文學""文化""文明""文藝"等許多重要的詞語,是什麼使"文"字可以組成這麼多崇高概念的詞語呢?

中國的第一部字典《說文解字》中,"文"被解釋爲"錯書也,象交文",許慎認爲"文"的本義是相交叉。可是根據甲骨文(✦第一期,京津2837;✦第一期,乙6820反;✦第一期,後下14.13;✦第五期,甲3940;✦第五期,粹361;✦先周,周甲1)①,我們可以推斷出"文"字是"紋身"。外邊的"✦"表示人,中間的"×""∨""∧""✦"等符號表示畫在胸口上的紋身。所以畫在人身上的紋身圖案就是"文"最初的含義。

那麼,爲什麼會紋身呢? 根據對諸多文獻和人類學資料的分析表明,這種紋身是在自然死亡的人身上刻下的圖紋,目的是爲了使靈魂和肉體分離,在屍身上刻刀痕,也是一種流血儀式。

也就是說,在古代人們認爲死亡是靈魂與肉體的分離過程,必須由流血來完成。原始狩獵時期,人們基本都是因爲事故或者野獸的侵襲而導致的流血死亡,自然死亡是非常少見的,所以面對自然死亡時,他們要以紋身的儀式使其身體流血,來達到靈魂與肉體的分離。有時還要用紅色的染料塗抹於身,或將摻進紅色染料的泥土灑在屍身的周圍。甲骨文"死"的異體字就留有這樣的痕跡。②

如此看來,"文"起始於靈魂與肉體分離的流血儀式,即"刀痕(紋身)"。由刀痕產生了"圖紋"的義項,之後有了"文字""文章""文學""人

---

① 郭沫若,《卜辭通纂》。
② 見於白川靜《字統》p.759;許進雄《中國古代社會》(韓文版)pp.368-369。

文"等義項,到了近代又有了"文化"和"文明"的義項。衍變過程中,在本義"圖紋"的"文"字基礎上增加表示絲綢的"糸",於是分化出"紋"字,這是因爲綢緞的紋路最具代表性。

因此能夠得出這樣的結論,即"文"是靈魂出殼的一種"門",其意義與人的靈魂相連。"文"字不僅僅是圖紋的意思,還是聯繫精神和肉體的橋梁,含有人類精神的軌跡。所以"人文"涵蓋了人類所有精神領域的文化;"文學"義爲"人類學",而不是"literature"所表示的"用語言表達思想或感情的行爲";同時"文人"也不是文學家。"文化"在最初也並非"civilization"之義,而是"以人文精神引領世界走向更好"。因此,"文"在中國擁有精神內涵,其意義遠遠超出了"文章""文飾"以及"文心"之義,其本源意義爲"人文"。

(2)"言"等於語言嗎?

同理,西方所說的語言對應的漢字果真是"言"嗎?"言"描述的究竟是什麼?又象徵著什麼呢?

很遺憾,雖然"言"(𧥛第一期,甲499;𧥛第一期,拾8.1;𧥛第二期,京津3561;𧥛第四期,乙766)和"音""舌"等漢字的字形、意義有著緊密關聯,也是常用字,但字源卻不十分明確。

《說文解字》也只提到"直言曰言,論難曰語,從口辛聲",只恨關於"言"的字源未能提及。宋代的鄭樵(1104?—1162?)說"言"描述的是"舌",即便是甲骨文出土後,徐中舒仍支持鄭樵之語。郭沫若、徐中舒和許進雄等人認爲"言"字畫的是洞簫、笙簧、喇叭、鍾等樂器;日本的白川靜認爲這是違背了和神的約定而受到懲罰時的用具,即刀和裝刀的器具。①

但是從字形上推斷,言(𧥛)是由"辛"或"辛(𧥛)"與"口"組成,在這裏"辛"或"辛"是用竹子做成的笛子,上端表示擴音筒,最下端的"口"則

---

① 見於鄭樵《六書略》;徐中舒《甲骨文字典》"告"字條;郭沫若《釋龢言》(《甲骨文字研究》第一卷,pp.89-102)、徐中舒《甲骨文字典》卷3、許進雄《中國古代社會》(韓文版),p.406;白川靜《字統》,p.268。

表示笛子或洞簫的吹口(reed)，兩側多出的兩筆是小枝杈。

那麼，"言"的原義是竹子做的"洞簫"，之後也指代人的聲音，表示原來的義項時，就在"言"字上添加了竹字頭分化爲"箮(大簫)"。如此看來，"言"是由樂器之音起始，是事物之音並非人發出的聲音，與人的靈魂毫無關係，僅僅是物體的聲音。所以漢字中，以"言"字爲元素的字，如"譌(同訛)"表示"虛假"；"變"表示"變化"；"誘"表示"誘惑"；"詐"表示"欺詐"；"謊"表示"荒唐"；"諛"表示"阿諛奉承"；"誇"表示"誇張"；"詛"表示"詛咒"；"誹"表示"誹謗"等等，都含有否定的義項。

從以上字源看，"言"和西方的"語言(langue)"概念有所不同，它不代表人的至極理性，而是隨著時間和空間的變化而變化，表現的是對原來狀態不可維持的一種可變性。換言之，漢字"言"不是對靈魂本性的洞察，它表達的是事物的可變性，所以"言"是不可信的"聲音"，這樣的"言"不足以傳達靈魂中的智慧，它只是依靠器具而產生的聲音，僅僅是並不具備智慧的媒介實體。

(3) 西方的"語音"與中國的"文字"

與之相反，西方一直認爲語言重於文字，聖經第一句就是"世界初始便有語言……"，"語言"是傳達真理的唯一媒介。柏拉圖認爲，由語音表達的語言要比文字更接近語言的真實，所以他認爲文字是需要被清除的對象，這是因爲面對面直接對話不是假的，但文字記錄在傳達過程中可能被僞造變形，所以語言才是真理。故"邏各斯(logos)"既含有"語言"的義項也有"真理"的義項，同時還含有"理性"之義。他認爲語言富有靈魂，所以是"真理"，也是"理性思維"的起始。

語言有優於文字的特權，當歐洲進入近代以後，語音中心主義發展成西方支配世界的優勢理論。讓雅克·盧梭(Jean Jacques Rousseau, 1712—1778)曾指出"用符號來表示詞語及命題的方式適合於野蠻民族；字母文字的方式適合於文明民族"，黑格爾(Georg W. F. Hegel)也曾斷言，字母文字自在自爲，是更爲智慧的文字。現代語言學之父索緒爾

（Ferdinand de Saussure，1857—1923）也延續了這種理論傳統。他認爲文字與語言的内在組織無關，因此只以語言作研究對象而徹底排除了文字，同時他將文字定義爲記錄語言的符號。

索緒爾的理論，在科學的邏輯思維基礎上構成了系統的語言學理論，這不僅在歐洲，在中國學術界也產生了深遠的影響。魯迅（1881—1936）和錢玄同（1887—1939）等學者也主張要廢棄"野蠻的"漢字："能夠阻擋中國沒落的根本方法……就是廢棄漢字""漢字是象形文字的末端，認字、書寫都費事……這樣的文字自然應該將其命斬斷""只有清除漢字中國才有未來"。這些主張代表著當時知識界進步人士們的認知。

基於這些進步知識分子的觀點，1949年剛剛成立的新中國爲"字母文字取代漢字"這一議題付諸了大膽的實踐。新中國成立後不過幾個月的時間，文字改革委員會迅速成立，頒布了作爲過渡期的第一套、第二套簡化字方案，將漢字的筆劃大大縮減；同時公布了將替代漢字的漢語拼音方案，並采取漢字與拼音並用的措施。

漢字果真是應該被廢棄的對象嗎？拼音字母真的可以替代漢字嗎？拼音字母和漢字是能放在同一平臺上相提並論的概念嗎？19世紀晚期以來，長期處於帝國主義侵略下的舊中國在一瞬間瓦解，一切傳統的思想已經挽救不了中國。在國家危亡時刻，唯有以馬克思主義爲理論指導的革命政府才能引領中國人民站起來，所以毛澤東政府大力促進此方案的實施。

但是通過鄧小平（1904—1997）的改革開放，"中國"恢復了自信，1986年取消了第二次簡化方案，而是使用1964年的第一次簡化方案，隨後進一步宣布停止漢字簡化。到了二十一世紀，重新崛起的中國努力將漢字打造成世界最美的文字。新時期又亮出"未來的文字是漢字"的新主張，曾經被猛烈批判過的孔夫子也重新煥發生命。由此可見漢字和以孔子爲代表的傳統文化並不是那麼簡單的問題。

既然只是名稱不同而本質上是一致的，那麼就不可能存在優劣之分、也不存在文明與野蠻之分，無論是西方重視"語音"的字母文字，還是東方重視意義的漢字,兩者的歷史都是相同的。所以字母文字優於漢字的愚昧說法是錯誤的,這只是文明發展過程中的差異而已。

遺憾的是二十世紀的中國,一直在走取消漢字以謀求字母文字的道路,一度想摒棄、甚至想斬斷最能代表中國、也是人類最優秀的傳統的漢字。這真是天大的誤解和失誤啊,幸虧二十世紀末及時糾正了這個錯誤。

我們生活在漢字和韓文並存的特殊文字環境裏。當我們祖先使用表意文字漢字之後,又在十五世紀發明了表音文字韓文;等到了二十世紀以後,韓國又開始了以韓文爲中心的文字生活。但是無論怎樣變化,其內核仍是漢字,不過我們一部分人仍固執地認爲漢字是外來文字,甚至想摒棄漢字。

漢字到底是需要丟棄的,還是要有效利用的文化財產?這真是值得我們認真思考的問題。尤其,在第四次工業革命到來的今天,對偏重於使用拼音文字(한글,漢格爾,諺文,韓字)的韓國民族來説,如果能使用兩種文字體系,發揮兩種文明的優點的話,即兼有字母文字和以漢字爲代表的表意文字,就可擁有兩種文化的優勢,即東西方文化的優勢,可以發展爲未來型的民族。

六、漢字爲東亞文明的根源

我們從上述對與"中"字有關的文化含義和對"真理"的探討中,可以看見漢字的文化性和哲學性。如果我們能認識到將西方哲學引進東方的時候,西方真理觀占據了主導地位的事實,那麽我們就可以從理論和字源的角度去反駁西方的觀點,即反駁以"真"字在《説文》出現的時間來判斷中國是否存在真理概念的觀點;或者反駁以有無"真理和虛偽"的對牌來判斷中國是否存在真理的觀點。站在文字學的角度對"真"字進行分析,我們看到了"真"字在分化以前的存在形式和對真理的表達形式,同時通過探索"隱蔽的"過程,探尋到了真理的源頭。

除了上述"真理"和"中與邊"之外，類似之例不勝枚舉，諸如：公與私、法與則、美與醜、道與德、縱和横、善與惡、禮和樂、毒與藥、常與變、詩、和、福、情、易等種種概念，從其發展歷程可以窺見東方人的固有思維方式和價值觀。

漢字是東方文明的核心，在哲學和文學出現以前就形成了根源性的意義，甚至在文字形成之前就已經積澱了雄厚的記憶，所以對漢字字源的研究就是對東方文明之源的研究。

加之東方文明以漢字爲基礎，如果説德里達稱西方文明爲"語音中心主義文明"或"邏各斯中心主義文明(logocentrism)"，那麽東方文明就是不被邏各斯中心主義文明所遮蔽的"文字文明"。故漢字的字源和闡釋也許是糾正西方錯誤觀點的最直接、最有效的方法，原因在於通過此方法可以糾正歷來西方對使用漢字的東方民族的誤解。也就是説，對漢字字源的闡釋是重構東方主義(reorientalism)的有效方法，也是理解東方文字中心文明的重要渠道。

滌除負面性和陰險性的漢字
——異體字背後的文化心理

一、漢字的變遷

"窮則變,變則通,通則久。"這是出自《周易·繫辭傳》中的一句話。意思是説,世上萬物,因需生變。在變化中,就能獲得生命力。獲得了生命力,自然就可以恒久。就像這樣,一切事物只有變化才能生存。没有任何變化的瞬間,同死亡並無兩樣。漢字也是如此。

因此,漢字從產生的最初階段經過各階段發展到今天,爲了盡到文字的使命,不遺餘力地改變著,不斷地努力適應新的環境。在這樣的努力下,漢字創造了數千年的漢字歷史,同時成爲迄今還使用的世界上最具代表性的文字體系。

從漫長的漢字歷史來看,到目前爲止,漢字可謂一共歷經了三次性質上的轉變。第一階段是表現方式上的變化,即所謂從"文"到"字"的擴展。這是在直接並具體地表示某個世物或概念的象形、指事或會意等方式上,通過形聲或假借等附加讀音成分的表現方式進行擴展。通過這樣的方式,漢字能由有限的體系變爲無限,能由語義中心發展爲"語義+語音"中心的文字體系。① 現在我們所見到的甲骨文已經不是初期的漢字,其體系已經十分完善。這説明這樣的質變在甲骨文之前已經發生了。第二階段,是爲了順應文字使用的普遍化而提高書寫速度,將以表意爲中心的漢字發展到高度抽象化的階段。此種質變在漢字發展的整個歷史上進行過多次,最具代表性的是從秦朝的小篆到漢初隸書階段——"隸變"階段。到這一時期,漢字的使用範圍和頻率大有增加,同時竹簡與紙等多種書寫材料的出現使書寫速度大大提高,讓文字實現了經濟性和效率性上的極大化。因此,"隸變"階段可以説是大規模地合併且簡化了原先具有强表意性的構造,將漢字提升到抽象化階段的時期。② 第三階段是漢字承載内容上發生質變的時期。即漢字所涵蓋的内容由於時代環境的改變而發生變化,從而演化出新内容的時期。因社會的發展與時代環境的變化,漢字產生的初始階段所反映出的概念與後期使用時的概念必然存在很大不同。這種差異主要體現在歷史上存在的各種異體字或因政治需要而進行的文字改良和標準化上。其中最具代表性的就是1949年新中國成立以後進行的"簡化字"運動。在這個時期,這一運動似乎符合在馬克思主義理論下建設新中國的理念,漢字的改造處在希望成爲西歐字母文字的發展準備階段,既是以前没有過的大變革時期,也是實驗時期。在這個過程中,以前漢字所承載的含義有意無意地爲了迎合新時代而產生了許多變化。③

---

① 關於"文"與"字"的定義和區分,歷來爭議很大。一般來説采用段玉裁的見解,認爲不能再分化的獨體字爲"文",將這些獨體字合併而成的合體字爲"字"。如果這樣的話,正如傳統的區分,象形與指事爲"文",會意與形聲則劃分爲"字"。但如果以文字的語義和語音這兩種本質屬性爲中心來看的話,漢字可以根據是否附加了語音部來區分爲"文"與"字"。這樣一來,原有的六書中,没有語音要素的象形、指事、會意應爲"文",添加了語音要素的形聲則爲"字"。這樣來看,傳統的"文"與"字"的區分是否絶對,仍然有繼續討論的必要性。筆者以文字所具有的表意性與讀音性爲根據,從潛在性(Possibility)與可能性(Potentiality)的層面上討論過"文"與"字"的區分成爲可能。具體請參見河永三(2013)。

② 具體情況與分類請參見河永三(1987)第4章"隸辨所見隸體之演變"76—141頁,趙平安(1993)。

③ 黄德寬(2018)在最近的講義中也提出了漢字在發展過程中化解了三次危機。"突破以形表意,走上'形聲化'道路","隸變突破古文篆體書寫效率低下的困境","放棄拼音化道路,完成現代轉型"。這可以視爲漢字歷史上大變革的三個階段,與筆者的見解稍有不同。

本文將嘗試分析在第三階段的變化裏，個別漢字中蘊含的表象滌除了與時代背離的負面性與陰險性要素，而被重新賦予生命力的例子。通過這些研究，能夠瞭解漢字爲了適應未來時代，如何通過不斷地變化而成爲具有未來性的文字，並探討了其方法與可能性。

二、漢字的正面性與負面性

漢字誕生於人類文明的早期階段，是最具代表性的沒有改變文字體系的性質而一直使用至今的文字。正因如此，漢字暴露出過去狩獵時期、奴隸制社會、農耕社會、父權社會、儒家統治社會等不同社會環境下的狩獵、奴隸、農業、父權制思想、階級觀念與國家或集團中心主義等中國歷史上經歷過的許多複雜的文化層次與理念。

正是由於這種屬性，漢字成爲理解認知中國歷史的軌跡與智慧的重要渠道。[1] 然而另一方面，在發展變化的社會，尤其在飛速變化的現代社會，與漢字原本字形背離的內容和其歷史上的痕跡卻無法消除，仍舊保留在該字的形體上，這也是我們無法否認的事實。這樣的因素給漢字使用者們在認知上帶來了負面的影響，也可能成爲漢字躋身未來社會的阻礙。

只有準確地把握漢字所含的這些負面因素，才能使之進行調整和變化，適應新時代環境，同時爲漢字注入新的生命力，是漢字發展爲未來文字的積極措施之一。這與在漢字發展的歷史中，隨著社會變化與價值觀念的轉變，爲了消除其所顯露出的負面影響與陰險意識形態的痕跡而做出的持續努力並無二致。

本文中以韓國朝鮮時代半字與新中國的簡體字爲中心[2]，對這些例子

---

[1] 中國文化研究中，關於漢字具有的根源性及學術性意義，請參見河永三(2011)"序論：漢字文化研究的必要性"，13—25頁。

[2] 對於異體字，韓國多使用"略字"爲名稱，但其實是以日本漢字爲辭源，在韓國通常被稱爲"半字"。特別是在朝鮮後期，在民間的坊刻本這種商業出版物中，異體字的使用多得超乎想象。整理這些字可以幫助瞭解韓國略字的實際情況。同時通過與中國及日本的異體字比較而進行的韓國漢字的特殊性研究，也很有意義。參見柳鐸一(1989)，95—96頁。

的生成背景與内在含義進行文化心理分析,在迎來21世紀第四次工業革命時代的今天,對漢字應該如何評價、如何變化等問題,提供一個參考的方向。

同時,因時代與文字使用環境的改變,漢字的含義無法再準確地傳達。承擔滌除其含有負面性與陰險性内涵的異體字在文化心理分析方面具有以下幾點積極的功能。第一,爲異體字研究提供了文化心理分析的新領域,使異體字的真正價值能夠得到更立體的認識,並能擴大異體字研究的地域。第二,通過發掘與解釋中國周邊的漢字文化圈中,特别是韓國創製的固有異體字,能夠吸引人們對韓國漢字的優秀性與獨立性的關注。第三,在21世紀第四次工業革命時代的新環境中,漢字將繼續保持其生命力,並引發漢字可以作爲未來文字發揮功能的模式與可行性的探討。第四,擺脱漢字現有的一邊倒式的正面評價,激發從另一視角出發尋求改善的探討。

三、異體字——反映時代的變體

在漢字文化圈中,具有數千年發展過程的漢字如同活著的生命體一樣,積極地反映著所處的時代環境與文化環境,並被其影響下不斷地改變。而最能夠反映這些特點的便是在歷史上以不同的形體登場又消失了的異體字。

以漢字的三要素——形、音、義這三個屬性來看的話,異體字是指音、義相同但字形不同的漢字。歷史上,在一定時期確定的標準字稱爲正字,其對應的其它漢字則爲異體字。但正字與異體字的關係也並非固定不變的。即,在特定時期中可能是正字的漢字在別的時期也可能成爲異體字,反之亦然。

判斷正字與否的標準在不同的時代都不相同。一般來說,認爲是從《説文解字》開始對正字與異體字有了區分。[①] 此後,大體上各代都有代

[①] 《説文解字》中收録的1163個重文就是所謂的異體字。此後還有各種字書中出現的又體、或體等都是異體字。

表相應朝代的字書。譬如,魏晉南北朝時期的《玉篇》與唐代的《干祿字書》、宋代的《廣韻》、明代的《字彙》與《正字通》、清代的《康熙字典》、民國時期的《辭源》,還有近代的《中文大辭典》及《漢語大字典》等都可以看作標準材料。①

儘管作爲正字相對概念的異體字在歷史上並没能得到一個平等的地位,但它們都有各自的成因。並且,它們所反映出來的文化涵義及象徵義十分豐富,具有較高的學術價值。這一點在學術上已經得到了承認。特別是 1980 年以後,異體字研究得到學界關注,成爲了漢字學的一塊新領域,開展了活躍與多樣的研究。然而,現存的研究大體上是關於異體字的字形與類型分析,其成因與其内在文化涵義和文化心理原因的相關研究卻是不足的。② 另外,在歷史上出現的異體字對於文字使用者來說有著如何的影響?關於這個問題在認識學方面的研究幾乎可以説還是零。

從歷史上來看,爲了消除相應漢字所帶來的文化負面及陰險的意識形態而存在的異體字也占了相當一部分比例。其中具有代表性的有以下幾個例子。這裏所説的負面性,是指阻礙文化時代發展的負面性因素;陰險指的是表面上看不出,但内在含有的險惡的意識形態。

(1) 辠與罪

"罪"代替"辠"而出現,一般認爲是自秦始皇時期開始的。此後,新生的異體字"罪"在成爲正字後,"辠"自然就成爲異體字留了下來。故《説文解字》中對於二字做出了如下解釋:"捕魚竹網。从網从非。秦以罪爲辠字。"段玉裁在《説文解字注》中引用《文字音義》注云:"始皇以辠字似皇,乃改爲罪。按經典多出秦後,故皆作罪。"從此可推,中國歷史上

---

① 然而,是否作爲正體字被記録在這些字典中並不能成爲區別正字與異體字的絕對標準。因爲字典本身並不能保證其共時性,而是歷時性的。這正是由於中華文明與漢語具有的特徵,過去與現在的語言同時使用,過去與現在的歷史帶有不間斷性。因此在字典中,往往還收録了不再繼續使用的漢字。

② 河永三(1996)在第 5 章"隸辨所見形態變化之原因"中,第一次以"隸辨"的收録字爲中心,對於隸變過程發生的變化原因作了詳細的討論。詳細請參見 142—169 頁。

第一個設立絶對皇權的秦始皇,在指稱自己的皇(皇)與皐(皐)的小篆體十分相似的情況下,爲了不使象徵著絶對尊嚴的"皇"字產生負面印象,而刻意造了"罪"字以替之。象徵著"割鼻(自,鼻的原先寫法)刑罰"的"皐"變身成爲了"所有罪都將被一網打盡"的"罪"。在這樣的過程中,割鼻這一當下時代不再施行的古代刑罰被滌除,"罪"字獲得了新的生命,變身成爲正字使用至今。

(2) 洛與雒

中國代表性的古都洛陽因位置處在洛水北邊(陽)而得名。洛,作爲江的名字,在《説文解字》中被解釋爲:"出左馮翊歸德北夷界中,東南入渭。"①根據《説文解字注》,漢武帝(公元前156—公元前87年)時期,漢朝京都移至洛陽。漢朝在陰陽五行中爲火行,洛陽的"洛"字從水,是水火不相容的相克關係。因此,"洛"去除"水",而加上"佳",最後成爲了"雒"。而到了魏文帝曹丕時期的黄初元年(公元220年),新登場的魏朝五行屬土,而水土相生,水要有土才能流動,土有了水則更加柔和。因而,"雒"又被去除了"佳"而加上"水",重新成爲了"洛"。②這樣來看的話,洛陽的"洛"因受到了當時流行的陰陽五行說的思想環境影響而發生了一系列的改變。即,爲了滌除對京都名稱有影響的負面性,漢武帝時期"洛"被改爲"雒",而到了魏文帝時期,又改回了"洛",成爲了現在的"洛陽",沿用至今。

(3) 國與囯

作爲中國唯一一位女皇帝的武則天,爲了擴大自己政權的合理性而強調改革,進而新造了文字。根據宋朝鄭樵的《六書略》得知,當時一共創

---

① 根據徐鍇的《説文繫傳》,"歸德"在《漢書》中作"裹德",指的是懷德縣(位於現在的甘肅省慶陽縣西)。

② "黄初元年,詔以漢火行也,火忌水,故洛去'水'而加'佳'。魏於行次爲土,土,水之牡也,水得土而乃流,土得水而柔,故除'佳'加'水',變雒爲洛。此丕改雒爲洛,而又妄言漢變洛爲雒,以揜己紛更之咎,且自詭於復古。"

製了18個文字。① 其中最具代表性的便是以"囻"（圂）替代"國"。②"國"在甲骨文中寫作"叮下"，由從前用來表示城邑的"口"與表示長矛的"戈"構成，像是以武器守護城邑的形象。後來，加上了象徵疆土的橫劃(一)，成爲了"或"。"或"在作爲表示"或許"的漢字使用後，又加上了"囗"而分化爲"國"。③ 作爲歷史上第一位女皇帝，在一心想要建造一個新帝國的武則天看來，表示自己新建立的國家的"國"字中帶有意味著"或許崩潰"之義。加上"或"又是意爲"疑惑"的"惑"之古字。這些都令武則天感到不快。因此，創造出新的"囻"字來，滌除了該字所含的陰險因素。"囻"字結合了"四"與"方"，表示著"四方"以代表國家。中國古代認爲"天圓地方"，"四方"就意味著古人生活的整個世界。

四、滌除負面性與陰險性的漢字

除了前文提到的罪、雛、國以外，漢字歷史上出現過的"學""教""聖""儒""黨""衆""邊""家"等字的異體字也可以說是滌除了該字所包含的負面性與陰險性的代表性漢字。這些異體字是在何種背景下產生，背後

---

① 鄭樵，《通志》(《四庫全書》，第35卷，16a—b)。具體字目如下：（天）、（地）、（日）、（月）、（星）、（臣）、（年）、（載）、（初）、（正）、（正）、（照）、（證）、（聖）、（授）、（戴）、（國）。武則天在天授元年(690)自立爲帝，並定都洛陽，改國號爲周。她在修改典章制度的同時創製了新的文字。根據與鄭樵意見不一的《宣和書譜》來看，創製文字共有19個。除了鄭樵所列文字以外，還有人與月的異體字等。這樣來看，當時創製的新文字應該能夠達到二十餘個。根據박상국(2004)所稱，755年抄寫的《新羅白紙墨書華嚴經》中，一共使用了其中的17個字。這些新創文字到了武則天離世後而被淘汰不再使用，僅剩武則天名字中出現的瞾(照)字留了下來。

② 洛陽出土的《武周陸公夫人崔氏墓誌》中截取的原始字形。據稱，此墓爲唐朝聖曆2年(699)正月28日下葬。此時正值武則天在位時期。碑高46.5厘米，寬46.5厘米。共十二行，每行十二字。其中，國、正、人、聖、天、年、月、日等武則天創製的"武周新字"多有出現，足能體現當時文字的使用情況。現存於洛陽關林的墓碑陳列室。

③ 參見河永三(2014)。此後的漢字字源分析在沒有特別注明出處時，皆參此文。

有著怎樣的文化內涵與心理,下面將按順序進一步探討。

(1) 學①

正如《論語》第一章第一節開頭出現的"學而時習之,不亦説乎"之語,"學"體現了漢字文化圈中非常重要的價值觀之一。因此,"學"作爲一個十分重要的漢字,使用率與得到的關注都很高,歷代都出現了各種它的異體字。中日韓三國異體字的代表字典——臺灣"教育部"的"異體字字典"中,②一共羅列了 25 種"學"的異體字,大體可以分爲以下三大類。

A類	簡化上部筆畫	學	學	學	學	學	學	學	學	學	學
		學	學	學	學	學	學	學			
B類	上部改爲其它筆畫	孕	孝	斈	孕						
C類	添加"攴"部	敩	敎	敩							

〈表 1〉"學"的各種異體字(臺灣"教育部""異體字字典")。筆者再分爲三類。

"學"自甲骨文就出現了,是使用歷史悠久的漢字。在甲骨文中記爲 ,是在家(宀)用手(臼)學習打結繩(爻)的形象。③ 在此後的金文 寫法中,又爲了強調對象而加入了"子"的部分,有時也加入表示強制的荊條形象(攴 = 攵)。繫繩的方法稱爲結繩,是在文字產生前古人爲了幫助記憶采用的重要輔助手段之一。印加人曾使用的 Quipu

---

① 此部分內容已發布於"通過關鍵漢字讀東洋文化"專欄(《月刊中央》)中的"(13)學——學習的辯證法"。
② http://dict.variants.moe.edu.tw/variants/rbt/home.do
③ 對甲骨文"學"字的上部字形,有幾種解釋,諸如象織漁網之形(朱芳圃)、象掛爻、籌策之形。但象籌策之形之說,很可能是後期之事。有人認爲用籌策計算之法,在中國不會早於春秋時期。參見許進雄(1991),386 頁。

滌除負面性和陰險性的漢字

就是結繩的一種。人類在社會中爲了交流與傳授知識的需要，最先學習的就是語言與文字。但在文字產生之前，當時用來交流的結繩法就成爲了最先學習的對象。由此開始，"學"作爲學習之意被創造出來了。此後又滋生了模仿、效法、學習的人、學校、學科、學問、學說、學派等多種含義。①

與金文🖼類似，有時候"學"也寫作"斆"。這是在原來"學"字的基礎上加上了拿著教鞭的形象（攴＝攵）。② 這種形象正是過去以強制教育爲學習法的面貌的一個反映。現在，"斆"分化爲獨立的漢字，也與"學"爲同字。此後，"學"字爲了簡化構造去除了這部分，而被寫作学。現在中國的簡體字中寫作更爲簡單的"学"。

就像這樣，將像"學習"這樣抽象的概念轉化爲眼睛能見到的形象是漢字最大的優點，但這也可能成爲它的缺點。這是因爲漢字具象性太強，很容易被字形所表現出的形象與方式所束縛。這就成爲了漢字的負面因素。正如"學"，當使用它來表示學習時，就算所學內容並不是結繩或文字，它的字形所呈現出的形象依然十分鮮明。此後，"學"又與"習"結合爲"學習"，"習"成爲了強調"不斷重複"的漢字。③ 這樣，"學習"則成爲了強調對於某種具體事物進行模仿與不斷重複的詞語。東方的學習並不是具有創意與開創性的自主發現，而是單純地對前人的知識進行不斷地重複與模仿。這種被動性的特徵體現得十分明顯。從中也可以找出"學習"這兩個字被限制了自主與創意性的原因。

---

① 參見河永三（2014）"學"的說明。
② 《説文解字》中"斆"爲正字，"學"爲其異體字。並認爲，"斆"並非在"學"的基礎上加上"攴"，而爲另一個結構。即，在"教"的基礎上，添加了意符"冖"與聲符"臼"而構成。（"斆，覺悟也。从教从冖，冖，尚矇也，臼聲。學，篆文斆省。"）
③ "習"的甲骨文爲🖼，金文寫作，由"羽"與"日"構成，原意爲"使熟悉"。用幼鳥日復一日（日）練習使用羽翼（羽）的形象來刻畫"不斷重複地學習"。此後，"日"變爲"白"而成爲了後來的"習"。"白"應爲"自"（"鼻"的本字）的訛字。這樣來看的話，作爲"自己學習展翅"的概念，可以理解爲對依靠自己來學習的重要性的強調。在簡體字中，"白"與"羽"的一部分被省略而成爲最終的"习"。

113

實際上，孔子似乎早已經提出對於"學"和"習"二字的擔憂了。儘管在《論語》的第一節中，孔子就強調了學習。但他將僅僅單純地學習知識的危害寫在了接下來的《爲政》篇中，並表示了他的憂慮："學而不思則罔，思而不學則怠殆。""思"，即深入的思考。"罔"爲"網"的本字，即指"網"。後一句"殆"意爲危險，由代表死亡的"歹"（＝歺）構成，表示其危險程度。因此，這兩句話可以理解爲："如果只單純地學習而不進行思辨，就會被所學知識所束縛；只單純地思考卻不學習，則會危及生命。"

在學習的過程中，僅僅單純地重複所學知識，就會帶來這樣的危險。因此，必須對其原理與意義進行思考。否則，就會被所學知識所局限，而無法保證合理性、客觀性與智慧。反之亦然。只思考而不去學習具體的東西，只會成爲空想或妄想，令自己與所有的百姓面臨死亡的危險，最終走向滅亡。在最早的字源詞典《説文解字》中，將"學"釋爲"覺悟也"。學習必須有覺悟，這才是真正的學習。這個道理強調的就是不讓學習陷入知識的獨斷中，要與思辨同時進行。並且，不要讓過分的思辨成爲空洞的知識。

就像這樣，"學"在字源上包含了學習某種具體東西的意思，強調了學習具有的模仿性。另外，此後與"習"結合爲"學習"，包含了學習的無限反複之意。模仿、無限反複與沿襲，是想象與創造的對立。社會越發達，這種"學習"的傳統概念就越難發揮效用。具體知識的記憶並沒有什麼價值，在越發看中想象力、創意與創造行爲的今天更是如此。

説不定這種負面性正是完整攜帶著具體形象與涵義的漢字天生的局限性。因爲字形反映了漢字創造出來的古代社會的生存環境與生活面貌。儘管社會在發展，時代在變遷，生存環境和價值觀也一直在改變，而漢字的字形卻原封不動地保存了下來，很難抹掉過去。

因此，漢字一直在努力想要消除這種負面的看法。"學"也是一樣。譬如，將 學 字中"用兩只手學習結繩"的形象簡化爲"學"字，而實現了消除這種負面的干涉。這當然也是爲了書寫的經濟性而減少筆畫的一種措施,但還是應該説,這種措施在消除指稱符號與實際概念名稱的不一致或干涉時代使命的問題上已經做了無意識的努力。

從這個意義上來看,朝鮮時代,在韓國出現的"斈"更明顯地表現出了這樣的意圖。通過將表示"在家結繩的方法"這個上半部形象以"文"代替,爲"學習"賦予了新的涵義。① "文"是什麽呢? 爲了使靈魂能夠離開肉體而在屍身上所造的"靈魂出入門"。這難道不是所有精神上的、藝術上的、哲學性的人類行爲與文化所包含的崇高概念嗎?② 這樣的話,"學"並不是單純的對於結繩或文字低劣的學習,而升華成對文化、文明和人類精神進行探求的高層次思辨。從這個意義上説,比起現代中國簡體字中所采用的"学",我們祖先所使用的"斈"似更具哲理性。

(2) 教

有學必有教。乍一看這好像是兩個對立的概念,但在漢字裏其實是可以相互轉化的。這是因爲意爲"教授"的"教"與"學"在字源上是相同的。

與"學"一樣,"教"也是從甲骨文時期就有的漢字。"子"與"攴"(= 支)是其意符,"爻"爲聲符。"教"是向孩子傳授結繩記法時拿著教鞭的形象。同"學",在文字產生以前,教授記憶的輔助方法結繩,就是教育。由此,有了傳授知識與技能的含義,後來又派生了學術流派與宗教之意。此後,由教授別人的意思中又衍生了使動用法,意爲"指使"。

像這樣,"教"與"學"只是在字形上存在著是否在家(宀)的差異,從根本上來看出發點是完全相同的。可以説,"教"就是"學","學"就是"教"。因此,"教"與"學"也常作爲詞組一起出現。"教學相長"就很具代表性。《禮記·學記》篇中就説:"是故學然後知不足,教然後知困。知不足,然後能自反也,知困,然後能自强也。故曰:教學相長也。"

兩個對立概念這種絶妙的結合後,不就成爲統一了嗎? 這是十分有智

---

① "斈"亦見《宋元以來俗字譜》(16畫),所引《列女傳》《通俗小説》《古今雜劇》等文中。

② 參見河永三(2011),第二章"話言與文字:言和文系列字",30—68頁。

慧的解釋。教就是學,學便是教,也許這話聽起來有些扯閑之意。但有過教學經驗的人就能理解,不論所教授的對象年紀多小,多無知或多低俗,教授過後老師都能夠從中獲得新的東西。這才有了"教學相長"這個詞。

　　漢字中,在如此遙遠的甲骨文時代便已經有了這樣的智慧了嗎? 當時已經能夠在同一個字源上分化"教"與"學",而不是分別造兩個不同的字。

A類	左部被簡化或替換	教	敱	敎	效	效	效	敎	敎	敎
		敎	敎	敎	敎	敎	敎			
B類	左部被替換爲其它筆畫	教	教	敓						
C類	將"攴"替換爲"言"	誩	誩	誩						

〈表2〉"教"的各種異體字(臺灣"教育部""異體字字典")。筆者再分爲三類。

　　從這裏還是能看到,教字中的"攴"是拿著枝條強制的傳統教育形象的刻畫。拿著枝條來強迫學習代表否定受教育者的人格,不主張自由學習。從這點來看,這個漢字反映了相當負面的理念。爲了消除這種負面性,以"言"代替"攴",強調不通過教鞭強制,而是通過語言進行教育的漢字開始出現。如,誩、誩、誩等。但最終還是沒能被采納爲正字。

　　朝鮮的俗字中,"敎"經常代替"教"使用①,這是將"教"的左部替換爲"孝"。"敎"字雖然早在漢碑中已經出現[諸如 教(漢/郭有道碑)、教(漢/西狹頌)等],但"異體字字典"中並沒有收錄。"孝"是儒家思

---

① 《華嚴石經》1446/2,高麗《僊鳳寺大覺國師碑》24。李圭甲(2007),1661—"敎",834頁。

想中重要的概念,是支撑家庭、社會及國家的重要統治理念,這也反映在教育的最高對象之一。

(3) 聖

在英語中,"聖人""神聖"或"聖物"等詞用"saint"來表示。如果追溯這個詞的詞源,是來自於大約12世紀法國古代的"seinte"。再往上追溯的話,則來自於拉丁語"sanctus"。這些詞的詞義都是"聖潔"。即高潔、純潔,不被世俗污染或超越世俗之意。與在無數欲望中,充斥著玩弄權術、相互誣賴、剝削對方的矛盾世界不同,能夠超越這一切的"純淨高潔"的存在就是"聖人",也就是"神聖"。

而漢字中表示"聖人"或"神聖"的"聖",從根源上就與衆不同。"聖"同樣來源已久,在甲骨文與金文中都能找到。甲骨文有等寫法,金文寫作 等。"耳"與"口"是意符,"壬"爲聲符,表示踮起腳的人,注意需要與字形十分相似的"壬"相區別。"壬"的下部爲"土",而"壬"的下部爲"士",該字源還不明確,但大概猜測是裝有經綫(綫豎著排放)的織布機的形象。

人的大耳朵(耳)象徵著"聽力發達的人"。在原始狩獵社會,聽力發達才能及時發現野獸或敵人的入侵,而受到成員們的信賴和支持,能成爲領導。① 這反映了甲骨文時期以前狩獵時代人們的生活傳統。"口"是語言的象徵,這是將能夠聽取別人意見的領導者形象化。而後,指代擁有超凡智慧的存在或聖人。又成了學問或學術傑出的人的指稱,在儒家思想中也特指孔子。

因此,我們可以認爲,"聖"刻畫的是一個踮著腳(壬)聽取(耳)別人意見(口)的人的形象。如果將現在的領導者放在聖人的角度上考量的話,現代政治的領導者們需要具備的最高德行之一就是傾聽,即聽取別人的意見,傾聽民衆的聲音,這樣才能不走獨斷之路。這便是政治領導人最高的德行。

---

① 許進雄(1991),37頁。

這個含義的"聖"字,在歷史上也有過幾種有意義的改變。例如,改變下部的"壬"而成爲聖、聖、墅等寫法,與國家的主人、王或貴重的寶物直接聯繫起來。又或者如同奆,將"大"與"賢"結合,使其意爲"偉大的賢人"。

䎨,結合"知"與"王",意爲擁有豐富知識的"智慧的王"。聖,結合"䀠"與"王",意爲"用雙眼洞穿世界的王"。壐,"長""正""王"組合而成,意爲"長久執行正義的王"。這與武則天將"長""正""王"三字結合而新創的䎨,寓意"永遠執行正義的王"相似。另有壐,主要要素爲"西""土""王",意爲"來自西邊的王",主要用來指稱佛祖。① 可以说,這些是很好地反映了文字使用環境與聖人標準的漢字。

但是現代中國所采納的簡體"圣"字②,已經喪失了"聖人"的形象,成爲了毫無意義的"符號"。從這一點來看,可以說是十分錯誤的變化。這種變化完全只是爲了滿足簡體字要簡化筆畫的目的,而令漢字形象性與表意性的優點完全丟失了。

與此相反,韓國所改進的"㝍"③,則更加具體地將"文王是聖人"的形象表現出來。即簡化了筆畫,也更具象地描繪了意義,可以說是十分成功的變身。衆所周知,文王是建立周朝的武王之父。周朝是中國開始將祭祀、神化、政治與研究等方面的關注由神轉向人的王朝,也是中國乃至東亞帝國的政治制度或思想文化開始確立的朝代。因此也可以說,周朝是令現在的中國文化得以實現的一個朝代。由此可見,周朝是"人文"的象徵。建立這樣王朝的人是武王,但實際上其基礎是從武王的父親——文王時期開始的。作爲商朝的諸侯國,憑借在牽制與羞辱下百折不撓的拼搏精神,培養國家力量最後征服商朝的王就是文王。因此,在他死後,才

---

① 越南有與此相似的異體字。佛的異體字由"西""國""人"三部分構成,意爲"自西方國家來的人"。河永三(2017),314頁。
② 文獻上最早出現於元刊本《古今雜劇三十種》,也收錄於1932年的《國音常用字彙》及1935年的《簡體字表》。張書巖等(2005),77頁。
③ 韓國密陽市山外面茶竹里的孫氏門中所藏古文書中所截取的俗字。河永三(2018),221頁。

滌除負面性和陰險性的漢字

會被世人尊諡爲"文"。傳説東方最偉大的哲學經典《周易》也是文王被商王囚禁在羑里城時所演化而成的。

當然,韓國文字中的"文王"指的並非周朝的周文王,而是文宣王孔子。在以性理學爲國家統治理念的、崇尚"文"傳統的朝鮮,聖人指的就是"大成至聖文宣王孔子"。

因此被歷代帝王們視爲典範的對象中,最偉大的聖人很明確就是孔子。特別是在重視"文"的傳統的朝鮮,將"聖"改作 䨢,值得注意。

A類	简化上部	聖	聖	聖	聖					
B類	改"壬"爲"王"	聖	望	聖	聖	聖	聖	聖	聖	聖
		聖	聖	聖	聖	聖				
	改"壬"爲"玉"	聖	聖	聖	聖	聖				
	改"壬"爲"主"	聖								
	改"壬"爲"土"	圣	聖	聖	聖	聖	左			
	改"壬"爲"工"	聖	聖							
C類	改爲新構造	寶								
		聖	聖	聖	聖	聖	聖	聖	聖	
		聖	聖	聖	聖	聖				
D類	省略"壬"	聖	聖	聖	聖	聖				

〈表3〉"聖"的各種異體字(臺灣"教育部""異體字字典")。筆者再分爲四類。

(4) 儒

"儒",《說文》云:"柔也,術士之偁,从人需聲。"但聲符需應該兼義,寓意解決需要或需求的人。① "人"的意思不難理解,"需"的含義則可以包含以下幾點。第一,像在"需要"或"必需"這樣的詞語中出現的"需",並不是現在存在的。正因爲現在沒有(lack),才需要尋找或等待所需要的東西。第二,如果觀察以"需"構成的合體字,可以發現,需的形態並不固定,是柔和柔軟的,即寓意可以輕易發生改變的狀態。

"儒"就是帶著這些含義的"需"與"人"結合而成的。如果觀察了所有以"需"構成的漢字,就可以理解"儒"與用僵化的方式祭奠死去的祖先和利用死後的權利將人蒙蔽在儀禮中的儒教有多大的不同。

那麼,作爲"儒"字構成要素的"需"中爲何會有這樣的內涵呢?正如下圖可見,在甲骨文中,"儒"並沒有"人"字旁,只由"需"構成。一個伸開手臂站著的人與滴落下的水滴形象地描畫了人們沐浴的樣子。從甲骨文使用時期的社會風俗來考慮,大概是在祭祀或祭祀大典前的沐浴淨身,或是寓意爲了擺脫世俗的利害得失或污染,而將自己客觀化。

"儒"的異體字   "儒"的原型   "需"在甲骨文中的形態

在宗教裏,"水"代表"陰"與"女性",象徵著新生命的孕育,表示隨著新生命開啟的同時,身體與心靈都如同獲得新生一般得到淨化。寓意從世俗的污染中獲得重生。因此,祭祀之前的淨身儀式並不同於平時的

---

① 以需得聲的字有"儒""濡""孺""蠕""襦""薷""嚅""嬬""擩""繻""曘""獳""顬""鱬""曘""嶿""醹""壖""瑈"都有柔软、弄濕之義。從需分化來"耎",得聲字有"偄""堧""緛""輭""輭""碝""腝""婑""剌""瑌""撋""楎""耎""褅""賏"等字皆有柔軟之義。漢字裏聲符多兼意符的功能,傳統漢字學稱爲"右文說"。王安石善用右文說,他的《字說》多據聲符(右文)破義。清代的朱駿聲、段玉裁、王念孫等又有進一步研究,到近代黃侃、沈兼士、楊樹達的研究更爲顯著。黄永武先生在《形聲多兼會意考》(1984)、李國英《説文形聲字研究》(1996)、曾昭聰《形聲字聲符示源功能述論》(2002),都是這方面的重要成果。

沐浴。

尤其是在以前以農耕爲主的古代社會中，常常進行祈雨祭。在灌溉渠與水源不似現在發達的當時，雨決定了一年農事的好壞。農事不好則會造成糧食不足。因此，當時的人們只能通過祭祀向神力祈求降雨。祈雨祭會在雨水降臨之前反覆地進行。於是在金文字形中，"水"換成了"雨"。人的形象（大）被換成了"而"，最後成爲了"需"。此後，爲了表示"祭司"的含義，加上了"人"部而成爲了"儒"，並使用至今。祭司作爲當時掌管祭祀的領導者，必須是一個具備豐富經驗與知識的人。因此，以後的"儒"成爲了學者或知識分子統稱。而具備這樣才能的團體稱爲"儒"，這樣的學派稱爲"儒家"，這樣的學問稱爲"儒學"。

A類	替換聲符"需"	俀	儶	儒	儒	儶	儶	儒	儒	儶	仔
B類	將意符"人"替換爲"彳"	儒	儒								

〈表4〉"儒"的各種異體字（臺灣"教育部""異體字字典"）。筆者再分爲兩類。

在朝鮮時代使用的俗字中，還有爲了強調這類人的文性而將"儒"改爲"人"與"文"結合的"仗"。似乎是爲了宣揚與"武人"相對立的"文人"是儒學家。[①] 實際上，"文人"才能當國家領導者的想法是很危險的。漢字中意爲"文質兼備"的"斌"由"文"與"武"構成。意思就是說，只有文武兼備才是完整的人，具備真正的人格。就像文質彬彬所形容的那樣。

這些觀點被視爲誇大的時期，恰好是漢朝時儒家打敗其它學派成爲唯一被采納的統治哲學，這一時期儒學學者們進入到最高權力階層。到了漢朝，"儒"不再是祭司、方士、術士或義士，而是具有真正完整人格，所

---

① 河永三（1996），24頁。

有人都想效仿的那種存在。

當然,在《説文解字》中,許慎將"儒"解釋爲"柔也,術士之稱"。術士指的是會道術的人。《説文解字》編撰於漢代,主要對字的字源進行説明,並采用其時代以前字的原型的寓意。因此,清朝時期的段玉裁更進一步,仿照許慎用與"儒"讀音相似的"柔"來解釋,借用"優"與"濡"注曰:"儒之言優也、柔也。能安人。能服人。又儒者,濡也。以先王之道能濡其身。"

以性理學治國的朝鮮時期,關於此的説明更具戲劇性。《第五遊》中將"儒"釋爲"儒是有碩德之人。需世之人。需,兼音符與意符。也指能區别古今之人。"《第五遊》是朝鮮後期留學的沈有鎮(1723—?)所作的漢字字源書,收集了朝鮮時代留學學者們的觀點,是一份值得研究的材料。① 根據此書,曾與儒家對立的"佛"被解釋爲:"西方的神之名。其道悖於吾道,以弗構成。""弗"也是釋迦牟尼的音譯,是"超越人類境界的存在",歪曲儒家的道的存在。

正如"儒"在字源中所體現的,反映的是從"不足"出發,追求人們所需要但現實中得不到的東西。即望向現存的制度或體制局限以外,試圖融化體制的死板,令其重新開始的修行行爲。因此,"儒"從一開始就是現實性的。是以現實爲基礎,在任何時候都指引他人向著"另一邊"堅持前行的存在。

通過洗浴齋戒洗刷身上一切的世俗欲望,保持自身的貞潔,才能成爲不被自己所禁錮,開放而客觀的存在。只有這樣,才能成爲引導有缺陷的世間所需要的,通向未來那"另一邊"的領路人。正像沈有鎮所解釋的,"儒"爲"需世之人"。就連生活在封建社會的朝鮮儒生們,也憑著大義名分與正義,堅守著知識分子的本分。在歷史的每一個轉折點上,都有真實的儒生精神的實踐。這些知識分子們仍舊堅持著把政治、現實的生活引

---

① 筆者對於朝鮮後期的《第五游》内體現的沈有鎮(1723—?)的文化觀點曾作了分析。詳細内容請參見河永三(2011)。

往正確的道路。在這個意義上從"儒"到"仗"的轉變,有其意義。

（5）黨

意爲政黨或集團的"黨"在漢字文化圈中給人留下的印象並不好。朋黨、黨派、作黨、逆黨、惡黨、凶黨、徒黨、不汗黨、一黨、不平黨、殘黨。除此以外還有男寺黨、活貧黨、阿黨等詞,都是清一色帶有負面成分的詞彙。這從"黨"的字源上就能找到緣由。

| 党 | 堂 | 堂 | 堂 | 堂 | 黨 | | | | |

〈表5〉"黨"的各種異體字（臺灣"教育部""異體字字典"）。

"黨"由意符"黑"與聲符"尚"構成。"黑"是古時在臉上紋身的一種刑罰,本身的含義就帶有負面性。因此,"黨"這個字就是指"崇尚負面東西的集團"。① 在《說文解字》中也被解釋爲"黨,不鮮也",即"腐壞"之意。因而,意爲政治集團的"政黨"就是"崇尚負面東西的政治集團"。這麼來看,在東方,政黨並不是正義的,而是爲了自身的利益"成群結夥""分幫結派"的集團。具有否定的意義。這與西方使用意爲"慶祝場所"的"party"形成了鮮明的對比。② 這樣存在著負面印象的"黨",在現在中國所使用的簡體字中得到了華麗的變身。

在簡體字中,"黨"中的"黑"被"兒（人）"所替代,成了現在的"党"。於是,"党"成了"崇尚人類的集團"。從崇尚負面的形象瞬間完美地變身

---

① "黑"有金文、古陶文、盟書、簡牘文、古璽與說文小篆等幾種寫法,正如金文形態所表現出的,是一個臉上有紋身的人的形象,這是給犯人實施的一種稱爲墨刑的刑罰。墨刑在以前的刑罰中算較輕的,只是在犯人的臉上刺刻的刑罰。到了小篆體,下半部分改爲"炎",上部成了四邊形的煙囪或窗戶的形態,表示燒火時的煙塵沾在窗戶或煙囪上。《說文解字》根據其字形解釋爲"火所熏之色也"。總之,解釋爲"黑色"是沒有問題的。因此,以"黑"所構成的漢字都代表了黑色。也反映了黑色帶給人的不潔的否定認識。例如,黑社會、黑市、黑客、黑車、黑户等詞都帶有程度不同的負面含義。

② 來自古代法語的 partie 及拉丁語 partire。與 part 是同一詞源。由此產生了部分、分支之意。又成了表示政黨、黨派的詞。另外,還表示聚會等。因此,在西方,爲了達到某種目的而分不同的黨派,一起做事,這並不代表"負面的事",而是愉快的事。

成爲"愛護人民、擁護人民"的"党"。

儘管如此,"至於從人之'党',則見於俗寫,《宋元以來俗字譜》引《太平樂府》、《目連記》、《金瓶梅》、《嶺南逸事》,皆作'党',①民國二十四年部頒第一批得體字,即用'党',日本亦用此形,見《角川漢和辭典·小部》、《中日朝漢字字形對照》"②。"党"成爲正式的正字是在新中國的第一批簡化方案以後。

(6) 衆

A類	由三個"人"構成	乑	巫	众	仦	似	似			
B類	加上"口"	㗊	㗊	㗊	㗊					
	加上"目"	䀣	䍖	䍜	䍞	䍚	䍙			
	加上"血"	衆	衆	衆	衆	衆	衆	衆	衆	衆	衆
		衆	衆	衆	衆	衆	衆	衆	衆		
C類(結構變化)	加上"人"字旁的結構	傪	傪							
	由聲符"中"構成的結構	乘								
	新的會意結構	宍								

〈表6〉"衆"的各種異體字(臺灣"教育部""異體字字典")。筆者再分爲三類。

"衆"是隨著歷史的發展,在中國的地位提高得最顯著的漢字之一。

---

① 張書巖等(2005)卻認爲"党"專用於"党項族"一詞。53頁。
② 臺灣"教育部""異體字字典"中,簡宗梧對"黨"的說明。

在甲骨文中就出現的"衆"是由意符"血"與聲符"仦"構成,刻畫的是流著血汗辛勤勞作的勞動者形象。再往前追溯,在早期階段的甲骨文裏,"血"的部分是由"日"來表現,畫的是烈日下成群的做苦力的勞役。到了金文,"日"由"目"代替,強調的是用來監視勞役的眼睛形態。"衆"的上部分由"日"完全變爲"目"後,又重新變回表示流著血汗的"血",就這樣隨著時代的需求反復地改變。

"衆"與"衆人"自甲骨文開始就大量出現,關於甲骨文時代的"衆"的身份,學者們各執己見。有郭沫若等人的"奴隸"說,斯維至等人的"自由人"說,趙錫元等人的"家長制家庭公社的成員"說,束世澂等的"衆是奴隸統治者"之說,陳福林等的"衆與衆人都是奴隸統治階級"之說等。其中,郭沫若等人的"奴隸"說最被認可。

此後,隨著社會的發展,"衆"逐漸轉變爲支撐社會與國家的重要階層,不再代表著"奴隸",而擴大爲"大衆(普通人民群衆)"。特別是近代以後,民衆變身爲了主人。在現代中國掀起革命的主體勢力就是農民與勞動者組成的人民群衆(民衆)。現在,"衆"已經不再是烈日下勞作的勞役了,也不再是受到監視的勞動者或流著血汗的下層階級了。在以人民爲政治的主人與主體的中國,"衆"成爲了革命的主體,翻身成了社會的主人。爲了反映這一變化,現代中國的簡體字幹脆刪除了上半部分,而使用三個"人"合起來表示"衆"。從而徹底清除了"衆"以前作爲被輕視、壓迫與監視的對象的歷史痕跡,開始了新的歷程。[①]

(7) 邊

對於"邊"所表達的形象,一直以來衆說紛紜。《說文》中寫作"邊",釋爲:"行垂崖也。從辵臱聲。"此後的《玉篇》解釋爲:"畔也,邊境也。"《萬象名義》中稱:"近也。垂也。厓也。方也。偏也。倚也。"在《康熙字典》中,除了"邊境"的解釋以外,還有《前漢·高帝紀》"齊邊楚"的"旁近也"、《禮記·檀弓》"齊衰不以邊坐"的"側也"以及《周禮·冬官·考工

[①] 參見白川靜(1984),河永三(2014)對"邊"的解析。

記》"邊璋七寸"的"邊璋,半文飾也"等意。

這樣來看的話,"邊"表示的就是"邊兒",並且是懸崖峭壁上的邊兒。正如《説文》所説,行走在這樣峭壁的邊緣應該是原來的意思。然而,除了意符"辵"以外,其整體構造還包括聲符"自+穴+冂(臱)"。其中"臱"到底表示什麽含義,學界還没有定論。

不過,白川静認爲"臱"反映的是以前的一種稱爲"髑髏棚"的風俗。以前人們分離屍體的骸骨,將骸骨鼻子(自)的鼻孔(穴)部位朝上擺放,安置在偏僻的地方(方)。這種解釋還是值得參考的。① 只不過在金文等寫法中,比起將鼻孔朝上擺放的形態,更突出了"將骸骨(自)向四方邊緣移動(辵)"之意。"四方的邊緣"這個説法在1975年出土的殷墟符號的結構中也能見到。在當時主人屍體擺放的玄室四邊是陡峭的土壁,上面建有長長的直角形的龕室,猜測是爲當時的下等人或奴隸殉葬的地方。有時也發現了骸骨被分離後整齊地堆放在一起的墳墓。

這樣來看的話,"邊"應該反映的是在主人墓中將生前的奴隸或下人移動到玄室四方陡峭邊緣的一種古代風俗。將屍體或骸骨移動(辵)到邊緣的意思中,"辵"的含義又成爲了"邊緣"。那麽,《説文》中"行垂崖也"反映的應該就是這種風俗了。

如果是這樣的話,"邊"從一開始就具有陰險性,所帶含義也很恐怖。這些活著的時候侍奉主人的下人與奴隸們,就算是死了也得陪著到墳墓中,以便來生繼續伺候他們的主人。"邊"描畫的便是這樣一副悲劇景象。漢代以後,殉葬等風俗漸漸消失,這些非人的悲劇性的習俗被改動。② 爲了消除漢字中藴含的悲劇性痕跡,因此出現了各種異體字。

---

① 參見白川静(1984)對"邊"的解析。
② 根據《史記·秦本紀》"武公死後,殉葬者66名","穆公死後,殉葬者177名"(相關內容在《詩經》的《黄鳥》中有體現),陝西省鳳翔縣發掘出的秦公一號大墓中,殉人百餘名。在歷史書中也記載了自秦代獻公元年開始,殉葬制度被正式禁止。此後,儘管殉葬並没有完全消失,但也確實減少了。

滌除負面性和陰險性的漢字

1	A類	邊	遍	邊	邊	邊	邊	邊	邊	邊	邊	邊	邊
		邊	邊	邊	邊	邊	邊	邊	邊	邊	邊		
	B類	邊	邊	邊	邊	邊	邊	邊	邊	邊			
	C類	迚											
	D類	邊	邊	邊	邊	邊	邊	邊	邊	邊	邊	邊	
		邊	邊	邊									
	E類	边	辺	迶	邉								
3	F類	巉	巉	巉									

〈表7〉"邊"的各種異體字(臺灣"教育部""異體字字典")。筆者再分爲兩大類,共六種。第一類是替換"邊"的聲符"臱";第二類是替換意符"辵"。

1-B是將象徵著屍體的"自"以字形相似的"白"替代,1-C改爲"日",1-D改爲"鳥",1-E改爲"力""刀""辦""身"等,以此來消失陰險性。特別是"边"或"辺"等最具代表性。前一個在現代中國已經被採納爲簡體字①,後一個在朝鮮時代是使用廣泛的俗字。至少要這樣,殉葬制度與"髑髏棚"這種殘忍的古代制度的痕跡才能多少得到消除與淨化。

(8) 家

意爲人類生活的房子的"家",在古代漢字寫法中有 ![] ![] ![] ![] 、![] ![] ![] ![] 、![] ![] ![] ![] 等。由表示房子的"宀"與豬"豕"構成。對此亦有多重說法,但可謂是上層住人,

---

① 據張書巖等(2005)的研究,簡化字形"边"字初見於元抄本《京本通俗小說》、元刊本《古今雜劇三十種》等。又收錄於1932年的《國音常用字彙》和1935年的《簡化字表》,49頁。

下層養豬的構造就是"家"。① 豬是能吃人糞的雜食性動物,在原始社會時,它可以在隨時出現蛇的情況下起到保護作用。此後,生活在下層的豬因爲茅廁被單獨建在外邊的緣故而被一同遷移到了外頭,於是又產生了新的漢字"圂"。由於豬生活的茅廁總是很潮濕,而又有了"溷",就像現在濟州島還存在的傳統茅廁構造。總之,此後"家"成爲了一般意義上的房子,又生成了"家庭"等意。還有學術流派上的指稱,也可以指從事某一職業的專家。

A類	變形意符"豕"	宊	穷	家	家	家	家	寪	家
		家	家						
B類	意符"宀"改爲"冖"	冢	冢	冢					
C類	以新構造代替	㝔							

〈表8〉"家"的各種異體字(臺灣"教育部""異體字字典")。筆者再分爲三類。

上層住人,下層養豬的房屋構造從何時開始分離開已經不得而知,但應該是相當早的事了。從漢代墓中出土的房屋模型來看的話,廁所已經同人住的空間完全分離開了,但豬生活的空間同廁所是在一起的。房屋的構造發生了改變,組成"家"的"豕"就成了問題。因此,在A類中的"宊"就是將"犬"代替了"豕",刻畫了當時狗與人類一同生活的景象。剩下的異體字也能體現"豕"發生了各種形態上的改變。有時還將豬的頭畫作"彐",都是繼承《說文解字》的古文寫法變化而來的。而,許錟輝在《漢

---

① 許進雄(1991),368—371頁。此外,吳大澂認爲:"古家从宀从豕,凡祭,士以羊豕。古者庶士庶人無廟,祭於寢,陳豕於屋下而祭也。"(引自王襄《類纂正編》,于省吾《甲骨文字詁林》,1996頁);葉玉森認爲"當寓聚族而居之意"(《說契》,引自《甲骨文字詁林》,1996頁);羅昆、張永三認爲"以房屋和豬表示一個打破民族公有制而擁有一定的私有財產的血緣團體"(《家的溯源》,引自《甲骨文字詁林》,2000頁);于省吾認爲:"家從豕,少數民族家就在屋中"(引自《懷念于省吾先生》,見於《甲骨文字詁林》,2000頁)。

語古文字字形表》(卷7)中引用的《三體石經·多士》談到"家"字,可以參考。① 剩下的字形比較特別,這個字形源自何處,帶有怎樣的含義,還需要通過具體的字形進行分析。

中國文字改革委員會1975年提出、1977年公布的"第二次漢字簡化方案(草案)"中采納的"宊"值得回味。如今的家只住人,於是將原先放豬或狗的部分改爲"人",只用"宀"與"人"的上下結構的宊字來表示。這樣即縮減了筆畫,也很好地反映了改造後的房屋的構造。不過,該字在1986年被"國家語言文字工作委員會"廢除而淪落爲異體字。

五、變化無限,新時代的漢字

漢字具有許多字母文字所沒有的優點。其中最大的優點是,文字中所承載的概念和形象會像畫一樣留在字形中。因此,只要一看就能知道其中的含義,也能輕易地給人留下印象。但是,正像它的這種特點,有時這種強烈的形象不能再準確地反映變化的社會、進化的思想或文化,反而成爲了妨礙,這恰恰也成爲了它很大的缺點。

漢字想要發展爲21世紀的未來文字,並發展爲更加現實的文字,必須不斷地滌除這些負面性因素,增添新的價值。因爲漢字只有像從以前一樣不斷地變化,才能不被淘汰。而且,漢字不能單單只做形態上的改變,還要滌除那些不符合新時代的負面影響,並完成能反映新環境下時代精神的轉變,只有這樣漢字才能夠獲得更強的生命力。

就像描繪"學習與結繩類似的單純的知識"的"學"被改爲"學習人文"的"斈";描繪"爲集團解決大小事的沐浴的祭司"的"儒"被改爲"人文學者"的"仗";"聖"改爲"圣"直接表示"文王就是聖人"。"崇尚負

---

① 參見許錟輝對於臺灣"教育部""異體字字典"中字的解釋。http://dict.variants.moe.edu.tw/variants/rbt/word_attribute.rbt?quote_code=QTAxMDI2

面東西的集團"的"黨"被改爲"擁戴人民的集團"的"党";還有反映古代殉葬風俗"髑髏棚"的"邊",改爲了"辺"或"边"後消除了其中所表現的殘忍傳統。

除了上述幾個歷史上具體改變的字例以外,這樣攜帶著陰險與負面性痕跡並還在使用中的漢字還有很多。例如,表示將上了年紀漸漸失去勞動力的老人用棒子殺害的"微"字,刻畫了"棒殺老人"的形象①;將許多簪子插在頭上表示"將自己打扮得很華麗的女人"的"毒"字,體現了將破滅的責任強加在女性身上的男性中心文化。② 又如橫暴、專橫、橫領、橫死或橫財等詞中出現的"橫",體現的是"對橫的否定"③,這是東方否定橫向社會而趨向於縱向社會的傳統與價值觀的完整反映。

"窮則變,變則通,通則久。"正像《周易》中所說的,漢字也在歷史上爲了適應新的環境不斷努力。

最後,筆者想爲通過這項研究可以得到的啓示以及在異體字的研究中需要堅持的態度補充幾句:

第一,異體字並不是單純的字體的變化,其背後還包含了文字使用的環境與使用者的文化心理。異體字中有時包含了正字中所沒有的文字使用環境與使用者的文化心理,這些都是值得我們研究的有用的資料。因此,異體字研究可能也應該從現存的字形研究與形態類型研究中跳出來,轉向對文化心理的研究,只有這樣才能成就一個更立體的研究,保證其豐富的内涵。

第二,儘管漢字發源於中國,但在漢字向韓國與日本等周邊國家擴散的過程中,這些國家對漢字進行了適合自己的變通與創造。因此,漢字的研究不能局限於某一個國家,至少應該是包括韓國、日本、越南在内的漢字文化圈,乃至包括現在全世界範圍中使用並創造改變漢字的跨國家、跨地域性視野下的研究。

---

① 許進雄(1991),368—371 頁。
② 參見白川静(1984)"毒"的解析,河永三(2014)"毒"的解析。
③ 參見劉光鐘(2018)。

滌除負面性和陰險性的漢字

　　第三，歷史的研究是爲了找到對於未來的答案。滌除漢字中反映出的否定性與陰險性而做出的努力，應該得到客觀公允的評價。由於漢字悠久的使用歷史與表意性，應該積極地滌除與時代不符的内在負面性因素，並爲其附加上新的要素，通過這些努力讓漢字在 21 世紀第四次工業革命的大變革時代發揮主導作用，成爲世界性的文字。

"貞""眞"同源考

一、引言：問題的提出

本文的主要目的在於：以甲骨文的"貞"和金文的"眞"字作分析基礎來發掘中國早期對"真理"概念的認識和演變,以證明"貞"和"眞"是同源字。

"真"與"善""美"一樣,是一個社會認知體系的核心概念之一。"善"和"美"字不僅在甲骨文中已經出現,其字源也相當明確,故對其字釋並無多大歧義,但"真"字則不然。以前的學者一般認爲,"真"在《説文解字》以後才出現,因此有些西方學者據此而主張：在中國,"真理"概念比其他觀念發展得較晚,而且"真"字出現以後,也沒有向理性(logos) 思維發展,所以說文明的出發之地雖然是東方,其完成之地卻是西方。

譬如,Chad Hansen(1985)認爲：在中國對"真理"的關心開始於佛教的傳入,佛教傳入以後才把"真"字當做"真理"的翻譯詞(504)。Donald J. Munro(2001)也主張：中國不像希臘,從來沒有把"真理和虛偽"當作思維的對象來研究(55)。A. C. Graham(葛瑞漢)(1969—1970)也認爲：連中國最早的邏輯學家墨子也不曾將虛假作爲真理的相對觀念(139)。因此,有時甚至主張中國因爲不存在"真/假"二分法的區別,故在中國哲學裏就不存在"真理"這個概念。

在中國思維裏真的没有過"真理"的概念嗎? 爲了説明這個問題,首先需要闡明"真理"的定義,即"真理是什麽?"

在西方哲學的鼻祖柏拉圖看來,真理就是 idea(《洞穴理論》)。在他之後,一般認爲:我們所看到的多樣世界都是假象(appearance),真理就是一種與此相對的、存在於其背後的概念。所以,如果不假設"假象","真理"就不會存在,因爲真理總是出發於對"非真理"的假定。

尤其是到了亞里士多德時,他主張:"something that is, that it is, and of something that is not, that it is not"(説存在就存在,説不存在就不存在),把真理觀念縮小爲言語(logos)的問題。之後,不能通過語言表達的"真理"是不存在的,這個説法成爲西方認識論的主流。尤其到邏輯實證派那裏,"真理"被規定爲一種必須能以邏輯鑒定才能存在的概念。

但是,到了 20 世紀,海德格(Martin Heidegger)(2005)針對柏拉圖以後,在西方哲學史上持續了兩千多年的"把真理的本質想從理性、從精神、從思維、從羅古斯、從某種主體性來規定的"所有企圖作了批判。他主張:在希臘語中,"aletheia"就相當於"真理",其義爲"揭露(a)隱蔽(letheia)",把隱藏的東西發覺出來就是"真理"(319—320)。如果肯定他的定義的話,"真理"就是與人類的實在(reality)見面,也就是説與人類的實踐並没有關係。這種説法,非常接近於東方的傳統想法。葛大模(H. G. Gadamer)(1989)也將"真理"看做是一個把具有人類固有的時間性、歷史性的事物揭露起來的概念,從而主張要擺脱認識論的真理概念。

接着我們要看中國對"真理"的認識。在漢以前的中國人的觀念當中,我們認爲真理並不是語言性的,而是一種修養性的,故根本不需要像西方那樣提問"真理是什麽"這個命題。他們所關注的主題主要集中在實行(doing),或者怎麽要走向正確的行動這個問題上。因而中國的傳統,就如湯淺康雄(Yuasa Yasuo)(2005)所説,它是不在主體和客體、人類和自然的二分法關係上認識的,而是在没有把它對立地區分、混而爲一的全一(holistic)關係上認識的(190)。

因而,至少在中國,我們不能説沒有存在邏輯就真理也並不存在。中國與西方不同,只不過是沒有通過語言表述(statement)的層次來考慮過"真理"這個問題而已。正如在西方分析哲學是主流,而在東方闡釋學最爲重要。

正如以上所説,如果我們能準確認識西方哲學移植於東方時期所流行的真理標準,即"真"字到《説文解字》以後才出現,故在之前東方不存在"真理"概念,或中國並沒有存在過真理和虛假的對立,故沒有了"真理"概念的種種主張,那麽我們不僅可以從語源學,也可以從理論兩方面對其進行反駁。

那麽,在中國"真"字到底何時開始出現？在"真"字之前,有無存在相當於"真"的字(詞彙)？根據現存的出土文獻資料,可以將"真"字的出現時間從傳統的《説文》提前不少,例如西周初期的中方鼎和真鼎(華師大"商周金文檢索系統"),白真甗、季真鬲、叚簋、真盤(容庚《金文編》)等都已出現"真"字。但遺憾的是,金文裏的"真"字,只用於人名和地名,無法觀察那時有無漢代以後所説的"神仙""真理"之義。更不幸的是,在東西方文化研究上具有重大意義的"真"字本身的字源,到現在還沒有提出比較科學、合理的解釋。雖然以《説文》和《説文注》爲主的傳統學者對"真"字的形音義,有過不少闡釋,但都沒有擺脫《説文》的大圈子。

因此,我們需要採取如下策略:第一,"真"字的字形理據是什麽？經過怎樣的語義引申過程,最後得以表達"真理"的概念？爲了解決這個問題,我們設定了一個假説,就是"真是從貞字演變而分化來的"。第二,爲了證明"貞"與"真"字的同源關係,要分析兩字之間的字形、字義、字音關係的緊密性。第三,特別在字義方面的考察上,要分析《説文》所見"真"族字(共24字)的意味指向以及秦漢以前傳統文獻所見"真"字的用法,從而尋找"真"字的本義。第四,從甲骨文時代貞人的地位和角色以及古代占卜貞問儀式來分析"真理"概念的來源,以證明"貞、真同源"。第五,綜合上述各個方面闡釋古代中國的"真理"概念。

二、"真"與"貞"字的字形

（1）"真"字字形

現在我們可以看到的"真"字的古文字字形,有如下幾種:金文 古陶文 簡牘文 說文小篆 說文古文"（華師大"文字中心"古文字資料庫）。對其小篆字形,《説文》解釋説:"僊人變形而登天也。从匕,从目,从乚,音隱;八,所乘載也。古文真（8卷匕部）"。但《説文》的解釋與小篆字形不太符合。諸如 把"乚"解釋成"隱";"八"解釋成"乘載之器";至於"目"的解釋卻省缺。只有與神仙聯繫而説明的匕（化）的解釋部分,可以瞭解。

對於這個問題,清代的段玉裁補充到:"**从匕目乚**。變形故从匕目。獨言目者,道書云養生之道,耳目爲先。耳目爲尋真之梯級。韋昭云:偓佺方眼。乚,匿也。讀若隱。仙人能隱形也。八謂篆體之下也。**所㠯乘載之**。八者,兀之省。下基也。《抱朴子》曰:乘蹻可以周流天下。蹻道有三:一曰龍蹻,二曰氣蹻,三曰鹿盧蹻。蹻去喬切。真从四字會意。"

又云:"**僊人變形而登天也**。此真之本義也。經典但言誠實,無言真實者,諸子百家乃有真字耳。然其字古矣,古文作。非倉頡以前已有真人乎？引申爲真誠。凡稹、鎮、瞋、謓、䐜、填、寘、闐、嗔、滇、鬒、瑱、䩹、慎字皆以真爲聲。多取充實之意。其顛、槙字以頂爲義者,亦充實上升之意也。慎字今訓謹,古則訓誠。《小雅》:慎爾優游,予慎無罪。《傳》皆云:誠也。又慎爾言也,《大雅》考慎其相。《箋》皆云誠也。慎訓誠者,其字从真。人必誠而後敬,不誠未有能敬者也。敬者,慎之第二義。誠者,慎之第一義。學者沿其流而不溯其原矣。故若《詩》傳箋所説諸慎字,謂卽真之假借字可也。"

以上段玉裁的解説,雖然比《説文》進步了不少,補充了組成"真"字的"目"之義,且特別利用十七個同源字和"真"在文獻中的用法,分析了"真"字的語義引申過程,將"真"字的本義解釋爲"真人","誠"爲初義,"敬"爲主要引申義,"慎"爲假借義。但是他也以小篆爲主,並停留於許慎的圈子裏,甚至有爲了許慎強辯而比許慎更牽強的部分。正如唐蘭所説:"真字之義,歷來學者,咸所未悟。仙人之説,出自秦漢以後。真字雖不見經傳……其字必至古。寧有造字之初,乃援仙人之説?此許氏之誤也。段玉裁注於此益爲附會。"(1995:31)

到二十世紀以後,有些學者根據金文字形重新對"真"字的構形進行了解釋,有了新的進展。譬如,唐蘭(1995:31—33)把"眞"解釋爲從貝從匕,但匕不是化字的匕,而是珍字的古文,故可以解釋成"從貝（珍）聲"的形聲結構。其實,朱芳圃早已有類似的解釋,何琳儀(1998:1115)也繼而發展之,云:"西周金文作（季真鬲）,從鼎聲。珍之初文（鼎爲珍寶之器）。……或作（伯真甗）,易鼎爲貝,……貝下丁爲疊加音符。或作（真盤）,下加丌由丁省作一而演變。参奠、其等字下所從一、二、丌。春秋金文作……,其貝又訛作目形（晚周文字習見）。戰國文字承襲兩周金文。"

此外,日本的白川静(1983)對"眞"字作了有創意的解釋:"（眞）字上部的匕是化而死,下部是县,即倒懸之首者,既化而爲髑髏,故頭髮雜亂而下垂。已經不再變化的東西是永恒之物,乃眞之實體也。"又云:"懸首謂之顛,又是顛倒橫死於路傍者。如此的非命橫死者,會發瞋而變爲可怖的呪靈,填之,設祀屋而實之者,即慰靈之體也。……'眞'是顛倒橫死之人,是會發'瞋'的愿靈,應該'填'埋之而'實'於祀所,謹'慎'的'鎮'弔之,此可怖之靈能便是'真'。其原意亦可從如此的群形象上來加以歸納。給與如此的'絕對者'、'真宰'的意義於'真'字者,莊子也。莊子所喜用的'僊'字雖亦是具有爲出殯而搬運死人的意象之字,然莊子也給與'永生之人'的意義。"(213)①

---

① 此説亦見於《字統》(1984)472—473頁;《漢字的世界》(2008)616—618頁。

"貞""眞"同源考

以上歷代學者對"真"字的説解,可分爲如下三類:第一,"神仙"爲其本義,从七、目、乚、八,象神仙變形(七),乘機(八)而上,隱逸之形(乚);第二,從鼎𠃌聲,寶貴之物;第三,上部的七(化),下部是倒懸之首者,既化而爲軀體,故頭髮雜亂而下垂。已經不再變化的東西是永恒之物。

其中,"真"字的解釋上有争論的地方,可歸類如下幾點:第一,金文"眞"字的結構問題;第二,"七"的解釋問題;第三,"鼎"的演變過程問題;第四,在伯真甗等青銅器中所加的聲符"丁"的演變問題。本文根據金文、戰國文字、秦漢時期各種文字資料,①詳細對照分析後,可以得到如下幾個階段性的假說:

首先,關於結構問題。金文"眞"字從七從鼎,鼎是形符還是聲符議論紛紛,但筆者認爲看做聲符(兼意符)較爲合理。正如各種傳抄古文,"真"字由上部的 ⺈(匕)、止(止)和下部的 貝、目、貝 等組成的可以説是基本結構。尤其《古文四聲韻》和《汗簡》(1.30)所見 佫,《海》(1.13)所見 佫,從化從卅,證明上部的七爲化之初形。這種結構也大量存在於戰國三晉時期的貨幣文字中,"真"字到這個時期,如删掉鼎的足部,就變爲與《説文》小篆完全相同。尤其董蓮池(2009)最近在考釋魚鼎匕(《集成》03.980)銘文中的 𩵋 時指出:"張亞初曾經考釋爲'顛'字,故根據多種資料和文章的上下意義,左部的 𩵋 的確是三晉文字中的'真'字。"(3—4)第二,把"七"看做"化"還是"𠃌"(珍),筆者認爲七是"化"之省,其義爲從人變化來的(倒人形)超越普通人的"超人"。第三,關於"鼎"的演變問題,筆者認爲:由於字形的類似,"鼎"在西周金文階段已變爲"貝",到部分戰國文字和小篆階段再度變爲"目"。第四,隨着聲符"鼎"字變爲"貝"而失去聲符功能之後,爲了加

---

① 金文資料根據於《金文編》,戰國文字根據於《戰國文字字典》、徐在國編《傳抄古文字編》(2006);古文字詁林編纂委員會,《古文字詁林》(1999—2005);董蓮池,《魚鼎匕銘文釋讀的一點意見》(2009);清閔齊伋輯《篆字彙》等。

137

強讀音功能而添加"丁";"丁"再次變爲字形類似的"丌","丌"再到小篆變爲"八"。

（2）"貞"字字形

"貞"字在甲骨文中原作"鼎"（第四期），到先周甲骨文和西周金文都加"卜"而作"鼑"。到小篆階段，"鼎"變爲"貝"而成爲今日的"貞"。由此可見"貞"字從"鼎"字分化而來，其義也與"鼎"有密切聯繫。《說文》云："貞，卜問也。"占卜時以火炬燒鑽鑿，則會有直綫的兆痕，從而有了"直"，之後再引申爲"端正"、"貞節"之義。因此"貞"字在甲骨文中用於卜問之義，把主持那種儀式的人稱作"貞人"。

但是，晚近香港和西歐學者對"貞"字提出了與傳統解釋不同的解釋。譬如饒宗頤（1959）通過甲骨文所出現"貞人"的綜合研究，認爲"貞"除了"卜問"之外，還有"當值""正""定"之義（70—71）。吉德煒（David. N. Keighley）認爲："《說文》'貞，卜問也'，是後起的解釋。……卜辭中的'鼎'意爲'正'，'某貞'是言'由某人正之'，'鼎'也可釋爲'鼎'，指'the ritual performed at the cauldron'（在鼎前舉行占儀），'某鼎'意爲'由某人在鼎前主事'，重在儀式本身。"（王宇信，1999：278）司禮義（Paul L. M. Serruys）也釋"貞"義指驗試（to test），即驗試一命辭或爲驗試而提出一命辭，這應理解爲事實之陳述或意願之表達。雷煥章（Lefeuvre）也認爲"貞"有"主管占卜"之義。另外，高島謙一（Ken-ichi Takashima）也認爲，"鼎"與"鼎"在字源和字形上有明顯關聯，先秦典籍中"鼎"可以假借爲"定"和"貞"，而作爲卜辭命辭前導引的"鼎"，可譯爲"testing"，有"去貞測""去實現"或者"去確定"的意義，他推測商代貞人和殷王相信用"鼎"可以加強"貞測"或者其他祭儀之莊嚴性，尋求神靈之庇佑與恩許。（王宇信，1999：278）

我們應該注意："貞"字與"鼎"字通用，《說文》"卜問"之外，還有"確定""把命辭的内容確定正確""斷定以爲然"之義。因爲這種解釋不僅可以提供關於在古代中國"真""真理"概念根源於何處的一些綫索，而且可以提供"貞"和"眞"字的古文字字形裏爲何會包含"鼎"字的理由。

在此,甲骨文所見鼎、占、鼏、貞字和後代的"眞"字的派生關係,以作表則如下:

鼎				以作祭祀行爲的"占卜"
	→占			對占卜的"解釋"
		→鼏(卜+鼎)		用"甲骨"的占卜
		→貞(卜+貝)		占卜與祭祀行爲的儀式(或祭司)
			→眞(卜+鼎+丁)	通過眞人(祭司)的占卜

以上"鼎""占""鼏""貞"之間的派生關係,亦見證於先秦文獻中"貞"的用法。譬如,《周易》共出現32次有關"貞"字的用例,諸如:利貞、牝馬之貞、居貞、旅貞、艱貞、北馬之貞、女貞、君子貞、武人之貞、幽人之貞、大貞、小貞等。"貞"字在《周易》中是個關鍵字,故它的解釋可以深刻影響整個《周易》的解釋。雖然對"貞"字的解釋到現在還沒統一,但是其解釋大致可分爲"正"和"卜問"兩派。譬如,最近張金玉(2000)把"貞"與甲骨文的用法相聯繫,主張所有的例子都要解釋爲"卜問"才對(6—7)。不過成中英(1994)詳細分析了《周易》中"貞"字的用法,主張有如下五種階段:指"占卜行爲"的原始意義,從而引申出"正""固""信""節"(29—36)。從成中英的解釋中,我們可以看出《周易》中的"貞"字含有多種含義,可以理解爲從"占卜"的原始意義出發,向確定(正)、永恒不變而堅固的道理(固)、可信的事實(信)、符合於自然的週期律和道德律(節)等引申義擴展。因爲《周易》是先秦時的重要文獻,而且又離甲骨文的時代不遠,其有關占卜的性質和內容也與甲骨文相似,故成中英的解釋的確對考察"貞"字的原義有所幫助。

根據以上對"眞""貞"兩者的字形與本義和引申義擴展過程的考察,我們可以推測:"眞"字的字源和"眞理"的根源,應該追溯到字義爲詢問神的意志、根據神的意志作判斷的"貞"字上去。因此,我們認爲指占卜行爲的"貞"也可以解釋爲"正",有"是""對"之義。至於與"貞"通用的"鼎",因爲鼎總是用於詢問神的意志和與之相關的占卜儀式,因此可以用儀式所用的重要器物——"鼎"來強調占卜之義。有時爲了表明這種占卜行爲,會直接加上"卜"字而誕生"鼎"字。另外,占卜行爲(貞)就是通過占卜者(貞人)而把神的意志揭露出來;通過"貞人"的口述和記錄,神的意志也確定起來,從而能向人間世界傳達。

因此,我們認爲正如希臘語的"aletheia",即把"隱蔽(letheia)"或隱藏的東西"揭露(a)"發掘出來的就是"真理",這個推論在中國也是可以成立的。

三、"真"字族的意味指向

(1)《説文》"真"字族的意味指向

既然《説文》對"真"字的解形不太可靠,其所指本義也是後起的引申義,那麼爲了尋找"真"字的本義,我們通過《説文》所存"真"字族(由"真"組成的合成字)的意義分析,可以窺見其本義的一斑。《説文》"真"字族共有24字(包括異體字2字),其意義指向可以歸類:(1)祭司、祭祀;(2)充滿、多,(3)大、高。其詳細舉之,如下:

第一,祭司、祭祀。

① 禛:"以真受福也。从示真聲。側鄰切。"(卷1,示部)段玉裁認爲"真"兼義。"真"是從"貞"分化而來的,且爲了強調原義而加"示"字,最後變成"禛"。其義可釋爲:貞人主管祭祀時的那樣真誠(真)地祭祀(示),從而受到神或上帝的福祿和保佑。

② 慎:"謹也。从心真聲。時刃切。㥧古文。"(卷10,心部)其義可釋爲:祭司(真)侍奉神或上帝時那樣的謹慎勤謹之心(心)爲"慎"。

第二,充满、多。

① 瑱:"以玉充耳也。从玉真聲。《詩》曰:玉之瑱兮。臣鉉等曰:今充耳字更从玉旁充,非是。他甸切。䪾瑱或从耳。"(卷1,玉部)正如郭沫若所釋,緷爲古䪾(瑱字),象以玉充耳之義。故其義可釋爲:人死後裝殮時,以玉充滿(真)耳朵之義。

② 嗔:"盛气也。从口真聲。《詩》曰;振旅嗔嗔。待年切。"(卷2,口部)段玉裁也釋"盛气聲也";《玉篇》也釋"盛聲";《孟子》有"嗔然鼓之"之語。"嗔"爲去征伐時的打鼓聲,其聲盛大,故謂之"嗔"。正如去征伐時的盛大打鼓聲那樣的大聲(口)謂之"嗔",亦爲充滿身體的氣而從口噴出。

③ 膜:"起也。从肉真聲。昌真切。"(卷4,肉部)段玉裁説"肉起也";《素問》以爲濁氣向上,會有膜脹。王砅注云:"膜,脹起也。"那麽,"膜"可以説是指氣充滿(真)而肉膜脹起來的樣子。

④ 稹:"穜概也。从禾真聲。《周禮》曰:稹理而堅。之忍切。"(卷7,禾部)"稹"或作"穜";"稹、稠皆與多同源"。由此可見,"稹"是指穀禾叢集周密(真)生長。

⑤ 寘:"置也。从宀真聲。支義切。"(卷7,宀部)《説文》不收,收於《新附字》。段玉裁認爲"寘"之或體。《楚曾侯鐘》從宀奠聲,可釋爲家裏(宀)陳設滿各種寶器(真)之義。

⑥ 窴:"塞也。从穴真聲。待年切。"(卷7,穴部)把空缺的地方(穴)塞滿(真)之義。文獻裏常與填通用,《荀子·大略》"填如也",注云"填,謂土填塞也";《一切經音義》引《廣雅》云"填,滿也",故填爲把土塞滿(真)而填之之義。

⑦ 填:"塞也。从土真聲。陟鄰切。待年切。"(卷13,土部)與寘通用,故填也是把土塞滿(真)而填之之義。

⑧ 瘨:"病也。从疒真聲。一曰腹張。都年切。"(卷7,疒部)馬敍倫説今作"癲";《急就篇》有"疝瘕顛疾狂失響"之語;《正字通》

"喜笑不常,顛倒錯亂也";《黄帝素問注》"多喜爲顛,多怒爲狂。喜爲心志,故心熱則喜而爲顛";《御覽》(卷752)引《莊子》云:"陽氣獨上,則爲顛病。"可見"瘨"爲氣向上充滿而發生的一種瘀氣病。《説文》又云"一曰腹張",則瘨爲氣滿腹(真)而膨脹之病(疒)。

⑨ 霣:"雨聲。从雨真聲。讀若資。卽夷切。"(卷11,雨部)《玉篇》"霋"爲正字,或作"濟",重文作"霣"。《御覽》(卷10)引《玉篇》"霋"爲雨聲。由此可推,"霋"爲"霣"之別體,故霣有大(真)雨(雨)下之時的聲音之義。

⑩ 闐:"盛皃。从門真聲。待年切。"(卷12,門部)《博雅》"闐闐,盛也";《增韻》"滿也";文獻多有"闐閭"之語,謂門高之義。故"闐"有像大門(門)高盛(真)之貌。

⑪ 鎮:"博壓也。从金真聲。陟刃切。"(卷14,金部)段玉裁釋爲"博"字的衍文;《玉篇》:"鎮,按也,重也,壓也";《汗簡》《鎮出王庶子碑》寫作"鉁"。鎮爲用眾多(真)金屬物(金)壓鎮之義,從而引申出鎮撫之義。

⑫ 軹:"車軥鉯也。从車真聲。讀若《論語》'鏗爾,舍瑟而作'。又讀若掔。苦閑切。"(卷14,車部)此與軫通用。此謂輿(車)後的大橫木(真)。

⑬ 鬒:"㐱:稠髮也。从彡从人。《詩》曰:㐱髮如雲。之忍切。鬒㐱或从髟真聲。"(卷9,彡部)㐱爲人的毛(彡)多,故鬒謂頭髮(髟)周密(真)之義。

第三,大、高。

① 瞋:"張目也。从目真聲。昌真切。䀤祕書瞋从戍。"(卷4,目部)此爲瞋目(目)大叱(真)之義,重文"䀤"有拿着斧鉞(戍)而攻擊敵人之勢,睜大眼睛(目)之義。故《史記項羽本紀》有"項羽瞋目而叱之"之語。馬敍倫認爲,瞋之聲母屬於真類,戍之聲母屬於脂

類、脂、真有對轉關係,故瞋可作𥅠,此兩者爲轉注字。

② 謓:"恚也。从言真聲。賈侍中説:謓,笑。一曰讀若振。"(卷5,言部)"謓"有噴怒而大聲(真)説話(言)之義。

③ 槙:"木頂也。从木真聲。一曰仆木也。都季切。"(卷6,木部)人之最高頂部謂之"顛",木頭上最高頂部(真)謂之"槙"。高大之木,容易摔倒,故有"仆木"之義。

④ 顛:"頂也。从頁真聲。都年切。"(卷9,頁部)此謂人之頭上(頁)最高(真)頂部。

⑤ 滇:"益州池名。从水真聲。都年切。"(卷11,水部)今指位於雲南省近郊的滇池而言,也用於雲南省的簡稱,有大(真)湖(水)之義。《集韻》(真韻)"滇汙,大水貌";《字彙》(水部)"滇,盛貌,通作闐"。

⑥ 趁:"走頓也。从走真聲。讀若顛。都年切。"(卷2,走部)段玉裁云:跮也,此與音義同;朱駿聲認爲與蹎同義。小步而漫步,則不會跌倒而安全,但大步(真)快走(走)之時,總是會"跌倒"的,故"趁"字聲符"真"有大(大步)之義。

⑦ 蹎:"跋也。从足真聲。都年切。"(卷2,足部)此與"趁"同,是意符(走、足)之間的交換而產生的異體字。

(2) 古代文獻中的"真"字用法

"真"字雖然自西周初期的金文中開始出現,但在金文中只用於地名和人名,故"真"字的本義,只能通過先秦和秦漢時期的古代文獻來考察。本文重新歸納了《故訓匯纂》(2003:1551)所列的38種義項,如下所示。

① 神仙:《説文》"真"字解釋,《楚辭·九思·守志》"隨真人兮翱翔"舊注;《文選·郭璞·江賦》"納隱淪之列真"李善注。

② 自然存在、道:《莊子·大宗師》"人特以有君爲愈乎己,而身猶死之,而況其真乎"郭象注。

③ 本性、本心:《莊子·秋水》"謹守而勿失,是謂反其真"郭象注;

《文選・陶潛・雜詩》"此還有真意"李善注;《莊子・山木》"見利而忘其真"成玄英注等。從而引申爲自然和宇宙之義,其用例多見於《莊子》。

④ 精誠:《説文》"真"字段玉裁注;《荀子・勸學》"真積力久則入"楊倞注;《素問・寶命全形論》"凡刺之真"。

⑤ 永恒不變:《淮南子・本經》"質真而素樸"高誘注。

⑥ 真實:《淮南子・俶真訓》注。

⑦ 正:《廣韻》(真韻),《文選・古詩十九首》"識曲聽其真"李善注。

⑧ 此:《廣雅・釋言》。

⑨ 與"貞"通用:《山海經・大荒西經》。

正如以上用法,戰國末期的《莊子》和漢代《説文》以及之後的各種文獻裏,"真"有神仙、習得了自然攝理之人、自然而然未有假裝的本來面目、存在物的本性或宇宙攝理之義。因主要用於道家裏的神仙思想,從而引申出真實的、永恒不變的真理之義。

特別值得注意的是與"貞"通用的例子。對《山海經・大荒西經》的"巫姑"和"巫真",郝懿行《箋疏》作"巫真",《水經注》作"巫貞"。新出土的簡帛文字亦作"攸(修)之身,亓(其)悳(得)乃貞(真)"(《老子乙》),"真"與"貞"通用。這些都可以看做是説明"真"與"貞"之義有直接關係的證據。另外,正如⑦和⑧,"真"有"正"或"此"之義,此亦與前面所説的"真理"概念有聯繫。

不僅如此,從先秦文獻裏的通假用例,也可以發現"真"的屬性與"貞人"的本質或角色有聯繫。諸如:

① 與"鼎"通用。

② 與寔、窴、湜通用,其義爲"是"。

《易・坎》"寘于叢棘",《經典釋文》:"寘,姚作窴。"

《易・坎》"寘于叢棘",《經典釋文》:"寘,子夏傳作湜。"

③ 與"至"通用。

④ 與"丁"通用,其義爲"高"。

⑤ 與"奠"通用,其義爲"尊貴"。

⑥ 與"示"通用。

《易・坎》:"寘于叢棘",《經典釋文》:"寘,劉作示。"

《詩・小雅・鹿鳴》:"示我周行",《經典釋文》:"示,鄭作寘。"

⑦ 與"引"通用。

⑧ 與"㐱"通用。

正如以上用例,"真"不僅與"鼎"直接通用,還在含有其主要義項"至""丁""㐱""奠"等之外,還有"是"之義。此外,貞人是個將隱蔽或隱藏着的神的意志揭露起來的人,故有了"示"與"引"之義。

另外,漢代的《釋名・釋言語》釋"貞"云:"定也。精定不動惑也";蔡邕《獨斷》云:"清心自守曰貞";《周書・諡法》亦云:"大慮克就曰貞"(劉熙撰,畢沅注疏,王先謙補注:《釋名疏證補》,2008,129)。可見"貞"亦可釋爲心理安定而不動搖。換句話説,受到外部的誘惑而卻不動搖,保持清淨之心而達到精神上的某種境界,可謂之"貞"。

從以上的先秦和漢代的各種文獻裏的"真"字用例和通假例,我們看到:"真"字不僅直接與"鼎"和"貞"字通用,也有將隱蔽或隱藏着的神的意志揭露出來而提示給"貞人"之屬性——也是"至""高""尊貴""珍貴"等義項的來源。不僅如此,漢代以後,隨着道家思想之流行,它就與超越普通人境地之"神仙"觀念緊密聯繫起來。因此,《說文》以後的漢代文獻裏,"真"字的義項,可以擴展到神仙、自然和人間的本性、道、至誠、真實等。

四、"真""貞"的字音

王力的《同源字典》(1983)雖然沒有直接提示過"真"和"貞"之間的同源關係,但是"丁"(tyeng)和"貞"(tieng)有耕陽旁轉同源關係;"頂"(tyeng)和"顛"、"巔"、"植"(tyen)是耕真通轉同源關係(324—325)。那麼,"頂"的聲符"丁"與"顛"的聲符"真"是同源關係,因此可以說丁、真、貞是同源關係。

我們從"貞""鼎""真"的上古音的再構音(reconstruction)，可以證明他們之間的同源關係。在此，舉董同龢、高本漢(Bernhard Karlgren)、周法高三人的擬音比較如下(周法高，1982：218，333，427)

字	董同龢	Bernhard Karlgren	周　法　高	
真	230，平，tiĕn	375a，tiĕn /tsiĕn/ chen	(27.1)，tjien/tsiIn	(真) 16.1 jen
貞	179，平，tieng	834 g~i，tiĕng / tiɑng/cheng	(9.2)，tieng/tiæng	(清) 17.242 jen, jeng
鼎	181，上，tieng	834 c~f, tieng / tieng/ting	(9.4)，teng/tiɛng	(清) 17.241 diing

可見，董同龢、高本漢、周法高的擬音，聲母爲前齒根不送氣塞音/t/，皆爲一致；"真"的韻腹爲/ia/，"貞"和"鼎"的韻腹爲/ie/，幾乎接近；韻尾皆爲/-n/和/-ng/，都是鼻音韻尾。故此三字在上古音皆可以通用，貞、鼎、真從聲音關係上也有同源關係。特以郭錫良的擬音，也證明他們爲同源字(1986：227，228，278)。

字	上　古　音	中　古　音
貞	端耕 tĭeŋ	(廣)陟盈切，知紐 清韻 開三 平 梗小韻 tĭeŋ
真	章真 tĭen	(廣)職鄰切，莊紐 真韻 開三 平 臻小韻 tɕĭen
鼎	端耕 tieŋ	(廣)都挺切，端紐 徑韻 開四 去 梗小韻 tieŋ

五、結論："貞""真"同源

今日的占術家是迷信的代表，也是一種威脅近代的舊時代遺物。但是古代的占術家與此相反，是預言未來、阻止共同體厄運的領導者。

"貞""眞"同源考

雖然"真"和善、美一樣,是人類追求的三大指向之一,但通過《説文》的解説和金文的早期字形,無法對"真"字的來源作出合理的解釋。

因此,本文假設與"真"字在形音義三要素上極爲相似的"貞"字爲"真"的原形,"真"爲從"貞"分化出來的後起字。

首先,"真"字從"貞"字分化以後的字形演變過程如下圖所示:

時期		上 部	中 部	下 部
兩周金文	(伯真甗)			
	(季真鬲)			
	(段簋)			
	(真盤)			
戰國三晉	(平肩空首布)《先秦編》137			
戰國古文				
秦漢文字	(《石刻篆文編》禪國山碑)			

其次,在語音方面,根據董同龢、高本漢、周法高以及郭錫良的擬音,貞、真可謂是同源字。其具體擬音已在前文説明,不再贅述。

最後,在語義方面,"貞"有"卜問"和貞人之義。當時的占卜是把不可預測且隱藏着的神的意志揭露出來的一種行爲。因此,正如吉德煒、高島謙一等的解釋,"貞"除了有"卜問"之外,還有了"確定"之義。西周代表文獻《周易》裏的"貞"除了"卜問"之義外,還有"正""固""信""節"之義;在《左傳》《禮記》等先秦傳世文獻,戰國竹簡以及當時的各種通假字亦保存同樣用法,可以補證以上"貞"字的原始意義。兩周時期,"貞""真"二字已經進行了分化,但它們之間的分工情況,到現在不太明了,需要進一步考察。

到了小篆階段,正如《說文》所說,"真"有了"神仙"之義,以"真"字擔任專門表述超越人間而升天的"神仙"之義。到了東漢,隨着佛教的傳入,開始以"真"當做"真理"的翻譯詞。由此出現了"真理""真人"(阿羅漢;小乘佛教作爲達到最高境地的佛之稱)、"真諦""真如"(Bhutatathata音譯詞)、"真空""真身""真實""真相""真心""真言"(mantara音譯詞)、"真常"等大量詞彙,給"真"字賦予了富有哲學的含義,由此向著"真理"的概念發展下去。

六、附言:古代中國的"真理"

很多人認爲,中國的闡釋學不太"形而上"。"形而上"意味着會超越自然,超越自然這個概念對東方人來說是相當異質的。東方人一直追求的不是超越自然,而是與自然融在一起的生活。西歐的形而上學追求以主體爲中心的思維,但現在我們已經看到了主體中心思維的局限。"主體造成歷史、組成世界",這種觀點可以說相當傲慢。更重要的是,真正的"真理"不是由主體任意設定的,而是揭露出由世界這個文本(text)所隱藏、隱蔽著的東西(潘德榮,2003:26)。如果我們不想同意像柏拉圖那樣以"idea"做爲真理的話,就應像海德格所說,"揭露(a)隱蔽(letheia)"這個意義上的"真理"才是我們能和世界有效溝通的方式;通過這個方式,"真理"才能體現在解讀世界這個文本的過程當中。

"貞""眞"同源考

"貞"字來自通過以"鼎"(祭器的代表)象徵的祭祀儀式,從而有了"占卜"之義。"貞"既可稱占卜行爲,也可稱主管占卜的祭司。"貞人"既是祭司,又是閱讀文本而向天地神祇質問該義的人。"下雨?"他向祖先問之,也向天帝問之,又向地神問之。天、地和自然,有時也可以由烏龜或祭器替代之。他仔細觀察天神、地祇和祖先而傾耳聽之。正如葛大模(H. G. Gadamer)所說,這是一種傾聽傳承(Ueberlieferung),從過去窺見未來、把過去喚招到未來的行爲,也是一種把過去的前景(prospect)和向未來展開的現在前景融合的行爲。這就是"貞人"盡可能謙虛地邀請被重重皺褶隱蔽著的世界,請它把它的真面目揭露出來的方式。故把過去當做原始和野蠻,卻把未來看做是由過去發展而來的,這只不過是按照西方的發展概念而擬構的同質的、空虛的時間而已。把過去召喚出來,這並不意味著要回到幼稚期的過去,而是我們邀請、召喚現在仍然不理解、沒能還原地認識過去的世界的一種行爲。

其實,中國的"神"不像西方是無所不能、全智全能的存在;他雖然是神靈,但必定是個像"人"一樣要俯天仰地的存在(潘德榮,2003:15)。貞人也是一樣,他並不是能隨意解釋文本的人,也不是能支配他人的人。在古代社會,他即使有了莫大的權利,但這權利並不是來自他本身,而是從他人、從自然、從萬物而來的。他雖然是一位祭司,但他並不是個能看清楚、能看透一切事物而作出判斷的人,而只是一個能對現存的種種事情提出疑問、質問、卜問的人而已。因此,他總是要問:"下雨?不下雨?"故"貞(真)"既有"祭司""確定""貞測"之義,還有指確定之前的可能性而言的"裝滿""充滿""多"之義,又有"睜大眼睛、仔細觀察"之義。換句話說,貞人是把龜甲上出現的文本的種種可能性闡釋成一貫的、準確的、讓它變爲事實的人,也是一位面對他本人所判定之事會變爲不正義、不準確的可能性,而耿耿於懷的人。由此,又有了"引""示""高大""是"之義。

正如上述,古代中國的貞人並不單從占卜和確定行爲看到了"真理"。在他們看來,"真理"的確定不是在真假二分法的基礎上,在排除"假"後而才確定剩下的是"真";"真理"之路是通過卜問、質問的方式觀察多種可能性，把隱蔽而隱藏著的神的種種意志召喚出來的各種行爲本身。因此，古代中國的"真理"不像西方的"真理"，並不認爲是確定的、固定不變的；而是卜問、提問、質問行爲的本身就是"真理"之路，"真理"概念也從此延伸出來。

漢字和鬼神：鬼神系列漢字群的文化指向

一、前　　言

鬼神是人以自己的方式對無法命名的未知世界的一種稱呼，這也標志著文化和鬼神開始融合形成一套體系，祭祀成爲人類文化體系的象徵和標志。不過站在字源的角度，鬼和神具有互不相融的性質，兩者出現的時間也比較複雜，因此很難推斷。而且在現代漢語中，神有肯定意義，如神格化、神妙、神品、神技、神聖、神通等；鬼多用於否定意義，如鬼道、鬼話、鬼計、鬼子、酒鬼、鬼股（ghost shares）等詞語。普遍認爲鬼是由人起源的概念，"神"字表示的是對閃電（申：電的源字）的崇拜（示），源於對天、地、閃電、農作物等自然崇拜。"逐漸進入後世，因高尚了天，故降低了'鬼'而昇高了'神'"[①]。如果這個說法是正確的，那麼作爲自然現象閃電、天、地、農作物都能夠成爲優於人類的概念，隨之就會產生這樣的邏輯，隨著文明的進步人類不應該成爲利用自然界的主體，而是被自然界利用控制才對。這麼看來，中國哲學在還没發展爲超越神的絶對精神（意識

---

① 錢鍾書，《管錐編》，第一册，184 頁。

形態)時,就認同了黑格爾(Georg. W. F. Hegel)的"沉浸於自然之中的最低層次的精神"觀點①。當然,我們對黑格爾東方哲學的分析局限於漢字的字源是遠遠不夠的,還需要在更廣範圍内進行研究和分析,但即使這樣,這個論斷也是過於縮小了鬼神的概念,顯得過於樸素。

正如前邊提到的,漢字是記憶的累積。作爲記憶文字,它不僅超越了個别漢字的表面意義和現代漢語中示例的意義,還涵蓋了聖人經典中所排斥的意義。② 所以我們爲了批判西方對東方的偏見,需要從漢字入手,有必要研究漢字的起源和發端,找到還未曾分化的思維支點,以及探索這些思維支點發展變化的過程。③ 在此,我們從以上幾點出發,探索"鬼神"的形成和變化,以及通過分析"鬼"的字源和由"鬼"字組成的漢字的意義走向,來探索古代中國人對鬼神的認知。

關於這些認知,國内(韓國)對"鬼神"的研究並不少。首先,國内(韓國)近期的成果中,論著如《朱子哲學的鬼神論》(朴星奎,2005)對先祖的鬼神論進行了系統地闡釋;翻譯論著如日本學者子安宣邦的《鬼神論》(李承延譯,2006),主要針對中日韓三國對鬼神的認知,以及鬼神爲何能夠成爲三國的中心話題作了研究,同時很詳細地探究了同時代的哲學意義,這一點是此論著的意義所在。另外還有《東方哲學和文字學》(崔永燦等,2003),將中國哲學概念和漢字字源聯繫起來進行了研究。除此之外,還有許多國内外的研究論文,所以就研究的量而言並不稀缺。也就是說,筆者的研究起因不是因爲關於"鬼神"的研究太少,而是迄

---

① Hegel, Georg. W. F. "China." The History of Philosophy. Trans. Sibree. Kitchener: Batoche, 2001. pp.116 – 139.

② 筆者曾就此進行實踐性分析,透過"比較"相關的漢字群的資源分析,探討中國的視覺思維特質是如何呈現的,以及其與西方之間存在的差異性。敬請參考拙文《〈説文解字〉目・見系列字爲核心的中國視覺思維研究》,《中國文學》第 52 期,2007 年,267—298 頁。

③ 關於此問題,筆者早已在其他文獻中表明自己的見解。例如,從西方的語音中心主義與中國的文字中心主義的本質屬性出發,筆者在描述靈魂進出的通道——"文"和描述無人的純樂器聲音——"言"的關係時,闡明了它們之間的關係。關於此,敬請參考拙稿《"言"與"文"系列漢字群的字源所見中國文字中心的象徵體系研究》,《中語中文學》第 38 期,2006 年,1—34 頁。

漢字和鬼神：鬼神系列漢字群的文化指向

今已有的研究幾乎是關於經典本身或哲學文獻而進行的，這些研究均未涉獵文本的載體漢字。筆者的研究將關注點落在對經典的載體漢字的分析上，也可以進一步解釋爲，研究經典形成以前，即當文字形成初期就開始積澱起來的人們關於鬼神的認知與思考。

當然這種現象的產生不是研究者的知識局限性造成的，而是引進西方的學科分類體系之後，經典（哲學）研究和語言研究被劃分爲兩個獨立的學科領域。所以作爲兩門獨立的學科，研究的深度加深了，同時研究的範圍也相對地被限定了。然而經典的載體是漢字，漢字不同於表音文字，它不僅是對語言的二次記録，還超越了個人的主觀記憶，是同屬文化圈記憶的沉澱，更是經典的載體。

和本論述相近的國外（中國）研究有臧克和的《説文解字的文化説解》(1995)，李玲璞、臧克和、劉志基的《古漢字與中國文化源》(1997)，還有劉翔的《中國傳統價值觀念詮釋學》(1992)等著作。尤其是臧克和的《説文解字的文化説解》中，已有關於"鬼"字字源的文化意義的研究，同時也綜合分析了《説文解字》裏出現的字群義項，並總結出了這些字群的意義。臧克和研究成果的開創性和意義有別於以往的研究，不僅對"鬼"和"神"的字源與意義進行了分析，同時又很系統地歸納出古人觀念中"鬼"和"神"的相似性，並且指出"鬼"表示否定意義，"神"具有肯定意義，進而證明了這些概念的衍變並非出現在漢字的初始階段，而是在很長一段時間後才出現。

臧克和的研究闡述了漢字字源的意義，並通過古代文獻對其衍變和衍變過程進行了很細緻地考證，比如"鬼"義爲祭司①，對最初出現在甲骨文中且指當時威脅殷商的敵對民族（鬼方）的觀點持反對意見。這是此研究的獨到之處，也是在這一領域研究中領先之處。不過研究中對"鬼""神"之間的差異沒有給予合理的解釋，而且在"鬼"和"神"相互替換使用

---

① "鬼其實是從人們借來的形象，而這個人的身份是巫師，這位巫師或是披著散亂的頭髮，或是戴著面具來奉迎鬼神。有人認爲，'鬼'這個字的形狀正是從巫師奉迎鬼神的奇特形象中取得的。"臧克和，《説文解字的文化説解》(1995)，336頁。

的過程中是如何產生的差異也沒有給出明確的説明。不僅如此,通過"鬼"和"神"地位的變化以及這兩個字群的出現,人們對鬼的認知也發生了變化,筆者認爲這部分仍需要進行補充説明。

所以本研究首先通過追溯"鬼"和"神"的字源,將漢字的初始意義以及派生過程作爲探索鬼神哲學的研究基礎。雖然會有局限性,但是不同於傳統的鬼神論,本研究將對傳統倫理體系不曾涵蓋的"鬼神"衍變過程進行探索①,同時也對鬼之所以被用作象徵體系中災星(até)的形象以及其如何被概念化進行闡釋説明。

二、"申"和"神"

"神"是抽象概念,甲骨文時期還没有出現"神"字,即組成"神"的"示"和"申"分别獨立地出現於甲骨文,但是最初合爲一個"神"字出現,還是在西周初的寧簋蓋銘文:"用格百神。"②與之相比,"鬼"字以及與"鬼"相結合的合成字,在甲骨文中已經以多種形態出現。那麽,爲什麽"鬼"會先於"神"出現呢?③難道是因爲恐怖對象先於崇拜意識嗎? 後邊會有詳盡的闡釋,但在這裏筆者簡單地提一句,"鬼"是由對人没有益處的恐怖對象產生的。

前邊我們已經提到過,"神"的原形是"申"。但是甲骨文中的"申"和

---

① 原始階段的崇拜通常可以分爲自然崇拜和鬼神崇拜。但在中國,到了商代,與這兩種崇拜體系略有不同的是(上)帝出現了。從帝被形象化爲花蕾且起源於種籽/穀物的崇拜,可以認爲其與神的資源和起源是相同的。請參見拙稿《甲骨文中的天人關係——以人類中心的思維》(1997),283—312頁。

② 之前普遍認爲是西周中期,即穆王時代的"伯戜簋"銘文"白(伯)戜肇其乍(作)西宫寶,隹(惟)用妥(綏)神懷。虩(效)前文人,秉德共(恭)屯(純)"中出現的用法是最早的。參考劉翔,《中國傳統價值觀念詮釋學》(1992),1頁。

③ 在中國的少數民族中,絶大多數先有"鬼"的概念,再有"神"的概念。例如,景頗族信仰超過100種的鬼神,並將鬼神系統分爲大鬼、小鬼、善鬼、惡鬼等,但並未出現"神"的概念,而是統一於"鬼"。廣東連南的瑶族對於"神"的概念也不明確,但對於"鬼"的概念則非常清楚。從這一點來看,中國少數民族的鬼崇拜比對神崇拜要早得多。參考徐華龍,《中國鬼文化》(1991),5頁、8頁。

漢字和鬼神：鬼神系列漢字群的文化指向

今天不同，它不是指稱所有神的抽象概念，它表示的是閃電，同時也有閃電神的含義。[①] 再比如"嶽"即是山，同時也代表山神；"天"即表示天，也含有天神之義；還有"且（祖的本字）"，表示男根的同時也有祖先神靈之義；"稷"表示稻穀，也表示穀神。這是因爲在古代社會，自然界是被人利用的對象，更是超越人類、威脅人類的對象，所以自然界既是人類崇拜的對象也是恐怖的對象，更是經營生活必需的根基。比如在伊努伊特民族（Innuit）的語言裏，存在粒雪、細雪、鵝毛大雪等關於雪的細化名稱，但是沒有雪的統稱。同理，在一個供奉所有自然風物的社會裏，是不需要神的統稱以及神的抽象概念的。但是伴隨著人類文明的進程，崇拜對象需要從自然風物中分化出來，所以閃電神爲"神"、穀神爲"稷"、樹神爲"木"、雲神爲"雲"、風神爲"風"、河神爲"河"、山神爲"嶽"等等，均被細化出來。我們可以看到，"申"字在神出現以後，西周以前還不曾是神的統稱。這個時期是泛神論時期，也可以稱之爲自然宗教時期。

隨著文明的發展，人們需要超越簡單的自然風物的抽象化概念——神。那麼，代表閃電的"申"衍變爲所有神的統稱的原因何在呢？關於這一點李玲璞指出：

> 從""""""""神"等的字形看，"申"可視爲"神"的初期形態，而"神"、"魁"、"炯"、"伸"等漢字均源於"申"，爲其派生字。羅振玉解讀爲"申（）"，而郭沫若解爲"畺"，但實際上這兩者無異。
>
> 《說文》在"虫"部解釋中提到："彩虹即是彎曲的蟲形（蟠蜿也）。"

[①] 當然，正如趙誠所言："在卜辭中皆以干支字書寫，並未用作雷電之意，此乃明確的疑問。"（《甲骨文簡明辭典》，1988：189 頁）但楊樹達在論述申、神、電之關係時指出："可疑的天體現象中，沒有什麼比雷電更爲神秘的。因此在古文中，申和電及神實際上是同一字符。申加上雨便成爲電，申加上示便成爲神，皆是後來爲區分其概念而加上的。"（《積微居金文論叢》1983：16 頁）如此看來，甲骨文時期的申確實指的是雷電。

155

是'虹'的籀文,由'申'構成,而'申'指的是閃電。"又在"雨"部中對"電"的描述爲:"陰陽激烈碰撞之意。由'雨'和'申'構成。'申'是'電'的古文字。"如此一來,《説文》中所記載的"電"的古文字也由"申"組成,可知"神"最初與閃電和雷聲有關。從字義上看,閃電有"明亮"之意,因而衍生出"神明"一詞,古人崇拜光明,故以"明"爲神。又因"申"在"屈伸"(彎曲和伸展)中爲"伸",故"申"和"伸"也有"明亮"之意。戰國時期的"行氣銘"中出現的"神"已經以"电"組成的"神"表示,與後來《秦漢魏晉篆隸》等字典所記載的"神"相一致。"神"從"申"(閃電)獲得形象,這一點可輕易看出。①

李玲璞等認爲古代人崇拜光明,所以將光亮作爲神靈。眾所周知古代人對自然,尤其對光明最爲崇拜。殷商時期對太陽就很崇拜,象徵光明的"日""月"合起來就是"明"字,這主張也不無說服力。但是神的統稱爲什麼不是"日""月",亦或是"明"字,而是以"申"來統稱神靈並成爲神的隱喻呢?難道"申"字成爲神的統稱另有原由?

雖然閃電(申)擁有光亮,但它和能夠照亮人們的日光、月光有所區別。日光和月光散發出來的光亮恒常穩定不會令人恐懼,然而閃電帶有變化性、偶然性,會給人增添一份恐懼之感。閃電可以是在大白天一下子黑暗起來,突然間閃現自己的身影;亦或在漆黑的夜晚突然露出自己的鋒芒,閃電所具有的光亮帶有破壞性。

由此可見,"閃電(申)"是具有光亮的,是人力不可控制的某種力量,具有超越人類的神的屬性,所以"申"成爲了神的統稱。我認爲姚孝遂的觀點是較爲有力的:"'電'這一自然現象極可能被認爲是神秘的,被認爲是由'神'所主宰或者是'神'的化身。因此,'申'除了有閃電的意思外,也被用來表示'神'的含義。"②於是"申"由不可預知的神秘的自

---

① 李玲璞、臧克和、劉志基,《古漢字與中國文化源》(1997),237 頁。
② 姚孝遂,《再論古文字的性質》,《古文字研究》第 17 輯,317 頁。引自于省吾,《甲骨文字詁林》(1996),卷二,1172 頁。

然現象①,成爲超越人力的存在,這種超越人力的存在又給人們帶來恐怖,這就是閃電成爲神的統稱的直接原因。這麼一來"神"的初始和"鬼"截然不同,但是都作爲人們懼怕的對象,在衍變過程中形成了和"鬼"字相似的義項。

三、"鬼"的字源

與神(申)不同,關於鬼②的字源説法不一,後邊我們也會提到。有的説"鬼"的字形最初畫的是猴子;也有的認爲是祭司;還有的説是源於怪異、異類或險峻的含義。但如在"神"的字源分析中看到的那樣,筆者認爲"鬼"出現於"神"字還沒從自然風物中分化出來的時期。如果説"鬼"出現於"神"已經從自然風物分化出來的時期,神即是自然風物(电)又代表與自然風物相聯繫的神靈,那麼"鬼"也應該和某種自然物有著某種關聯才對。

對於原始社會的人們來説,世界上有充滿善意的靈性的同時也有充滿了惡意的靈性,所以無論是動物還是植物,亦或是微生物,都是他們崇拜的對象。不過自然物具有可視性,相對有恒定性,掌握其規則也較容易。同時這些自然物又常常超越了人力所能,因此成爲人們崇拜的對象。

人們最難以解决、最難以抗拒的就是"死亡"帶來的"恐懼"。所以我贊成弗洛伊德(Sigmund Freud)的主張,即"惡靈是在靈類中最早出現的","神起源於死亡帶給人們的印象"。③ 古代人在自然界面前是恐懼的,在諸多恐懼中最强烈的不安就是死亡帶來的無形威脅。因爲這不是

---

① 《易》之"繫辭"中云"陰陽不測謂之神",而韓康伯的注釋中説:"神也者,變化之妙極萬物以爲言,不可以形詰者也。"

② 古代漢字字形變化則如下:𫞩𫟷𫟸𫟹𫟺𫟻甲骨文 𫟼𫟽𫟾𫟿金文 𬀀𬀁盟書簡牘文 𬀂説文小篆 𬀃説文古文。

③ Sigmund Freud, Totem and Taboo(2000), p.136.

特定的自然物,難以理解的同時也很陌生。加之人類一直有一種認知傾向,就是"所有存在都和自己類似",於是人們認爲這些"陌生的存在與自己不同",這就是"鬼"。所以這些不可知的陌生,有時會是具體的某個人,有時也許是某個部族。當遇到自己不熟悉的外來入侵者時,首先會因陌生而以爲對方很强大,從對對方的恐懼中又生出加倍的陌生,於是這個感知鏈條就形成了固定概念。筆者認爲,甲骨文中的"鬼"除了描述"陌生""異類"等概念之外,還作爲名詞存在,即人們懼怕的對象。所以爲了區分鬼的名詞性概念和"異樣""陌生""恐懼"等具有表現力的概念,後來分化出了"鬼""異""畏"等漢字。下面根據甲骨文中出現的字群進行逐一論證。

1. 甲骨文中的"鬼"

如〈表1〉所示,甲骨文中的"鬼"字姿態很豐富,關於這一點章炳麟指出"不是指死去的人的神靈,而是夔"①;沈兼士認爲"人形似的奇異動物"②;徐中舒則説"畫了一個有著巨大頭部的人體形狀的奇異之物"③,等等。這些觀點均認爲"鬼"是和人類相似的異類動物,也就是猴子,並將其與"禺"聯繫起來進行說明。這些已有的理論都繼承了《説文》的傳統解釋,即"人所歸爲鬼,象鬼頭",同時又把"鬼""囟""禺"等部首排列一起,將"鬼"和"禺"聯繫起來進行闡述。

〈表1〉甲骨文中"鬼"的各種字形

①	②	③	④	⑤	⑥	⑦
甲	甲	甲	甲	甲	甲	甲
《合集》137 正面	8591	203 正面	14288	14293 正面	《前》7.37.1	3210

① 章炳麟,《小學答問》"夔神魖也"。
② 沈兼士,《鬼字原始意義之試探》,《沈兼士學術論文集》(1986),199頁。
③ 徐中舒,《甲骨文字典》(1988),1021—1022頁。

漢字和鬼神：鬼神系列漢字群的文化指向

不過我們仔細觀察〈表1〉所提示的甲骨文結構，可以得出這是有著"田"字模樣的大頭人，有坐著的(①)；也有②、③那樣站立的正面人(大)，還有側面的人。有時又寫成⑥，好似戴個鐵面具；還有的寫成④，又好似臉部周圍放著光芒。甚至⑤描畫了低頭靜坐的人，分明是一女子的身影，像⑦添加了"示"字來強調"鬼"和祭祀的關聯性[①]。到了金文中，如〈表2〉，在原來字形的基礎上"鬼"字又多了"攴"或"戈"，這種現象一直延續到戰國時期。[②]

〈表2〉西周到戰國時期的"鬼"字

當我們這樣觀察時，可以認爲"鬼"字的下部分描繪了"人"，而上部分則是畫在臉上的面具，這可能是它最大的特點。因此，當我們檢查甲骨文中這種字形時，"鬼"字更有可能描繪的是戴著巨大面具的人的形象，而

[①] 當然，"🧿"字也有人認爲與"魃"這一字形相同。對於"🧿"，葉玉森(1924：3a)認爲它與"媿"相同，並視其爲女性的祭司；徐中舒(1988：1318)也認爲它與"媿"相同，但他按照《說文》的解釋認爲其意爲"憨"，即"羞愧"。另外，"🧿"字也有解讀爲"魁"。

[②] 金文中，在西周初期的"小盂鼎"裏，"鬼"字出現三次，作爲"鬼方"這一國名；而在西周中期的"王作父丙壺"中，則出現一次，作爲某人的名字"鬼"。此資料引自華東師範大學中國文字研究與應用中心《金文引得》之"青銅器銘文釋文引得"(殷周與西周卷)(2001年)，第123頁。

非"猴子"。① 關於這些字形,白川靜和雷漢卿認爲是戴著面具驅病辟邪的祭司,類似《周禮》中描述的方相氏的人物。② 臧克和由此做了更進一步的闡釋,認爲這是披頭散髮的祭司,他既承擔驅鬼的角色,同時也是被自己驅趕的對象"鬼"。③

人類有一種習慣性的認知傾向,就是所有的存在都和自己近似。因此"鬼"的字形告訴我們,首先鬼和人的模樣相近,爲了表示其他的抽象概念而爲他戴上了面具。當然這裏的人非同尋常之人,很可能是共同體的首領,即祭司的可能性最大。不過在這裏並不是因爲祭司能夠驅趕"鬼神"才描述他,而是以祭司爲參照,對陌生的存在進行概念化而添加了人的模樣。所以筆者認爲,"鬼"是一種因當時人們難以理解而被具象化的(抽象的)恐懼對象。

也就是說,爲了描畫"鬼神"這一看不見又能感覺到並且對人類生活有著影響的存在,只能參照人的模樣。但又不能和人的外形完全一致,一定要有區別,所以就在人臉的部分附加了巨大的面具。這表明鬼神有著人的外形,但不以恆定的人的外形出現,鬼神變化多端,這種認知是無意識積澱的結果。由此我們能夠得到這樣的結論:以人(站立的側面人,正面人,坐著的人)和面具(方臉爲主、有的帶有光芒,還有的像⑥非常誇張)來表示鬼神,而且根據具體情況,有時會以女性形象出現,這一點⑤表現得非常生動。④

人們爲了適應"陌生的恐怖",欲把這種恐懼轉換爲友好,進而把恐怖的對象作爲祭祀的對象,於是就如⑦添加"示"字,將這種概念具體地呈現出來。這在馬王堆出土的棺材和《山海經》中都能得到證實⑤,比

---

① 許進雄,《中國古代社會》(1991),洪熹(譯),583 頁。
② 白川靜,《中國古代文化》(1983),174 頁;雷漢卿,《說文示部字與神靈祭祀考》(2000),162 頁。
③ 臧克和,《說文解字的文化說解》(1995),336 頁。
④ 葉玉森,《說契》,第 3 頁上。引自李孝定的《甲骨文字集釋》(1982),第 2903 頁。
⑤ 參見臧克和,《說文解字的文化說解》(1995),337—339 頁。

漢字和鬼神：鬼神系列漢字群的文化指向

如馬王堆棺材上的油漆畫和《山海經》中衆鬼神身上畫的怪異面具，以及納西族東巴文字中的"鬼神"是人物變形的事例，都生動地表明了這一點。①

如果我們將鬼理解爲祭司，那麼，祭司既是祭祀者又是被祭祀的對象，這一點有點説不通；如果理解爲猴子，那麼猴子爲何既是人們懼怕的對象又是被祭祀的對象？爲什麼手拿武器？這些都是難以解開的謎。猴子爲什麼以女人的外形出現？就更加難以解釋。

所以在研究甲骨文中"鬼"的含義時，筆者采用了仔細考察示例的方法。在甲骨文中大體有這幾種情況：第一，部族名稱；第二，國名"鬼方"；第三，人名；第四，作爲形容詞義爲"異常"。

(1) 部族名稱：

"乙巳卜，賓貞，鬼獲羌，一月。""乙巳卜，賓貞，鬼不其獲羌。"(《合集》203篇反面)

(2) 國名：

"王勿比鬼？"(《丙》25篇)

"乙酉卜，賓貞，鬼方揚，無禍，五月，二告。"(《合集》8591篇)

(3) 人名：

"乙卯貞：王令鬼䖒剛於享？"(《懷特》1650篇)

"鬼亦得疾？"

(4) 異常：

"庚辰卜，貞：多鬼夢不至禍？"(《後下》3.18篇，《合集》17451篇)

"王占曰：惟甲兹鬼，惟介四日甲子允雨雷。壬戌雷，不雨。"(《合集》1086篇反面)

例文(4)中的"多鬼夢"是經常出現屬於套話，如文中所示，套話後邊

---

① 參見方國瑜編撰，和志武參訂，《納西象形文字譜》(2005)，358—361頁。

記述了是否因此發生災禍,我們可以看到"鬼"與"禍""疾"①"艱"②等一起出現。有時前邊也添加"亞"來具象化夢的主體。③ 還有"茲鬼"也是套話,目前已考證只出現在占辭裏(《合》10613 反,《合》16882 篇等),如例文中的占卦"惟甲茲鬼"。

從以上例文中我們能得到這樣的規律:當"鬼"作爲國名時使用的是〈表 1〉中的字形②；用於人名時主要是③的字形；表示恐怖與異常時以①的字形爲主。由此可得,根據事件的性質,"鬼"所用字形有所不同。"鬼方"作爲國名的例文在第一期的卜辭裏經常出現④,"鬼方"是殷商武丁時期的最大隱患,到了武丁末期和祖庚時期才被征服。⑤ 爲此,每當舌方進攻時,殷商人都非常恐懼,於是向唐(大乙)、大丁、祖乙等祖先做告、求、勾等祭祀活動。⑥ 鬼方是殷商時期坐落於其西北部武力強大的國家,既是商的威脅、恐懼的對象也是商一直想擊退的對象。⑦ 所以在殷商的武丁時期,通過三年的征戰終於將鬼方制服。⑧ 到了商紂之時,將鬼侯、鄂侯、周文王奉爲三公(《史記·殷本紀》)表示友好;《呂氏春秋·行論》也有"商紂暴虐無道殺死梅伯,剁成肉醬,殺死鬼侯做成肉乾"的記錄,表達了對商紂的強烈聲討。

例文(4)中的"鬼夢",郭沫若等學者認爲是"恐怖的夢"或者是"異常

---

① "亞多鬼廮,亡疾?"("亞"多次做了奇怪的夢,是否會生病呢?)(《前》4.18.3)
② "多鬼廮,亡來艱?"(多次做了奇怪的夢,是否會遭遇困難呢?)(《庫齡》1213)
③ "貞:亞多鬼夢,亡疾?四月。"(問:"亞"多次作了怪夢,是否會生病?那時是四月。)(《前》4.18.3)
④ 根據朱歧祥的研究,甲骨文中所提及的"舌方"正是"鬼方",在文獻中以"鬼方"(《周易》)、"鬼戎"(《竹書紀年》)、"宪方"(孟鼎)、"鬾綘"(梁伯戈)等名稱呈現,並是商代"方國"中最強大的國家之一。與"舌方"相關的卜辭達到 400 多篇,其中 90 篇集中在第一期武丁時期,而與此方國攻伐相關的卜辭有 200 多篇。詳見《殷武丁時期方國研究——鬼方考》(1988)。
⑤ 王宇信等,《甲骨學一百年》(1999),318 頁.
⑥ 胡厚宣,《殷代舌方考》,《甲骨學商史論叢》初集 2 冊.
⑦ 王玉哲,《鬼方考補正》(1986).
⑧ 《周易·既濟九三》:"高宗伐鬼方,三年克之,小人勿用。"《周易·未濟九四》:"吉,悔亡,震用伐鬼方,三年有賞于大國。"

漢字和鬼神：鬼神系列漢字群的文化指向

的/可怕的多個夢"①，但是解釋爲"見到鬼的夢"也未嘗不可。② 將"異常的"和"鬼"區分開進行解釋，前後是互相沖突的，但是假如認同兩種解釋，把二者作爲相同的概念就順暢得多。

在這一基礎上更進一步，筆者認爲甲骨文中的"鬼"還有另一種示例就是"鬼神"，隨即筆者以爲應該增加第五義項"鬼神"。其實，沈兼士很早就對甲骨文中"鬼"的示例進行了歸納：（1）和"禺"相通，指怪異的動物；（2）異民族；（3）同"畏"，表示恐懼或異常；（4）人死後的靈魂，有"鬼神"之義，同時指出"鬼"字增加"示"（《殷墟書契前編》4.18.6篇和《殷契卜辭》655篇）爲"鬼神"專用字。③ 徐中舒在闡述"鬼"的字形時，曾指出"畫了一個人的身體與一個特別大的頭，從而描繪了一個與活人不同的怪異之鬼神"，雖然徐中舒沒有舉出具體示例，但也強調過"鬼"在甲骨文中也表示鬼神和地名。④

（5）鬼神：

① "王占日：兹鬼彪，戊貞五旬又一日庚申……"（王對卜辭進行了解釋。將有鬼神和精靈出現。在"戊"日卜筮的第51天，即庚申日……）（《乙》5397篇，《合》13751篇）

② "王占日：途若兹鬼，陟才廳……"（王對卜辭進行了解釋。在路上若遇到鬼神，當"陟"在"廳"……如此行之。）⑤（《合集》7153篇）

示例①"鬼"和"彪"同時出現。假如將此判定爲修飾結構，我們得到的結論是"怪異的鬼/精靈"。可是"鬼/精靈"已是從"鬼"派生出來的"怪

---

① 郭沫若，《卜辭通纂》（1983），169頁下。
② 除此之外，"多鬼夢"的例子還有："庚辰卜，貞：多鬼夢亜疾見？ 貞：多鬼夢亜言見？"（《簠室》雜65）。
③ 沈兼士，《鬼字原始意義之試探》，《沈兼士學術論文集》（1986），199頁。
④ 徐中舒，《甲骨文字典》（1988），1021—1022頁。
⑤ 崔恒昇則將"路"解釋爲"險峻"。參見《簡明甲骨文詞典》（2001），424—425頁。

163

異的存在",再把"鬼"看作修飾語"異常的",就會產生義項重疊。因此,筆者認爲看作並列關係"鬼神和精靈"更爲妥當。同理,示例②可以解釋爲"路上遇見異常的事",但是解釋爲"路上遇見鬼"更合情理。如此"鬼"是鬼神的義項,也是後來許慎對"鬼"釋義的基礎,即"鬼,人所歸爲鬼;魃,老精物也"。也只有這樣解釋,才能和西周時期的釋義吻合,即人死爲鬼,同時能將人和鬼聯繫起來。中國少數民族的宗教裏也體現得很明顯,"鬼神"的概念先於"神";這些都是殷商時期甲骨文中"鬼"具有"鬼神"義項的基礎。以下示例也證明"鬼"有"鬼神"的義項。

"……今夕鬼,寧?"(《合集》24987)
"……貞:祟鬼於⊗告?"①(《屯》4338)
"弜……鬼……上甲……"②(《屯》4381)

以上示例顯示,"鬼"是降神靈於商代先公⊗或與"上甲"一同被祭拜的對象,所以在這裏解釋爲"異常"是不恰當的。作爲名詞,"鬼"也可以釋義爲商的敵對國"鬼方"或敵對國的首領,但這不可能成爲商祭拜的主體。因此,綜合以上示例,"鬼"解釋爲"鬼神"更加合理,因此也能證明早在甲骨文中"鬼"已有了"鬼神"的含義。③

甲骨文中由"鬼"組成的字,以及和"鬼"字類似的漢字形態各異,如〈表3〉所示。魃,像面具塗抹了光澤,閃閃發光;魋,鬼爲義符,隹爲

---

① ⊗爲商代先公之一,與"河"或"岳"並列,可獲得"卉/夲"之祭祀,顯示其地位相當崇高。爲"祭""屮""熱""酒"等祭祀的對象。參見趙誠,《甲骨文簡明詞典》(1988),12頁。
② 與"上甲"同時出現,因此看似是受到祭祀的對象。
③ 此外,"貞:惟鬼……"的格式也經常出現(參見《合》24989、24990、24991、24992、25001,《英國所藏》2199,《懷特》1073等),由於剩餘的內容被刪減,因此無法確認具體的內容或意義。然而,通常在"惟"之後出現的是接下來句子的動作主體或是受到祭祀的對象,從這樣看來,"惟鬼"中的"鬼"明顯是名詞。因此,它最有可能是國家的名稱或人的名稱,其中"鬼"作爲意味著"幽靈"的用例也不能完全排除。

聲符,爲國名①;醜,鬼爲義符,酉爲聲符,義爲怒,對應於"寵"。于省吾根據陳邦福和李孝定的研究②,將 A(𤿯)解釋爲"魏",又將"䰟"看作兩個字的合文③;將 B(𢄐)看作是"畏"字的殘片④。"畏"是戴著面具的人手拿武器,更加恐怖更加毛骨悚然,"異"爲兩手指著戴著面具的臉,表示"奇特"。

〈表3〉甲骨文中"鬼"的關聯字

彪	魅	醜	A	䰟	B	畏	異	魘⑤	C
(字形)	(字形)	(字形)	(字形)	(字形)	(字形)	(字形)	(字形)	(字形)	(字形)
14287		4654	586	20772	《懷特》1516	17442	28360	1096	

從中我們得知,甲骨文中的這些字形表現的是喪俗中的"鬼神",並不是人或者類似猴子的某種怪異動物,也不是戴著面具的祭司。關於鬼神的來源,《淮南子·氾論訓》已經從心理學、宗教學、神學還有民俗學的角度進行了解釋:第一來源於人的心理;第二來源於宗教;第三來源於功臣或名人。⑥ 漢代的王充也曾指出:"凡天地之間有鬼,非人死精神爲之也,皆人思念存想之所致也。"⑦不僅如此,清代的熊伯龍在《無何集·鬼神類》裏也曾主張:第一,鬼神是由人們的存想而生;第二,因氣虛而生,或

---

① 溫少峰等,《殷墟卜辭研究(科學技術篇)》(1983),260頁。
② 李孝定,《甲骨文字集釋》(1982),第九卷,2907頁。
③ 于省吾,《甲骨文字詁林》(1996),355頁。
④ 于省吾,《甲骨文字詁林》(1996),362頁。
⑤ 一般將其解釋爲"夢",但白川靜則解釋爲"魘",並與"鬼"相關聯,故此作爲參考提供。參見白川靜,《再論葳曆》,《史語所集刊》第51—52期,1980年,344頁。引自松丸道雄、高嶋謙一(編)《甲骨文字字釋綜覽》(1994),230頁。
⑥ 參見徐華龍,《中國鬼文化·前言》(1991),5—7頁。
⑦ "凡天地之間有鬼,非人死精神爲之也,皆人思念存想之所致也。"(《論衡·訂鬼》)

因幻覺而生;第三,根據人的形象而生。綜上所述,"鬼"是人們幻想中的產物,與現實中的人相對應,即人死後變成鬼生活在黃泉①,所以鬼是與活人有關聯的,是活人的投射,也是人們想象的結果。

人死即是鬼,爲了表達鬼是人的投射且没超出人的想象範圍,於是在人的外形上添加了面具,這就是甲骨文中"鬼"的字形。戴上巨大面具形象各異的人形,很難用語言形容,爲了概括於是出現概念"鬼"。這個"鬼"不同於普通人,是特殊的存在,也很異類,由此產生了"奇特""異常"等義項。由於"鬼"給人們的生活帶來災禍,而且是不可抗拒不可預知的,所以到了金文時期(〈表2〉),爲了强調其恐怖,手中多了武器,於是分化出"畏"字。

所以"鬼神"代表災禍,是被驅趕的對象,這裏也包含了"可怕""恐怖"等含義。這種認知體現在甲骨文中最常見的示例,即"鬼方"是商"懼怕"的敵對國,是必須驅走的部族。雖然"鬼神"不甚討喜,但欲求平安避免災禍,又必須討好"供奉"表達"敬意",於是"鬼神"又成爲人們祭拜的對象。就這樣"鬼神"既是被驅趕的對象②,又是人們爲了防止災禍祭拜的對象③。由此"鬼"又多了"高大""了不起"等含義。

因爲《説文解字》很完整地保存了初級階段的漢字群,所以這些文化流向在《説文解字》"鬼"的系列漢字群能夠得到證實。

2.《説文解字》中之"鬼"系列字

如前所述,在甲骨文中由"鬼"組成的字,保守説有8—9個④;金文有"鬼""魃""魄""魖"等4個字⑤;《説文解字》中"鬼"部所屬共24字(《説

---

① 參見徐華龍,《中國鬼文化・前言》(1991),10頁。
② 這樣的傳統延續至現代韓語中,常用"鬼子"來描述從外部來的敵國。
③ 當鄭國因伯有的幽靈而引起騷動時,鄭國的子產對伯有的靈魂安慰後,前往晉國。在晉國,晉國的趙景子問:"伯有還能以鬼的形式出現嗎?"對此,子產回答:"如果鬼有歸處,便不會成爲邪鬼。我爲那些鬼找到了居所(鬼有所歸,乃不爲厲,吾爲之歸也)。"(見《左傳・昭公七年》條)。此乃一例,顯示爲避免災難,需恭敬供奉鬼神。
④ 據於李孝定,《甲骨文字集釋》(1982)。
⑤ 據於周法高,《金文詁林》(1981),1495—1502頁。

漢字和鬼神：鬼神系列漢字群的文化指向

文》標題字17字、異體字4字，《説文·新附》3字），"嵬"部所屬2字，"瑰"等以"鬼"爲聲部的有14字。① 《玉篇》一共出現了63字。到了現代，《現代漢語大詞典》中"鬼"部有212字，韓國的《明文大韓漢字典》共計179字（包括異體字15字）。和"鬼"關聯的字，隨著時間的推移在陸續增加。不過在這裏僅以《説文》中和"鬼"相關的漢字做爲研究對象，考察其意義流向以及古代中國人對鬼神的認知。因爲《説文》中對"鬼"系列字群的字義注釋得最有體系也最完善。

①"鬼"部所屬字的含義走向

"神"字起源於自然物，之後發展成抽象概念，然而"鬼"字的起源就很抽象，是關於看不見的對象的定義。它起始於對能給人們帶來利益的某種具體事物或自然現象的祈願，但是這個具體事物或自然現象有時也會給人們帶來災禍，於是人們又祈求能將這些禍轉換成利，隨之出現了表示祭壇的"示"字。但"鬼"是人們無法看見也無法遇見的對象，它不僅給人們帶來恐懼，也是人力無法控制、無法接近的。即較之於"神"，"鬼"更加抽象。

所以甲骨文中的"鬼"是戴著面具的人，如"② "。假如這是當時人們對難以理解的"鬼神"具象化的結果，那麼我們可以憑此推出"鬼"字意義擴展的過程。即"鬼"起源於否定意義，但到了後期，其做爲祭拜對象或因其擁有人類無法匹敵的能力，在意義上也增加了肯定的一面。不僅是"鬼"，如"彪""魅""魂""魄""魖""戇""媿"等均有肯定義項，以下是分析示例：

"鬼"[1]："人所歸爲鬼。从人，象鬼頭。鬼陰气賊害，从厶。凡鬼之屬皆从鬼。居偉切。 古文从示。"也許這就是爲什麼人戴著巨大面具的原由，因爲"鬼神"的模樣實在是難以描述。異體字

---

① 參臧克和、王平（校定），《説文解字新訂》（2002）。

167

"鬼(🀫)"由"示"和"鬼"組成,很明顯這是人們祭拜的對象,也説明在《説文解字》時期,鬼既不是肯定概念也不是否定概念。不過到後來人們的認識發生了改變,由人(自然狀態)死後成鬼的認知,逐漸發展爲人死後變鬼,再根據氣的變化變爲人,之後再成鬼的認知。

"魋"[2]:"神也。从鬼申聲。食鄰切。"由"鬼"和"申("神"的本字,閃電的象形。閃電具有超越人類想像的強大力量,也是不可預知的,人們認爲閃電象征天意並代表"神",最後成爲抽象概念)"組成,表明"鬼"的靈性,具有肯定意義,在這裏"鬼"和"神"是相同概念。

"魂"[3]:"陽气也。从鬼云聲。户昆切。"由"云"(雲的本字,雲朵的象形)和"鬼"組成,對應於"魄",精神之氣爲魂,肉體之氣爲魄。《左傳》説:"人生始化曰魄,即生魄,陽曰魂。"①氣凝聚起來升天爲雲(=云),很形象地表達了精神從肉體分離出來升上天,如《白虎通》所表述的縈繞的氣體。② 這體現了"鬼"屬性中的肯定一面。

"魄"[4]:"陰神也。从鬼白聲。普百切。""鬼"有陰陽之分,陽爲魂,陰爲魄。《禮記·郊特牲》中説:"魂氣歸於天,形魄歸於地。""魄"對應於"魂",最初是中立的。只是後來"國家魂""祖國魂"等詞語,使人覺得較於"魂""魄"多少含有否定意義。

"魅"[5]:"老精物也。从鬼彡。彡,鬼毛。密祕切。🀫或从未聲。🀫古文。🀫籒文从象首,从尾省聲。""鬼"與"彡"(意指閃耀或華麗的外觀)的結合,早在甲骨文時期就已出現。《周禮》中記載:"白物之神稱爲魅。"這描述了幽靈頭部閃爍的光芒或長滿毛髮的樣子,反

---

① 《左傳·昭公七年》條,鄭子産之言。
② "白虎通曰:魂者,沄也。猶沄沄行不休也。"引自段玉裁,《説文解字注》。

映了古老的靈體散發光芒的形象。其異體字"䰰"是由"鬼"和"未"(指樹枝或頭髮未被剪斷,呈現雜亂的形狀)組成,而"魅"的古文和籀文體"𢉖"和"𢉗"則描繪了一個戴著巨大面具和尾巴(尾)的人的形象,具體呈現了裝扮成面具、驅逐邪靈的"幽靈"的原始形象。

"魊"[9]:"鬼服也。一曰小兒鬼。从鬼支聲。《韓詩傳》曰:'鄭交甫逢二女,魊服。'奇寄切。"由"鬼"和"支"(分開,枝條,枝的本字)[1]組成,像枝杈一樣附著在鬼神身上的"衣服",表示比大鬼小、屬於旁支的鬼,也稱"兒鬼"。

"魖"[10]:"鬼兒。从鬼虎聲。虎烏切。""魖"由"鬼"和"虎"組成,表示如虎迅猛的鬼。段玉裁的《說文解字注》中沒有提到"魖",以"魖"作爲標題字,並且指出"魖"和"魖"也許是同一字。關於"魖"的釋義,《廣雅》"魖,捷也",《聲類》"魖,疾也",《玉篇》曰"魖,剽輕爲害之鬼也",歸納起來"鬼捷兒"。

"魕"[11]:"鬼俗也。从鬼幾聲。《淮南傳》曰:'吳人鬼,越人魕。'居衣切。""魕"由"鬼"和"幾"組成,可以解釋爲越地鬼。魕爲形聲結構"鬼"和"幾"。

"䰱"[12]:"鬼魃聲,䰱䰱不止也。从鬼需聲。奴豆切。"由"需"(描寫的沐浴齋戒的祭司,儒的本字)和"鬼"組成,表示祭拜鬼,同時也表示與鬼通靈的原始祭司(需)。

"魄"[13]:"鬼變也。从鬼化聲。呼駕切。"由"化"(單人旁指活人,右半部與之相反表示死人,取活人變成死人之義,得"變化"含義)和"鬼"組成,表示人死後變化成鬼。

"魋"[17]:"神獸也。从鬼隹聲。杜回切。""鬼"與"隹"組成,表示鳥(隹)是神靈的動物。

---

① 依據小篆體,其形象爲手握著竹子的一側,可能是描繪了折斷竹枝的動作。由此,衍生出"枝""從身體分離"及"分裂"等含義。

通過以上示例可以得到以下結論，無論"鬼"還是"鬼"部所屬的漢字，一般都表示人們想象中的難以理解的"鬼神"，或者表示人死後變爲鬼以及人的靈魂，有時也表示鬼神的模樣，或供奉鬼神的風俗，亦或鬼神的衣服、鬼神的哭聲等等，其中並沒有我們今天對鬼的否定觀點。尤其"魁"字，由"鬼"和"神"組成，體現了"鬼"＝"神"的概念，體現了鬼和神還沒有分化，兩者混用的現象。

但是當神出現以後，鬼的肯定義項逐漸被神所替代，善鬼統合成神，惡鬼仍留下來爲鬼，於是形成了代表好的善良的"神"和代表壞的醜惡的"鬼"對立的圖示。① 即鬼從否定的義項出發，經歷了肯定義項和否定義項並存階段，又隨著時代變遷，肯定義項被"神"統合，只留下了"鬼"爲否定義項的二元區分的思維模式。其原因是"鬼"是由恐怖義項起始，後來轉化成否定義項；"神"由肯定義項起始，發展爲更好的義項。表示害鬼的字有"魄""魅""魑""魃""魅""醜""魈""魔""魘"等。

"魅"[5]："屬鬼也。从鬼失聲。丑利切。""魅"由"鬼"和"失"②組成，表示給人類帶來災難，使人失去某些東西的"屬"鬼。

"魆"[6]："耗神也。从鬼虛聲。朽居切。""魆"由"鬼"和"虛"③組成，是將財物掏空消耗財物的鬼，後來指所有使財物消耗盡的鬼。

"魃"[7]："旱鬼也。从鬼友聲。《周禮》有赤魃氏，除牆屋之物也。

---

① 參見徐華龍，《中國鬼文化》(1991)，6—7頁。

② 在小篆體中，"手"爲義部，而"乙"作爲聲部。依據《說文解字》，描述了"從手失去"的意義，即手中的物品掉落的形象，由此產生了"失去"的意涵。

③ "虛"在小篆體中，由義部"丘"和聲部"虍"（簡化的"虎"）所組成。"丘"在甲骨文中描繪了一個丘陵及其間的凹地，象徵著大型的山丘；而"虎"則是一個描述獅子張嘴吼叫的象形文字。在黃土高原地區，丘陵是建造洞穴住宅的理想場所，因此許多人在那裏建造了他們的房屋。根據《說文解字》記載，"古時每九戶便有一口井，每四井設一邑，四邑爲一丘，丘又稱虛。"由此可見，"虛"曾是指相當大的居住單位。此外，雖然"丘"和"虛"最初是相同的字符，但後來"丘"只用於表示山丘的意義，而加入了聲部"虍"的"虛"則用於表示"空"的意義，這也可以作爲一種推測。因此，"虛"原意是"大山丘"。隨著時間的推移，由於許多人在這些山丘上挖掘洞穴以建造房屋，"空虛"這一意義逐漸產生，並進一步發展出"未滿"或"虛僞"之類的意義。因此，爲了表示其原始意義，人們使用了加入"土"的"墟"。

漢字和鬼神：鬼神系列漢字群的文化指向

《詩》曰：'旱魃爲虐。'蒲撥切。""魃"由"鬼"和"犮"①組成，表示使所有事物的精氣拔乾並使之乾死的"鬼"。

"魌"[14]："見鬼驚詞。从鬼，難省聲。讀若《詩》'受福不儺'。諾何切。""魌"由"鬼"和"堇"②組成，遇見鬼受到驚嚇，嘴巴大張的表情。

"魔"[15]："鬼皃。从鬼賓聲。符眞切。""魔"由"賓"③和"鬼"組成，表示人們給"鬼"敬獻祭需（賓），安撫鬼的場景。

"醜"[16]："可惡也。从鬼酉聲。昌九切。"後來專指難看的外表，"醜"由"酉"和"鬼"組成，早在甲骨文就已出現，有很長的歷史。根據段玉裁的《説文解字注》，"醜"和《鄭風》中"無我魗兮"的"魗"字是同一字，亦惡也。祭拜鬼神最主要的祭品就是酒和音樂（壴，即鼓），然而"醜"本義爲以酒供奉樣子怪異的鬼，後來衍生出"醜惡"的義項。

"魑"[18]："鬼屬。从鬼从离，离亦聲。丑知切。"（《説文新附》）："鬼屬。"由"鬼"和"离"（如獸的山神）④組成，屬於鬼神中的一種。

"魔"[19]："鬼也。从鬼麻聲。莫波切。"（《説文新附》）"魔"由"麻"（將大麻放在很大的儲藏庫裏，描述的是大麻杆和皮容易分離

---

① 根據小篆體的描述，"犬"（意指狗）上加了"丿"筆劃，形似將狗的腿用繩子綁住的模樣。因此，這描述了儘管狗嘗試跑，但由於被繩子綁住而無法正常奔跑的畫面。從這裏，"狗跑"的意義進一步轉化爲"將狗的腿用繩子綁住並拉扯"的意義。隨後衍生出如"拔"（意爲用手拉扯→拔出），"髮"（指長長的毛髮→頭髮），"跋"（無法正常跑步的模樣→跛行），以及"軷"（獻給道路神祇的祭祀）等詞語。

② 根據甲骨文的描述，該字象徵著將雙手綁在一起的人被放入火中進行祈雨儀式的情景。爲了描繪痛苦和恐懼的模樣，它特意畫了一個大大的嘴巴。這個象徵著人被作爲祭品供奉的儀式的"堇"字，因此包含了痛苦、認真和謹慎的意義。

③ 根據甲骨文的描述，該字組合了"宀"（房子）和"止"（足或停止），描繪了一個人走進房子的景象。後來，"貝"（貝殼，象徵貨幣或財富）也被加入。當"客人"訪問時，攜帶禮物是傳統的禮儀，因此加入了"貝"這一符號。

④ 根據甲骨文的描述，該字看似描述有柄的捕鳥網，可以推測是捕捉鳥類的景象。在小篆中，上方部分變成了"中"，而下方部分轉化爲"内"（動物的腳印）。至今，這個字仍保留這種形狀。

的情景,大麻代表了麻痹神經的麻醉劑)和"鬼"組成,麻痹人的肉體和精神的鬼。

"魘"[20]"寢驚也。从鬼厭聲。於琰切。"(《説文新附》)"魘"由"厭"(原指狗吃肉吃到膩,後衍生厭倦之義)和"鬼"組成。

② 以"鬼"爲聲部的合成字含義走向

《説文解字》中除了以上屬於"鬼"部的漢字外,還有14個以"鬼"爲聲部的形聲字。這些字的含義大致如下:(1)奇特(2)大(3)高。這是因爲"鬼"起始於戴著巨大面具的人和普通人不同,由此產生"奇特"義項;再由"奇特"衍生"異常"義項;又因爲"鬼"是被敬拜的對象,於是衍生出"大"和"高"義項。以"鬼"爲聲部的形聲字群中,幾乎看不到"鬼"的否定義項。下面是《説文解字》中,以"鬼"爲聲部的字群。

"瑰"(玉部):"玫瑰。從玉鬼聲。一曰圓好。公回切(珠玉)"。根據馬叙倫的理論,指玉石,美麗而優美之物爲玫,圓而優美之物爲瑰。[①] 表示圓好的石珠,僅次於玉。

"蒐"(艸部):"茅蒐,茹藘。人血所生,可以染絳。从艸从鬼。所鳩切。"後來含義擴展爲"搜集"。

"餽"(食部):"吴人謂祭曰餽。从食从鬼,鬼亦聲。俱位切。又音饋。"給鬼敬獻食物,由此衍生出"祭祀"含義,許慎指出這是吴地方言,和"饋"同義,後來含義擴展爲用食物招待客人。

"槐"(木部):"木也。从木鬼聲。户恢切。"槐樹,此樹木壽命很長,是人們熟知的樹種,以此代表附有精靈的樹木。

"瘣"(疒部):"病也。从疒鬼聲。《詩》曰:'譬彼瘣木。'一曰腫旁出也。胡罪切。""鬼"加"疒"(躺在病床上的人在流血、出汗),義

[①] 馬叙倫,《説文解字六書疏證》(卷1)。引自《古文字詁林》(1999—2005)第1冊,294頁。

漢字和鬼神：鬼神系列漢字群的文化指向

爲疾病的一種。

"傀"（人部）："偉也。从人鬼聲。《周禮》曰：'大傀異。'公回切。瓌，傀或从玉褱聲。"指身體魁梧之人，後來指身形龐大的"稻草人"，再擴展爲木偶。

"褢"（衣部）："袖也。一曰藏也。从衣鬼聲。戶乖切。"指能藏東西的大衣袖，即鬼衣。

"頯"（頁部）："頭不正也。从頁鬼聲。口猥切。"表示頭（頁）大（鬼）又歪，很奇怪的樣子。

"驤"（馬部）："馬淺黑色。从馬鬼聲。俱位切。"

"媿"（女部）："慙也。从女鬼聲。俱位切。愧或从恥省。"據吳大澂考證，《左傳》僖公十八年條"狄人伐唐咎如，獲其二女叔隗、季隗，納（晉）諸公子"；僖公二十四年條"（甘）昭公奔齊，王復之，又通於隗氏"。"媿"原本作爲姓氏同引文中的"隗"[①]，後來含義擴展爲羞愧"慙"。再後來認爲羞愧是從心裏發出的特有（鬼）感受，所以又寫做"愧"。

"蛫"（蟲部）："蛹也。从虫鬼聲。讀若潰。胡罪切。"好比戴著巨大面具的鬼，指戴著巨大外殼的蟲。

"塊"（土部）："凷或从鬼。凷，墣也。从土，一屈象形。苦對切。""鬼"在其中有"大"的意思，所以指的是大塊的土。

"魁"（斗部）："羹斗也。"根據王振鐸的研究，表示盛粥時的器皿。普通老百姓使用木制的，上層社會使用青銅或塗有釉漆的，根據出土的西周時期文物，最大的直徑爲35.6厘米。因爲酷似帶有手柄的瓢，故稱之爲斗，又因形態巨大於是添加"鬼"字；再由容量很大，後來衍生重大事情的含義，而後又繼續衍生出"首領"之義。

"隗"（自部）："陮隗也。從自鬼聲。五皐切（險峻、高）。"山

[①] 吳大澂，《說文古籀補》（卷12，6頁）。轉引自《古文字詁林》第9冊，899頁。

丘(阜)高而險峻(鬼)。

綜上所述,《說文》中以"鬼"字爲聲部的形聲字有以下幾種情況:第一,如"餽"和"槐"表示的鬼神;第二,如"瑰"表示的好;第三,如"傀""裹""魁"表示大,或者如"隗"表示高;第四,如"魖"或"魄"表示奇特等含義。和"鬼"部所屬字相比,這些字都很好地保留了"鬼"的本來意義。

另外,與"鬼"有關聯同時也是《說文》中其他部首的漢字,仍能體現"鬼"的以上含義屬性,示例如下:

[1]"甶"部

"甶":"鬼頭也。象形。凡甶之屬皆从甶。敷勿切。""鬼頭也"體現了最具代表性的部分,即戴著面具的鬼頭。

"畏":"惡也。从甶,虎省。鬼頭而虎爪,可畏也。於胃切。𢋹古文省。"惡也。頭戴面具手拿長矛,生動具體地表現了正在驅趕惡鬼的祭司。

"禺":"母猴屬。頭似鬼。从甶从內。牛具切。"像鬼的怪異動物,表示象人又不是人,類似母猴的動物。

[2]"嵬"部

"嵬":"高不平也。从山鬼聲。凡嵬之屬皆从嵬。五灰切。"由"鬼"派生而來,反映了"鬼"的含義屬性"高",義爲高聳的山丘。①

"巍":"高也。从嵬委聲。臣鉉等曰:今人省山从爲魏國之魏。牛威切。語韋切。""嵬"加上聲部"委"組成形聲字,"委"表示危險,"嵬"表示高,合起來表示高而危險的山。

---

① 除此之外,"鬼"還有"怪"的意思。例如在《荀子》的"正論"中,"夫是之謂鬼說",楊倞的注解解釋爲"狂怪之說"。

四、先秦文獻中的"鬼"

提到先秦文獻,首先來看看殷商時期。前邊我們提到過"鬼"字描繪了戴面具的人,是給人帶來恐懼的鬼的統稱,有時作爲國名指商王朝的敵對國"鬼方",有時也有"險要"之義。

等到了西周,據金文時期的文獻顯示,鬼主要指西北方的部族,有時也用於人名。

《鬼壺》:"鬼作父丙寶壺。"
《盂鼎》:"告曰:王[令]盂以□□伐鬼方。"
《竹書紀年》:"(武丁)三十二年,伐鬼方,次於荆。"①
《既濟》(九三):"高宗伐鬼方,三年克之,小人勿用。"

由此推斷"鬼壺"中的"鬼"是人名②,但在此仍有"鬼神"義項。

《睽》(上九):"睽孤,見豕負塗,載鬼一車,先張之弧,後説之弧。匪寇,婚媾,往遇雨則吉。"

春秋時期的"鬼"能通"神",經常以"鬼神"的形式出現。"鬼"在《春秋左傳》中共出現38次,其中以鬼神義項使用的示例爲26次;《禮記》中出現62次,其中以鬼神義項出現是42次。這時的"鬼"和"神"是同一概念,神和鬼很難分清,同時"鬼神的外延很大,範圍較廣,春秋時期多指先

---

① 根據《左傳》莊公三十二年的記載,"軍事行動中,若留宿一夜稱爲'舍',留宿兩夜稱爲'信',超過'信'的則稱爲'次'。"因此,軍隊若逗留三夜以上即稱之爲"次"。
② 關於鬼的活動年代,陳初生在其著作《金文常用字典》(1987)中認爲他是西周初期的人物。但是,《金文引得》的"青銅器銘文釋文"(2001,第93頁)和吳鎮烽的《金文人名彙編》(2006,第123頁)則認爲鬼是西周中期的人物。

祖的神靈,或先輩的神靈"。① 值得關注的是,此時的"鬼"多指人死後的存在方式,示例如下:

《左傳》文公二年條:"秋八月丁卯,大事於大廟,躋僖公,逆祀也。於是夏父弗忌爲宗伯,尊僖公,且明見曰:'吾見新鬼大,故鬼小。先大後小,順也。躋聖賢,明也。明、順,禮也。'"
《禮記·祭儀》説:"衆生必死,死必歸土,此之謂鬼。"

所以出現了下列一段文字,認爲"死後依然如陽間,需要正常吃穿"。

《左傳》宣公四年條:"子文(子文:楚國司馬子良之兄)以爲大戚,及將死,聚其族。泣曰:'鬼猶求食,若敖氏之鬼,不其餒而?'"
《左傳》昭公七年條:"鄭良霄既誅,國人相驚,或夢伯有(良霄字)介而行,曰:'壬子余將殺帶,明年壬寅余又將殺段!'駟帶及公孫段果如期卒,國人益大懼。子產立公孫洩(洩,子孔子,孔前見誅)及良止(良霄子)以撫之,乃止。子太叔問其故,子產曰:'鬼有所歸,乃不爲厲。吾爲之歸也。'"

不僅如此,當時還有一個認知,鬼神不僅保護各諸侯國,而且還保護每個家族和個人。所以統治階級非常重視對鬼神的祭祀,同時將祭祀作爲鞏固自己統治地位的一種手段。② 在當時人們的認知裏,只有擁有權勢、資產、家族、勢力的人在死後才可能爲鬼,卑賤之人死後不能爲鬼。這足以證明,此時的鬼具有肯定意義,是正面的存在。所以死後難爲鬼者、給人們帶來災禍者,稱爲"厲",以此來作區分。

《左傳》昭公七年(公元535年)條:

---

① 晁福林,《春秋時期的鬼神觀念及其社會影響》(1995),21頁。
② 晁福林,《春秋時期的鬼神觀念及其社會影響》(1995),22頁。

漢字和鬼神：鬼神系列漢字群的文化指向

及子産適晉，趙景子問焉，曰，伯有猶能爲鬼乎？子産曰：能。人生始化曰魄，既生魄，陽曰魂，用物精多，則魂魄强。是以有精爽，至於神明。匹夫匹婦强死，其魂魄猶能馮依於人，以爲淫厲。況良霄，我先君穆公之胄，子良之孫，子耳之子，敝邑之卿，從政三世矣。鄭雖無腆，抑諺曰"蕞爾國"，而三世執其政柄，其用物也弘矣，其取精也多矣。其族又大，所馮厚矣，而强死，能爲鬼，不亦宜乎？

到了戰國時期，百家争鳴，對"鬼"出現了不同的認知。從鬼神存在與否，到鬼和神的地位，以及鬼與人的關係等等，各家的哲學觀點不同，認識也不同。比如關於鬼神存在與否的問題，墨子認爲鬼神不但存在，而且還根據善惡進行賞罰，鬼神是實現正義的化身、實現自身理想的工具[①]；莊子也認同鬼神，和墨子的主張相仿。[②] 但荀子否定了鬼神的存在，陰陽家也幾乎認爲鬼神是不存在的。

不過此時的"鬼"和"神"已經明顯分化，"神"具有褒義，"鬼"則擔任反面角色，兩者逐漸出現了角色分化。此時"鬼神"不是作爲超越人的"神靈"存在，而是被歸於宇宙的規律之中。比如下面《莊子》的兩段話，闡釋了道爲宇宙萬物的秩序，同時涵蓋了鬼神。

狶韋氏得之，以挈天地；伏羲氏得之，以襲氣母；維斗得之，終古不忒；日月得之，終古不息；堪坏得之，以襲崑崙；馮夷得之，以遊大川；肩吾得之，以處大山；皇帝得之，以登雲天；顓頊得之，以處玄宮；禺强得之，立乎北極；西王母得之，坐乎少廣，莫知其始，莫知其終；彭祖得之，上及有虞，下及五伯；傅説得之，以相武丁，奄有天下，乘東維，騎箕尾，而比於列星。（《莊子·大宗師》）

[①] "故鬼神之明，不可爲幽閒廣澤、山林深谷，鬼神之明必知之。鬼神之罰，不可爲富貴衆强、勇力强武、堅甲利兵，鬼神之罰必勝之。"（《墨子·明鬼下》）

[②] "爲不善乎顯明之中者，人得而誅之；爲不善乎幽閒之中者，鬼得而誅之。明乎人，明乎鬼者，然後能獨行。"（《莊子·庚桑楚》）

故曰:"知天樂者,其生也天行,其死也物化。静而與陰同德,動而與陽同波。"故知天樂者,无天怨,无人非,无物累,无鬼責。故曰:"其動也天,其静也地,一心定而天地正,其魄不祟,其魂不疲,一心定而萬物服。"言以虚静推於天地,通於萬物,此之謂天樂。天樂者,聖人之心,以畜天下也。(《莊子·天道》)

就這樣,鬼神的概念從之前超越人的神靈發展爲人的"靈魂",並且包含在宇宙秩序之中。於是道重於鬼神和上帝,道可以"神鬼神帝,生天生地"(《莊子·大宗師》),只有道能生鬼、帝、神。① 但是民間對"鬼"的認識仍然很複雜,和這些哲學家們的認識完全不同。

比如,公元前4世紀,也就是戰國時期楚國的《竹書》中這樣記載了人們對鬼神的認識(上海博物館所藏《戰國楚竹書·鬼神之明》)。

今夫鬼神又(有)所明,又(有)所不明,則以亓(其)賞善罰暴也。昔者堯舜禹湯仁義聖智,天下灋之。此以貴爲天子,[第1簡]富又(有)天下,長年又(有)譽,後世遂之。則鬼神之賞,此明矣。及桀受(紂)幽萬(厲),焚聖人,殺訐(諫)者,惻(賊)百眚(姓),亂邦家。此以桀折於鬲山,而受(紂)首於只(岐)社,身不没,爲天下笑。則鬼[第2簡][神之罰,此明]矣。及五(伍)子疋(胥)者,天下之聖人也,鴟夷而死。榮夷公者,天下之亂人也,長年而没。女(如)以此詰之,則善者或不賞,而暴[第3簡][者或不罰]。古(故)吾因加"鬼神不明",則必又(有)古(故)。其力能至(致)安(焉)而弗爲唬(乎)? 吾弗智(知)也。意其力古(固)不能至(致)安(焉)唬(乎)? 吾或弗智(知)也。此兩者枳(歧),吾古(故)[第4簡][曰:鬼神又(有)]所明,又(有)所不明。此之胃(謂)唬(乎)? [第5簡]②

---

① 晁福林,《春秋時期的鬼神觀念及其社會影響》(1995),8頁。
② 參見曹錦炎,《鬼神之明》釋文注釋。馬承源主編,《上海博物館藏戰國楚竹書》(五)(2005),310—321頁。

漢字和鬼神：鬼神系列漢字群的文化指向

由此可見，鬼神能夠獎賞善良、懲罰醜惡，不過歷史事實證明與之相反的事例也有之。這一段文字議論了鬼是否可以對人類伸張自己的意志，是否能分清人間善惡。關於鬼神有所明有所不明的這一段文字，在闡述鬼神對人是否有意志的同時，也證實了在當時人們的認知裏，鬼神是超越人類意志的存在。

這一點與《老子》第五章的"天地不仁"的概念相近，認爲鬼神是超越一切的存在，和後來的"神"是相同的。

五、出現"神"之後的"鬼"

雖然中國漢字是以具象的東西表達看不見的抽象概念，但是根據以往對"鬼"字的釋義，即戴著面具驅趕病疫、擔當方相氏一職的祭司，這無法解釋祭司爲何衍生出"畏""異""魘"等概念，尤其衍生出"醜"的概念。

所以"鬼"字描述的形象不是驅趕病疫的人，而是當時人們頭腦中的鬼，以人的外形展現出來。這個鬼的模樣無從知曉，所以爲它戴上巨大的面具。《左傳》、《說文》、《正字通》以及後來出現的文獻等均將"鬼"釋義爲"人所歸爲鬼"，自然的將鬼和人聯繫了起來。

筆者認爲，"鬼"的起始不是自然界，而是源於使人產生恐懼的對象，而這個令人恐懼的對象又不源於自然界，以古人的想象力很難解釋清楚。於是使人產生異樣（異）的、畏懼（畏）的、甚至醜陋（醜）的感覺，都以此來定義，尤其"醜"的概念源於"鬼"加酒壇（酉）。古代社會裏，酒是祭拜鬼神的貴重之物，但是再多的酒都難以滿足鬼的貪婪，所以爲"醜"。

總之，"鬼"最初源於人們無法想象的恐怖對象，而後又將令人恐懼的對象具象化地表現出來，這就是"鬼"字。換言之，鬼是憑空的存在，存在於人們的頭腦，沒有具體的形象，是人們無法解釋並且琢磨不透的對象，所以人們爲此戴上面具來表達。

但是隨著社會與文明的進步，從前人類不能理解的怪異現象被定格爲抽象概念，即統稱"神"。當鬼作爲"神"這一概念的統稱的地位穩固之後,源於自然崇拜的"申"超越了其作爲自然存在閃電的意義,升華爲"神"的概念,於是這兩個概念相遇。

換言之,"申"在産生之初僅僅表示閃電,但是閃電與其它自然物有所不同,它不具實體,且奇幻莫測。隨著時代進步,閃電統合了雨神、水神,於是成爲人們祈雨防旱的神靈,成爲所有神的統稱。但是神不是人力可以操控的,它是萬能的存在,這種萬能的神力和"鬼"的能力相遇並重疊,到了西周進入了"神"和"鬼",以及"靈"重疊混用的歷史時期,李玲璞如此說:

> 古代人在觀念中並未將鬼與神區分開來,即使過了相當長的時間後也仍未有明確的區隔。可以説鬼即是神,神即是靈(《廣韻》中表示"神即是靈"),而靈又是魂,魂便是鬼。因此,在《説文》中有時將神字寫作魖,從鬼取義,從申取音,形成鬼神的合體字。中國—西藏語系的少數民族語言中也反映了這一特點。例如,在屬於苗語系的腊乙坪地區的方言中,"鬼"和"神"是同一個詞,讀作[taqwei];在大南山地區的方言中,表示這兩者的詞均讀作[tlag]。瑶語中,"鬼"和"神"也是同一詞。①

"靈"是祭司(巫)祈求降雨(霝)的象形字。這個字體現了祭司的作用,祭司是連接人與神的橋梁,所以"靈"的概念更趨向於人擁有的某種精氣。但是在古代的一段時間裏,分不清祭司的超凡能力和神、鬼的能力。

在"鬼""神""靈"三個概念中最先發生變化的就是"靈"。由祭司祈雨的象形可以推出其概念的變化過程,最初是祭司祈雨,發展到萬眾一心共同祈禱,凝聚所有力量向著共同目標努力時,具有的某種精神境界。

而且我們現在使用的"神靈"一詞,也不禁讓人聯想到"神""鬼""靈"通用的時期。但是"靈感"中的"靈"不僅限於神的屬性,還涵蓋了集

---

① 李玲璞、臧克和、劉志基:《古漢字與中國文化源》(1997),237頁。

漢字和鬼神：鬼神系列漢字群的文化指向

中精力時能夠與神産生共鳴的能力。

"鬼神"一詞留存至今,時至今日也没分開,"鬼"和"神"是不容易分化的。關於這一點錢鍾書的説明非常有力。

  "鬼"、"神"、"鬼神"的用法在古代是混同的,並未有明確的界定。《論語》的"先進篇"中記載:"季路問事鬼神,子曰:'未能事人,焉能事鬼?'"《管子》的"心術"中表示:"思而不得,鬼神將赴之。"《左氏春秋》的"博志"中寫道:"精熟成真,鬼神會通。"《史記》的"秦本紀"中,由余對繆公説:"使鬼則神勞,使人則民苦。"在這裏,"鬼"和"神"、"人"和"民"、"勞"和"苦"的用法顯然是等同的。而《墨子》使這更加明確。例如,在"天志"中提到:"上事天,中事鬼神,下愛人。……上事之則天怒,中事之則鬼怒,下事之則犯人。""明鬼"中表示:"捉無鬼者則曰鬼神不神……故古聖王必以鬼神,……此即《夏書》所謂知鬼也……今之鬼者或天鬼,或山水鬼神,或人死爲鬼。"……如此,"天"與"鬼"有時獨立並列,有時合而爲一。……因此,在漢代之前,這兩者是互通的,名存實亡地混用。不論是天、神、鬼、怪,都不是人也不是物,但又確定地屬於幽異的範疇,所以原始人認爲它們都是同質的統一體,對它們都深感畏懼。但隨著時間的流逝,這些曖昧的概念逐漸被明確化,形成高下、善惡的概念,神與鬼有了區別,天神與地祇被分開,人的鬼與物的妖被區分,惡鬼和邪鬼被排除在善神和正神之外。從心理上看,最初人們僅是驚恐地仰望它們,但後來開始尊崇和尊敬它們。①

進入漢代,"鬼"和"神"逐漸有了明確區分。《史記·封禪書》:"五利常夜祠其家,欲以下神。神未至而百鬼集矣",可以看到"神"和"鬼"已經對立起來,是"神"和"鬼"區分的强有力的證明,還有《潛夫論·巫列》中

---

① 錢鍾書,《管錐編》(1980) 第 1 册,183—184 頁。

也提到"且人有爵位,鬼神有尊卑"。①

到了宋代,朱熹對"鬼神者爲造化之跡"進行說明:人是肉體和精神(精氣)的組成體,精氣分爲魂和魄。魂者,陽之神;魄者,陰之神。人死,魂升於天爲神,魄降於地爲鬼;神便是氣之伸,鬼便是氣之屈。在這個過程中,人氣未當盡而强死,或氣亦未便散得盡,自是爲厲帶來災禍。若世次久遠,氣之有無不可知,然奉祭祀者既是他子孫,必竟只是這一氣相傳下來,若能極其誠敬,則亦有感通之理。僅以朱熹的鬼神論作爲闡釋雖有些牽强,但是我們可以粗略做個總結:拋開鬼神合一、不符天理的部分,我們能看到朱熹在極力地將鬼神納入道德規範和倫理框架之中。

在起始階段以及隨後相當長的一段時間裏,一直存在著"鬼"和"神"混用的現象,即使是鬼神概念區分的時期,這種狀況也一直持續著。② 不僅如此,現代漢語中依然存在這種情況。比如有大量"鬼"和"神"可以互換的並列結構詞語:"鬼工"通"神工";"神出鬼没"通"神没鬼出";"神運鬼輸"通"鬼運神輸";"鬼使神差"通"神使鬼差"或"神差鬼使"等等。③ 同上,下列成語均是"鬼A神B""神A鬼B""A神B鬼""A神A鬼"的格式,這裏的"鬼"和"神"具備同等資格與地位:神工鬼力、鬼斧神工、神樞鬼藏、神藏鬼伏、神牽鬼制、見神見鬼、神不知鬼不覺、裝神弄鬼④;閑神野鬼⑤、唬神瞞鬼⑥;談神說鬼、求神拜鬼等等,這些成語中的"神"和"鬼"是可以對峙的概念,也具備相同的意義。

---

① 此外,《論衡·訂鬼》云:"鬼者,歸也,神者,荒忽無形者也。或说:鬼神,陰陽之名也。陰氣逆物而歸,故謂之鬼,陽氣導物而生,故謂之神。"
② 關於混用例,參看錢鍾書:《管錐編》(1980)第1册,184—185頁。
③ 鄭春燕,《漢語的"神""鬼"文化積澱》(2005),87頁。
④ 人們談及巫師欺騙人的技巧,後來則指故意僞裝以欺騙人的行爲。在曹雪芹的《紅樓夢》(第37回)中有這樣的例句:"(晴雯)又笑道:'你們別和我裝神弄鬼的,什麽事我不知道?'"
⑤ 指四處散落的鬼神。後來,這語境轉變爲形容不守本分,四處遊蕩製造麻煩的人。在《醒世姻緣傳》中有這樣句子:"若是果真有甚閑神野鬼,他見了真經,自然是退避的。"
⑥ 鄭春燕,上揭論文,87頁。

六、結　語

通過以上對"鬼"的論述可以得到以下結論,作爲本章的結語。

第一,"鬼"與起源於自然物的個別神不同,不歸屬於自然界,"鬼"與人的靈魂有關,是以人爲模板描繪了想象中的"鬼神"。

第二,有別於傳統理論,從甲骨文的用例來看,"鬼"在甲骨文中已經擁有"鬼神"概念,尤其是《合》7153篇、13751篇中的"鬼"解釋爲"鬼神"更加妥當。

第三,"神"原指閃電神,到了西周時期成爲"神"的統稱。但此時"鬼"和"神"仍没有明確分化,一直處在混用狀態,鬼和神幾乎没有分别。尤其是"魁"字,生動地體現了"鬼"和"申"(神的本字)合二爲一。

不僅金文、《周易》《左傳》《禮記》等春秋戰國時期的先秦文獻均體現了"神＝鬼"這一等式一直成立。《説文》中"鬼"部所屬字,也不只是否定義項,而是肯定義項和否定義項並存,這説明鬼神合一的傳統一直保留到了這個時期。

漢代以後,產生了"神"是褒義概念而"鬼"是貶義概念的區分。《潛夫論》與《史記》等文獻顯示,"神"統治天上、"鬼"統治地下(陰間)、人統治地上(陽間),這些認識在漢代的帛書等材料中也能得到明確證實。於是形成了天上的神、地上的人、地下的鬼,神可以掌管人和鬼,擁有了至高無上的地位。

雖然"神"和"鬼"已經分化,他們也有了各自的領域,但是鬼神合一的習慣依然存留在語言中,現代漢語的部分詞語裏仍有體現。"神"和"鬼"可以互換、替換的現象,説明這種認識作爲遠古的記憶積累,至今存於中國式思維基因裏。

第四,借用馬克思(Karl Heinrich Marx)的理論,"神"和"鬼"的分化可以理解爲源於人類是類的存在。即首先完成了人和自然的類的分化,再由此進行了神和鬼的類的分化。神代表自然,鬼起始於巫術中驅趕疫病的行爲。之後,"鬼"又分爲善鬼和惡鬼,其中善鬼歸類於神。

惡鬼和善鬼的類的分化,很大程度上依靠人的包容力。即被人接納的鬼爲神,不被人接納的仍爲鬼。這樣"神"更加人格化,具有人格特性特徵,與人形成友好關係,於是"鬼"成爲對立的存在。

第五,"神"和"鬼"作爲對立的概念可以合二爲一,可以互換,這體現了絕對惡和絕對善可以站在一起的康德的哲學思想,這不禁讓人想起存在與虛無兩項對立的歐洲哲學觀點,漢字對這個觀點的闡釋可以起到積極的作用。

漢字是積累的記憶,雖然經歷了歷史的變遷,漢字沒能完好無缺的保存起始意義,但是漢字作爲表意文字,歸根到底與表音文字不同,漢字具有一定的意義,雖然經歷變遷,初始意義會有些失真(anamorphosis),但是仍然隱藏在現代漢字之中。當然表音文字的體系也會有變遷的痕跡,但是作爲表意文字,漢字所承載的集體無意識痕跡遠遠超出了表音文字。於是越往上溯源,漢字的表層意思和深層意思很難區分,其原因就在此。根據精神分析學的理論,"神"具有强化象徵體系的趨勢,"鬼"具有分裂象徵體系的趨勢。

漢字與東方主義：
古代中國人的視覺思維

一、作爲非表音文字的漢字

基於近代西歐形而上學的認識，在語言和文字、記意和記標的二分法上，文字是表象語言的一種必要，記標只是容納記意的器皿而已。索緒爾（F.de Saussure）所言"文字是爲了表象語言而唯一存在的"（1986,45）的主張，可以說是一個直接表現出西歐普遍存在的對文字偏見的典型概念之例。

根據柏拉圖（Plato）的理解，文字從產生之初就開始隱蔽語言，覆蓋假面，讓人不能達到本質並眩惑於假象。作爲一個歪曲記意的記標，文字的這種屬性是靈魂之於肉體的屬性，是眞理之於假象的屬性，也是自然狀態之於藝術的屬性。因此文字是西歐爲了定立邏各斯所必需排除或克服的對象。在近代西方哲學中，站在邏各斯哲學頂點的黑格爾（Hegel）對文字的批判也屬於同一脈絡。但是他對文字的批判恰恰局限於表音文字。因爲對語言來說，表音文字是最隸屬、副次的文字體系，但是黑格爾卻認爲這些特徵是文字最優秀的屬性。換句話說，最附屬的文字才能尊重音聲觀念的內面性，揚棄產生時期文字所擁有的象形性和表象性，設定和淨化主體裏的內面性的地盤時，會以本質的方式寄與。因此西歐邏各斯中心主義可以説是表音文字的形而上學。

不過，衆所周知漢字到現在仍然保留著象形文字和表意文字的屬性，因此被認爲是相對劣等的文字體系。索緒爾把表音文字的代表特性定義爲"記標和記意的結合關係是恣意的"，但是這對漢字而言並非是有效的假設。譬如，"火"字從熊熊的火焰取向"火"，"文"字從刻畫於胸部的靈魂的出入口取向"精神"，"壹"字從壺，取向"萬物的根源"，"鬼"從改變自身的特異形象，取向不可知的"鬼神"。不僅如此，被認爲是已經喪失了相當一部分表意性的現代漢字，也揭示了記標和記意之間的關係是必定"直接的"，雖說不能"保持一對一的對應關係"，但至少可以認定不是"恣意的"。

因此，正如日本學者 Yuasa Yasuo 主張的，文字體系是視覺優先還是聽覺優先，這並非指向索緒爾的議論，即哪個是更優越的體系，哪個是更劣等的體系。著重於視覺，就會著重於注視者（自我）和被注視的（世界），因而自我和他者，即人類之間的關係就變爲副次性的。相反，著重於聽覺，自我和他者的關係就變爲根本性的。換句話説，視覺思維是人類直接地面對自然；聽覺思維則是通過人類關係的法則捕捉自然。因此，"在西歐，自我和他者之間的相互關係先行於文字，起着首次作用，相反的，以視覺意想表象過的文字，就把自我和他者之間的關係以括弧捆扎"（Yuasa Yasuo, 2005, 188）。因此，漢語與西歐諸語不同，個別文字表象獨立意味，時制的區分不明顯，表現能動和被動的語法範疇不發達。不止於此，一個詞既是名詞同時是動詞的現象也常常出現，同時時常省略話者或動作者。漢語的這種特色，也可以説是源自於話者和聽者之間的不明顯關係。

綜上所述，視覺思維（或以視覺優先的思維）可以説是一種以注視世界的主體（不排除身體的主體）爲中心的思維模式；聽覺思維（或以聽覺優先的思維）可以説是一種以自我和他者的關係爲中心的思維模式。因爲在依賴於聽覺意象的言語裏，如不先提聽者（他者）是不能成立的。索緒爾的理論是從關係性出發的，也立足於這種傳統。從這個角度來看，中國思維會留下這樣的餘地：被貶爲是個没有他者的思維，是没有傾聽他者的或不知傾聽之法的思維，是不考慮聽覺的、唯視覺是圖的思維。

不過，溯源到西歐聽覺中心思維的根源的話，我們會很容易發現此種偏見是毫無根據的。因爲西歐形而上學也是從視覺而出發的，所謂的近代思維，給視覺賦與的特權化也比其他任何感覺都要多。例如，盛載真理的"理論"(theory)這個詞就來源於希臘語"theoria"，爲"注視"或"觀照"之義；"思辨"(speculation)這個詞就來源於拉丁語"specio"，也是"注視"(to watch over)之義。① 此外，表示"照亮"之義的"Enlightenment(啓蒙)"這個詞，也讓我們看到以光亮來説明理性，所以西歐的傳統也認爲視覺優先於其他任何感覺。不過，作爲西歐形而上學臺基的視覺，與其説是人類身體的眼睛，不如説是超越身體之精神的眼睛。而這個眼睛要超越身體的眼睛(或觸覺等其他感覺)所具有的時間空間上的限界，必須把客觀的普遍的東西呈現出來。因而他們所重視的不是身體的眼睛所能表象的主觀意象，而是能網羅身體的眼睛没法看到的非可視的超越性眼睛。所以在西歐的形而上學裏，對這種超越的眼睛的隱喻就是"聽覺"(語言)，而爲身體的眼睛能捕捉而設制的形態就是西歐的表音文字。因此，在西歐把超越的眼睛轉換成身體的眼睛，把存在於話語裏的精神表象轉換爲視覺意象，文字就變爲一種第二層次的(副次的)表象工具。

從這個角度來看，所謂的西歐思維當中的聽覺，就和直接傾聽的行爲無有關係。語言(聲音)並不是特別存在的聲音，而是一種能直觀且廣泛散布於各種事物共性中的意得亞(idea)，並作成一種爲了"揚棄"可視世界的局限(如：放進水中的棍條被視爲屈折；遠處的物體被視爲幺小)的隱喻。故在西歐的主流思維當中的所謂聽覺決不是敬聽他者聲音的傾聽。

譬如，在柏拉圖《理想國》"洞窟的寓話"中，光亮不是和黑暗對立的

---

① 參看：A Greek-English Lexicon (Oxford UP, 1996)；Oxford Latin Dictionary (Oxford UP, 1968)。

義項,而是光亮的出現得以"克服"黑暗。正如把言語記號分成記標和記意的索緒爾一樣,以音聲(邏各斯,Logos)爲基礎的西歐傳統思維把世界分成自我和他者、精神和肉體、內面和外面、意識和無意識、真理和假象而進行思考。但總是會有這樣的傾向:後者是前者要克服的對象;或者前者是主要的,後者是派生出來的。因此把語言(音聲)和文字(視覺意)區分並設定音聲(邏各斯)優越於文字,與其說是聚焦於"對他者的照顧和傾聽"上,毋寧說是要專有他者而把他者同化於自我的一種試圖。故西歐人貶低中國思維的理由,不在於視覺思維本身,而在於中國擁有和西歐"不同"的文字體系,從而以文字體系爲中心還擴展到不同的思維體系上。所以,這無疑是在近代達到頂峰的西歐之"認知暴力"(epistemic violence)。

東方社會的思維不是從表音文字體系出發的,因此其是想通過視覺意象而統攝整個世界。通過"注視"的行爲而直接觀察事物的本質成爲了中國的傳統。① 因此在中國,視覺意象(表象)常常不與世界(意味)區分,理性與感受也不會分離,所以意識和無意識共存於文字裏。即文字本身就是意識,同時也是無意識[西格蒙德·弗洛伊德(Sigmund Freud)在《夢的解釋》裏把象形文字概括爲一種無意識]。在漢字中具有抽象概念的"壹""道""理""真""美""善"也以具體事物的意象來表達該概念。例如:被視爲萬物根源的"一"字,從"壹"的字源來看,與葫蘆聯繫;"道"字就和鹿角聯繫;"理"和玉紋有關;"真"字與貞人或龜卜有關;"美"字取象於蒙上羊皮跳舞之人;"善"字取象於羊之眼。從如上幾個表示抽象概念的字的字源可知,中國的思維方式就是從視覺意象出發的。而且這些字雖然出發於具體事物的意象,但卻並不僅僅只發展爲抽象概念。不過依照西歐人的一般理解,漢字不過是發展爲抽象概念以後仍然沒有"揚棄"對事物的知覺而將其保存在漢字之中。

---

① 成中英曾經把這種認知獲得模式和伽達墨爾(Gadamer)的傾聽哲學(Philosophy of Hearing)對比,稱之爲"觀的哲學"(Philosophy of Observation)。不過能否稱作傾聽哲學,還需要更深的研究。以筆者的淺見,認爲西歐的傾聽哲學可以稱作"以聽覺僞裝過的視覺"。

漢字與東方主義：古代中國人的視覺思維

故本篇論文,將不爲表音文字的漢字作爲分析對象,以考察上述觀點中的西歐中心爲主要目標。不過,分析所有和視覺有關的漢字在短時間內是不可能完成的,故在此只對代表性的、《説文解字》中所錄的具有"注視"之義的"見"和"目"部字的字源作分析,探討看得見的如何與看不見的相結合,具體的如何與抽象的相結合,且在此過程當中視覺擔當了怎樣的角色等問題。

二、漢字的視覺中心主義

正如魯道夫·阿恩海姆(R. Arnheim)所説,西歐人認爲：中國的道家學派和陰陽學派的思想家們相信"感性世界中處處有宇宙中各種力的相互作用的侵入。這種宇宙之力既支配着星球和季節的變換,也支配着塵世間各種小的事物和事件"(2004,24),因而"凡是人能相信的只有耳朵和眼睛,之外都是可疑的"。[①] 以中國人的傳統而言,雖然同時強調了看得見的和聽得見的重要性,但不可否認的是,視覺傳統總是要優先於聽覺,意象要優先於聲音。《周易·繫辭》(下)中也談及中國傳統思維的典型特徵：

古者包犧氏之王天下也,仰則觀象于天,俯則觀法于地,觀鳥獸之文,與地之宜,近取諸身,遠取諸物,于是始作八卦,以通神明之德,以類萬物之情。

這可以説是古代中國人在運用"觀物""取象""比類""體道"的認識方法上的決定性解釋。(蘇新春,1996,74)這種思維運用方法逐漸累積,最終形成了中華民族的視覺中心思維模式,並直接影響了漢字的產生、演變、發展和意義的豐富積累。因此《説文解字·叙》云："黃帝之史倉頡見

[①] 顔之推,《顔氏家訓》,轉引自中村元,《中國人的思維方式》(1990),33頁。

鳥獸蹄迒之迹,知分理之可相别異也,初造書契。"當然,倉頡並不是歷史人物,而是神話人物。但從此可以窺見以"依類象形"爲特徵的漢字前身已經經過了圖畫文字階段——原始具象造字階段,而使漢字具有把意義保存在形體之中的重要特徵。

強調視覺性的具象特徵,不僅使漢字在組成上考慮到個别字記標和記意之間的關係,還特别考慮到構成成分之間的結合和配置。譬如,"尖"字由"小"和"大"結合而表示"堅鋭"和"鋭利"之義,進而具有位於尖塔尖端最上的"最高"之義,通過"大"在上、"小"在下的結構布置,成功地表現出越上越窄越尖的尖塔的形象。還有,"日"和"木"結合時,以"日"在"木"上的"杲"字來表示"明亮"之義,以"日"在"木"中的"東"字來表示太陽昇起的"東方"之義,以"日"在"木"下的"杳"字來表示"入黑"之義。諸如此類,漢字自身已經具有強烈的象形性,其結合方式也依賴於相當強的視覺效果。

中國人一直使用著具有如上特徵的漢字,因而他們"依賴於視覺表象而想直接觀察世界"(中村元,1990,3),故以具象的形象來給相當抽象的概念取名也成了他們的傳統。例如:把英語的"hunting cap"稱作"鴨舌帽",把股市裏股價異常急騰常態稱作"鹿市(deer market)",把損折賣股稱作"割肉(meat slicing)"。還有把"inscription"稱作"金石文",把"an excellent horse"稱作"千里馬",把"clairvoyance"稱作"千里眼",把"the Great Wall"稱作"萬里長城",梵語"parivrajaka"稱作"雲水"。此外,常以結合兩個對立的概念來把抽象概念轉換成具象概念,諸如:由"長"和"短"的結合來表示出"長度","多"和"少"的結合來表示出"數量","大"和"小"的結合來表示出"體積","緩"和"急"的結合來表示出"速度","輕"和"重"的結合來表示出"重量","矛"和"盾"的結合來表示出"衝突"。

視覺爲主的傾向還反映在某些漢字的發展階段裏,與表示"注視"之義相關的漢字數量總是比與表示"聽見"之義的多。譬如,甲骨文裏,由"目""見""臣"等組成的合成字共有79例;由"耳"組成的合成字只有20例。① 金文裏,有關"眼睛"的漢字有24例;有關"耳朵"的漢字只有8例。② 且根據最近把金文中出現的所有漢字進行解體分析的研究結果,共得到404個字素,其中由目組成的合成字有28個,在全體字素的合成能力中位列第15位;由耳組成的合成字只有11個,位列第46位。③

這種傾向也反映於漢字字典中。《說文解字》"目"部共收119字(包括"新附字"5例),"耳"部只收34字(包括"新附字"1例)(不包括重文)。《玉篇》"目"部共收119字,"耳"部收33字。④ 現代字典,諸如韓國的《明文漢韓大字典》(明文堂,1991)中的"目"部共收736字(包括異體字36字例);"耳"部共收210字(包括異體字4例),可見"目"或"見"部字總是比"耳"部字占得多。

這表明相比與"聽見",漢字裏將與"注視"有關的活動作了更多樣更細密地區分,可見中國從早期漢字階段開始,和視覺有關的漢字(詞彙)就相當發達,這種傳統甚至延續至今。其實,與視覺有關的漢字的發達,不僅表現在由"目"或"見"組成的合成字中,還表現在由個別漢字組成的合成詞或表現法中。譬如,被稱為人的代表性認知領域的"視覺""聽覺""嗅覺""味覺""觸覺"等五種感覺裏都有"覺"字。"覺"字從見學省聲,這意味着他們認為統攝整個感覺的代表就是"視覺"。不僅如此,"感覺"(是指陽光或聲音等外物及痛癢收容於身體而刺激傳到中樞神經時所產生的意識現象而言)這個詞裏也有"覺"字,可見連對外部世界的感受或意識現象也有和"視覺(覺)"統合的傾向。

而且,古代漢語裏"見"字具有多種義項,其用法也多樣,據集歷代文

---

① 據于省吾《甲骨文字詁林》。與"目""見""臣"等關聯的字列於第1冊551—647頁(601—679號),與"耳"等關聯的字列於第1冊647—672頁(680—699號)。
② 據周法高,《金文詁林》,與"目"有關的字共有14例(457—471號),與"見"有關的字共有5例(1170—1174號),與"臣"有關的字共有5例(386—390號),與"耳"有關的字共有8例(1504—1511號)。
③ 張再興,《西周金文文字系統論》(2004),91—92頁。由"目"組成的漢字錄於109—110頁,由"耳"組成的漢字錄於107—108頁。
④ 此外,在《玉篇》中與嗅覺有關聯的字,"鼻"部共列5例,"自"部共列2例;和味覺相關聯的字,"舌"部共列3例,"甘"部共列5例。

獻之用例大成的《古訓匯纂》,"見"字共歸類 54 種義項:(1)在基本義"注視"之外,從此引申的"見面""到達""照顧";(2)知道、感受、見效;(3)相信;(4)具備……(2085—2086)其用法多姿多彩。由此可見,"見"字從基本義"注視"引申到"知道""感受",還發展出"聰哲""相信"之義,視覺已經超越了透過眼睛這個感覺器官所進行的知覺行爲,超過了認知一切活動的一般性單純的功能,它闡明這既是衡量賢明的尺度,也是真實的表象。優先於其他感官而以視覺爲中心的傳統,依然保存在現代漢語中①:

(1a) 講明白,瞎説,瞎講一氣

(1b) 瞎撞,瞎胡鬧,瞎指揮,盲人摸象,坐井觀天,盲目樂觀,黑馬

(1c) 黯然失色,賞心悦目,眼中釘,肉中刺,心靈窗口

(1d) 眼明心亮,明察秋毫,明知,一葉障目

(1e) 黑甜,色香味

(1f) 聽得見,聽不見,百聞不如一見,耳聽爲虛,眼見爲實

綜上,(1a)是把言語行爲表現爲視覺;(1b)是把行爲表現爲視覺;(1c)是把心理狀態表現爲視覺;(1d)是把智力活動表現爲視覺;(1e)是把味覺表現爲視覺;(1f)是把聽覺表現爲視覺。還有,諸如"聽見""推見""參見""見效""見好""試看""眼看""看待""想想看""找找看"等表現法反映的也是視覺的優勢性。

在此,爲了更爲細緻具體地進行説明,又因爲《説文解字》被認爲是最系統完整地保留了初期漢字段階的語義,因此下面將以《説文解字》中的由"目"和"見"組成的合成字爲分析對象,歸納其意味指向,並究明古代中國人對"視覺"的認識特徵。

---

① 例子取自於臧克和,《結構的整體性——漢字與視知覺》(2006),43 頁。少數幾個例子由筆者補充。

三、《說文解字》"目""見"部字的意味指向

"目"字像具有瞳子的眼睛之形,《說文》以"目"爲部首的字,其表象的意味指向與"眼睛"的構造和功能等相聯繫;"見"字從儿從目,像突出了眼睛的人,會看到之意,故"見"字具有眼睛的主要功能——"注視"和由此引申的意義。

(1)"目"部字的意味指向

《說文解字》"目"部(第4卷上)收錄"目"和"睨""矅""眩""眥""睞""矁""瞎""瞪"等113字(不包括重文8字),《說文解字新附》還收"瞼"等6字,共收119字。① 按其主題可歸納如下:

1. 眼睛的構造

内　容	字	《說文》解字	備　考
眼目	目¹②	人眼也。重童子也。	
	眼²	目也。	
目童子	矁⁷	盧童子也。	
	瞎⁸	目童子精也。	
	眹¹¹⁷	目精也。	＊說文解字新附字
	眸¹¹⁸	目童子也。	＊說文解字新附字

---

① 據臧克和、王平(校訂),《說文解字新訂》(2002)。此外,從"目"引申來的"䀠"部還收3字,"眉"部收2字,"盾"部收3字。不過,這些都是由"目"派生出來的第二層次的部首,故將其擯除在分析對象之外。此外,從目聲的合成字不見於《說文》。到漢代以後才出現"苜"和"鉬"字,苜爲苜蓿(金花菜,木粟),《漢書》作目宿,郭璞《爾雅注》作牧蓿,羅愿《爾雅翼》作木粟,苜蓿這個詞來源於 Caspie 海地區方言之一的 Gilaki 語或原始伊朗語,擬構爲 buksuk(羅常培,《言語和文化》,50—52頁)。鉬是指非鐵金屬之一種的 Mo(molybdenum)而言的翻譯詞。

② 後添小數字表明《說文解字》目部裏收錄字的排列順序。"見"部字中後添的小數字也是同樣意義。

續表

内　容	字	《說文》解字	備　考
目旁薄緻	矉[9]	目旁薄緻𠕋𠕋也	
目際	睚[119]	目際也	*說文解字新附字
目旁毛	睞[6]	目旁毛也	
眼瞼	瞼[114]	目上下瞼也	
目匡	眥[5]	目匡也	

2. 眼睛的相貌

内　容	字	《說文》解字	備　考
大目	睯[10]	大目也	
	瞖[11]	大目也	
	睅[12]	大目也	睅或从完
	暖[13]	大目也	
	暈[15]	大目出也	
	瞼[17]	目大也	
深目	瞞[14]	平目也	
	窅[24]	深目兒	
	眭[116]	深目也	*說文解字新附字
蔽目	瞾[3]	兒初生蔽目者	

3. 眼睛的狀態

内　容	字	《說文》解字	備　考
目眩	眩[4]	目無常主也。	
白眼	盼[18]	白黑分也。《詩》曰：美目盼兮。	

續表

內　容	字	《說文》解字	備　　考
白眼	盰[19]	目白皃。一曰張目也。	
	販[20]	多白眼也。《春秋傳》曰：鄭游販，字子明。	
	辬[51]	小兒白眼也。	
精氣	瞳[22]	目多精也。益州謂瞋目曰瞳。	
	瞵[23]	目精也	
	眊[25]	目少精也。《虞書》耄字从此。	
目順	睦[61]	目順也	
出目皃	睍[21]	出目皃也	
目深皃	瞘[72]	目深皃。讀若《易》"勿卹"之卹。	
	䁎[75]	短深目皃	

4. 眼睛的動作

內　容	字	《說文》解字	備　　考
視	直視	眊[29]	直視也。《詩》云"泌彼泉水"。	
		盰[31]	蔽人視也。	
		睌[32]	晚睯，目視皃。	
		眙[110]	直視也	
	望視	䁖[16]	目䁖䁖也	
		看[79]	睎也	𦉼看或从倝。
		睸[90]	戴目也。江淮之間謂眄曰睸。	
		睎[78]	望也。海岱之間謂眄曰睎。	
		眕[42]	目冥遠視也。一曰久視也。一曰旦明也。	

續表

內　　容	字	《說文》解字	備　　考
視	省視	瞭[44]	瞭也	
		睬[45]	察也	
		睹[46]	見也	覵 古文从見。
		督[50]	轉目視也	
		眢[66]	省視也	
		相[67]	省視也。《詩》曰：相鼠有皮。	
		䁂[69]	目孰視也。讀若雕。	
		督[77]	察視也。一曰目痛也。	
		瞴[30]	瞴婁，微視也。	
	仰視	睢[58]	仰目也	
		瞻[62]	臨視也	
	俯視	眂[33]	眂兒	
		瞗[35]	低目視也。《周書》曰：武王惟瞗。	
		眷[63]	氐目謹視也	
		瞔[65]	視也	
		瞫[80]	深視也。一曰下視也。又竊見也。	
		眓[36]	視高兒	
	無精直視	矘[26]	目無精直視也	
		睊[53]	失意視也	
	暫視	睒[27]	暫視兒	
		瞶[41]	視而止也	

續表

內　容	字	《説文》解字	備　考
視 / 暫視	暘[70]	目疾視也	
	瞥[84]	過目也	
小視	瞚[64]	小視也	
	睇[108]	目小視也。南楚謂眄曰睇。	
迎視	睼[73]	迎視也。讀若珥瑱之瑱。	
顧視	睠[76]	顧也。《詩》曰：乃睠西顧。	
	逌[38]	相顧視而行也	
虎視	眈[37]	視近而志遠	
	睖[43]	目有所恨而止也	
眄視	睨[34]	衺視也	
	睽[48]	目不相聽也	
	眦[52]	目財視也	
	睊[71]	視皃	
	盼[112]	恨視也	
張目 / 瞋目	睏[28]	吳楚謂瞋目，顧視曰睏。	
	盱[39]	張目也。一曰朝鮮謂盧童子曰盱。	
	瞋[56]	恨張目也。《詩》曰：國步斯瞋。	
	瞠[60]	大視皃	
	瞋[68]	張目也	瞑 祕書瞋从戌。
目驚視	睘[40]	目驚視也。《詩》曰：獨行睘睘。	
睞謹張目	睩[94]	目睞謹也	
長眙	眝[111]	長眙也。一曰張目也。	

197

續表

內　容	字	《説文》解字	備　考
眨眼	瞤[55]	目動也	
	瞚[109]	開闔目數搖也。臣鉉等曰：今俗別作瞬，非是。	
	眨[115]	動目也	*説文解字新附字
搖眼	眴[59]	目搖也	瞚 眴或从旬
目相及	睽[47]	目相及也。讀若與隶同也。	
睡眼	睤[54]	謹鈍目也	
	睡[81]	坐寐也	
迷惑	瞹[74]	目相戲也。《詩》曰：瞹婉之求。	
	瞢[105]	惑也	

5. 眼病

內　容	字	《説文》解字	備　考
眼病	白苔	眚[83]	目病生翳也	
	發潰	眵[85]	目傷眥也。一曰䀜兜。	
	眼眵	蕾[86]	目眵也	
	眼淚	䀛[87]	涓目也。臣鉉等曰：當從決省。	
	塵埃	眯[91]	艸入目中也	
視力	眼[88]	目病也	
	眛[89]	目不明也	
	瞢[113]	目不明也	
	昧[49]	目不明也	

漢字與東方主義：古代中國人的視覺思維

續表

内　容	字	《説文》解字	備　　考
瞳子/視綫	眺[92]	目不正也	
	睞[93]	目童子不正也	
	督[95]	眣也	睯睯或从丩
	眣[96]	目不正也	
斜視	眳[100]	眄也	
色盲	矇[97]	童矇也。一曰不明也。	
	盲[101]	目無牟子	
獨眼	眇[98]	一目小也	
	䁾[106]	目小也。臣鉉等曰：案《尚書》："元首叢䁾哉！叢䁾，猶細碎也。"今从肉，非是。	
眇目	眄[99]	目偏合也。一曰衺視也。秦語。	
瞍	瞑[82]	翕目也	
	瞁[102]	目陷也	
	瞀[57]	目無明也	
	瞽[103]	目但有眹也	
	瞍[104]	無目也	
	䀏[107]	搖目也	

(2)"見"部字的意味指向

傳統文獻所見"見"部字的主要義項，可以歸納爲：(1) 注視＝視；(2) 眼睛＝目；(3) 見面/謁見＝謁；(4) 到至/到達＝至；(5) 明亮＝明；(6) 知道＝知；(7) 感覺＝感；(8) 見效＝效；(9) 建立＝見；(10) 不忘而恃之；(11) 無雲＝睍；(12) 棺飾等 54 類。其用法頗爲豐富。(宗福

邦,2003,2085—2086頁)

［1］"見"部字的意味指向

《説文解字》見部(8卷下)共收見、視、覯、覞等45字,《説文解字新附》附加覘字,總共收録了46字。這些字群的意味指向,可以歸納爲：(1)注視;(2)取得/獲得;(3)見面;(4)突進/盲目;(5)希望/慾望;(6)知覺/覺悟;(7)親切;(8)選擇。其具體用法如下：

1. 注視

(1) 通稱：

見¹："視也。从儿从目。凡見之屬皆从見。古甸切。"

視²："瞻也。从見、示。神至切。𥄙,古文視。眡,亦古文視。"

覘⁴⁶："見也。从見佔聲。徒歷切。"新附字。

(2) 仔細看

[+仔細]：

覦⁸："大視也。从見爰聲。況晚切。"

覝⁹："察視也。从見天聲。讀若鐮。力鹽切。"

觀¹¹："諦視也。从見雚聲。古玩切。𮿟,古文觀,从囧。"

覽¹³："觀也。从見、監,監亦聲。盧敢切。"①

覴¹⁴："内視也。从見來聲。洛代切。"

覢¹⁶："目有察省見也。从見票聲。方小切。"

覘²⁰："内視也。从見甚聲。丁含切。"

覬²²："注目視也。从見歸聲。渠追切。"

覹²⁹："下視深也。从見𠪱聲。讀若攸。以周切。"

---

① 段玉裁《説文注》云："凡以我諦視物曰覽,使人得以諦視我亦曰覽,猶之以我見人使人見我皆曰覽。"

［-仔細］：

覻[18]："拘覻，未致密也。从見虞聲。七句切。"

覭[19]："小見也。从見冥聲。《爾雅》曰：'覭髳，弗離。'莫經切。"

眱[28]："病人視也。从見氐聲。讀若迷。莫兮切。"

覩[34]："視不明也。一曰直視。从見春聲。丑龙切。"

覵[35]："視誤也。从見龠聲。弋笑切。"

覘[45]："目蔽垢也。从見亞聲。讀若兜。當侯切。"

覕[43]："蔽不相見也。从見必聲。莫結切。"

（3）有目的地看

覶[3]："求視也。从見麗聲。讀若池。郎計切。"

（4）有好感而看

覢[4]："好視也。从見委聲。於爲切。"

覶[6]："好視也。从見离聲。洛戈切。"

覞[5]："旁視也。從見兒聲。"

（5）愉快地看

覛[7]："笑視也。从見录聲。力玉切。"

（6）呈顯

覶[10]："外博衆多視也。从見員聲。讀若運。王問切。"

覞[15]："顯也。从見是聲。杜兮切。"

覢[25]："暫見也。从見炎聲。《春秋公羊傳》曰：'覢然公子陽生。'失冉切。"

覕[26]："暫見也。从見賓聲。必刃切。"

（7）偷看

覞[17]："砥覞，闚觀也。从見𠂤聲。七四切。"

覘[23]："窺也。从見占聲。《春秋傳》曰：'公使覘之，信。'敕豔切。"

覹[24]："司也。从見微聲。無非切。"

覸[30]："私出頭視也。从見彤聲。讀若郴。丑林切。"

201

2. 取得/獲得

尋[12]:"取也。从見从寸。寸,度之,亦手也。臣鉉等案:彳部作古文得字,此重出。多則切。"

3. 見面

（1）見面

覯[21]:"遇見也。从見冓聲。古后切。"

覭[27]:"覶覭也。从見榮聲。讀若幡。附袁切。"

覲[40]:"諸侯秋朝曰覲,勞王事。从見堇聲。渠吝切。"

覜[41]:"諸侯三年大相聘曰頫。頫,視也。从見兆聲。他弔切。"

（2）招見

靚[38]:"召也。从見青聲。疾正切。"

（3）等待

覞[44]:"司人也。从見它聲。讀若馳。式支切。"

4. 犯冃而見

覓[31]:"突前也。从見、冃。臣鉉等曰:冃,重覆也。犯冃而見,是突前也。莫紅切,亡莢切。"

5. 慾望

覬[32]:"㱃幸也。从見豈聲。几利切。"

覦[33]:"欲也。从見俞聲。羊朱切。"

6. 知覺/覺悟

覺[36]:"寤也。从見,學省聲。一曰發也。古岳切。"

覞[37]:"目赤也。从見,智省聲。臣鉉等曰:智非聲,未詳。才的切。"

7. 親密＝常見

親[39]:"至也。从見亲聲。七人切。"

8. 選擇

覒[42]:"擇也。从見毛聲。讀若苗。莫袍切。"

[2] 從見聲合體字的意味指向

《説文》裏從"見"得聲字共有17字,其中"𧢲"爲"覞"的異體,"覩"爲"睹"的異體,"霓"爲"霞"的異體,"𧢲"爲"繭"的異體。這些從"見"得聲的字大都具有"注視""顯現""呈顯"等意味指向,"見"字的原意保存得相當好。其具體用例如下:

1. 莧:"莧菜也。从艸見聲。侯澗切。"(卷1·艸部)
2. 哯:"不歐而吐也。从口見聲。胡典切。"(卷2·口部)
3. 靬:"繫牛脛也。从革見聲。己彳切。"(卷3·革部)
4. 睍:"出目也。从目見聲。胡典切。"(卷4·目部)
5. 覡:"能齋肅事神明也。在男曰覡,在女曰巫。从巫从見。徐鍇曰:能見神也。胡狄切。"(卷5·巫部)
6. 晛:"日見也。从日从見,見亦聲。《詩》曰:'見晛曰消。'胡甸切。"(卷7·日部)
7. 俔:"譬諭也。一曰間見。从人从見。《詩》曰:'俔天之妹。'苦甸切。"(卷8·人部)
8. 靦:"面見也。从面、見,見亦聲。《詩》曰:'有靦面目。'他典切。𦢚,或从旦。"(卷9·面部)
9. 硯:"石滑也。从石見聲。五甸切。"(卷9·石部)
10. 規:"有法度也。从夫从見。居隨切。"(卷10·夫部)
11. 覞:"衺視也。从辰从見。莫狄切。𧢲,籀文。"(卷11·辰部)
12. 蜆:"縊女也。从虫見聲。胡典切。"(卷13·虫部)
13. 垷:"涂也。从土見聲。胡典切。"(卷13·土部)
14. 覩:"睹,見也。从目者聲。當古切。覩,古文从見。"(卷4·目部)
15. 霓:"見雨而比息。从覞从雨。讀若欷。虛器切。"(卷8·覞部)
16. 𧢲:"繭,蠶衣也。从糸从虫,黹省。古典切。𧢲,古文繭从糸、見。"(卷13·糸部)

如上所示,除了表示植物之名的"莧"、表示繫牛脛的"䩽"等少數例外,其他的字都完整保存了"見"字原始的"注視"和"顯現"之義,我們從而可以知道從"見"得聲字比"見"部字更具體地保存了"見"字的原始意義。

四、字源所示的視覺思維

從上文的敘述中可知,從"目"或從"見"的合成字中,有相當一部分就援用了具體事物的視覺意象來表達該意義。

諸如:䁙[27](暫視皃)、覘[25](暫見也)、睍(日見也)("日"部)、瞭[44](瞭也)、䙿[16](目有察省見也)、眷[105](惑也)、現[9](察視也)等字皆與光亮或火焰有關;覞[19](小見也)、䁾[28](病人視也)等字就援用黑暗或混濁的視覺意象而形成該意義。還有,瞭[45](察也)、覜[41](諸侯三年大相聘)、覤[23](窺也)、瞋[68](張目也)等字皆與神或神的啓示有關,瞻[30](微視也)就援用祭司長與神交通的舞蹈的視覺意象而形成該意義。以上之例,中國人是通過把視覺和光亮、神(或神之啓示)等聯繫而進行認識的,並不同於西歐的視覺認識傳統。

但是,䁁[69](目孰視也)、矅[22](目多精也。益州謂瞋目曰矅)、睢[58](仰目也)、矌[60](大視皃)等字皆與鳥或角鴟和鴟梟聯繫;督[77](察視也)字與箠聯繫;覷[35](視誤也)字與笛子聯繫;䍺[16](目䍺䍺也)與飾有絲絛的笛子聯繫;覿[3](求視也)字與鹿聯繫;睗[70](目疾視也)字與蜥蜴聯繫;覬[4](好視也)字與稻子(或莊稼)聯繫;覯[21](遇見也)字與構築物聯繫;瞫[80](深視也。一曰下視也。又竊見也)字與具有厚壁的器皿聯繫;督[63](氐目謹視也)字與矛聯繫;䁗[36](視高皃)字與斧鉞聯繫;瞻[35](低目視也)和冡[31](突前也,犯目而見)字與帽子聯繫;䁯[48](目不相聽也)字與圓規聯繫;覤[27](覤覤也)字與笆籬聯繫;覥[32](歆幸也)字與飾有絲絛的鼓聯繫;挽[42](擇也)字與毛聯繫;䁮[45](目蔽垢也)字與無蓋器皿聯繫;覶[10](外博衆多視也)字與鼎聯繫;

204

覥[33]（欲也）字與前進的船隻聯繫。諸如此類,均是把這些具體事物歸入於"眼睛"裏,援用具體事物的視覺意象而表象該字的意義。

尤其是,瞫[80]（深視也）字就把濃厚成熟的酒香這個嗅覺表現成視覺意象;覙[20]（集中精神而內視）就利用味覺意象來表達視覺。還有,㝵[12]（取也）字原來以手（又）獲貝的意象而表現"獲得"之義,但到小篆階段貝變爲見,強調以前觸覺意象以外的視覺性。這些例字,除了表現人類的視覺,還說明在人的眼睛之外,視覺還統攝了動物或事物等自然界的客觀存在,這就是漢字與西歐傳統特徵的區別的。換句話說,在古代漢字中不僅受容了事物認識的主體（人類）,還容納了認識對象的客體（自然物）,而使對漢字的認知進入和視覺關聯的認識世界,體現了主體和客體統一的傳統。

其實,這種意象的形成,如果不回溯甲骨文和金文階段的古文字,而僅僅是根據後代的漢字字形來尋找其原形是不那麼容易的事。因此,作爲西歐正式研究漢語的最早學者,17世紀初期的利瑪竇（Matteo Ricci）和金尼閣（Nicolas Trigault）尤其不能理解這些把抽象概念形象化的漢字體系。① 即使諸如"山"字這樣比較像山的實在形狀的基礎字,在經過歲月的推移後,也已經變成完成不能辨認出該字原來形象的形狀的程度,因此他的唯一關注點即在於證明漢字和漢字所表象的事物之間沒有直接一致的特徵。（Wilkins,451）這是因爲在實際使用著的漢字中,原本的圖畫的直接性和指示性已經消失了,所以根據漢字現在的形象找出該字意義是不可能的。因此,他論定漢字係象形文字中最低劣的文字體系。象形文字之所以得名,是因爲其表達的直接性把原始的感覺和人類直觀的神祕作用互相聯繫,但漢字已經喪失了象形性,而被認定爲一種和意味完全分離的衣服,從而以極爲非正常的現象來記

---

① 金尼閣的研究,以後影響到維爾金斯（John Wilkins）的《關於真實符號和哲學語言的論文》。該文詳細地記録漢語的不完全性和誤謬,此文在18世紀後期和19世紀初期的西歐,擴散了漢字是有問題的文字體系的認識。詳細論述可以參考:Wilkins, *An Essay Towards a Real Character and a Philosophical Language*（London: Gellibrand）,1668。

述所崇拜事物意象的概念。當然,這種主張中的部分誤解已經隨著漢字研究的正式化而得到分辨,但卻並沒有走上完全清除對漢字的偏見的道路,而是像西歐語言研究的代表者索緒爾那樣,走上了更爲精巧的對漢字發展形態偏見的道路。

不過,西歐所概念化的視覺與從漢字的字源分析出來的視覺相比,二者大相徑庭。正如前文所說,西歐的視覺主要是主體爲中心的視覺,是基於從主體的觀點注視他者的遠近法的視覺,其目的最終是爲了把他者同化於主體的視覺。而且因爲人類的視覺具有相當多的局限,所以爲了思考真理,相比於看得見的,西歐視覺更注重看不見的。當然,中國的古代文學或哲學思維爲了說明真理也做過很大的努力,也有像"言外之言""象外之象"那樣的表述。從對漢字字源的分析來看,中國人的視覺思維裏積極引進過有關"光亮或崇拜行爲或神(示)"的意象,在這個意義上,我們可以說中國和西歐的視覺傳統並非全然不同。

其實,西歐的形而上學(metaphysics)的語源來自"Metaphisica",是"超越自然(phisica)"之義,這意味着要超越個別存在所處的可變的環境。在西方近代哲學史上,這種思想到笛卡爾(René Descartes)時達到了頂點。笛卡爾想把可變的環境通過懷疑的疑心——方法論的懷疑而克服。他所主張的"思維就是疑心"需要在"我知覺,那麼我的再現就屬於我"的前提下才能驅動。[1] 這就是近代西方注視世界的方式,即使世界服從於主體的方式。正如本文的緒論裏所說,在西歐的思維裏,"世界"就是確立自我和主體性的對象。

但是,這種以主體的觀點使世界固著化的形態不能在中國思維裏長期處於支配的位置。中國的思維一直把直觀呈現的世界和自己本身所想相結合,不是向著分析思維而是向著直觀的、完整的(holistic)思考前行。筆者認爲中國之所以形成這種傳統,其最大的原因在於漢語體系和表音

---

[1] Lacan, Jacques. *The Four Fundamental Concepts of Psychoanalysis*. Trans. Alan Sheridan. New York: Norton, 1977. p.81.

漢字與東方主義：古代中國人的視覺思維

文字有不同的出發點，漢字裏包含著那樣多無意識的直觀。

根據笛卡爾的主張，主體（subject）或者主體性/主觀性（subjectivity）就是指認識主體而言的，指容易受到外部環境影響的"身體"，不包括其概念以外的内部。但是其與其對應的漢語翻譯"主體"並不排斥"身體"。因此，從漢字的語源角度來看，"主體"不能與西歐的主體一樣。之所以漢語裏主語（subject）不常出現，也是因爲漢語的主體與西歐不同，是不伴隨身體的主體。

有時由於字句的不同，"Subjectivity"這個詞常常不翻譯爲主體性，而翻譯爲主觀性。這裏，"主觀"又帶來跟主體不一樣的語感。本文已經提到，"觀"字爲仔細注視之義，所從"雚"就像一隻瞪着兩個眼睛凝視著前方，頭頂長有毛角的角鴟。所以，"觀"字具有好像角鴟瞪着兩個眼睛凝視（雚）那樣，有注視之義。① 當然在這裏，角鴟使用的是比喻概念，但是表明了注視的主體並非定是人類自己，並不是以人類爲中心。"觀"字用動物和事物來比喻人類的視覺，是因爲古代中國人認爲：動物或事物（自然或客觀世界）和人類的眼睛有所區分，有時自然世界的眼還比人類的眼更正確、更客觀，認定自然世界的眼具有超越人類的眼睛在晚上不能視物的局限的能力。② 而且從段玉裁對"覽"字的解釋可以看到，注視還可以包括注視的主體——"自我"——不僅自我注視著對象，而且對象也注視著自我。

從這個角度出發，將"自我"與以意象顯現出來的世界等視之，就指向着世界，指向着"成爲自然""成爲動物""成爲對象"。而且，根據拉

---

① 古文"觀"字從雚從囧，以此强調像投影於牆上洞口窗户的月亮那樣的"凝視"之義，呈現出注視的行爲就與光亮有關係。因而佛教進入以後，"觀"字用於梵語"以智慧觀照境界"之義的"vipáyna"的翻譯詞。

② 《山海經》裏，常常出現半人半獸之形的各種"神"以及使喚各種動物的"神"。半人半獸之象，可以看作人類想獲得自然界動物所擁有的超越人類能力，或各種動物所具有的人類没有具備的能力的努力。他們很可能認爲人類和動物之象合在一起時會更爲完整、更爲完善。但與此相反，在西歐，半人半獸之象的"神"是不完全的存在，因而被認爲是邪惡的要革除的對象。

康(Jacques Lacan)的現代心理學中,把凝望(gaze)這個概念視爲對象(object)注視著我而不是我注視著對象來看,漢字不僅把意識的眼睛(eye)概念化,而且將看不見的、非可視的無意識的視綫也包括在裏面。在這裏,所謂的無意識的視綫沒有和實在進行區分,這個視綫還將通過人類的眼睛再現不了、知覺不到的對象的視綫包括在裏面。

因此,通過漢字字源的分析來看,視覺不一定是單純的經驗,不一定是要人類作爲主體的人類中心的概念。當然,語言行爲是人類所獨有的,因此人類常常以思維的主體而出現。然而事實是在中國思維裏,視覺決不限定於人類的經驗。中國的視覺是超越了人類經驗、超越了人類注視事物的行爲,即人類的知覺作用本身。因此,中國的視覺包括"人類之成爲非人類的概念,也包括不是人類而是自然的、人類以前的風景的"。因此,在中國,漢字的存在可以說是沒有通過理論和認知而直接通過直觀的思維將個人和世界囊括於統一性(Oneness)中,並以此作爲主流思維的原動力。

其實,西歐的後近代開始於從內部徹底反思近代的根本思維。後近代將所有西歐形而上學的根源用二分法進行處理,即區分"自我和他者""理性和感性""精神和身體""意識和無意識",不給一方賦與優先性。換句話說,後近代主義超越了話言(logos)和記意之間的限定領域,把思考主題擴展到文字和記標的問題上。然而拉開近代的間隙,想要思維不局限於西方而還包括東西方整體世界的話,也必須要克服對東方的東方主義(orientalism)。不過,在這樣表面上的理由之外,所謂後近代的思維,是通過破壞主體和對象之間的距離,而試圖關注到如今一直被二分法壓制過的劣等項目,實際上可以說是在重新認識東方思維上走了遠路。

筆者在以前的研究中曾闡明,"文"字就是典型的例字。"文"既是"文字",也是靈魂所出入的門。因此"文字"就不可能是隱蔽話語、戴上假面而不讓到達人類本質的存在,它反而把靈魂和肉體、真理和假象的二分法無力化。同時"文字"包括的不是一方的真理,而是包括兩者的、讓挨近更爲擴展意義上的真理。從這個意義來説,"文"能反映出近代以來邏各斯核心概念(Logos)的局限性,能爲擴展邏各斯的概念起到作用。① 因此本文試圖通過字源的分析來探明漢字中的視覺思維,也可以説是對"文"字研究的延宕。

---

① 參考:河永三,《從"言"與"文"系列漢字群的字源所見中國文字中心的象徵體系》(2006),1—34頁。

"言"與"文"系列漢字群的字源所見中國文字中心的象徵體系

一、引　　言

　　衆所周知,被視爲西方哲學之先驅的柏拉圖(Plato)認爲,語言是寫在靈魂之中,具有"使人深入洞察靈魂的本性"的特質,文字僅僅是靈魂外部的標誌,無法傳遞靈魂中的知識。文字使人們依賴於外在的符號而忘卻真正的智慧,它只是重複呈現自己而不是依靠内在的記憶能力。柏拉圖的這種思想一直是西方形而上學的基石,直至 20 世紀都沒有受到太多質疑。20 世紀著名的語言學家索緒爾(Ferdinand de Saussure, 1857—1913)優先考慮語言而非文字,也是繼承了柏拉圖以來的這一哲學傳統。因此,他將語言定義爲"儲存在每個人大腦中的社會產物",並强調"語言和文字是兩套不同的符號系統,但文字存在的唯一原因就是記録語言,沒有其他理由"(Saussure, 24/45)。[①] 他明確表示,語言研究的對象是語言而非

---

　　① Saussure, Ferdinand de. *Cours de linguistique générale*. Paris: Editions Payot, 1972. 44 頁。Course in General Linguistics. trans. Wade Baskin, 1959, Trans. Roy Harris, Illinois: Open Court, 1986. 24 頁。頁碼注明之處,前者爲英文版本,後者爲法文版本。爲了精確的閲讀,筆者參考了韓文譯本——最勝彦的《一般語言學講義》及中文的譯本,並將法文版本與英文版本作了對比閲讀。

文字。然而,爲了語言研究具體化,他不得不用文字作爲輔助工具。他將文字分爲象形文字系統和源於希臘字母的音形文字系統,雖然他没有否認漢字是象形文字系統,但他認爲漢字"不能非常理性地反映語言",因此讓他"感到困擾"(Saussure,27/48)。他在研究中排除了非音形文字系統,這顯然是索緒爾對漢字的偏見。這種偏見不僅僅局限於索緒爾一人,許多西方哲學家也有這種偏見。例如謝和耐(Jacques Gernet,1921—2018)對漢字的描述就是一個典型的例子:

> 在中國漢字中,所謂的假借字即使與其原始意義無關,亦被用作表示聲音的符號,某種程度上依賴了語音語言。然而,由於假借字並未被廣泛使用,因此它没有破壞基於象形文字的中國文字原理,也未使漢字轉化爲表音文字系統。中國的文字從未將語言分爲音頻單位,因此它無法將語音語言忠實地轉換爲文字。這也是爲何它未能擺脱象徵性符號具有原始性的批評,因其能夠真實反映其所代表的獨特和唯一性。雖然没有證據顯示古代中國語音語言無法與文字具有相同的效率,但可以説語音語言的力量部分地因文字而消失。然而,與中國文明不同,那些迅速演變爲表音文字和字母文字的文明,完全體現了語言中的宗教和魔法之力。從地中海沿岸到印度,所有偉大的古代文明都賦予語音、語言、音節和母音等價值,但令人驚訝的是,僅有中國没有這樣做。①

對謝和耐而言,他對漢字的最大輕視在於漢字所包括的象形字、指事字和會意字等不是字母文字,這些字並不符合西方的文字觀。即將文字定義爲音頻語言的確切複製工具,用以傳遞其即時性。此觀點更導致了一種偏見,認爲不適合傳遞語音語言即時性的文字,如漢字,是一種原始且較少進化的文字系統。然而,這樣的偏見似乎源於他們不知道或即便

---

① 轉引自 Derrida, *Of Grammatology* (Baltimore: Johns Hopkins UP, 1976),91頁。

知道也未能理解的一個事實,即"在漢字文化圈中,排除漢字來研究語言是不可能的,且絕不可以僅將漢字視爲簡單的記錄工具"(黃亞平,28)。

然而,即便是同屬西方學者,如陸威儀(Mark Edward Lewis,1954—)也論證中國的文字而非語言,因爲漢字使人認識到宇宙的一般結構,且以複雜而有序的方式與政治權力的分配及家族結構相關聯,且權力總是與文字的擁有緊密相連。[1] 當然,持此觀點的學者不僅僅是陸威儀一人[2],問題的嚴重性在於,西方過於重視言語的思維,故對東方文化認知不足。輕視非字母文字的研究流行的時期,正是歐洲殖民地開拓的高峰期,但即使到了現在,這種對東方的輕視態度,即所謂的東方主義論述,仍然在持續生成。因此,將語言中心文明視爲比文字中心文明更優越的文明體系,實際上是在製造文化間的層次結構,並將西方的觀點作爲普遍且毋庸置疑的真理來推廣,這是不容否認的事實。

當然,筆者在本文中並非打算從宏觀的角度比較東西方的所有思考結構,進而糾正其中深層的偏見。從宏觀視角,這樣的研究雖不能說範疇極廣,但也已經表現在多個方面,韓國國內已有研究著作出版。[3] 這些作品揭示了文字是如何建立強大的象徵秩序和傳統的,以及如何成爲國家

---

[1] 描述文字體系的途徑中,馬克·愛德華·劉易斯(Mark Edward Lewis)的《早期中國的書寫與權威》可說是典型的例子。該著作主要描述了公元前500年左右的早期中國如何以文字的功能作爲核心,引導認同和服從。在此書中,他認爲在中國帝國中,由於"話語"的空間限制,文字的重要性並不只是相對提高,而是文字提升了中國帝國的精神,合法化了帝國的秩序,並且從一代傳到下一代,動態地傳遞這種精神。

[2] 除此之外,還有如余寶琳(Pauline Yu,1949—)的《言辭之道:早期中國文獻之詳讀》(Ways with Words: Writing about Reading Texts from Early China)(加州大學出版社,2000),陳漢生(Chad Hansen)的《古代中國的語言與邏輯》(Language and Logic in Ancient China)(密西根大學,安娜堡,1983)及哈里斯(Roy Harris)的《文字之源》(The Origin of Writing)(伊利諾伊州,拉薩爾,Open Court,1986)等。而最近過世的德里達(Jacques Derrida,1930—2004)在他的《論文字學》(Of Grammatology)中提供了這類研究的清單。

[3] 金謹教授的《漢字如何統治中國?》(首爾:民音社,1999)是此領域內的獨特著作。他在此書中從宏觀的角度,以韓國爲中心,描述了語言(言語與文字)的神秘性和它們與權力之間的互動。此書主要通過對哲學文獻的創新性解讀,首次揭示了漢字對中國文化的形成和確立所作的貢獻,因此極具原創性。但他的討論與本研究的區別在於,本研究旨在研究"遠在"哲學經典形成之前的漢字資源形成過程,進而探討文字形成時期文字的創建和使用背後的思維體系。

權力的基石。然而,只有當這種宏觀的研究得到考古學和實證分析的支撐時,它的影響力才能得到放大。

索緒爾的《普通語言學講座》雖只是講課筆記,但也已被視爲東西方語言學的基石和經典。它還是哲學研究,宣稱越過了語言科學的地域性而具有普遍性。

然而,以單個漢字及其形成過程和意義衍生爲核心的實證性研究和基於原始資料的分析研究仍然非常稀缺。實際上,直到 20 世紀 90 年代,這種研究方法才開始在中國大陸真正發芽。① 當然,這方面的研究之所以遲緩與中國內部所發生的各種政治和社會變革不無關係。在韓國和日本,這方面的研究也並未廣泛展開,這與該地區雖屬於漢字文化圈,但由於同時有字母文字的存在有一定的關聯,如韓文、日文的"平假名"和"片假名",使得該地區在近代歷史的進程中不得不與漢字保持一定的距離。②

因此,本研究旨在對尚未完全闡明的"言"及中國最早的字源解說書《説文解字》所收錄的以"言"爲部首的字符,以及在形狀和意義上與"言"

---

① 至於中國,近年來,作爲"漢字與文化叢書"的一部分,由北京大學何九盈教授所著的《漢字文化學》(瀋陽:遼寧人民出版社,2000)問世,試圖使"漢字文化學"理論化。但該著作將漢字與中國的當前政治情勢過分聯繫,被評爲"膚淺"、"缺乏深度"的研究。華東師範大學臧克和教授的《説文解字的文化説解》(武漢:湖北人民出版社,1995)、《中國文字與儒學思想》(南寧:廣西教育出版社,1996)和《漢字單位觀念史考述》(學林出版社,1998)被視爲是此類研究的代表作。特別是《説文解字的文化説解》通過分析《説文解字》中主要的漢字組,對其語義方向進行了微觀分析;《中國文字與儒學思想》對儒家思想的核心概念。《漢字單位觀念史考述》中對中國文化核心概念進行討論,透過漢字資源的考察和古籍的考證,深入分析,爲漢字文化學提供了一種方法論。然而,要説這些研究已經達到成熟的階段還爲時尚早。"言"和"文"是最基本的漢字,特別是關於"言"的字詞所蘊含的意義和象徵,以及其衍生和語意的變遷,仍然存在研究上的空白,可以説這正是其明顯的例子。

② 對於韓國而言,許成道教授的《漢字意義論初探》(《成果論叢》第 17 輯,1996)和崔永燦等的《東亞哲學與文字學》(Acnet,2003),以及筆者的小論文《甲骨文中反映的人間中心主義》(《中國學研究》第 10 輯,1996)、《從文化角度解讀漢字》(東方媒體,1997)、《"一"的象徵與"壹"的原型:漢字的文化性》(《中國學》第 16 輯,2001)和《"單"字的形態及其族譜字的意義指向》(《中國學》第 22 輯,2004)等作品,都深入探討了漢字的資源及其文化特性的理論可能性。除此之外,雖然有關"漢字所反映的文化"之研究確實有過一些嘗試,但多數僅止於漢字本身的平面分析,尚未進行深入的研究。

相似的"音""舌""曰""聲"等相關部首之字,和具有與"言"對稱意義的"文"以及歸於"文"部之字進行全面探討,以揭示其中所體現的中國人對"言"和"文"的認知。這是一種基礎的嘗試,旨在從根本上重新接觸被歪曲的、普遍認爲是唯一標準的中國文化的地位。雖然始於微末,但這種嘗試可能會打破只有中國是漢字文化圈中心的認知,爲重新評估擁有獨立發聲系統的非中國地區的漢字文化提供基礎。因此,本研究中對漢字字源的客觀分析將爲我們提供一個重新思考西方的言語(Logos)中心主義的機會。

二、"言"究竟是"話語"嗎?

1. "語言"的漢字漢語寫法爲"話語"

這一點既明確又普遍,以至於這樣的質問本身似乎是荒謬的。索緒爾主張,不是文字而是話語才是語言。這是索緒爾語言學的基礎前提,且是支撐其整體理論的絕對命題。但對漢字而言,若這一命題是錯誤的,又該如何?在數學中,即使某個解釋無比精確和嚴謹,如果其公式是錯誤的,那麼該解釋就失去了其意義。當然,筆者無意主張索緒爾這一被認爲是現代語言學創始人的觀點是錯誤的。如前所述,他對漢字的瞭解甚少,且他在研究中排除了如漢字這樣的非表音文字。因此,索緒爾從未主張漢字中的"言"是與語言相對應的。然而,我們從未真正思考過索緒爾眼中的語言究竟是什麼概念,從而自然地將"言"與語言相關聯。

當然,他所概念化的語言(langue)在辭典中的意義是"舌",舌頭被抽象化以代表語言這一事實是確定的。眾所周知,索緒爾將語言活動(language)分爲"langue"和"parole",明確表示他的研究對象不是指代個別的發話即"parole",而是"langue"。因此,他所指的語言並非包含所有語言活動的"language",而是作爲抽象系統的語言,即"langue"。也就是說,被概念化爲"langue"的語言,在其本質上"與語言符號的語音特徵無關"(Saussure 7/21),重要的不是發音的音節,而是這些音節通過耳朵所造成的"聽覺印象"(8/24),而發音工具在"語言問題上只是次要的"(10/26)。法語"articuler"和英語"articulate"都指分音節地清晰發音,拉丁語"articulus"指"分隔連續的物體並通過接合部位連接"。因此,這一詞語的漢語翻譯爲"分節",指當連續的語音被分割進行識別時,其清晰度會明顯地顯示出來。因此,他主張:"只有通過社會所創造的語言工具才能夠分節話語"(11/27)。因此,他所說的語言不是具體的發話,而是"結構化的系統"(14/31)。

這已經成爲一種普遍接受的事實,韓國國內的語言學者幾乎無不知曉。再次重申索緒爾的這一主張也是爲了強調他所提及的聽覺印象,也就是說,聲音的模式不是物理的具體聲音,而是"精神的特質"(66/98)。換句話說,按照索緒爾的看法,即使"不動嘴唇或舌頭,我們也能自言自語,也能在不發出聲音的情況下背誦詩歌的節句"(66/98)。那麼,當我們將"langue"譯爲語言時,是否能在"言"這一字當中找到這種精神特質的痕跡呢?從"言"的最初用法到其派生的字進行深入的考察將有益於發現這一痕跡。接下來,我們將重點探討"言"這一字是否真正體現了索緒爾所描述的"langue"這一概念化的語言功能。

2. "言"的字源

"言"、"音"、"舌"等字,不僅在形狀和意義上有著密切的關聯,且作爲常用字,在漢字中占有非常重要的地位。然而,關於它們的字源至今還沒有明確地揭示。在《說文解字》中,僅有"直言曰言,論難曰語,從口辛聲"的說明(直接說話稱爲'言',進行論辯則稱爲'語'。口爲義部,辛爲聲部),並未明確指出"言"的具體字源。但在許慎之後,特別是1899年甲骨文被發現之後,關於"言"的字源提出了不同的觀點,有"舌""吹管""喇叭""鐘"等,具體如下。

(1) 描繪舌頭的說法。

鄭樵在《通志·六書略》中寫到:"言"是由"二"和"舌"組成,其中"二"是古文的"上"字,從舌頭上方發出的即爲"言"(從二從舌,二,古文上字,自舌上而出者,言也)。

徐中舒同意鄭樵的説法,指出:"言"的初始形狀由"舌"構成,上面加上一横,表示從舌頭發出的"言",這是指事字。①

(2) 描繪筒子或喇叭的説法。

郭沫若的説法是最有代表性的。② 他引用《禮・樂記》中"大簫謂之言,小者謂之筊"之説③,認爲筒子(簫)是"言"的原意,又引《墨子・兵樂(上)》中所引《古樂府》的"舞羊羊,黄言孔章"(黄指簧,言指簫)爲證。再者,他認爲"言"的" 丫 "字形像英文的 Y,代表筒子的形狀,下方的"口"就是吹筒子的形象。尤其在金文中,兩側附加的兩點像"彭"的"彡",代表音波,後來演變成現在的樣子。因此,"言"原來是一種樂器,後來逐漸擴展爲"語言"和"話語"。即,原始人的"音樂"就是原始人的"話語",他們用樂器的聲音傳達遠方的命令,所以筒子的音轉變爲語言的意義。林西莉(Anna Cecilia Linguibist,1932—2021)也提出類似的觀點,認爲它描繪的是"大笙"。④ 許進雄認爲它畫了一個帶有喇叭形筒的"長管"樂器,這被用作遠距離通信工具。⑤

(3) 描繪鐘的説法。

徐中舒認爲它畫的是反過來的木鐸,其中" 廿 "部分是反轉的

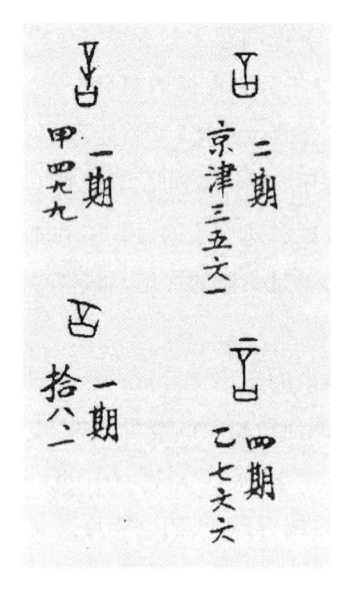

〈圖1〉甲骨文"言"字

---

① "言之初形從舌,加一於上,示言出於舌,爲指事字。"參見"告"字解説。
② 參見《釋穌言》,《甲骨文字研究》第一卷,89—102頁。
③ 言,"編二十三管,長尺四寸"。筊,"十六管,長尺二寸簫一名籟"。參見《儀禮經傳通解》卷 27 注。
④ 《漢字王國》(韓文版),310 頁。
⑤ 《中國古代社會》(韓文版),406 頁。

"言"與"文"系列漢字群的字源所見中國文字中心的象徵體系

木磚形狀,"🜊"表示鐸舌,之後演變爲"告""舌"和"言"三個字。①

(4) 描繪對神的誓言行爲。

白川靜(1910—2006)主張,"言"由"辛"和"口"組成,其中"辛"表示刺青時所用的針的形狀,象徵著發誓時如果違背誓言,便會受到懲罰。"口"表示寫入誓言的物品。②

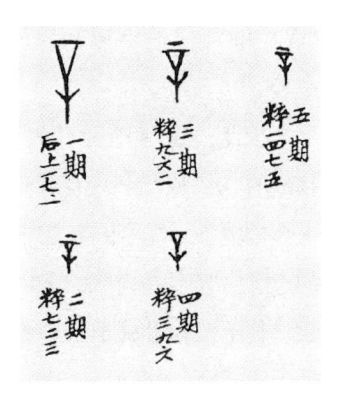

〈圖2〉甲骨文"辛"字

從以上眾多的學說中可以看出,對"言"字字源的解釋包括以鄭樵爲代表的"舌頭"說法、郭沫若等人的"簫""大笙""喇叭""鐘"等樂器的說法以及代表違反對神所發下的誓言時用來懲罰的劍和放置它的容器等等。但在這些之中,筆者認爲郭沫若的說法與"言"的原意最爲接近。但與郭沫若僅將"言"視爲"簫"的看法不同,筆者認爲"言"是表示人的口和發出聲音的簫的"舌",再加上代表"聲音"的抽象符號的橫綫的結構,而這裏的"舌"不是指人的舌頭,而是象徵簫的舌頭。

從甲骨文的"言"(🜊)可以明確地看到,其字形是由"辛"(🜊)和"口"組成。關於"辛"的字形,過去有多種觀點,如"它是雕刻刀,或是一種武器,上部是銳利的斧頭,是被劈開的柴火,是短刀"等等③。但詹鄞鑫論證認爲"辛明確地描繪了雕刻工具"。④ 雖然他沒有提到該工具的材料,但從他所提供的圖片和字形來看,它與某物被劈開的一端的銳利形狀相似。當這種物質一端被切斷時,它足夠堅固和銳利,可以用來在木頭上雕刻文字或對人施加墨刑等。吳其昌早就根據金文中

---

① 《甲骨文字典》卷3。
② 《字統》,268頁;《漢字百話》(韓文版),62—63頁。
③ 引自詹鄞鑫,《釋辛及與辛有關的幾個字》(《中國語文》1983—5),369頁。
④ 參見詹鄞鑫,《釋辛及與辛有關的幾個字》(《中國語文》1983—5),369—373頁。

"辛"和"言"的字形和用例以及它們的義訓對它們之間的關係作出了解釋。①

因此,"言"明確地代表了以竹子爲材料的工具,這一點可以從由"言"構成的"爕"或"記"中得到確認。"爕"是描述用手(又)拿著竹子(言)在火上烤的情景。從中衍生出"充分烹煮"的意思,再次演變爲"和諧"和"匹配"的意思。"記"是由"言"和"己"構成,其中"言"代表竹子,而"己"表示繩索。竹子(言)和繩子(己)在文字產生之前是協助人類記憶的兩種重要輔助手段,分別是書契和結繩,即在竹子或樹木上雕刻符號,並在繩索上打結作記號。而"記"也另寫作"紀",其中的"言"又變爲象徵結繩的"糸"。

又如"戀""欒""鸞""圞""孌""攣""孌""孿"等字中代表了同一字族的"䜌",根據裘錫圭的解釋,它是由"言"與兩個"系"所組成,意義和讀音與"聯"有關。②細察"䜌"的字形,可以明確地看出它是在"言"的兩側增加了絲繩的形狀,可以解釋爲"在長的管樂器(言)兩側裝飾流蘇,以增加其美觀"。③

從這一點看,如《爾雅》所描述的,"言"的原始意義可被視爲"大型笛子"。根據《爾雅·釋樂》,有"大型的稱爲言,小型的稱爲筊"之意。郭璞描述:"大笛由二十三根管子組成,長一尺四寸;小笛由十六根管子組成,長一尺二寸,另有名稱爲籥。"又《爾雅音義》中提到,"言"原寫爲"䇾"。④這意味著當"言"更多地被用來表示"話語"的意義而不是其原始意義"聲音"時,它便與代表製造樂器的材料"竹"結合,衍生出"䇾"。這告訴我們"言"原本指的是一種連接了23根管子的多管樂器,類似大型的笛子。隨著時間發展,當"言"開始表示人的"話語"時,樂器的聲音則由"言"加上表示"聲音"的橫折演變成"音"。

---

① 吳其昌,《金文名象疏證》(《武漢大學文史季刊》5卷3號),轉引自《古文字詁林》第2冊,713—715頁。
② 參見裘錫圭,《戰國璽印文字考釋三篇》(《古文字研究》第10集),再引自《古文字詁林》,第三冊,74—75頁。
③ 許進雄,《中國古代社會》,406—407頁。
④ "言,如字,本或作䇾,音同。"(四庫全書本《爾雅注疏》卷5)

"言"與"文"系列漢字群的字源所見中國文字中心的象徵體系

那麼,"言"(�)字的下部可以解釋爲人的口,上部表示吹笛子時發出聲音的部分,即簧片(舌),而兩側添加的兩筆橫劃可以被視爲笛子的細枝。這兩筆有時被省略,偶爾以兩點表示,可被解讀爲抽象化的從笛子中發出的"聲音"。當古代中國人在漢字中描繪具體的形象時,他們不僅僅是描繪該物件本身,而是將它與人類的行爲相關聯,因此常常以與人體部位結合的方式呈現。例如,當描繪"天"時,他們不是單獨畫出客觀的天空,而是強調了人的頭部與天空的接觸;當描繪"鼓"時,他們會加入手中持有鼓槌敲打的動作;再比如,當表達"買"這一概念時,他們並非只描繪當時作爲貨幣的貝殼,而是繪製用網捕獲用作貨幣的貝殼的場景。① 因此,當描繪笛子時,同時加入吹奏笛子的人的口部,也是這種表示習慣的反映。事實上,當去掉"言"最上方的橫劃時,它會變成"舌",而在"言"上添加一筆會變成"音",這種字形的關聯性也證明了這一點。② 而"舌"( )的形狀看起來舌尖是分叉的,更像是樂器的簧片而非人的舌頭,這與"音"有著意義上的聯繫。再者,與"音"密切相關的"聲"( )也顯示了這種關聯性,因爲它似乎描述了專心聆聽石磬聲音的情景,進一步證明該字的意義源於"樂器"。

當然,針對這樣的解讀,我們可以提出以下幾點質疑。首先,在甲骨文中只有"言"的存在而沒有"音"的出現③,這是否意味著樂器比語言更

---

① 在漢字表達中的這一趨向,筆者稱之爲"重人主義(anthropocentrism)"。而"重人主義"並非指西方對人類本質的主觀認知中的"人本主義(humanism)"那般的觀念,而是指從觀察者"我"的視角觀察並描述人類周邊的各種概念的思考特質。具體的描述請參見《甲骨文中反映的人間中心主義》(《中國學研究》第10輯,淑明女子大學中國學研究所,1996)。

② 郭沫若、李孝定等學者普遍認爲"言"與"音"擁有相同的詞源,之後進行了分化。對此,可參照《甲骨文字集釋》,743頁和759頁。另外,于省吾就此提出了五項證據並進行了詳細的論證,關於此點,可參考《辨 》,30頁下至33頁上(轉引自《甲骨文字釋林》695頁)。

③ 在甲骨文中,"言"與"音"是一同使用的,到了金文時期開始,在字形上加上橫畫(一)以進行區別。關於此,可參考于省吾的《甲骨文字釋林》,以及《釋古文字中附劃因聲指事字的一例》。

219

早出現,並且可以理解爲語言的描繪是基於樂器?① 根據郭沫若的論證,通常帶有無形抽象意義的字符是基於有形具體的物體來命名的。② 也就是說,"言"這個抽象概念可以基於"樂器"這個具體物件來描繪。因此,"音"字在甲骨文中的出現與否,以及"言"和"音"之間的先後順序並不構成問題。再者,從出現的順序來看,自然界的聲音可能比人類的語言更早出現。因此,葉玉森不認爲"言"可以被視爲樂器之聲的觀點難以被接受。

再者,當我們審查甲骨文中的用例時,葉玉森指出"言"在"吉語"或"凶語"中的使用表明其原始意義並非指樂器。③ 但對此,于省吾早已通過甲骨文用例分析指出,在甲骨文時期"音"與"言"是可互換使用的,且在某些情境中,它還被用作"歆"(神或祖先的靈魂樂意接受祭品食物)的意義。這說明在甲骨文時期,"言"已被賦予多種衍生意義,且可能已經失去其原始意義。于省吾還進一步表示"音"和"言"不僅起源於同一源頭,"音"也與"歆"有相同的意義。而"歆"是在"音"的基礎上加上了描述張口吹或吸的"欠",強調了這種動作。④

第三,關於兩側所增加的兩點,于省吾認爲,在古文字中,在字符筆劃的空白處增加點或小橫劃,這只是爲了修飾,沒有特定的意義。然而,按照郭沫若的解釋,將其視爲代表"聲音"的符號是完全沒問題的,甚至認爲將其視爲大樹的小枝或聲音的象徵更爲適合。⑤

綜合上述各種論證,與傳統的將"言"解釋爲"從舌頭發出的話"不

---

① 葉玉森,《殷虛書契前編集釋》第五卷第 24 頁,轉引自《甲骨文字詁林》694—695 頁。
② 郭沫若,《釋龢言》,《甲骨文字研究》第一卷。
③ 葉玉森,《殷虛書契前編集釋》第五卷第 24 頁,轉引自《甲骨文字詁林》694—695 頁。
④ 在甲骨文中,與"歆"有同源關係的"飲",描繪的是一個人伸長脖子,通過大瓶進行飲酒的形象。這讓人聯想到中國的黎族、苗族等少數民族的習俗中,那種同心共飲"同心酒"的場景。
⑤ 然而,仍有兩大疑問尚待釐清,且未來需要更進一步的補充研究。首先,爲何"龠"中的吹口(口)與笛身位置相反?按照"龠(龠)"的形狀,笛的吹口與笛身應當朝同一方向。其次,若"言"與"音"可以互用,而"音"又與"歆"或"飲"有關,那麼爲何在甲骨文的"飲"與"歆"中"言"的形態是相反的呢?這個矛盾點該如何正確解讀?

同，似乎將其解釋爲由"竹管"製成的樂器更具説服力。這從"言"與"飲""音""龠""舌""口""曰"和"聲"等字的比較中也可以看出。傳統的中國文字觀念認爲"文"表示書面語，而"言"是其相對的口頭語。這一觀念也具有很大的象徵意義，與甲骨或青銅器物甚至石刻上記錄的意味著書面語的"文"相比，代表口頭語的"言"具有極高的變動性，如在"變"或"變"的結構中，其初步形式是"大竹"，因而"言"是以竹子製成的竹簡記載的當時的口頭語。

3."言"系列字的語義指向

於此，我們審查了《説文解字》中所記録的屬於"言"部的漢字，從字源的角度研究了其意義的衍生過程。此研究基於甲骨文、金文、戰國文字、小篆等實物資料，以及前人對漢字形態的研究成果，主要針對屬於"言"部的"譻"等共249字和33個變體字①、《説文新附》中新增的"詢"等8字以及屬於"誩"部的"善"等4字，探討了這些字的意義指向。研究發現，相比於其他代表著具有意義的"人的話"，"言"更初步地是指没有具體意義的"聲音"。例如，譻[1]②代表著還不能清晰表達的"嬰兒的話"（賏，嬰的省文），謦[2]表示如擊打石磬般的"咳嗽聲"（殸，磬的籀文）。《説文》將這兩字置於屬於249個言部字的最前面③，説明這些字的意義與"言"的原意接近，而"言"的原意即是"聲音"。其後的衍生意義"話"的最大特點是，"言"系列的漢字所反映的"話"是不可信、虚假的負面認知。具體如下所示：

(1) "言"即"話"明顯地呈現出"虚假"的意義指向。例如，譌[186]由"言"和"爲"組成，表示"用話語進行(爲)"的行爲就是"虚假"，而

---

① 宋本《説文解字》中共計有245個字；而在小篆本中，字數爲246個。雖然丹翁齋的《説文解字注》中記載爲247個字，但他認爲"諡"這個字是後加的，因此正確的字數應爲246。然而，根據臧克和最近的校證（《説文解字新訂》，北京：中華書局，2002.9），他加入了"謨"、"訐"、"誤"等字，認爲正確的字數應爲249。本文沿用了章悦華的修訂版。

② 所提及的字符後面的上標數字代表《説文》中〈言〉部首下的字的順序。以下同。

③ "謦：从言殸聲。殸聲籀文磬字。"《説文》言部。

其後衍生的變體"訛"意味著"用話改變(化)"的事物即是"虛假"。①

(2) "言"即"話",被認爲是"欺騙"或"欺騙的手段"。例如,誘[121]由"言"和"秀"組成,將"優秀的(秀)""話"視爲"誘惑"或"欺騙"。② 又如,詐[194]由"言"和"乍"組成("乍"是"作"的省略形式),表明"話"是"製造出來的事物(作)"③,即話的功能即是欺騙。再者,誑[131](=誆)認爲像瘋子(狂)般的囈語是欺騙④,謊[188]認爲如無盡的河流(㐬)般"沒有邊界的話"衍生爲"胡言亂語"的意思,又從中演變爲"荒唐的話"。⑤ 又如,諞[161]認爲像掛在門上的平板畫框(扁)般"突出的話",即流利的言辭即是欺騙⑥,譎[193]表示像用槍刺一般(矞)傷心的欺騙⑦,唬[182]如老虎(虎)的咆哮般"大聲尖叫"是欺騙的行爲。⑧ 謾[123]意味著長篇大論(曼)的話,而這種冗長的話缺乏真實性,因此衍生出"欺騙"的意思⑨,而詒[133]表示"美好的(漏字部分)"話即是"互相欺騙"的意思。⑩ 除此之外,誂[165]⑪以及後來的諲、諔、詨和譴等也屬於此類。

(3) "說話能力"被認爲不是"能力"而是阿諛奉承者的"狡猾"和"奸詐"。例如,諛[117]表示迂迴或拐彎抹角的(臾)言論即是奉承⑫,

---

① 《說文》云:"譌:譌言也。从言爲聲。"《段注》云:"譌言也:疑當作僞言也。《唐風》'人之爲言',定本作'僞言'。箋云:'爲,人爲善言以稱薦之,欲使見進用也。'《小雅》'民之訛言',箋云:'訛,僞也。人以僞言相陷入。'按爲、僞、譌古同,通用。《尚書》'南譌',《周禮》注、《漢書》皆作'南僞'。"

② 《說文》云:"羑:相詶呼也。从厶从羑。誘,或从言、秀。䅵,或如此。羑,古文。"

③ 《說文》云:"詐:欺也。从言乍聲。"

④ 《說文》云:"誑:欺也。从言狂聲。"

⑤ 《說文》云:"謊:夢言也。从言㐬聲。"

⑥ 《說文》云:"諞:便巧言也。从言扁聲。《周書》曰:'截截善諞言。'《論語》曰:'友諞佞。'"

⑦ 《說文》云:"譎:權詐也。益、梁曰謬欺,天下曰譎。从言矞聲。"

⑧ 《說文》云:"唬:號也。从言从虎。"

⑨ 《說文》云:"謾:欺也。从言曼聲。"《段注》云:"欺也。宣帝詔'欺謾',《季布傳》'面謾'。韋注《漢書》云:'謾,相抵讕也。'"

⑩ 《說文》云:"詒:相欺詒也。一曰遺也。从言台聲。"

⑪ 《說文》云:"誂:相呼誘也。从言兆聲。"

⑫ 《說文》云:"諛:諂也。从言臾聲。"

"言"與"文"系列漢字群的字源所見中國文字中心的象徵體系

而《説文》中與諛同義的譋[118]①和其後的"諂"表示詭計多端,好像要使人掉入坑洞(臽)的言論。詖[29]指的是偏見的言論②,諜[242]如樹葉(枼:葉的本字)般膚淺的言論暗示窺探③,誐[86]表示花言巧語即是狡猾④。在後來的篇章中,"訞"表示扭曲真理的歹毒(夭)言論,"誘"則表示詭計多端的欺騙。

（4）如"變"所示,"言論"被認爲不是恆定的,而是"易變的"不可信的事物。

（5）如"誠"所示,"言論"被認爲只是空談,缺乏實際行動。

（6）如謹[46]⑤和警[80]⑥所示,"言論"總是被認爲是需要"謹慎"和"警惕"的對象。例如,"謹"源於"非常恭敬且小心地(堇)説的言論",從而得到"謹慎"的意思。誡[52]表示對言論的警戒⑦,諅[53]表示對言論的忌諱。⑧另外,諱[54]源於如同圍繞著姓氏一般(韋,圍的本字)阻止言論流出,從而得到"避免説"和"避開話題"等意義。⑨謙[82]表示只有減少言論,即使將它束縛(兼),才會變得"謙虛",並表明這就是"恭敬"的涵義。⑩

（7）如誇[170]⑪和詑[122]⑫所示,良好的"言論"往往代表著"誇張"或

---

① 《説文》云:"譋:諛也。从言閒聲。"《段注》云:"諛也:譋者未有不諛。"
② 《説文》云:"詖:辯論也。古文以爲頗字。从言皮聲。"
③ 《説文》云:"諜:軍中反閒也。从言枼聲。"《段注》云:"軍中反閒也:《釋言》:'閒,倪也。'郭云:《左傳》謂之'諜',今之細作也。按《左傳》'諜輅之'、'諜告曰楚幕有烏'皆是。《大史公書》借爲牒札字。"
④ 《説文》云:"誐:嘉善也。从言我聲。"
⑤ 《説文》云:"謹:慎也。从言堇聲。"
⑥ 《説文》云:"警:戒也。从言从敬,敬亦聲。"
⑦ 《説文》云:"誡:敕也。从言戒聲。"
⑧ 《説文》云:"諅:誡也。从言忌聲。"
⑨ 《説文》云:"諱:誋也。从言韋聲。"《段注》云:"忌也,憎惡也。"
⑩ 《説文》云:"謙:敬也。从言兼聲。"《段注》云:"敬也:敬,肅也。謙與敬,義相成。"
⑪ 《説文》云:"誇:譀也。从言夸聲。"
⑫ 《説文》云:"詑:沇州謂欺曰詑。从言它聲。"《段注》云:"沇州謂欺曰詑:此不見於《方言》。《方言》'秦謂之謾',郭云:言謾詑。詑音大和切。按《戰國策》曰:'寡人正不喜詑者言也。'"

223

"浮誇"。因爲自誇本質上是誇張,而誇張本身又是一種欺騙。例如,誕[171]由言和延組成,表示拉長言論,即誇張。由於言論本身在本質上是誇張的,因此它也具有"誕生"的意思。① 講[172]表示當你誇張言論時,你最終會需要"很多(萬)言論"。② 而誇含有"大大地誇張(夸)言論"的意思,表示吹噓和自誇。譀[169]意指毫不猶豫、大膽地(敢)説話,表示"誇張地説"。③ 謬[187]由"言"和"翏"組成,表示當言論"飛得很高(翏)"時,它就變成了"妄言"或"虛偽的言論",這被認爲是一個"錯誤"。④ 詡[84]表示像揮動翅膀(羽)一樣誇張地"吹噓"言論。⑤ 謣[185]表示像在雨祈禱儀式(雩)中的言論,總是誇張和吹噓的。⑥

(8)"詛""誹""謗"與"訕"等字均帶有"詛咒""誹謗""指摘"和"惡言"之義。例如,"詛[141]"所代表的是向先祖之神(且:祖的本字)進行的口頭詛咒,使他人受害。⑦ 而"謍"和誹[137]⑧是基於錯誤的(非)言論進行的"誹謗","謗"是背後進行的誹謗,而非面對面;"訕"則用高大如山(山)的言辭進行誹謗。另外,誣[136]是巫術行爲中所使用的言辭,旨在詛咒他人,因此有了"毫無根據"之意。⑨ 再者,譸[139]⑩、詶[140]⑪及詉[142]⑫都帶有"詛咒"之義。"詶"的解釋是黃河河畔的沙洲(州,洲的本字)上進行的言論,此乃反映了古時,人們在詛咒敵人時,會將詛咒的言辭和禱告獻給黃河之神,並將刻有此內容的石

---

① 《説文》云:"誕:詞誕也。从言延聲。"
② 《説文》云:"講:譀也。从言萬聲。"
③ 《説文》云:"譀:誕也。从言敢聲。譀,俗譀从忘。"
④ 《説文》云:"謬:狂者之妄言也。从言翏聲。"
⑤ 《説文》云:"詡:大言也。从言羽聲。"
⑥ 《説文》云:"謼:妄言也。从言雩聲。譁,謼或从夸。"
⑦ 《説文》云:"詛:詶也。从言且聲。"
⑧ 《説文》云:"誹:謗也。从言非聲。"《段注》云:"謗:誹之言非也,言非其實。"
⑨ 《説文》云:"誣:加也。从言巫聲。"
⑩ 《説文》云:"譸:詶也。从言壽聲。讀若醻。"
⑪ 《説文》云:"詶:譸也。从言州聲。"《段注》云:"詛也。《玉篇》云:'《説文》職又切,詛也。'玄應六引曰:'祝,今作呪,《説文》作詶,詛也。'"
⑫ 《説文》云:"詉:詶也。从言由聲。"

"言"與"文"系列漢字群的字源所見中國文字中心的象徵體系

頭投入河中的習俗。至於"禱",其意是希望能夠長壽的禱文,而"詶",由和州僅僅在音上有所不同,其義相同。

(9)"言"的結果往往導向"爭執"或"訟事",意味著言論導致事物的失誤。例如,誃[143]指出,過多的言辭(多)將導致爭鬥,最終導致"分裂"①;誖[144]表示,激烈的言論(孛)最終會使事物"混亂"②;誤[146]認爲,愉悅的言辭(吳)將導致錯誤,最終"失誤"③;而註[144]也認爲,美麗的言論(圭,佳的省形)將變得不正確,最終失誤④。另外,由兩個"言"組成的"誩"⑤表示"言之爭";而"善"在小篆裏由"誩"和"羊"組成,表示能夠判斷言之爭(誩)的神聖羊的力量。⑥ 此外,"訟"在"訟事"中表示需要排除紛擾的公正(公)言論;"詾(=訩)"源於熱烈的言論,意味著"喧囂"。

(10)如"訝"所示,具有"疑慮"之意。因此,"人"的"言"應當爲"信",而言辭必須是"誠",方可得"成",這種認識在早期便已形成。⑦ 此外,如"誅"所指,"言"的結果可能是"譴責",在最壞的情況下甚至會導致"斬首"。

4. "言"系列部首字的語義指向

對話的負面形象不僅僅局限於與"言"有關的字。這種傳統也保留於

---

① 《説文》云:"誃:離別也。从言多聲。讀若《論語》'跢予之足'。周景王作洛陽誃臺。"
② 《説文》云:"誖:亂也。从言孛聲。悖,誖或从心。𢘓,籀文誖从二或。"
③ 《説文》云:"誤:謬也。从言吳聲。"《段注》云:"謬也。按謬當作繆。古繆誤字從糸,如綢繆相戾也,《大傳》'五者一物紕繆'是。謬訓狂者妄言,與誤義隔。"
④ 《説文》云:"註:誤也。从言圭聲。"
⑤ 《説文》云:"誩:競言也。从二言。凡誩之屬皆从誩。讀若競。"
⑥ 《説文》云:"善:吉也。从誩从羊。此與義美同意。譱,篆文善从言。"
⑦ 此類的傳統在《穀梁傳》(閔公 22 年)中有精準的反映:"人之所以爲人者,言也。人而不能言,何以爲人?言之所以爲言者,信也。言而不信,何以爲言?信之所以爲信者,道也。信而不道,何以爲道?道之貴者時,其行勢也。"此後的儒家經典更爲具體化,並進一步普及到其他的哲學書籍。如"與朋友交,言而有信"(《論語·學而》)、"言必行,行必果"(《論語·子路》)、"言必先信,行必中正"(《禮記·儒行》)、"揚言者寡信"(《左傳·官人》)和"輕諾者寡信"(《老子》)等。

在形態和意義上與"言"有著緊密關聯的"音"族字中。例如,"音"是在"言"上再加上一橫筆,從樂器(言)中發出的聲音,從而表達"聲音"的意思,並從此延伸到"音樂"的意義。但是,由"音"構成的合成字中,"暗"和"昏暗"的意思得到了典型的保留,從而反映了"聲音"的負面認識。即,"暗"代表由於"音"而變得昏暗的日子,"闇"代表由於昏暗而關閉的門,"瘖"代表因爲喉嚨被堵住而不能發出聲音,"培"代表因爲"土"而顏色變得昏暗,"揞"代表將手放入黑暗之中,"罯"代表被網覆蓋而變得昏暗,"腤"代表煮熟的肉變得色暗,"諳"代表深深地保留著言辭,"黯"代表黑暗和昏暗,"愔"代表深沉和寧靜的心,"窨"代表像洞穴般的昏暗,"瘖"代表在發音時的疾病即"啞"。

5. "言"是"巴洛"(parole)嗎?

從上文考察可知,從形態上看,"言"是一個源於銅鑼或帶有多個孔的笛子等樂器的音響的字符,與描繪開口狀態的"口"形成對照。如果認爲"言"是源於舌頭的形狀,那麼其與法語中"langue"的詞源差異不大。法語的"langage"或英語的"language",其詞源同樣是"langue",在拉丁語中是"lingua",它們都意味著舌頭。但從古代開始,幾乎所有屬於漢字文化圈的國家都將"言"視爲消極的。

另一方面,"口"不僅指代人和動物吃與説的身體器官,還擴展爲指稱房屋的"入口"和器物的口等多種含義,但其原始形態是模仿人類口部的字符。例如,"味"代表口中所感受到的各種味道,"吞"描述口部的吞咽行爲,"名"象徵在夜晚呼喚的"名字","告"意爲用於祈禱的犧牲牛,"否"表示口部否定的行爲,"占"像描述解釋卜辭的行爲,而"咸"代表手持武器並大聲喊叫。像"命"和"君"所展現的,從口中發出的話語也是命令和權威的象徵。再如"吝",其中的意思是美麗的話語應當被節省。值得注意的是,與"言"的衍生字符相比,"口"的衍生字符中較少反映出對話語的不可信與虛僞的消極看法。相反,它包含了口部的實用功能,如吃食、祈禱、解釋卜辭和作爲命令與權威象徵的話語的積極意義。

通過上述的觀點以及從字源的角度進行研究,"言"與西方的"語言"(langue)概念不同,不是作爲人類理性的終極象徵,即所謂的邏各斯,而是隨著時間流逝而不斷變化且當空間改變時無法保持其原始功能的可變物件。換句話說,《説文解字》中記載的"言"及其相關字符並不具有深入靈魂本質的特性,而是帶有"聲音"之意。這樣的"言"並不能傳遞靈魂内部的知識,而僅依賴於發聲器官所發出的聲音,反而被認爲是忘記智慧實質的媒介。

三、"文"是文字嗎?

如序言所述,索緒爾認爲語言研究的具體對象是儲存在每個個體大腦中的社會産物即語言,而文字只是表示音聲的符號。他只選擇與其理論相符的表音文字系統作爲研究對象,排除了由表意系統構成的語言。但即使在表音文字的研究中,他也強烈主張語言和文字的等級次序。例如,他曾説:"自 14 世紀以來,儘管文字的形式保持不變,語言卻在持續進化。從那時起,語言與拼寫之間的不一致性加劇"(28/50)。他稱這種情況爲有足夠力量影響語言並使之改變的"文字的暴政"(31/54),並稱這種現象主要出現在文獻和文學占有非常重要地位的高度文學化的社會,他形容它爲"精神病理學的現象"。索緒爾之所以認爲文字的優越性是一種病態現象,甚至是暴政,是因爲他認爲語言和文字的關係是語言=思考(概念)、文字=物質(音像)。也就是説,語言代表思考和精神,而文字只是容納這種思考的容器和符號。因此,文字並非語言的固有屬性,只是對其進行了形象化的表現。

然而,這種思想並不完全是索緒爾原創的觀念。實際上,這種對文字的蔑視與西方自柏拉圖時代以來的傳統有著深厚的聯繫。在這一觀念中,語言作爲邏輯,被認爲是與真理等同的。而當思考"穿上"文字的"衣服"時,它就失去其本質,遮蔽了思考的真實面貌並進行僞裝。借用柏拉圖説過的,語言代表著生動的記憶,而替代自然記憶的文字則帶有歪曲記憶的暴力和遺忘之意。

然而筆者認爲,索緒爾基於這一西方傳統而對文字下的定義存在誤區。爲何僅將文字的功能視爲暴力,且認爲文字帶來的轉變必定是負面的? 雖然我們會以"文"爲中心來展開此主題,但在漢字文化圈中,文字不僅僅停留於語言的"影像"或"形態"。正如德里達在《文字論》中所提出的,人類發聲器官所產生的具體聲音並非索緒爾研究的對象,因此"抽象的音素不可能與實際的語音相似"(45),這使得索緒爾將文字定義爲"語言的象徵或影像"的論點顯得有問題。索緒爾認爲文字是符號,而將符號認定爲實際的影像或象徵,實際上是將語言理解爲身體;文字理解爲服裝,是外在體系。當然,德里達的觀點並非基於他對漢字文化的深入瞭解,而是出於對歐洲文化的內部批評。在此,筆者試圖解釋"文",並指出其意義與索緒爾所稱的"文字"存在的明顯差異。

1. "文"的字源

在《説文解字》中,"文"被解釋爲"錯畫也,象交文",認爲文的原意是交錯的筆劃。然而,將此視作"文"的原意似乎有些困難。根據甲骨文的紀錄,如"祝髮文身"(《穀梁傳・哀公三年》)和"被髮文身"(《禮記・王制》)等,"文"的原始含義更接近於"刺青"。外框的形狀(大)像人的輪廓,而中間的×、∨、∧、√等符號則表示刻畫在胸前的紋理。[1] 因此,學界對於文的初義代表的是"人體上的紋理,即刺青"基本達成共識。

然而,吳其昌主要根據金文的用例,將"文"與代替神位接受祭祀的"尸童"關聯來進行解釋,認爲"文"描述了整個身體都被複雜的圖案裝飾,並被正式豎立起來接受祭祀的尸

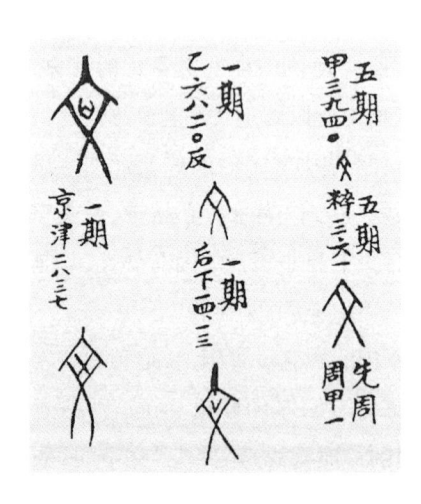

〈圖3〉甲骨文"文"字

---

[1] 商承祚,《甲骨文字研究》下篇。引自《古文字詁林》第8卷,第68頁。

童的形象。從"文身"的意義中演變,導出了"文學""制度""文物"等意義,甚至最終衍生出了"文化"的涵義。從尸童在祭祀中接受祭祀的習俗推測,這"尸童"可能就代表祭祀者的祖父或父親。因此,從經典到供奉在宗廟的青銅器銘文中,如"文考""文母""文祖""文王""文公""前文人"等詞彙屢次出現。"文考""文妣""文父""文母"等意指把尸童裝扮成父母。"文且"是指把尸童裝扮成祖父。"文王"是指將尸童裝扮爲"大行皇帝"。"前文人"則是指把尸童裝扮爲"厤祖厤宗"。①

若追溯到確立這些祭祀制度之前,古人認爲死亡是靈魂從肉體中分離的過程,並通過流血實現。這種關於死亡的認知起源於原始人,這是因爲在當時因事故或猛獸襲擊等流血而死是最常見的死因。在自然死亡的情況下,他們會人爲地在死者身上刺上文身,作爲一種流血儀式的象徵,以確保死者的靈魂能夠從肉體中分離。因此,白川靜也指出:"'文祖'、'文考'、'文母'等都是賦予已故者的尊稱,其中的'文'指的是對已故者進行神聖化的象徵。當死者被埋葬時,有時會在其胸部塗上紅色。"②他將"文"解釋爲爲了使死者變得神聖而在屍體的胸部刻下的刀痕。

許進雄亦完全同意此觀點,並更進一步將這種對於死亡的儀式與古代社會中如"微"等字所反映的"棒殺老人"的習慣連接起來。③ 他認爲,不僅是中國,原始社會中可能很早就普遍存在著殺害衰老虛弱的老人的習慣。④ 例如,在中國,從大約 7 000 年前的廣西省桂林甑皮巖遺址所出土的骸骨看來,在被認爲是 50 歲以上的老年期骸骨中,都發現了人爲的頭骨損傷跡象,這被解讀爲當時殺害老人的證據。⑤ "文"的古老形式描

---

① 吳其昌,《殷墟書契解詁》。引自《古文字詁林》第 8 卷,第 68—69 頁。
② 白川靜,《字統》,759 頁。
③ "微"描繪了一名頭髮散亂的虛弱老者(長)被背後持棒的手(支)猛烈打擊的情景。從這名即將遭受殺害的虛弱老者,產生了"薄弱的""微小的"之意。隨著社會意識的發展,這種行爲在公開場所變得不被容忍,而在秘密地方進行,從而衍生出"秘密的""悄悄地"的含義。
④ 許進雄,《中國古代社會》,368 頁。
⑤ 許進雄,《中國古代社會》,369 頁。

繪了在人的胸部刺上的某種圖案。正如前文所述,古代中國人認爲死亡是靈魂與肉體的分離,而這種分離是通過流血來實現的,因此,他們在没有流血的死者身上刺上了文身,這一做法被形象化爲"文",因此其初始的意思是"圖案"。

文字即是通過特定的彼此交錯的筆劃來形成特定的形體。因此,原本表示"紋路"的意思的"文",也被賦予了"文字"即"字"的意義。之後,用這些字組成的東西,就是"文章"或"文學作品"。於是,"文"主要被用來表示"文字"或"文章"的意義,而當要表示原始的"紋路"意義時,便加入了"糸"部首,形成了"紋"。當然,加入"糸"部首是因爲紡織中的紋理與日常生活有著密切的關係。由此,"文"從身上的紋路發展爲視覺上的美感,再到聽覺甚至哲學上的形式美,最終擴展至"文學"和文學活動的含義。

2. "文"系列字的語義指向

由"文"所衍生的字不是特別多。加上"彡"的"彣"代表文彩璀璨,意味著由紋身產生的色彩之美。在漢字中,"彡"常用來表示色彩、形體或聲音的美感。舉例來說,"虦"指的是身上有美麗花紋的虎,"形"代表外形之美,"彣"代表紋身之美,而"彤"則代表著以紅色裝飾,象徵紅色的美。再者,"彩"表示紋理或光輝的美麗,"彭"象徵鼓聲的美妙,"彫"描述緻密雕刻在四角形盾牌(周)上的花紋①,"彬"表示文彩與背景兼備而發光,而"彰"則意味著刻印的花紋(章)燦爛地發光或顯露。而"彦"指的是優秀的男子,也就是帥氣的男子。② 另外,"產"由"厂""文"和"生"組成,估計代表人出生(生)時,爲了驅趕邪靈並接受祖先的神靈,在前額(厂)上做文身(文)的標記。③

---

① 《説文》云:"彫:琢文也。从彡周聲。"《段注》云:"琢文也:琢者,治玉也。玉部有琱,亦治玉也。《大雅》'追琢其章',傳曰:'追,彫也。'金曰彫,玉曰琢。《毛傳》字當作琱。凡琱琢之成文曰彫,故字从彡。今則彫、雕行而琱廢矣。"
② 《説文》云:"彦:美士有文,人所言也。从彡厂聲。"
③ 白川静,《漢字百話》,38頁。

"文"所呈現的形態與意涵與"凶"(即"兇"的原始形態)有所相似。凶呈現的是在胸部上刺上紋身的形態,看似爲了避邪。爲了增強其意義上的明確性,加入了人的形態(儿),由此衍生出"兇"。接著,"凶"再加上"勹"變成"匈"(即"胸"的原始形態),再次加上"肉"(即月)而發展成"胸"。① 這種在生者身上刺紋的習俗似乎在多個地區都普遍存在。根據史書記載,中國的東南區域如吳和越、東方的少數民族地區、臺灣等地方,也存在這樣的習俗。

3. "文"是"朗格"(langue)嗎?

根據被認爲是漢字最初階段的甲骨文所載,"文字"中的"文"表示在人的屍體上刻下的傷痕(紋身)。在狹義上,它指的是單一的文字,但在廣義上,它又可指文化、文學,以及一般的風俗習慣。"在人的屍體上所刻下的傷痕"所代表的,是文字作爲使從死者的屍體中的靈魂能夠出入的一種門的功能。若進一步擴展此概念,"文"可被視爲連接精神與肉體的橋梁,也是人類精神的痕跡。②

故"彣"雖是藉由紋身呈現色彩之美的字形,但若深入思考,它更象徵著人的精神放射出的光輝,而由"文"衍生的文字多半表達了"美"的概念。例如,《説文解字》對於"辮"的解釋是"表示斑駁的紋路,其中'文'爲意符,而'辡'爲聲符"。但細究其意,其實描述的是利用刻刀(辛)製造出

---

① 除此之外,"凶"字系當中,如:洶、汹、㴄、訩、詾、詨、咰、恟、恟、殈、跔等。這些字背後基於"凶"的基本意義,可以理解爲"新生命",以及爲了新生命之受孕所展現的"生氣勃勃",以及對於賜予新生命的"刀痕"所帶來的恐懼感。因此,"凶"的意向性可以解讀爲:(1)施加刀痕的地方→胸部;(2)刀痕→疤痕→醜陋;(3)被刀割傷的屍體→可怕;(4)施加刀痕的目的→從肉體中分離靈魂→給予新生命→生氣勃勃等層面的擴展。因此,洶(汹/㴄)可以理解爲"水流湍急""←水+活躍",訩(詾/説/咰/詨)代表"喧嘩"←言+活躍",跔意味"腳步聲"←腳+湧現"或"←腳+活躍",恟(恟/恟)意爲"恐懼"←心+刀痕",殈表示"醜陋"←剝皮的骨+刀痕"。這些都可以從字的構造和意義中推斷出來。
② 這樣的功能和形象中的"文"與北美印第安人的原始象形文字有極大的相似性。代表"擁有靈性力量的人"的字符是一個張開雙臂站立的人,其頭部裝飾著頭飾,雙臂上描繪有鳥的翅膀,胸前則繪有心臟。參見 B. A. 伊斯特林著,左小興譯,《文字的產生與發展》,第 71 頁。

的紋路(文)。因此,"辯"可以被解釋爲"紋路的形狀(文貌)"①,最初是在屍體上刻下紋路,但後來其焦點轉向玉石,由此產生了"斑"。再者,"斐"按照《說文解字》的解讀是"表示清晰的紋路(分別文)"。

當然,"文"的意義並非僅僅指向"美"。正如在屍體上刻下的紋路最初是爲了讓靈魂能從肉體中分離一般,"文"在中國歷來都顯示了與"心"緊密相連的傳統。臧克和稱此爲"文心"傳統。② 在甲骨文中,有時可以看到在胸前刻下的紋路中加上了心形,但進入金文時代,"文"字中胸前的紋路傾向於統一爲"心"。這表明當時"文"已經與"心"緊密結合。而且,從《古文四聲韻》中的"籀韻"所收錄的"文"的古文看,"文"之上加了"心"形成上下結構,可以解釋爲在金文中胸部畫的"心"移到外部形成了上下結構。③ 進一步說,作爲複合漢字的組成部分的"文"和"心"有時也會互換。例如,"慶"現在的字形由"心""夂"和縮寫的"鹿"組成。其中"心"意指心情,"夂"表示行動,而"鹿"代表古代慶祝時使用的鹿皮。按照字形解釋,它意味著帶著象徵幸福和欲望的鹿皮等禮物和慶祝的心情訪問舉辦宴會的家。但在甲骨文或金文中,它不像現在那樣,而是僅由"心"和"鹿"或"文"和"鹿"組成。又例如,《說文解字》中"哲"有時被寫作"悊"。如果"文"和"心"可以互換,那麼"文"就成了"心",這兩個概念統一了。

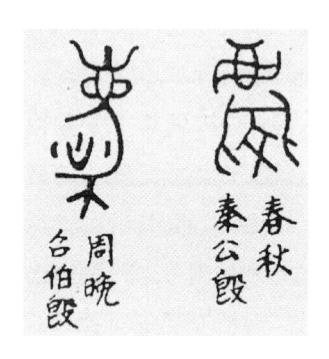

〈圖4〉金文"慶"字

又,"斌"和"彬"爲同義字,由"文"和"武"組成,象徵著兼具"文武"的完美人格,其中"文"代表人的人文精神。這種形象在朝鮮時代的文獻中經常出現,例如用作"儒"的"仗",用現代話來說,它意味著從事人文學

---

① 馬敘倫,《說文解字六書疏證》第17卷,引自《古文字詁林》第8冊,72頁。
② 臧克和,《漢字單位觀念史考述》,13頁。
③ 臧克和,《漢字單位觀念史考述》,18頁。

科("文")的人,這一意義也得到了很好的呈現。

"文"起源於在死屍上刻下刀痕以使靈魂從肉體分離,賦予新生命的原始巫術行爲,因此"文"從一開始就被賦予了作爲人類靈魂出入的"門"之功能。而"文"的這一特性,在其功能在中國從"文章""文飾"進一步到"文心"的過渡中也能得以清晰認識。①

如果索緒爾稱文字對語言有反向影響是"精神病理學的現象",考慮到心靈可能被文字所改變,那麼通過對漢字的字源分析來看,"文"的意義則完全是相反的。正如我們之前探討的,從源出於樂器聲音的"言"中找不到人類心靈的表徵,只有通過源出於爲了給予新生命而在死屍上刻畫的圖案的"文",人的靈魂才得以顯現。②

四、結　　語

在西方的語言和文字、意義和符號的二分法中,文字是爲了表示語言存在的必要之惡,而符號是用於承載意義的容器。索緒爾所認爲的"文字存在的唯一原因就是爲了記錄語言,沒有其他原因"(24/45)體現了西方對文字普遍的偏見,即文字是爲了輔助語言而產生的。而且對語言中和諧共存的符號表示和符號内容進行了分離,文字自產生之初就揭示了其根本的暴力性。文字取代了生動的記憶,在自然實體中插入了虛擬的影像,成爲一種使人遺忘純粹起源(靈魂或意義)的工具。文字從一開始就掩蓋了語言,並通過僞裝弄虛作假,誘使人類走向腐敗,使人們無法接觸到本質,而是沉迷於虛擬。文字作爲扭曲意義的符號,也是身體對靈魂的屬性,是虛擬對真理的屬性,是藝術對自然的屬性。因此,文字是西方爲了建立 Logos 而必須被克服的對象。站在西方現代哲學之巔的黑格爾對文字進行的批評也出於同一背景。但他的文字批評僅停留在表音文字之

---

① 此三種功能和論證,參看臧克和,《漢字單位觀念史考述》,1—47 頁;《中國文字與儒學思想》,189—222 頁。

② 臧克和,《說文解字的文化説解》,251 頁。

前,因爲表音文字是最服從和附屬於語言的文字系統,也因此被認爲是最出色的文字特性。即最服從語言的文字(表音文字)能夠尊重語言的内在觀念性,並通過規避文字產生時的象形性和表示性,在主體内部建立起内在性的基礎,從本質上對語言進行淨化。因此,黑格爾說中國沒有任何關於絶對精神的表示("China"116—139)。雖然這反映了他對中國宗教和文化的"東方偏見",但其根本原因是因爲起源於象形文字系統的漢字不是表音文字,因此無法表示語言中的絶對精神和精神的内在性。

然而,正如通過上述的漢字資源分析所觀察,"言"的起源並非人類之舌,而可能起始於像筑等樂器所發出的特定聲響。追溯組成"言"的複合字之語義指向時,"言"從未真正作爲代表人類精神的有組織的系統而運作。因此,若不將"言"視爲一般人類靈魂的隱喻,而只是現象、部分、易變的人或事物之音,那麼其内部很難有靈魂或精神的介入。所以,當對比著描繪人類嘴巴的"口",並追尋"言"的起源時,認爲文字的產生會隱藏、僞裝,並爲這易變之音的"言"加上面具,實乃不可能之事。

相對之下,"文"避免了"言"所具有的這些不完整性質,與人的精神或内在性質有更緊密的關聯。之所以說"文"從根本上起源於紋理,並不意味著它代表著非精神的肉體之美,或者僅僅是裝飾的表面之美,而是因爲它看似是在有限、消逝於時間之中的肉體上刻劃,實際上是爲了保留人類精神的永恒性。因此,當我們從"言"與"文"這兩個字,以及其相關的系列和派生字中探索時,可以得出一個結論:建立精神内在性的不是"言",而是"文"。

"單"字字形與"單"族字的語義指向

一、關於"單"的字源之傳統解釋

1.《説文解字》的解析

對"單"字字源的論述,最早見於《説文解字》中:

> 單:大也。从吅、甲,吅亦聲。闕。

《説文》中,將"單"視爲由吅和甲所組成,並將其原義解爲"大"。但"單"如何具有"大"的意義,書中並未具體提及。僅有對於吅的描述,《説文》中記載:"驚嘑也。從二口。凡吅之屬皆從吅。讀若讙。"而徐鍇説:"言大則吅,吅即諠也。許慎闕義,至今未有能知之者也。"(《説文解字繫傳》)因此,可以推測許慎認爲"單"的上部是由兩個口組成的,按照徐鍇的説法,兩個重疊的口象徵語意的強調[①],代表口的放

[①] 在漢字中,有著相同形體多次重複的字稱爲"重素字"。關於重素字的意義取向,參見金玲璥,《重素字意味研究》,華東師範大學中文系碩士論文(1998)。

大,即"大"的意思。但若檢查現存的甲骨文和金文,似乎難以按照許慎和徐鍇的方式來理解"單"。

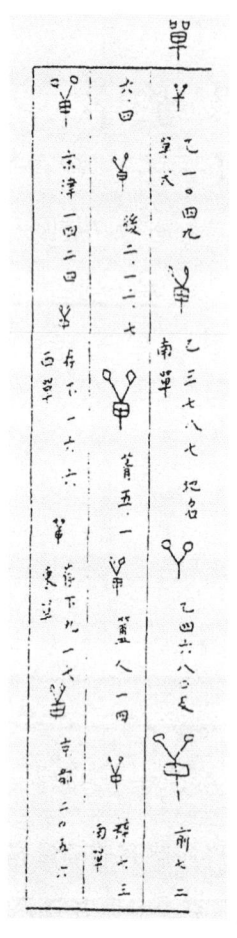

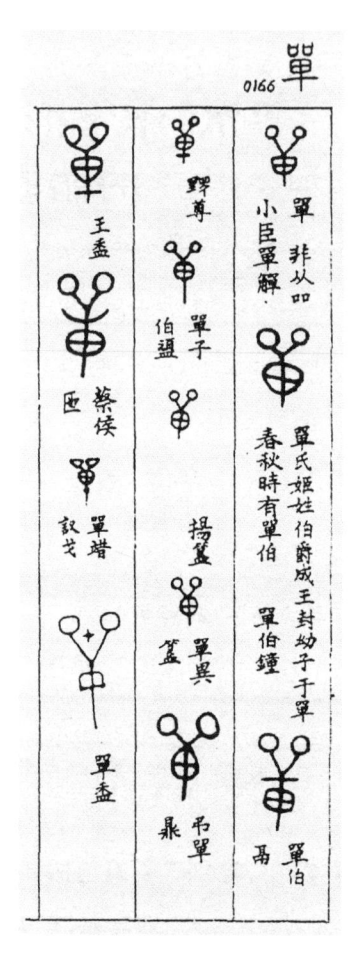

〈圖1〉甲骨文所見"單"字
(《甲骨文編》2.14, 53頁)

〈圖2〉金文所見"單"字
(《金文編》78頁)

正如圖〈1〉、〈2〉中所示,"單"的上部分在戰國時期之前,特別是在春秋、西周或商代的字形中,與"口"完全不同,是一個圓形。因此,《說文》中的小篆形態很可能源自戰國時期開始出現的錯誤變形。許慎基於小篆字形進行了解釋,而徐鍇則進一步補充了許慎的解釋。更重要的是,《說

"單"字字形與"單"族字的語義指向

文》中並沒有涉及被認爲是"單"的主要組成部分的甲。許慎本人也明確表示要"留白"這一點,似不應將"單"解釋爲會意或形聲結構,而應解釋爲合體象形字或象意字。因此,《説文》中的傳統解釋應該説缺乏合理的基礎。

2. 關於甲骨文字形之諸説

① 狩獵工具:羅振玉和伍士謙爲此觀點的代表。羅振玉認爲:"'獸'是由'單'組成的,而'獸'是'狩'的本字,'戰'也由'單'構成。"①由此推測"獸"的原始意義與狩獵有關。伍士謙則説:"'單'是古代的狩獵武器,其形如杆的末端分岔如枝,且在枝端綁有石刀。"②進而認爲"單"既是武器也是狩獵工具,並從中引申出"事""史"和"使"等字。而瑞典的語言學家林奎斯特認爲它描繪了石球,與南美洲印第安人用於狩獵的武器——綁有鐵球的投網(bolas)相似。③

② 武器:根據徐中舒和趙誠的看法,這表示的是Y形的枝端綁著如石斧這樣的鋒利工具,形似戰時所使用的武器。④

③ 干(盾牌):丁山的觀點是最具代表性的。他認爲"單"和"干"在字形、讀音、意義三方面都一致。他進一步指出,"單"和"干"是同一字,彼此之間是古今字的關係。⑤

④ 旗幟:陳邦福和晏炎吾的觀點是最具代表性的。陳邦福説:"'中'表示旗桿,而'吅'表示綁在旗桿上的裝飾。"⑥而晏炎吾則解釋:"他將'單'解釋爲'旂'的原字。"⑦

---

① 羅振玉,《殷契考釋》中,69頁上。轉引自《甲骨文字詁林》第3069頁。
② 伍士謙,《甲骨文字考釋六則》,《古文字研究論文集》(四川大學學報叢刊 第10輯,93—96頁),《甲骨文字詁林》第3071頁。
③ 林西莉(著),河永三等(譯),《漢字王國》,青年社,2002,112頁。
④ 徐中舒,《甲骨文字詁林》,3080頁;趙誠,《甲骨文簡明字典》,217頁。
⑤ 丁山,《説文闕義箋》,轉引自《甲骨文集釋》,429頁。
⑥ 陳邦福,《鎖言》,7頁,下。轉引自《甲骨文字詁林》第3070頁。
⑦ 晏炎吴,《釋單》,《華中師院學報》1983年第1期,132—133頁。轉引自《甲骨文字詁林》第3070—3071頁。

⑤ 祭壇(同墠)：饒宗頤和胡厚宣的觀點最具代表性。饒宗頤根據甲骨文的文例認爲："'單'與'墠'相同，而'墠'與'壇'相似。甲骨文中頻繁出現的'南單'和'西單'指的是'南壇'和'西壇'，尤其是'南單'，即鹿臺的另稱。"胡厚宣也認爲："'單'等同於'墠'，意指郊外的平地。"①他們都認爲其指的是設置在郊外的祭壇。②

⑥ 臺(高臺)：于省吾的看法最具代表性，他表示："'單'意指由土堆砌而成的高臺，而甲骨文中的'四單'即指'四臺'。"③這與饒宗頤和胡厚宣的觀點相似，但不同之處在於他將其解釋爲"臺"，而不是"壇"。

⑦ 社會組織(如廩)：俞偉超認爲："'單'是一地名，也是一社會組織。鹿臺即是廩臺，既是狩獵的場所，也是儲存農具的地方，它代表了商代時期的一種社會組織。"④

⑧ 蟬：林義光主張"單"形似蟬，其中上部分表示眼睛，下部分表示身體和尾部，認爲其是蟬的原始字形。⑤

3. 現有解釋的問題

從以上的主張中可以看到，對於"單"這個字的起源，已經提出了如狩獵工具、武器、盾牌、旗幟、祭壇、高臺、倉庫、社會組織、蟬等多種不同的解釋。每一種解釋都經過了詳細的考證，不僅考察了"單"在甲骨文中的用法，還討論了其在後續社會制度史中的留存形式。

但令人遺憾的是，這些解釋似乎都沒有詳細探討"單"這個字形是如

---

① 胡厚宣，《殷代農作施肥說補證》，《文物》1963年5月，27頁。
② 壇是堆土而成，而墠則是選擇土地但不堆土。在《禮記·祭法》中提到：遠廟稱爲祧，祧有兩種，進行享嘗然後結束。移除祧即爲壇，移除壇即爲墠。壇和墠，有祷告時進行祭祀，無祷告則結束。移除墠則成爲鬼。對此，鄭玄解釋："封土曰壇，除地曰墠。"
③ 于省吾，《甲骨文字釋林·釋單》，131—132頁。
④ 俞偉超，《中國古代公社組織的考察——論先秦兩漢的單·僤·彈》，6—53頁。轉引自《甲骨文字詁林》3072—3079頁。
⑤ 林義光，《文源》："當爲輝之古文，象形。叩象雙目，下象腹尾也。"

238

何與它後來的多重含義相關聯的,以及由"單"組成的其他字(即"單族字")的含義如何與"單"有所聯繫。因此,筆者認爲,爲了更加清晰地釐清"單"這個字的原始字形、意義以及意義的引申過程,我們應該基於以下幾個步驟進行考證。

首先,必須基於"單"這個字的直接字形來進行考證。

第二,需要綜合分析由"單"組成的其他字形,並從中提取共同的語義元素。

第三,透過甲骨文等古代文字及文獻資料的用法,來揭示其意義和相關字的引申過程。

第四,需要確定該字族的語義方向。

最後,應通過人類學的資料來補充上述的論證。

現在,讓我們基於這些原則來綜合分析"單"這個字以及"單族字"的語義取向。

二、"單"的字形與使用情境

1. 文獻中的使用情境

根據《古訓匯纂》(參見〈圖3〉),歷代文獻中"單"的使用情境可以歸納爲以下幾種。①

(1) 大:《説文》
(2) 厚:《群經評議》,《毛詩三》
(3) 獨、孤:《禮記·閒傳》,《資治通鑑·漢紀(45)》

---

① 詳細的用例,請參考宗福邦等(編),《古訓匯纂》,商務印書館,2003年,367—368頁。

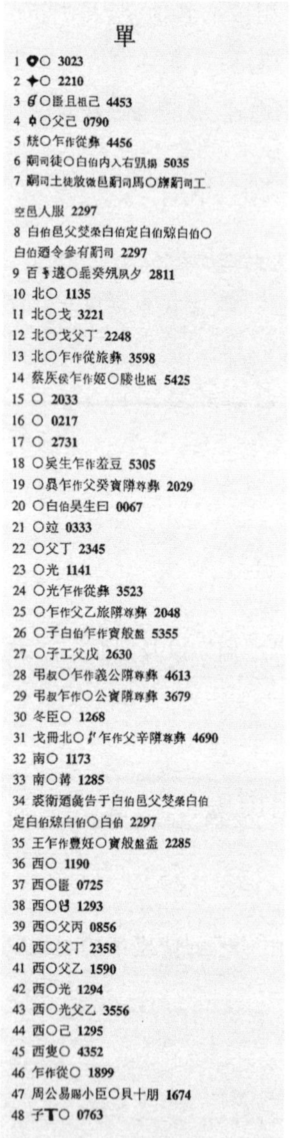

漢字文化學

```
單
1  ●○ 3023
2  ✦○ 2210
3  ⊘○撼且祖己 4453
4  ✿○父己 0790
5  戠○乍作從彝 4456
6  䕺司徒○白向内入右凱揚 5035
7  䕺司土徒敖徽邑蔺向馬○旗蔺司工
空邑人服 2297
8  白伯邑父癸柔白伯定白伯䣄白伯○
白伯酒令参有蔺向 2297
9  百丰遣○羸癸氕夙夕 2811
10 北○ 1135
11 北○戈 3221
12 北○戈父丁 2248
13 北○乍作從彝 3598
14 蔡庆侯乍作姬○媵也匜 5425
15 ○ 2033
16 ○ 0217
17 ○ 2731
18 吴生乍作盉豆 5305
19 ○曩乍作父癸寳障尊彝 2029
20 ○白伯吴生曰 0067
21 ○ 0333
22 父丁 2345
23 ○光 1141
24 ○光乍作從彝 3523
25 ○乍作父乙旅障彝 2048
26 ○子白伯乍作寳般盤 5355
27 ○子工父戊 2630
28 帚叔乍作義公隋尊彝 4613
29 帚叔乍作○公寳障彝 3679
30 冬臣 1268
31 戈冊北○𠂤乍作父辛隋尊彝 4690
32 南○ 1173
33 南○葬 1285
34 裘衞酒藏告于白伯邑父癸柔白伯
定白伯䣄白伯○白伯 2297
35 王乍作豐娃○寳般盤盉 2285
36 西○ 1190
37 西○匜 0725
38 西○𩰬 1293
39 西○父丙 0856
40 西○父丁 2358
41 西○父乙 1590
42 西○光 1294
43 西○光父乙 3556
44 西○己 1295
45 西夌○ 4352
46 乍作從○ 1899
47 周公易賜小臣○貝十朋 1674
48 子丅○ 0763
```

〈圖3〉金文所見"單"字的用例(《金文引得》61—62頁)

（4）一：《詩·大雅·公劉》,《漢書·枚乘傳》

（5）單(雙的反義)：段玉裁的《說文注》,《周禮·天官·王府》

（6）盡、殫：《書·君奭》,《書·洛誥》

（7）畢：《呂氏春秋·禁塞》

漢代及以後的歷代文獻中,對"單"字的訓釋有《説文》解釋的"大"之意、《毛詩》等中解讀爲"厚",此外還有"獨自""單一""非雙""全部"和"完成"等各式各樣的語義。然而,這種多元的用法在金文中卻大多只用於國名或人名中,使得追溯"單"的原始語意變得相當困難。

2. 金文中的使用情境

商代至西周的金文中,如〈圖4〉所示,"單"的使用情境共出現48次。[①] 但似乎這些都只在國名或人名中被使用。例如,在(14)的例子中,經常可以看到作爲國名使用的情境。

"蔡侯作姬單媵匜。"〈蔡侯匜〉

姬單指的是"單"國的女性,且她具有姬氏的姓,這是指她嫁給了姬氏姓的蔡國,如

---

① 華東師範大學中國文字與應用研究中心,《金文引得》(殷商西周卷),廣西教育出版社,2001年,61—62頁。

"單"字字形與"單"族字的語義指向

*(1) 030276: …ⓐ單無災 (건축)
*(2) 031683: 茲用在牢卜 小單.. (복법)
*(3) 034220: 岳于ⓑ岳于三門 岳于南單 …亥貞… (귀신숭배)
(4) 033040: 丙申卜燊人…在樻若 …北 單 (전쟁)
(5) 036475: 庚辰王卜在ⓒ貞今日其逆旅以…于東單無災 辛巳王卜在敏貞今日其从師西無災 (군대, 형벌, 감옥)
(6) 040557: …南單…不吉
(7) 006473: (正) 庚辰卜爭貞爰南單 辛巳卜ⓓ貞燎 貞王惟沚ⓔ比伐ⓕ方帝受我祐 王勿惟沚ⓔ比伐ⓕ方帝不我其受祐二告 二告 二告 (反) 王ⓖ曰吉… 若 …曰吉其受… (전쟁)
*(8) 008303: (正) …ⓗ貞今日…王步 (反) …步于單 (방역)
*(9) 009572: 貞不聾十三月 庚辰貞翌癸未ⓘ西單田受有年十三月 戊子卜ⓓ貞王逐ⓘ于沚無災之日王往逐ⓘ于沚允無災獲ⓘ八 (농업)
(10) 009583: 辛未…ⓘ…單… (농업)
(11) 011501: …柔婼雲自北西單雷…ⓚ星三月 (천문, 역법)
(12) 013568: 辛丑卜貞王往步來覓不… 巳卜ⓓ貞王去作寢 …單 (건축)
*(13) 021457: 取單行女. (기타-2)
*(14) 021729: 癸卯卜貞ⓘ無ⓜ 癸卯…貞丁…單犬 癸卯卜…兄… 癸卯卜無ⓜ丁…月 甲辰…無ⓜ丁…丁…良…夕…率…ⓞ貞…今生… (기타-2)

*(15) 028115: 丁未… 惟東單用 (방역, 공납)
*(16) 028116: …入从南單 …从西 …巳… (방역, 공납)
*(17) 000137: (正) 癸卯卜爭貞旬無ⓜ甲辰…大驟風之夕ⓟ乙巳…ⓠ…五人五月在敦 癸丑卜爭貞旬無ⓜ王ⓖ曰有祟有夢甲寅允有來娘左告曰有往猶自ⓡ十人又二 癸丑卜爭貞旬無ⓜ三日乙卯…有娘單丁人豐ⓢ 于象…丁巳ⓣ子豐ⓢ…鬼亦得疾 …卜…貞…無ⓜ 二告 小告 (反) …四日庚申亦有來娘自北子ⓤ告曰昔甲辰方征于ⓥ俘人十又五人五日戊申方亦征俘人十又六人六月在…王ⓖ曰有祟有夢其有來娘七日己丑允有來娘自…戈化呼…方征于我… 甲子允有來自東…無于薛 …ⓜ (노동계급과 평민)
*(18) 000594: (正) 丁巳…娘單…祟 癸亥卜貞旬無ⓜ (反) …ⓖ曰有祟其 …ⓦ無… 癸酉卜貞旬 (노동계급과 평민)

241

(20)《春秋·莊公元年》中記載:"夏,單伯送王姬。"這也可以證明"單"是國名。①

此外,如(47)所示,在金文中,"單"也經常被用作人名。

"周公賜小臣單貝十朋。"〈小臣單觶〉

在金文階段,"單"只作爲國名或人名使用。但當我們進一步追溯到甲骨文中,可以發現"單"與"狩獵工具"以及爲了狩獵而舉行的祭祀場所有關,這强烈暗示"單"的原始意義與狩獵和狩獵工具有關。現在讓我們來看一下"單"在甲骨文中的使用情境。

3. 甲骨文中的使用情境

在甲骨文中,"單"的使用情境有以下 18 例。②

以上的例子中,標有 * 的號碼(按《甲骨文合集》的分類號碼)是在《殷墟甲骨刻辭類纂》中也被引用的,共計 11 例。《殷墟甲骨刻辭類纂》還包括了從小屯南地出土的三例甲骨和《英國所藏甲骨文》的一例。③

(19)(屯)2658:崇王單
(20)(屯)4325:車單工。
(21)(屯)4362:乙卯卜于南單立丘雨,
(22)(英)754:……南單……不吉。

根據上述的使用情境,"單"在甲骨文中主要有兩種用法。其一是作爲狩獵工具,如上述例子"(13)取單行女(奪取單並派出女子)"。④ 其二

① 陳初生,《金文常用字典》,130 頁。
② 據於臺灣成功大學圖書館,甲骨文全文影像資料庫(http://140.116.209.2/ttscgi/)。
③ 姚孝遂(編),《殷墟甲骨刻辭類纂》,中華書局,1989 年,1172 頁。
④ 崔恒昇(編),《簡明甲骨文詞典》,安徽教育出版社,2001 年,561 頁。

可能是指一種臺或祭壇的名稱,甲骨文中如(7)、(11)、(17)的例子所示,有"東單"、"南單"、"西單"、"北單"的 4 單(4 臺)。根據《史記·殷本紀》記載,武王伐紂時,紂王敗逃後登上了鹿臺。《水經注》中也提到"鹿臺即是南單之臺"。因此,"單"很可能就是一種臺或祭壇的名稱。①

4. "單"字形與原始意義

綜合前述的各種解釋和甲骨文、金文的字形,大家普遍認爲"單"的下部分繪製了類似"畢"②

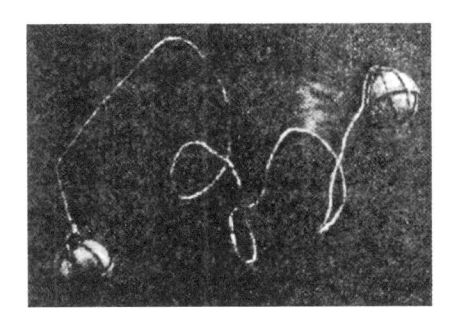

〈圖4〉石球(半坡博物館,陝西,西安,河永三攝)

的形狀,即附有柄的大型網狀物。主要的疑問集中在"單"的上部究竟具體描繪了什麽。儘管甲骨文因其特性難以描繪完整的圓形,但"單"的上部仍被畫成了圓形③,這強烈暗示該部分或該物體具有"圓形"的特性。考慮到這些因素,伍士謙和 Lingquist 的解釋似乎較爲接近。伍士謙認爲它是 Y 型的樹枝末端掛上的石頭,而 Lingquist 認爲它類似於美洲土著在狩獵時使用的"bolas"。徐中舒也認爲它是一種武器,其觀點與伍士謙相同。

筆者亦完全同意"單"描述的是一種狩獵工具的觀點。但與伍士謙認爲下部是樹枝和 Lingquist 只強調它像 bolas 的狩獵工具的看法稍有出入,筆者認爲"單"上部描繪了"石球",而下部則描述了附有手柄的網狀捕捉工具。

---

① 趙誠,《甲骨文簡明字典》,217—218 頁。
② 甲骨文中的"畢"描繪了一個長柄上掛有網的狩獵工具。特別在金文中,"田"經常被加入,這是爲了強調"畢"是狩獵工具。《說文》中也說畢是用於狩獵的網。它從狩獵工具代表狩獵,然後再擴展爲"結束"的意思。
③ 在甲骨文中,由於寫作方法的特點,許多原本是圓形的符號被表示爲方形。舉例來說,"天"在金文(🧍)中描繪了一個人正面的形象,頭頂部分放大,但在甲骨文(🧍)中,這頭頂部分呈現爲方形。同樣地,"元"在金文(🧍)中的頭部是圓形的,但在甲骨文(🧍)中則被表示爲方形。

5. "單"的考古學證據

筆者的這一觀點不僅與"單"在甲骨文和金文中的字形相符,而且在與狩獵工具相關的考古學資料中也可以找到支持。迄今爲止,已經揭示的古代中國的舊石器、新石器時代的狩獵方式中,使用掛有石頭的方法來捕捉動物主要有"飛石索"(又稱"流星索")和"絆獸索"兩種。"飛石索"是指在長達60—70 cm 的繩子的兩端繫上石球,當投擲時,抓住繩子的中間部分旋轉,產生旋轉力,然後將其投向動物進行攻擊或繞住動物,有些情況下,繩子的中部還會再連接上一條繩子,以便投擲後能夠回收。

〈圖5〉利用"飛石索"繞住鹿之圖(漢代畫像石)

"絆獸索"指的是在長桿的末端綁上長繩,並在繩的末端掛上石球來投擲以捕捉動物的工具。使用這種工具時,通常繩索是繞在桿子上的,但在使用時,向獵物努力揮動桿子,當石球上的繩索解開時,它會迅速飛出。即使不擊中,它也會纏繞在獵物的角或身體上,阻止它逃跑。

考慮到狩獵工具的發展過程,最初可能主要使用了"飛石索",之後爲了提高效率和命中率,可能發展成了"絆獸索"。因此,甲骨文中的"單"字的上半部分是對"飛石索"或"絆獸索"的形象化。在中國,這種狩獵方法從很久以前就開始使用,並且在陝西省的半坡新石器時代遺址中也發現了這種跡象,目前正在半坡博物館展出。

1976年於山西省陽高縣許家窯的舊石器時代遺址中,發現了1 059件經過精細加工的石製品,其直徑介於5至10厘米,重量從100克到1.5公斤不等。這一發現證明了在舊石器時代,利用石具進行狩獵的方法已被廣泛應用。

同時,在廣東省的陽春地區獨石仔新石器時代遺址、封開的黃巖洞遺址,以及廣西省桂林的甑皮巖遺址和柳州市的大龍潭鯉魚嘴遺址,也均發現了大量的狩獵用石具。①

這些跡象也可在1979年發現的烏拉特中旗南部山區新石器時代的壁畫中找到。壁畫上描繪的人物呈直立狀態,自然分開雙足,伸平雙臂;雙手周圍繪有飛舞的石球,左邊四顆,右邊五顆。此外,壁畫中還畫有多叉狀角的鹿、長角的山羊、直立的馬以及一個蜷尾的生物②,顯示它們都可能是"飛石索"的狩獵目標。

此外,這種狩獵方式也在〈圖6—7〉的漢朝的畫像石中寫實地呈現。"圖中可見兩只飛鹿,頭上長有樹枝狀的角,伸長脖子飛翔的模樣,兩只鹿之間被一條拋物綫型的長繩綁著。"③這種好像是用"飛石索"纏繞鹿的景象,使人聯想到單字上部的甲骨文形狀。

然而,現在蒙古地區的少數民族所使用的狩獵方法之一,即在棒子的一端掛上圓形的鐵塊以擊打狩獵目標的"布魯(棒)",也可以看作是這種方法的變體④。再者,使用石球的這種狩獵方法在蒙古的多個地區不再作爲實際的狩獵,而是轉變爲一種遊戲,並且至今仍然傳承下來。⑤

從這個角度看,從原始巖畫到山西省許家窑的舊石器遺址,到陝西省的半坡新石器遺址,再到廣東省的獨石仔新石器遺址等多個遺址中發現的石球和使用石球的狩獵方法,都很好地證明了單字上部分確實是描繪用於狩獵的石球。

另一方面,單的下部(甲)與畢的甲骨文形狀極爲相似,學者普遍認爲

---

① 鄧小紅,《兩廣地區原始穿孔石器用途考》(http://www.yingde.gd.cn/htmltext/user.htm),2頁。
② 《石球·石球遊戲》,《内蒙古新聞網》(http://www.nmgnews.eom.cn/news/article/20040130/20040130026112_1.html),2004.01.30。
③ 横104 cm、縱88 cm的畫像石,1982年在河南省南陽市苑城區十里鋪出土,現存於河南省南陽漢畫館。參見《中國畫像石全集》(第6册),河南美術出版社,2000年,161頁。
④ 《中國少數民族文化史圖典》(北方卷·下),廣東教育出版社,1999年,7頁。
⑤ 《石球·石球遊戲》,《内蒙古新聞網》(http://www.nmgnews.eom.cn/news/article/20040130/20040130026112_1.html),2004.01.30。

它代表帶有手柄的網。這種形態在漢朝時期的畫像石上也得到了具體的表現①,使我們能夠確認其真實性,參見〈圖6—7〉。

該畫像石出土於江蘇省的邳州,橫向長450 cm,縱向寬52 cm,描述從家中出發至狩獵的整個過程,其中詳細描繪了各種狩獵工具、狩獵目標和狩獵方法,對於研究漢朝的狩獵隊伍和狩獵方式提供了珍貴的資料。畫像原本是一整塊,但爲了編輯方便已被分成上下兩部分,上部原爲右側,下部原爲左側。如圖所示,上部描述了出征狩獵的場景:狩獵者背對家鄉,騎著馬和坐在馬車上,也有步行的人。騎馬的人背上掛有弓箭和箭筒。馬車由兩匹馬拉動,馬車上人的狩獵器具因石頭損壞而不可辨識。步行的人左手持有大型的網兜,掛在左肩上。有些人還牽著獵犬,可以看到犬頸上的項圈。下部描述了具體的狩獵場景:各種動物受驚而逃竄,狩獵者正全神貫注地使用各種工具狩獵,獵犬也迅速地奔跑著協助。一名騎馬的人正在射擊驚慌的老虎,而其他人則用大網捕捉鹿、兔、雞等。還有人左手持矛,右手持棍,驅趕野獸,獵犬也在協助追捕鹿和兔。② 圖中出現的六個帶手柄的大網,無疑可以理解爲是單字下部的"毘",代表的狩獵工具。

6. 單字字義之引申

細觀之下,"單"的上部確切地形象化了"飛石索"或"絆獸索",而其下部似乎描繪了裝有手柄的大型網。因此,"單"原初的意義應當是描繪用於捕捉獸類的主要狩獵工具,即可以手持的狩獵工具。此解讀亦可從甲骨文中的"𤔔"字,其手(又)部分握持"單"來得到進一步的確認。此外,"單"所蘊含的後續意義,可推測是從最初與狩獵相關的意義中進一步擴展而來。例如,在狩獵活動中,狩獵無疑是人類生存的至關重要的生命

---

① 江繼甚(編),《漢畫像石選(漢風樓藏)》,上海書店出版社,2000年,43—46頁。
② 特別的是,上方的兩人正騎在鳥上,手中持有一種長柄,頂端一分爲二的狩獵工具。其中一個工具上端分叉,另一個則是下端分叉。這兩人騎的究竟是什麼鳥,以及他們手中的武器是什麼,都還需要進一步的闡明。

"單"字字形與"單"族字的語義指向

〈圖 6—7〉狩獵圖（漢代畫像石，江蘇省的邳州。二圖本左右相連）

來源。爲了得到豐盛的狩獵成果，人們會向上天祈禱，可能會在像"單"這樣的祭壇上進行隆重的儀式。因此，"單"最終取得了"設於郊外的祭壇"之意，這在甲骨文的"東單""西單""南單""北單"用例中得到了體現。

另一方面，在古代社會中，狩獵經常與戰爭具有相同的意義。狩獵與戰爭都是人類生存的手段，狩獵的隊伍在戰時就轉化爲軍隊的"陳"。因此，"單"又引申出了"戰爭"之意。由於戰爭和狩獵都需要賠上性命全力以赴，所以產生了"殫"字。此外，涵蓋"單"的狩獵可以獨立進行。因此，"單"再次引申出"單獨"和"獨立"的意義。

正如此，"單"原本表示狩獵工具或狩獵的意義，但後來"單獨"的意義更爲常用，爲了具體表示原初的意義，人們便創造了其他漢字進行細分。即當表示"狩獵"時，考慮到犬常參與狩獵，便加入了"犬"，形成"獸"，因此"獸"的原意是"狩獵"。但爲了區分狩獵行爲與狩獵的目標，"犬"成爲意符，"守"爲聲符，形成了"狩"，專指"狩獵行爲"，於是"獸"的意義被限定爲指代狩獵的目標,即獸類。

另一方面,爲了具體表示"戰爭",在"單"旁加上代表武器的"戈",形成了"戰"。而表示祭祀以祈求狩獵成功的地點時,則在其下加上"土",演變爲"墠"。

這些意義的發展,不僅體現在"單"字本身的用法中,也反映在由"單"構成的單字族群中。因此,後代文獻中所使用的"單"的各種用途,以及由"單"構成的後起字所蘊含的意義,都有助於具體化"單"的原始意義。

三、"單族字"的意義指向

分析由"單"構成的"單族字"的意義走向,對於釐清"單"的語意結構可以提供很大的幫助。《説文解字》及其後的文獻中所出現的"單族字"數量極多。然而,隸變之後出現的漢字在形象性上相對於小篆前期的漢字並不是那麼豐富,即使有,也與"單"字初期的意義有很大的距離,很多都是基於"單"的後期引申意義再次引申,因此與原始意義的關聯性自然也變得稀疏。因此,此處我們首先選擇分析《説文解字》中的"單族字",而其他漢字的研究則預留給未來的研究。

1.《説文》中的"單族字"

在《説文解字》中,我們可以確認到的"單族字"共有 30 例(其中 1 例收錄於《説文新附》)。依照韓國的漢字音順序排列如下:

① 讀爲"단 dan":
單:大也。从吅[①]、甲,吅亦聲。闕。(吅部)
鄲:邯鄲縣。[②] 从邑單聲。(邑部)

[①] 《説文》:"吅:驚嘑也。从二口。凡吅之屬皆从吅。讀若讙。臣鉉等曰:或通用讙,今俗別作喧,非是。"
[②] 在現在的河南省鹿邑縣東南側,原先是漢朝的諸侯國。

248

"單"字字形與"單"族字的語義指向

箪：笥也。① 从竹單聲。② 漢津令：箪，小筐也。③《傳》曰"箪食壺漿"。

匰：宗廟盛主器也。《周禮》曰："祭祀共匰主。"从匚單聲④。（匚部）

癉：勞病也。从疒單聲。⑤（疒部）

襌：衣不重。从衣單聲。⑥（衣部）

貚：貙屬也。从豸單聲。（豸部）

② 讀爲"탄 tan"：

彈：行丸也。从弓單聲。弘彈或从弓持丸。（弓部）

憚：忌難也。⑦ 从心單聲。一曰難也。（心部）

僤：疾也。从人單聲。《周禮》曰："句兵欲無僤。"（人部）

嘽：喘息也。一曰喜也。⑧ 从口單聲。《詩》曰："嘽嘽駱馬。"⑨（口部）

撣：提持也。从手單聲。讀若行遲驒驒。（手部）

殫：殛盡也。从歹單聲。⑩（歹部）

---

① 《說文》云："笥：飯及衣之器也。从竹司聲。"
② 《禮記·曲禮上》有"苞苴箪笥"之語，鄭玄注云："單寬盛飯食者，圓曰單，方曰笥。"
③ 《段注》云："筐笥無蓋，箪笥有蓋。"
④ 《廣雅·釋器》云："匰，笥也。"惠士奇《禮說》卷九："蓋廟有石室，室中有祐有匰，祐爲石函，則匰爲木笥矣。"在王念孫的《疏證》中提到，"匰"與"箪"同。
⑤ 在王筠的《說文句讀》中對"勞病"這樣解釋："凡《詩》《書》言癉，未有真是疾病者也。"所以，它可能只是由於戰爭或狩獵等勞累引起的病態，並不是真正的疾病。
⑥ 《釋名·釋衣》云："無裏曰襌。"它也被稱爲"涼衣"。《方言》云："袀繵謂之襌。"郭璞的《方言注》又云："今又呼爲涼衣也。"
⑦ "急難"是按照段玉裁的《說文注》的解釋"憎惡而難之也"而來的。他還說："凡畏難曰憚。以難相恐嚇亦曰憚。"
⑧ 朱駿聲《說文通訓定聲》云："嘽而莊亦瑞息。"
⑨ 出自《詩經·四牡》："四牡騑騑，周道倭遲。豈不懷歸，王事靡盬，我心傷悲。四牡騑騑，嘽嘽駱馬。豈不懷歸，王事靡盬，不遑啟處。"《毛傳》說"白身黑鬣之馬"，與現代所稱之"大羊駝(Lama glama)"、"家羊駝"不同。
⑩ "殛盡"，《繫傳》寫成"極盡"，《段注》則云："窮極而盡之也。極，鉉本作殛，誤。古多假單字爲之。"

騨：騨騄,野馬也。从馬單聲。一曰青驪白鱗,文如鼉魚。(馬部)

③ 讀爲"선 seon"：

禪：祭天也。从示單聲。① (示部)

蟬：以旁鳴者。② 从虫單聲。(虫部)

墠：野土也。从土單聲。③ (土部)

鱓：魚名④。皮可爲鼓。⑤ 从魚單聲。(魚部)

嬋：嬋娟,態也。从女單聲。(女部)(《説文新附》)

④ 讀爲"전 jeon"：

戰：鬭也。从戈單聲。⑥ (戈部)

檀：木也。可以爲櫛。从木單聲。⑦ (木部)

⑤ 讀爲"천 cheon"：

幝：車弊皃。从巾單聲。《詩》曰："檀車幝幝。"(巾部)

闡：開也。从門單聲。《易》曰："闡幽。"⑧(門部)

燀：炊也。从火單聲。《春秋傳》曰："燀之以薪。"(火部)

繟：帶緩也。从糸單聲。(糸部)

⑥ 其他讀音：

獸：守備者。⑨ 从嘼从犬。(犬部)

---

① 朱駿聲《説文通訓定聲》云："禪爲祭地,壇爲祭天。"
② "䏖",沈濤《古本考》則云："本作脅,不作䏖。"
③ 朱駿聲《説文通訓定聲》云："掃除草穢曰墠,築之堅實者曰場。"段玉裁《説文注》則云："野者,郊外也。野土者,於野治之除草。"《禮記·祭法》又云："是故王立七廟一壇一墠。"鄭玄注云："封土曰壇,除地曰墠。"
④ 《段注》云："鱓魚：今人所食之黄鱔也。黄質黑文。似蛇。"
⑤ 《段注》則云："由古以鼉皮冒鼓。鼉鱓皆从單聲。"
⑥ 商承祚,《二十家吉金圖録》云："古者以田狩習戰陣。戰從單者,示戰争如獵獸也。"
⑦ 《禮記·玉藻》："櫛用樿櫛。"《注》云："樿,白理木也。"白理木的木質堅硬,且具有白色紋理,經常被用作梳子或工具柄。
⑧ "闡幽"則明亮。故王弼《注》認爲"明也"。《呂氏春秋·決勝》："凡兵之勝……必隱必微。……隱則勝闡矣,微則勝顯矣。"
⑨ 獸之原義爲狩獵,隨後演變爲狩獵的目標物,即野獸。《段注》云："守備者：以疊韻爲訓。能守能備,如虎豹在山是也。"

"單"字字形與"單"族字的語義指向

蘄：艸也。从艸斳聲。江夏有蘄春亭。① （艸部）

觶：鄉飲酒角也。《禮》曰："一人洗，舉觶。"觶受四升。从角單聲。臣鉉等曰：當从戰省乃得聲。觛，觶或从辰。觝，《禮經》觶。（角部）

鼉：水蟲。似蜥易，長大。从黽單聲。（黽部）

嘼：㹚也。象耳、頭、足厹地之形。古文嘼，下从厹。凡嘼之屬皆从嘼。② （嘼部）

2. "單族字"的意義指向

基於上述的論證，我們可以推斷"單"中包含的基本意義素爲：1. 狩獵工具；2. 狩獵；3. 戰爭；4. 戰爭的屬性等。而"單族字"基本上是基於這些意義素進行意義上的派生。若運用語義學的義素分析法來具體澄清，其結果如下③：

① 狩獵工具

單［狩獵工具］→石具和撮取之網兩種

彈［弓+狩獵工具］→（利用弓射出的石子）→彈藥④

揮［手+狩獵工具］→（手持狩獵工具）→手持之

獸［犬+狩獵工具］→（利用犬和單進行的狩獵）→狩獵⑤→野生動物

---

① 《段注》云："江夏有蘄春縣，見《地理志》。縣，各本作亭，今正。凡縣名繫於郡，亭名、鄉名繫於某郡某縣。"蘄春縣位於中華人民共和國湖北省東部，長江北岸、蘄水流域，是黃岡市下轄的一個縣。
② 《玉篇》曰："嘼，六嘼，牛馬羊犬雞豕也。養之曰嘼，用之曰牲，今作畜。"
③ 此分析乃依據許成道教授之"漢字意義論"觀念進行。詳細方法與具體應用例子，請參見《漢字意義論序說》。
④ "彈"的甲骨文字形"𢎮"（《前》5.8.4；《合》13523），好像在弓的弦上安裝了圓形的石彈（石球）。隨後在其演變過程中，它由"弓"和"單"的組合而變化，這似乎反映了"單"中所含有的代表"狩獵工具"的石球意義。
⑤ "狩獵"的意義後來分化爲"狩"。

箄 [竹+狩獵工具] → (撮取之網) → 竹制的容器

樿 [木+狩獵工具] → (製作狩獵工具柄的有彈性的木材) → 木材名稱

② 狩獵行爲

墠 [土+狩獵] → (祈願狩獵成功的祭壇) → 祭祀之地

禪 [祭祀+狩獵] → (爲狩獵成功而進行的祭祀) → 獻給地祇的祭祀

匰 [匚+狩獵] → (祈願狩獵成功的祭祀) → 儲存神酒的匰

觶 [角+狩獵] → (在慶祝狩獵成功的宴會中使用的角杯) → 杯子

鄲 [鄉+狩獵] → (狩獵地區) → 地名

鷤 [鳥+狩獵] → (狩獵的目標) → 小鷦鷯

獌 [獸+狩獵] → (狩獵的目標) → 豹

③ 戰爭

戰 [戈+戰爭] → 戰爭

燀 [火+戰爭/狩獵] → (在戰爭/狩獵期間於户外烹煮食物) → 烹飪

襌 [衣+戰爭/狩獵] → (在戰爭/狩獵期間穿著的簡便服裝) → 單衣

繟 [糸+戰爭/狩獵] → (在戰爭/狩獵時穿的簡單衣服) → 解開帶子

鼉 [兩生類+戰爭] → (用於戰爭中製造盔甲的兩生動物) → 鱷魚

鱓 [魚+戰爭] → (用於戰爭中製造鼓的魚皮) → 魚皮鼓

幝 [巾+戰爭/狩獵] → (在戰爭/狩獵中頻繁使用,已經磨損的蓋子) → 破舊的車蓋

闡 [門+戰爭] → (爲了征戰而打開城門) → 打開

驒 [馬+戰爭] → (用於戰爭的馬) → 有閃閃發光斑點的馬

蕇 [草+戰爭] → (能治療戰場傷口的草) → 草名稱

④ 戰争之屬性

憚[心+戰争]→(對於戰争之恐懼)→退避

殫[死+戰争]→(如在戰争中竭盡全力)→竭盡

蟬[蟲+戰争]→(竭盡全力繁衍的蟲)→蟬[1]

嬋[女+蟬]→(如蟬之翼舞於天空的女子)→優雅[2]

僤[人+戰争]→(在戰争中急速前進的人)→迅速

嘽[口+戰争]→(在戰争中急速移動使呼吸困難)→氣喘吁吁

癉[病+戰争]→(在戰争中竭盡全力而感到疲勞)→(因疲勞而)生病

通過以上分析,我們可以發現原本看似鬆散的單族字的語義關係,實際上與單的主要語義“狩獵”和“戰争”有著密切的關聯,而單族字的語義都指向“狩獵”和“戰争”。

- 狩獵
  - 工具—單、彈(石球)、撣、獸、罝、簞(撮取之網)、樿(手柄)
  - 祈願—墠、禪、匰、鄲
  - 對象—鷤、貚
- 戰争
  - 戰争—戰
  - 行爲
    - 出征:闡
    - 野營:燀
    - 服裝:禪、繟
    - 工具:幝(車)、驒(馬)、鼉(鼓)、鼉(鼓)
    - 治療:癉
  - 屬性
    - 忌憚:憚
    - 盡力:殫、蟬、嬋 、僤、嘽

〈圖 8〉“單”字的語義引申

① 動物中,鳥類産卵,而獸類生育幼崽,它們都有“哺育期”。因此,當父母仍然生存時,他們會逐漸老化並最終死亡。但屬於昆蟲類的蟬,在羽化後成爲成蟲,雄蟬在交配後即死,而雌蟬在産卵後也會死亡。因此,蟬是一種其死亡方式相當引人注目的昆蟲(周清泉,《文字考古》第一卷,四川人民出版社,2003 年,820 頁)。所以,“蟬”可以解釋成爲了生殖後代而犧牲生命(單)的昆蟲。

② “禪”似乎是在“蟬”的意義確定之後産生的漢字。

五、總　　結

　　前文結合甲骨文和金文以及文獻中的用例,對漢字中釋義爭議頗多的"單"的字形進行了綜合分析,並參考聯繫了以往學者的研究成果,給出了相應的結論。單字的上部分繪製的是"石球",下部分繪製了配有手柄的大型網,這是對狩獵階段兩大主要狩獵工具的形象化。因此,"單"的原始意義是"狩獵工具",從此演變爲"狩獵"這一意義,而"單"的其他意義則可以確認是從原始的意義中擴展而來。

　　例如,在狩獵時代,狩獵對於人類的生存是至關重要的,因此人們總是爲了獵物的獲得而祈禱。祈禱時建立祭壇,並在郊外隆重舉行。另一方面,在古代社會中,狩獵總是與戰爭具有相同的意義,因此"單"這一詞又產生了"戰爭"這一意義。戰爭和狩獵意味著必須盡力以赴,從中產生了"盡力"這一意義。同樣,包含"單"的狩獵成爲狩獵的最小獨立單位,因此我們可以推斷"單獨"和"獨立"的意義也由此而來。

　　如此,當"單"從其原始的"狩獵工具"或"狩獵"的意義,更多地被用作後來的"單獨"這一意義時,人們爲了更具體地表示其原始意義,開始創建其他的字,從而使意義分化。例如,當表示"狩獵"的時候,人們添加了經常參與狩獵的狗(犬)的形象,從而形成了"獸",因此"獸"的原始意義是"狩獵"。但隨後,爲了區分狩獵的對象和狩獵行爲,人們創造了"狩",其中"犬"是意符,而"守"是聲符,專指"狩獵行爲"。因此,"獸"僅被用來指代狩獵的對象,即野獸的意義。另一方面,爲了表示"戰爭",人們在"單"上加了代表武器的"戈",形成了"戰",專門用來表示戰爭。而爲了表示祈願狩獵成功的祭壇,人們在"單"上加了"土",形成了"墠"。

　　此外,分析《説文》所收錄的 30 例單族字,我們發現其包含了:(1) 狩獵工具;(2) 狩獵;(3) 戰爭;(4) 戰爭的屬性等基礎意義成分。基於這些基礎意義,我們可以看出其語意的派生過程。首先,從狩獵工具的基本意義成分派生的字有:單、彈(石彈)、撣、獸、嚻、簞、檀(把手)等。

與狩獵相關的意義成分中,與祈求豐收的祭祀相關的字有:墠、禪、匰、鄲等;狩獵的目標則有:鴠、貚等。再者,與戰爭的基本意義成分相關的字有:戰;與出征相關的字有:闡;與戰爭行爲中的宿營相關的字有:燀;與軍裝相關的字有:襌和繟;與工具相關的字有:驒(馬)、鼉(鼓)、鼍(鼓)等。至於與戰爭的屬性相關的字,憚帶有"躲避"的意義,而彈、蟬、僤、嘽、癉等字均隱含著"全力以赴"的意義。

　　本論文旨在釐清"單"的字形並明確其單族字的語義取向,通過此研究,我們試圖明確在漢字中具有相同成分的字族所指向的語義連結。爲了構建更完善的研究方法論,我們需要對在以上討論中未被涉及的豐富案例和個別漢字的深入用例進行更詳細的研究。此外,對於在本論文的分析範疇之外的《說文》之後的單族字,也需要進行更有機的分析。通過這些研究,我們希望本論文所使用的方法論可以得到更廣泛的普及和應用。

“一”的象徵和“壹”的原型：漢字的文化性

一、前　　言

“一”是通過怎樣的過程，超越了單純“一”的含義，成爲萬物之源、萬物之元氣、甚至升華爲道的呢？下面我們將從文字學、文獻學、人類學、考古學的角度進行探討。並借此瞭解中國人的原型意識，探討漢字的文化性以及漢字在中國文化形成過程中的多種可能性。

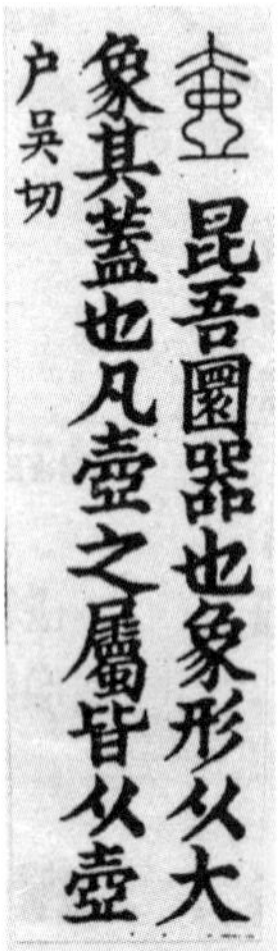
昆吾圜器也象形从大
象其蓋也凡壺之屬皆从壺
户吳切

〈圖 1〉《説文》對“壺”的釋義

下面通過與“一”有相同含義的“壹”字的形成過程，瞭解“壹”與壺、葫蘆的關係。古代中國人認爲壺和葫蘆是宇宙的象徵，是萬物生成的動力，同時也反映了古代中國人的宇宙原型意識。歷代文獻表明，“壹”的義符“壺”就是葫蘆，它象徵宇宙一片混沌，古代中國人認爲這是人類和萬物初始的動力。

這種原型意識至今還存於彝族、納西族、拉祜族等少數民族的創世神話以及葫蘆崇拜意識中。尤其是近期在馬家窑和仰韶文化遺址中發現的紅陶人頭壺和人

"一"的象徵和"壹"的原型：漢字的文化性

頭器口彩陶瓶,這些外形奇特的彩陶體現了"人類始於葫蘆"的神話,同時也反映了人類的原型意識。

"一"和"壹"不是單純地表示"一個"的符號,它包含了關於宇宙的締造和人類形成的古代中國人的原型意識,以及深奧的象徵體系。所以漢字不只是語言的輔助手段,不只是單純的文字符號,它還涵蓋了古代中國人的思維特徵。漢字是表達中國人的思維方式和文化特徵的工具,西方是以字母文字爲中心的"語音文明",而中國文明則是以表意—表音的文字爲主角,所以探索"一"的字源也是理解東方文化的重要手段。

二、"一"的象徵

在漢字中,"一"不僅是表示數位的符號,更是重要的哲學概念。在中國最早的字書《説文解字》(下簡稱《説文》)中,"一"是第一個部首,第一個字,並被釋義爲:"惟初太始,道立於一。造分天地,化成萬物。"(《説文解字》卷一上一部)許慎將"一"看作所有漢字的起始,天地萬物的根源,是中國哲學最基本的也是最高的形而上概念,可以和"道"並駕齊驅,它相當於西方哲學中"Logos"的地位。

這是古代中國哲學家的普遍認識,對他們來説"一"超越了單純的數字,是創世之後在已經秩序化的世界中與"多"對立的概念,用來比喻創世之前世界的神秘狀態。在神話中經常出現關於這種狀態的描述,具體以"混沌""雞蛋""元氣""人體""葫蘆"等異形同質的各種象徵意象來表達。從象徵性的角度來看,這些圖畫沒有太多不同,都與"一"相通,象徵著還沒有明確分化的原始狀態,渾然一體,即萬物的開始一切皆空,不存在任何物體。這意味著道,也代表生成萬物的元氣。下面概括歷代文獻中出現的"一",含義大致如下：

(1) 數字的開始："一者數之始。"
(2) 萬物之根本、始端："一也者,萬物之本也"(《淮南子·詮言》);"一者有之初,至妙者也"(《莊子・天地》注);"一者萬物之所從始也"(《漢書・董仲舒傳》)。

(3) 無,空:"一謂無也"(《周易・繫辭上》、《管子・內業》);"空之謂一"(《鶡冠子・環流》)。

(4) 道:"一,道也"(《呂覽・論人》);"道無雙,故曰一"(《韓非子・揚權》)。

(5) 元氣:"一者元氣也"(《淮南子・精神》);"一者道始所生,太和之精氣也"(《老子》)。

(6) 聚:"一謂不分散"(《荀子・禮論》)。

(7) 專一:"用心一也"(《淮南子・說山訓》)。

〈圖2〉戰國時期的銅壺

尤其《老子》和《莊子》認爲"一"和道相同。"道生一,一生二,二生三,三生萬物"(老子第42章),或者"太初有無,無有無名。一之所起,有一而未形。物得一生,謂之德也"(《莊子・天地》)。這些成爲道家的根本主張。

但"一"是如何超越單純數字的概念而成爲萬物之源,具有了最高的哲學地位的呢?關於"一"的字形,說法很多,有的說是手指的象形①,也有的說像算籌。② 以《說文解字》爲代表,把"一"提升爲某種象徵化的符號。但是"一"的字形過於簡單,想從中找出道、元氣、宇宙萬物形成的根源並不輕鬆,如果通過和"一"含義完全相同的"壹"來進行分析,是可以找出其中秘密的。

---

① 例如,郭沫若在《甲骨文字研究》的《釋五十》(第111頁)一文中指出:"數字始於手指。因此,一、二、三、四皆爲手指形狀之象徵。"

② 引王國維說(戴家祥《金文大字典》上、徐中舒《甲骨文字典》卷一)。

"一"的象徵和"壹"的原型：漢字的文化性

三、"壹"的字形與語義指向

(1) "壹"的字形

目前所見的甲骨文和金文中不見"壹"字，"壹"到了小篆時才出現。① 其在《説文解字》中的釋義爲：

壹，嫥壹也，从壺吉，吉亦聲。②（第10篇下，壹部）

在這裏許慎以"壺"來釋義"壹"的主要義項。那麼，"壺"字到底具有什麼含義？又象徵什麼？是什麼使許慎以"壺"字來闡釋"壹"呢？根據《説文解字》的解釋："壺，昆吾圜器也。凡壺之屬皆從壺。"

壺既是圓器，而"壹"又是萬物之象徵，由"壺"成爲"壹"的義符這件事情來看，可以推斷"壺"不僅是單純器物的名稱，它還包含了更深層的文化象徵含義，很明顯這裏有中國古代人的原型意識。這種象徵和原型到底是什麼呢？爲了探尋這個秘密，我們從以"壺"字爲組字元素的字群入手，分析其中的含義，通過分析得到這些字共同的含義走向，從而推出"壹"字包含的原型含義。

(2) "壺"部首與"凶"的義項

《説文解字》中，"壺"部（第10篇下）的部首字爲"壺"和"壹"，緊隨其後的"壹"部部首字設爲"壹"和"懿"。雖然"壹"被設爲獨立的部

---

① 古代字形演變則如下：🖼壺壺 古陶文 壹 簡牘文 壺 説文小篆。

② 在段玉裁的《説文解字注》中提及："壹"具有"專一"之意，由"壺"和"吉"組成，其中"吉"兼具聲符。然而，除了《説文解字注》外，《説文係傳》《説文校録》《説文句讀》《説文部首訂》等都明確表示"壺"爲義符，而"吉"爲聲符。段玉裁本人並未對"吉"何既是聲符又是意符進行明確的解釋，清代其他《説文》研究者也未對此作出具體説明，因此段玉裁的真正意圖尚不明確。但考慮到"壹"字之前的"壺"字已使用"壺"和"凶"作爲義符，筆者推測"吉"亚非僅僅作爲聲符，更可能兼義，這樣的解釋或許更爲合理，因此追隨段玉裁的見解並作出解釋。

259

首，但很明顯許慎在"壹"的釋義中，已經將"壹"字看作是由義符"壺"和聲符兼義符的"吉"字組成的漢字，所以將"壹"字與屬於"壹"部的"懿"字的釋義與"壺"直接聯繫起來，同時又以"壺"字來爲其定義。在這裏我們重點分析"壺""壼""壹""懿"等字的共同義項，並將其分爲兩個部分進行闡釋。

① "壺"：

《説文解字》關於"壺"字釋義：

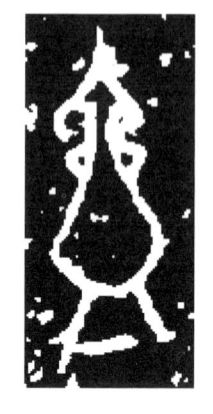

〈圖3〉"壺"的甲骨文（《合集》18560）

壺：昆吾，圜器也。象形。從大，象其蓋也。（第10卷下，壺部）

"壺"早在甲骨文時代就已出現，畫的是圓肚、有蓋、雙耳、由細圓柱體的足支撐的器物。許慎在解釋"壺"字時使用的"昆吾"就很有象徵性，關於這一點，王筠在《説文釋例》中説：

昆吾者，壺之別名。昆讀若渾，與壺雙聲，吾與壺疊韻。

僅是音不同的別名而已，不存在其他含義。張舜徽在《説文約注》中指出發音急促即爲壺，音緩即爲昆吾，將"昆吾"和"壺"解釋爲只是發音緩急之異。①

在中國，"昆吾"的歷史非常悠久，古代用作國名和姓氏，這使我們很難單純地只把它看作是發音不同而形成的別名，其中應該還存在着某種

---

① 壺在古音上，依匣紐魚韻重構爲/ɣɑ/（中古音則爲户吴切，匣紐模韻合口一等平聲音爲/ɣu/）。昆在古音上，依見紐文韻重構爲/kuən/（中古音爲古渾切，見紐魂韻合口一等平聲音爲/kuən/）。吾在古音上，依疑紐魚韻重構爲/ɦɑ/（中古音則爲五乎切，疑紐模韻合口一等平聲音爲/ɦu/）。壺和昆的聲母匣紐和見紐在發音部位與方式上非常接近，因此在古音上兩者很容易互通；而壺和吾的韻母都是魚韻。以上重構的音參照郭錫良的《漢字古音手册》（1986年版），具體頁碼分别爲193、241和91頁。

"一"的象徵和"壹"的原型：漢字的文化性

象徵意義。比如：《詩·商頌·長發》有"昆吾夏桀"之語；《毛傳》云"有昆吾之國"；《説文》《考工記》曰："古者昆吾作陶"；《國語·鄭語》韋昭注云："昆吾，祝融之孫，陸終第三子"；《左傳》有"昔吾皇祖伯父昆吾"之語，杜預解釋云："陸終生六子，長曰昆吾，季曰少連。少連，楚之祖。故謂昆吾爲伯父。"另外，《通雅》認爲"昆吾""昆侖"皆爲渾圓之統稱。

根據以上諸多文獻，"昆吾"有時爲古代中國人的祖先，有時是象徵某種渾圓體。我們從中能夠看到

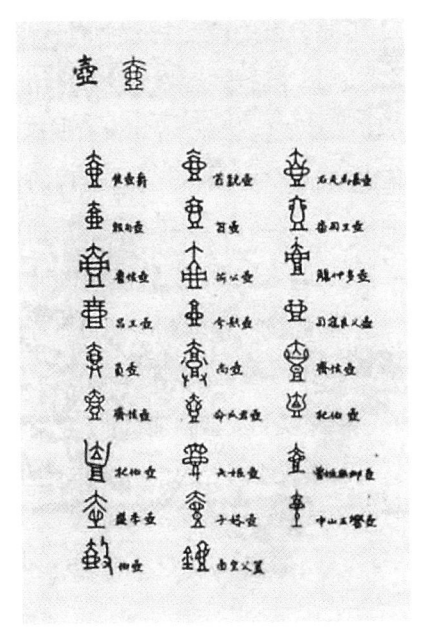

〈圖4〉"壺"的金文字形

以渾天的宇宙和象徵天庭的昆吾來解釋"壺"的痕跡。不僅如此，"壺"還指稱"葫蘆"，"壺盧"與"壺蘆"就是很好的例子。《本草綱目》作了如下解釋：

> 壺盧，俗作葫蘆者，非矣。其圓者曰匏，亦曰瓢，因其可以浮水如泡如漂也。……古人壺、瓠、匏三名皆可通稱，初無分別。……而後世以長如越瓜，首尾如一者爲瓠。瓠之一頭有腹，長柄者爲懸瓠，無柄而圓大形扁者爲匏。匏之有短柄大腰者爲壺，壺之細腰者爲蒲盧，各分名色，迥異於古。[1]

由此可以推斷"壺"指細腰葫蘆，[2]目前常用的"葫蘆"一詞是後來出

---

[1] 李時珍，《本草綱目》卷28"菜部"，"壺盧"條。
[2] 《世説新語·簡傲》也有同例："惟問東吳有長柄壺盧。"

現的,是書寫法錯誤造成的將錯就錯的現象,本來"葫爲蒜名,蘆爲蘆葦之名",所以李時珍"浮在水上的圓滚滚物體稱壺"的説法更準確。在古代"壺""瓠""匏""弧"等字没有明確的分化,一直通用,於是在許多文獻中能看到"壺""瓠""弧"等字通用的示例。這就是《本草綱目》指出的没有細化,作爲"葫蘆"的統稱概念來使用的情況。

以《詩經》爲代表的漢代以前文獻裏主要使用單音節的"壺""瓠""匏"等字,到了南北朝時期由單音節發展爲雙音節,如"葫蘆""壺盧""蒲蘆""胡盧""瓠婁瓜"等。[①]

根據以上文獻,"壺"除了象徵渾圓之外,又與"葫蘆"聯繫在一起,成爲人類和天地萬物的創造與初始的中國神話中的素材出現。

②"壹":

《説文解字》關於"壹"的字形,釋義如下:

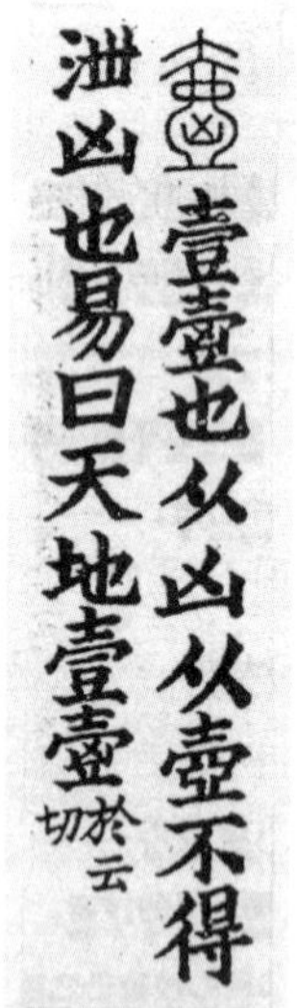
壹壺也从凶从壺不得泄凶也易曰天地壹壺 於云切

〈圖 5〉《説文》對"壹"的釋義

壹: 壹壹。從凶,從壺。不得渫,凶也。易曰: 天地壹壹。(第 10 卷下,壺部)

朱駿聲的説明如下:"壹壹者,雙聲聯綿語,亦作絪緼,作氤氲,作煙煴,氣凝聚充塞之狀。"(《説文通訓定聲》)段玉裁則云:"不得渫也者,謂元氣渾然,吉凶未分。故其字從吉凶在壺中會意。"又云:"蔡邕注典引曰: 煙煙煴煴、陰陽和一相扶皃也。"(《説文解字注》)王筠又云:"《韓詩外傳》陰陽相勝,氛祲絪氲也。"(《説文句讀》)

由此推斷,"壹"是陰氣和陽氣還没分離時,天地元氣彙聚一處創造萬物時的狀態。在這裏需要注意的

① 游修齡,《葫蘆的家世——從河姆渡出土的葫蘆種子談起》,游琪、劉錫誠(編),《葫蘆與象徵》(2001),11 頁。

"一"的象徵和"壹"的原型：漢字的文化性

是將組成"壹"字的兩個義符"壺"和"凶"中的"凶"字放在前邊釋義的現象。"壹"屬於"壺"部，但是沒有將"壺"字放置在前邊，而是將另一義符"凶"放在前，根據以往《說文解字》的規則，這絕對是個例。於是在《說文釋例》中，順理成章的"從壺從凶"，而且明確指出"壺"應該放在前，"凶"放其後。可是，許慎將"壹"歸屬於"壺"部，在釋義體系裏又從"凶"，他在暗示"凶"是"壹"的更重要的義符。

下面來看看決定"壹"字含義時，"凶"比"壺"更爲重要的依據。爲此我們有必要考察"凶"的字形和含義，以及由"凶"字組成的字群的含義走向。漢字"凶"和由"凶"字組成的字群大體分類如下。

(1) 凶系列：凶、兇

(2) 匈系列：匈、胸、胷

(3) 以"凶"或"匈"爲義符的字群：洶、訩、恟、殈、跑

A. "凶"系列：

"凶"①在甲骨文和金文中還沒有出現，到了小篆才姗姗來遲。關於它的字形許慎作了如下解釋：

惡也。象地穿交陷其中也。（第7篇上，凶部）

其中"惡也"的釋義並不是本義，是後來派生出來的含義，"凵"代表凹下去的坑，"×"代表交叉的物品，這種解釋未免過於簡單。還是白川靜的解釋值得我們思考："凵代表胸部，中間的×代表紋身"②。在胸口上紋身，應該與古代人的死亡意識有關。換言之，他們認爲死亡是靈與肉的分離，而靈魂從肉體中分離出來是需要由流血完成的。也許這和狩獵時期自然環境有關，人的死亡主要源於事故，而很少在自然狀態中死亡，所以當時自然死亡相對較少，僅倒被認爲是"非正常"死亡。因爲沒有流血，靈

---

① 古代字形演變則如下： ⊠ ⊠ 簡牘文　⊠ ⊠ 帛書　⊠ 説文小篆。
② 白川静，《字統》(1984)，187頁。

263

魂還沒從肉體分離出來，於是人們認爲在屍身上劃上刀痕，使其流血，就可以實現靈與肉的分離。①

"凵代表胸部，中間的×是紋身"，關於"凶"的這種解釋，在"凶"的俗字㐫上體現得更加明晰。也就是説，在俗字中將"×"寫爲"文"，而這個"文"字就是在人體上紋身的正面象形。

"文"②本義爲"刻畫紋理"，由此衍生出"紋理"。後來以刻畫刀痕表示筆劃交叉的文字，於是衍生出"文字"的含義，原來表示紋理的含義由增加的"糸"字來表示，演變爲"紋"。

在屍身上刻畫刀痕的行爲，人爲地使其流血，這反映了古代中國人的死亡意識，除"文"和"凶"字之外，與此相仿的還有"微"字。

"微"③字，畫的是手拿木棒"攴"在後邊猛擊披頭散髮的病弱老人，④這種現象不僅存在於中國，而是普遍存在於原始社會。"微"字恰恰就體現了這種風俗。⑤考古中也有類似的發現，有些屍體上或周圍撒有朱砂，代表著血。⑥

這正是爲死者種上新靈魂的咒術行爲。古代中國人擁有循環論的自然觀，認爲一個生命的死亡也是另一個生命的誕生。所以關於"凶"字，《洪範·五行傳》注釋中也提到"未亂曰凶"（《説文通訓定聲》），這裏説的"未亂"就是指孕育新生命之前，陰氣和陽氣混在一起的狀態。

雖然在今天"凶"字的含義是負面的，但在以前，"凶"是胸口上的紋身，代表靈魂的產生，從而象徵新生命伊始。只有這種解釋，才可以使

---

① 河永三，《以文化解讀漢字》（1997），141頁。
② 古代字形演變則如下：[甲骨文字形] 甲骨文 [金文字形] 金文古陶文 [簡牘文字形] 簡牘文 [石刻字形] 石刻古文 [篆文字形] 説文小篆。
③ 古代字形演變則如下：[甲骨文字形] 甲骨文 [金文字形] 金文 [簡牘文字形] 簡牘文 [篆文字形] 説文小篆。
④ 自成爲殺害目標的體弱老人，衍生出"衰弱"與"微薄"之含義。隨著認知的進步，人們不再公然進行此等行爲，而選擇於隱密之處秘密進行，從此又產生了"隱秘"與"悄然"的意涵。
⑤ 許進雄，《中國古代社會》，洪喜（譯）（1991），368頁。
⑥ 參見河永三，《甲骨文所見人類中心主義》（1996），52頁。

"一"的象徵和"壹"的原型：漢字的文化性

"凶"字群的含義演變更加自然與合理，比如"兇""匈""胸"等。許慎在《説文解字》中將"凶"釋義爲"惡也"，"惡"是後來派生的含義，是因爲在當時很難找到"凶"字新生命的義項，但是我們在系列字群中可以輕鬆地看到"凶"的這個義項。

"兇"，"凶"字加上"儿"，《説文解字》釋義如下：

擾恐也。从儿，在凶下。《春秋傳》曰"曹人兇懼"。（第7篇上，凶部）

"儿"是人體下肢的象形，"兇"是"凶"字的完整呈現，含義相同。後來"兇"字有了"兇惡""可怕"的義項，也是與屍身有關。換言之，是來自對屍身的恐懼而衍生的一種感覺。①

如此看來，"凶"和"文"一樣，是在自然死亡的屍身胸口上刻畫的刀痕，也是通過刀痕使其流血，從而達到靈魂從肉體分離的效果，可以理解爲這是古代中國人的咒術行爲。通過這樣一個過程，靈魂從肉體中分離出來，而靈魂與肉體的分離又會帶來新生命的開始，這個字也是辯證思維的一種體現。於是"凶"又多了一層含義，就是被刻畫刀痕的部位"胸口"，後來又從胸口上的刀痕產生出"疤痕"的義項，從對屍身的恐懼衍生出"恐懼"的義項。另外從"疤痕"有了看起來很"兇惡"的義項。到這裏，爲了表示原來字義之一的"胸口"而衍生出"匈"字，爲了更加具體，又衍生出"胸"字。

B. "匈"系列："匈""胸""臅"

"匈"，"凶"加上"勹"，《説文解字》如下釋義：

匈，膺也。從勹凶聲。臅，匈或從肉。（第9篇上，勹部）

許慎將"匈"的含義看作是胸口（膺）。雖然他對"匈"的本字"凶"的

---

① 參見白川静，《字統》（1984），188頁，"兇"的解釋。

釋義爲:"惡也。象地穿交陷其中也。"可是對後來產生的"匃"字釋義是準確的。只是許慎只將"匃"的組成部分"凶"看作聲符,事實上"凶"也兼做義符。

一般象形或象意結構的漢字爲了明確其含義,有時會添加具體義符,或者也會將原有的象形或象意要素轉化爲聲符。但是一般被轉化的聲符會比後添加的義符更加能夠體現實際含義,所以應該將其看作義符兼聲符。①

"匃"字,"勹"是人體的側面,"凶"是胸口上的紋身象形,所以其本義是紋身的部位"胸口",但是由於後來爲了強調胸口這個部位,又添加了義符"勹"。與"兑"字在"兑"的基礎上添加"儿"的情況如出一轍。

"勹"和"儿"都代表人,含義並無太大區別。後來,這個字表示"洶湧"或"匃奴",於是添加"肉(月)"字寫成"胸"。將左右結構寫爲上下結構,就有了"䯳",它們之間並不存在意義上的區別。

C. 以"凶"和"匃"字爲聲符的字群

在以"凶"和"匃"字爲聲符的字群中,除(1)和(2)裏提到的字以外還有以下一些漢字:

洶:湧。鼓動聲。波濤洶湧。

汹:水聲,"洶"的俗字。

訩:訟。盈。災禍。亂也。象語。

---

① 對於這種情形,我們或許可以稱其爲"原始文字具備聲旁功能的構字結構"。舉例來說,"暮"源於象徵在䒑之間太陽下沉的"莫"。莫初時代表"黃昏",然而後來因爲轉化爲"不存在"或"勿……"之意,進而加入了"日"作爲意旁,形成了"日"作爲意義部分,"莫"作爲發音部分的結構。然而,"暮"比起"日",更具體地描繪了莫,即"太陽在䒑間落下的景致"。"箕"亦是如此。最初以"其"形象地描繪了籮筐,但當其被用作代詞時,爲了明確其原始含意,又加上了"竹",進而形成了"箕"。雖然"其"具有聲旁的功能,但"其"相對於竹,展現了更加明確的意涵。因此,從某種角度解釋,"莫"和"其"應該被視作同時兼具聲旁和意旁的角色。此外,"它—蛇"、"聿—筆"、"久—灸"、"新—薪"、"辰—晨"、"文—紋"、"且—祖"、"包—胞"、"要—腰"、"酉—酒"、"監—鑑"、"合—盒"、"然—燃"、"何—荷"、"网—冈—網"等,均屬於此種情形。

"一"的象徵和"壹"的原型：漢字的文化性

訩：爭論是非。盈。眾口紛喧。大聲喧嘩。大聲恐嚇。喧戾之聲。

說：同"訩"。

呐：喧。

哅：喧嘩。大聲呼叫。

忷：懼。

恟：懼。同"忷"。

殈：與"兇"通用。

跈：腳步聲。

這些字的共同之處就是以"凶"（兇）爲聲符。雖然是聲符，這些字作爲具有共同元素的字群，它們在含義上一定也存在共性。當然，在形聲結構中，聲符除了具有表音功能外，同時還具有表意功能，這一點在漢字學界已經有一定的研究積累。① 目前的研究成果表明，至少這些字是同一走向且具有同源關係，即使不是同源關係，只要具有相同的聲符也會在一定程度上具有相同的意義走向，即構成以上字群的基本要素"凶"具有以下含義走向。

（1）胸口上的刀痕→胸口

（2）刀痕→傷疤→可怕

（3）有刀痕的屍身→恐懼

（4）刀痕的目的→靈魂從肉體中分離→賦予新生命→氣和運旺盛

組成這些含義的基本要素就是"新生命"，爲了孕育新生命需要凝聚"旺盛的氣運"，另一方面，爲了賦予新生命而帶來的"刀痕"也是令人恐懼的。

---

① 關於聲符的表意功能的研究宋代王聖美的"右文説"最有代表性。

所以,這個字群以基本義符"凶"爲元素,就有了以下義項:"洶/洶(浤)"具有洶湧的義項[←水+旺盛];"訩/訩/説/呟/哅"具有喧嘩的義項[←話+旺盛];"跀"有腳步聲[←(足+趕來)←(足+旺盛)];"忷/恟/恼"具有恐懼的義項[←心+刀痕];"殈"具有可怕的義項[←帶血肉的骨頭+刀痕]等等。

綜上所述,"凶"作爲"壹"的義符象徵"新生命",以此爲元素的字群,無關乎義符還是聲符都具備"新氣運"的旺盛力量的義項,或者與爲了賦予"新生命"的刀痕有關聯。

最初陰氣與陽氣還未分離,宇宙萬物始於這一片混沌狀態的元氣之中。在這個運動過程中,陰氣和陽氣逐漸分離,重新形成沖氣,産生萬物。"壹"代表"絪縕(氤氳)",而"壹"的重要組成元素是"凶",所以"凶"也是"壹"的核心。那麼"壺"就是被這些氣所圍繞的器物,所以對"壹"字的義項起到決定作用的不是"壺"而是"凶",最後得出結論"凶"要先於"壺"。所以,段玉裁雖沒有明確說明,但是肯定看出了這種可能性。

(3)"壹"的部首與義項

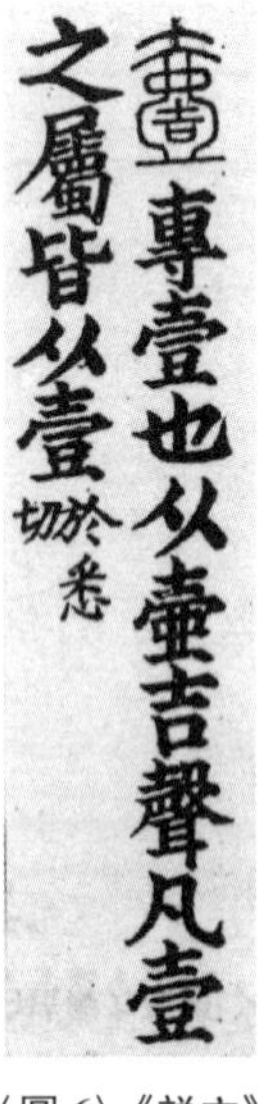

① 對"壹"的解釋。

我們來看王筠《説文釋例》對"壹"的解釋:

> 壹自爲部云,專壹也。從壺吉聲。段氏曰,元氣渾然,吉凶未分。筠案,此語非體天地之撰,通神明之德者,不能道也,其識直出許君上矣。蓋專壹爲引申之義,絪縕乃其本義。

〈圖6〉《説文》中"壹"的釋義

如王筠的釋義,"壹"的本義爲"專一",引申出"生成萬物,氣運旺盛的"的"絪縕/氤氳"。葫蘆象徵宇宙,旺盛的氣運閉合在葫蘆裏,此時陰氣和陽氣還没有分離,處在孕育萬物的準備階段。如果説這個假設成立,那麼"壹"很自然地與前邊的"壺"字産生聯繫,於是解釋也更

"一"的象徵和"壹"的原型：漢字的文化性

合理。在"壹"的釋義中，"壺"和"凶"都是義符；而在"壹"的釋義裏，"吉"爲聲符同時兼義符。

所以段玉裁將許慎"從壺吉聲"的釋義補訂爲"從壺從吉，吉兼義符"。換言之，段玉裁將葫蘆中還没分離的陰氣和陽氣看作是"壹"和"壹"的對稱關係。如果説"壹"是由"壺"和"凶"組成的字，那麼"壹"就是由"壺"和"吉"組成的字。① 宇宙萬物還没形成，元氣還處於混沌狀態，吉既是凶、凶即是吉，也就是説僅僅是名稱不同而已，内容是一樣的。

這麼看來，"壺"象徵宇宙，"壹"的本義表達的是萬物形成之前，陰氣和陽氣還没有分離，元氣充滿宇宙的混沌的樣子。

② "懿"：關於"懿"《説文解字》釋義如下。

懿：專久而美也。从壹，从恣省聲。②（第10篇下，壹部）

對於此，段玉裁指出："專壹而後可久，可久而後美。《小爾雅》及《楚辭》注：'懿，深也'。《詩·七月》傳曰：'懿，深筐也。'深即專壹之意也。"（《説文注》）

金文中，"懿"的早期字形是由"壺"和"欠"組成的"歍"字（沈子簋），在單伯鐘和禾簋等後期金文中，重新添加了"心"字。③ 到了小篆中，"壺"字被寫爲"壹"，"欠"演變成"次"，於是寫成"懿"。段玉裁指出"從恣省聲"的解釋並不是許慎所説，而是後人添加的，應該解釋爲"心"和"欠"還有"壹"爲義符，"壹"也兼爲聲符才準確。正如金文中"懿"的早期字形所示，"壺"是酒壺，"欠"畫的是人張大嘴巴的樣子，於是這個字表現的是人

---

① "或曰，壹從壺中吉，壹從壺中凶，言元氣渾然，吉凶未分也。是壹亦當爲會意字。"（《説文通訓定聲》）
② "懿"的古音爲"影紐質韻"，重構爲/ěit/（中古音爲"乙冀切"，"影紐至韻開口三等"之激昂音，音爲/i/）；"恣"的古音爲"精紐脂韻"，重構爲/tsiei/（中古音爲"資四切"，"精紐至韻開口三等"之激昂音，音爲/tsi/）。參考郭錫良，《漢字古音手册》（1986）第66頁及第59頁。
③ 周法高，《金文詁林》（1981），1068頁。

269

張大嘴喝酒時的滿足,於是就有了美好的義項。①

從中能看出在金文時期人們解讀"懿"字内涵的思路,原來單純的"葫蘆",發展爲不可預測的,象徵内涵深刻的器物"壺";再以"壺"暗指城府深,用心專一;在此基礎上演生出"美麗"和"美好"的義項。很明顯其中融入了當時以許慎爲主的學者對"壺"和"葫蘆"的認知意識。

綜上所述,"壺""壹""壼""懿"與組成這些字的漢字群,其共同的含義走向是"壺",而"壺"又與"葫蘆"有關,無論壺還是葫蘆都象徵着萬物形成之前的混沌的宇宙。

所以,用來釋義"壺"字的"昆"②,金文中畫的是"在兩個人的頭頂上,太陽升起的情形",由此表現太陽升到人的正面,即中午;又擴展爲"天頂的上端"或"正南方"。《通雅》説"昆吾謂圓渾",古代中國人認爲天是圓球型。由於古代中國人認爲天是圓的,於是"昆"就用以指代圓型的物體③,所以就以"昆"來釋義"壺"。而且認爲在圓"壺"中充滿的還未分離的陰氣與陽氣是可以生成萬物的元氣。於是"壺"象徵萬物初始,其原型在葫蘆崇拜的神話中就有體現。

四、葫蘆和葫蘆崇拜神話

(1) 葫蘆與人類的誕生

宇宙始於渾圓體,其形態如同"壺",而這種原型意識又體現在以漢族

---

① 引自于省吾,《釋懿》,《金文詁林》(1981)1608—1609頁。
② 古文字形體演變規則如下: 金文   簡牘文   説文小篆。
③ "昆"除了"圓形的器物"的含義之外,還包括了"子孫""後裔"以及"昆蟲"的意義。人們從"太陽正懸於人頭頂"的景象中,認識到了太陽的"升降循環"。此中蘊含了生命由此種循環中誕生的觀念,即萬物皆從陰陽交互作用中生。因此,該字取得了"子孫"和"後裔"的含義。當太陽穿越天頂時,日光最爲强烈,因而它也象徵"光明"或"發光",有陰之對稱義爲陽。故"昆蟲"可解釋爲具有陰陽特性、在"明處(陽)活躍而在暗處(陰)停止活動"。再者,閃耀的刀具被稱作"昆吾刀"或"昆吾劍",如雲南省的首府"昆明"或"昆陽",昆與明或陽的組合之頻繁,正由於此。參考葉舒憲,《中國神話哲學》(1997),20至23頁。

"一"的象徵和"壹"的原型：漢字的文化性

爲中心的各少數民族的神話和現存宗教習俗中，即"葫蘆"神話和葫蘆崇拜。在中國關於葫蘆崇拜的神話種類繁多、細節多樣，其中最爲典型大概如下。

　　一位家長（父或兄），有一雙兒女（家長的子女，或者家長的妹妹）。被家長囚禁於家中的犪人獲救於這雙兒女，逃出後掀起洪水復仇。不過在此前他已經先將逃亡和自救的方法交給這雙兒女，洪水過後人類滅亡，只有這雙兒女存活下來，這雙兒女由兄妹（或姐弟）變爲夫妻，重新創造人類。①

　　洪水泛濫之中，只有兄妹能夠逃離災難，然而助他們逃離災難的手段，無論哪個神話幾乎都是葫蘆，或者是葫蘆的變形與延伸，有木箱、方舟、鼓等等。根據聞一多先生調查的49種神話和陶陽、鍾秀調查的中國洪水神話②，用來躲避洪水的工具，有24個爲葫蘆，13個爲瓜，共占66種自然物體的56%。人造工具中除石獅子以外，其餘的幾乎都是葫蘆的變形（鼓、壇、桶、舟、鍋），足足有20種，加在一起，共占總數的86.3%。在南方系列洪水神話中，躲避洪水的最好求生手段就是葫蘆，以葫蘆瓢爲主的瓢類，成爲人類初始神話的素材。利用葫蘆躲避洪水或作渡江的工具，不僅出現於神話，即使在今天仍然出現在少數民族的現實生活中。比如生活在海南島的黎族、臺灣的高山族、雲南西雙版納的傣族、廣東地區的客家族、湖北省清江流域的土家族，還有河南省部分地區，至今還在使用葫蘆船，這就是最好的實證。③

　　《詩經·大雅·緜》的首句"緜緜瓜瓞，民之初生"，也與葫蘆有關。另外人類的葫蘆神話，在中國的其他少數民族神話中也經常出現，其中有代表性的有以下幾種。

---

① 聞一多，《伏羲考》（1993），106—107頁。
② 聞一多，《伏羲考》（1993），113—129頁；陶陽、鍾秀，《中國創世神話》（1989），262—266頁。
③ 宋兆麟，《腰舟考》，游琪、劉錫誠，《葫蘆與象徵》（2001），37—40頁。

① 彝族的創世紀傳說

很久以前洪水泛濫,有一支巨大的葫蘆在水上漫無目標地漂着,沒過多久,洪水逐漸褪去,巨大的葫蘆擱淺在一個山頂,從裏邊走出一雙男女。……後來他們兄妹結爲夫妻。過了一年,他們生了一個圓圓滾滾的肉球,於是一氣之下將肉球劈開分了好幾段,並站在山頂上將劈開的肉球拋向四方。……天上飄來一位白髮老者,口念咒文,這些被劈開的肉球瞬間變成了人。①

彝族另一個創世紀故事《梅葛》中有這樣一段記錄:

有個叫"格滋"的天神想更換人種,一連降下 77 天的洪水,只剩下一對兄妹乘坐葫蘆保住了性命。後來妹妹喝了哥哥沐浴的水,有了胎氣產下一個形態怪異的葫蘆。這個形態怪異的葫蘆裏又生出黎族等九個不同的民族。②

爲了躲避洪水使用的工具是葫蘆,唯一存活下來的一對兄妹產下後代的也是葫蘆,可見對於黎族的創世神話,葫蘆就是他們自身的象徵。所以今天的雲南省楚雄黎族自治州,仍有很多人依然認爲葫蘆是自己祖先的化身,并且進行供奉。③

② 拉祜族的創造天地神話

"厄莎"開天闢地,建造了祭祀天神和地神以及自己的廟各四個,但尷尬的是沒有人類可以爲他們祭拜。於是"厄莎"將葫蘆籽灑在地裏,以自己的汗水澆灌。葫蘆籽開始發芽,等過了三年長出了巨大的葫蘆,葫蘆裏生出了叫"娜笛"的女孩和叫"札笛"的男孩。……他們逐漸長大,後來相

---

① 普珍,《破壺成親》,《中華創世葫蘆》(1993),27 頁。
② 陶陽、鍾秀,《中國創世神話》(1989),262 頁。
③ 劉堯漢,《論中華葫蘆文化》,游琪、劉錫誠,《葫蘆與象徵》(2001),61 頁。

"一"的象徵和"壹"的原型：漢字的文化性

愛懷孕。娜笛走到枇杷樹下撫摸枇杷樹枝，樹上就會結滿枇杷果；走進橄欖樹下撫摸橄欖樹，就會結滿橄欖果。……當娜笛生産那天，她産下了九雙兒女。此後這九雙兒女成婚，子子孫孫繁衍生息，於是有了人類，也有了拉祜族。①

拉祜族認爲人類和自己的祖先都起源於葫蘆，對葫蘆有著特殊的感情，所以在民間經常能看到祭拜葫蘆和崇拜葫蘆的習俗。尤其拉祜族的女性對葫蘆更是充滿敬畏。如圖，年輕的拉祜族女性面對葫蘆，跳著表達敬意的舞蹈。陰曆十月是葫蘆成熟的季節，十月十五日是人類始祖娜笛和札笛出生的日子。所以十月十五日是拉祜族的節日"阿朋阿龍尼"，即葫蘆節。②

〈圖7〉拉祜族女子在跳葫蘆崇拜的舞蹈

總之，天地的創造和人類的誕生都與葫蘆有關，中國少數民族的神話普遍存在著葫蘆崇拜。由此得出結論，天地萬物的根源"一"與"壺"有著聯繫，而"壺"又是"葫蘆"的變形，之後再畫成"壹"字。

不僅如此，在漢族的神話中，作爲創造人類的兩位主人公伏羲和女媧，也是葫蘆的另一種標記、另一個稱呼。關於這一點，聞一多先生已經闡釋得非常詳盡。

"伏"在《周易·繫辭下》寫爲"包"，"包"和"匏"的讀音相似，在古代這兩個字通用。《周易》姤九五中說"以杞包瓜"，在《經典釋文》中引用的《子夏傳》和《正義》中將"包"寫成"匏"；《周易》泰九二中"包荒，用馮馬，不遐遺"，這裏的"包"讀作"匏"，可以爲此證明。在《說文解字》中"匏"和"瓠"是互訓，古書中有時也通用，用現代的話說就是"葫蘆"。

---

① 《牡帕密帕》。曉根，《拉祜族：蘆笙戀歌口弦情》（1995），3頁。
② 曉根，《拉祜族：蘆笙戀歌口弦情》（1995），3—4頁。

〈圖8〉葫蘆崇拜：拉祜族始祖的象徵

〈圖9〉"伏羲女媧圖"，大谷探險隊在吐魯番阿斯塔納收集，189 × 79 cm，韓國國立中央博物館館藏。

"羲"另寫作"戲"，《廣雅・釋器》說"匏、瓠、蓉，瓠瓢也"。另外《一切經音義》第18卷中引用了瓠的讀音是"羲"。王念孫指出"瓠"同"瓠"，即"櫨"，《莊子・人間世》《管子・輕重戊》《荀子・成相》《趙策》等都記錄爲"瓠"，其本字應該是"瓠"。《集韻》釋義"瓠"是虛和宜的反切，音同犧，瓠爲瓢。用現在的話說就是"葫蘆"。櫨、樣、桸等三個字是瓠的異體字。

伏羲的書寫法有"羲""戲""希"等三種。常見的是"羲"和"戲"，"希"在《路史・後記二》的注釋中引用《風俗通》時出現。（女媧也另標記爲女希，出現於《初學記》（九）引用的《帝王世紀》和《史記・補三皇本紀》）。筆者認爲包和戲都屬於很早以前的標記法，如果說"包戲"讀作"匏瓠"，那麼就是今天我們所說的葫蘆瓢。但是"戲"在以前讀作"乎"，同"匏"。如果將"包戲"讀作"匏瓠"，其含義就是葫蘆。分爲兩半就是葫蘆瓢，沒分兩半就是葫蘆。這種現象應該是在以前還沒有來得及細分，所以瓠（即葫蘆）和瓠（即瓢）的上古音完全相同。

女媧的"媧"在《山海經・大荒西經》的注釋和《漢書・古今人表》的注釋，以及《列子・皇帝篇》的釋文等的讀音均爲"瓜"。《路史・後記二》

"一"的象徵和"壹"的原型:漢字的文化性

的注釋中引用的《唐文集》將女媧稱爲"匏媧",根據讀音查找含義,其實是"匏瓜"。包戲、匏媧、匏瓠和匏瓜都是對一個詞語的另一種標記法。(庖犧變爲伏希,女媧變爲女希,之後又發生音變爲戲和媧)。伏羲和女媧,雖然是兩種稱呼,其含義的實體是同一個。兩人本來是"葫蘆"的化身,僅是性別之差而已。即指稱女性時爲"女媧"其實和"女媿戲"或"女伏羲"是同一個意思。①

根據伏羲、女媧、匏瓠的音韻關係,伏羲和女媧是同一個人,也是葫蘆的另一種標記法。聞一多認爲伏羲與女媧是大洪水過後唯一僅存的兄妹,以兄妹關係結爲夫妻繁衍了人類,伏羲與女媧其實不是兩個分別獨立的人,而是陰和陽,可以合二爲一的存在。

所以在描畫伏羲和女媧的許多壁畫或圖案中女媧和伏羲的上身分爲兩個,但是下身合二爲一。這體現了結爲夫妻,更表達了陰陽還沒有分化的混沌的世界,元氣在旺盛的運動,象徵著宇宙孕育萬物的階段。②

(2) 盤古開天與對宇宙的認知

神話體現了古代中國人對天體的認知,最爲代表的就是"渾天說"和"蓋天說"。"渾天說"關於宇宙的理論是這樣的:宇宙是天包著地,就像雞蛋有蛋皮(蛋清)包著蛋黃,天是圓的無限往復的轉動一周;"蓋天說"是天圓地方,像屋頂蓋在地上。

縱觀中國古代神話,明顯存有將宇宙理解爲雞蛋或者形同葫蘆狀渾圓體的痕跡。當然他們認爲的天體是渾圓的宇宙觀,到底是接近"渾天說"還是接近"蓋天說",我們另當別論③,但盤古開天的神話是"渾天說"

---

① 劉堯漢,《論中華葫蘆文化》,游琪、劉錫誠,《葫蘆與象徵》(2001),60頁。
② 在韓國,相傳新羅開國始祖朴赫居世因從似朴樹之果實中誕生,故取姓爲"朴",此"朴"可能是對"박"之音譯。值得注意的是,在印度的史詩《羅摩衍那》(第一部分,第37章,第17節)中,也記述了蘇瑪提(sumatis)生下了一個大葫蘆,當人們打破它時,六萬名嬰兒從中誕生。[季羨林,《關於葫蘆神話》,游琪、劉錫誠編,《葫蘆與象徵》(2001),第136頁]從這些記錄來看,葫蘆崇拜的神話並非僅限於中國,至少在亞洲呈現了一種普遍的形象。當然,關於葫蘆崇拜神話在亞洲的普及性,甚至其在全球的普及可能性,還需進一步深入研究。
③ 中國古代宇宙論中,原型較傾向於渾天說而非蓋天說的證據,請參見金祖孟,《中國古宇宙論》(1996),第100至159頁。

的代表。

關於盤古開天的神話記錄,不同文獻稍有區別,其內容大同小異。其中《藝文類聚》引《三五曆紀》最有代表性,大致如下:

〈圖10〉史牆盤(西周,1976年在陝西省扶風縣出土)

天地混沌如鷄子,盤古生其中。萬八千歲,天地開闢,陽清爲天,陰濁爲地。盤古在其中,一日九變,神於天,聖於地。天日高一丈,地日厚一丈,盤古日長一丈,如此萬八千歲。……後乃有三皇。①

從中我們看到,在中國最具代表性的開天闢地神話中,將宇宙視爲天地混沌的"鷄蛋",這是渾天說的直接體現。不僅如此,經過一萬八千年,天地分開,天高多少,地就厚多少,這充分地體現了渾天說的最基本條件。這種原型認識,雖然欠缺直接性,但是在先秦時期的文獻中已經得到了證實。

謂天蓋高,不敢不局。謂地蓋厚,不敢不蹐。(《詩經·小雅·正月》)

不登高山,不知天之高也,不臨深溪,不知地之厚也。(《荀子·勸學》)

認爲天的高度和地的厚度是對稱的概念,也是把天和地放在同等位置上的證據。這種認知在後來的《渾天儀注》中形成體系,稱爲中國最具代表性的宇宙理論之一。另外,關於渾天說的神話,還有八柱和九天、乘槎

---

① 袁珂,《中國神話傳説辭典》(1987),299頁。

昇天、暘谷和昧谷、夸父逐日等。這些神話中,古代中國人將宇宙的樣子視爲雞蛋、壺、葫蘆等圓形的物體。

古代中國人和渾天説有關的對宇宙的認識不僅限於此,從天地創造的主人公盤古的名字中也能找到原型。

衆所周知,盤古開天神話被後人用文字記録了下來。但是在文字記録的過程中,爲什麽神話的主人公名字會是盤古呢?首先我們來看看這個字字形。

《説文解字》將"盤"①視作"槃"的籀文。

> 槃,承槃也。从木般聲。鎜,古文从金。盤,籀文从皿。(第6篇上,木部)

從中我們看到,"盤""槃""鎜"都是盤子。以青銅爲原料就以"金"爲義符,以木頭爲原料就以"木"爲義符,如果強調器物就以"皿"字爲義符,此外別無差異。

但是,許慎所説的聲符"般"中有"盤"的真正義符。根據《説文解字》,"般"②是"辟也。象舟之旋,從舟。从殳,殳,所以旋也。古文般从攴"。但是,許慎所説的"舟"與"凡"的形體近似,凡表示底座高的盤子,所以在這裏就會有些出入。徐中舒關於"盤""般"進行了如下釋義:

> 盤:在甲骨文由"攴"和"凡"以及"口"組成,其中元素"凡"是圈足盤子的象形,上端是盤子、下邊畫的是圈足。這個象形與舟近似,所以有了誤變,形成了般。③

---

① 古文字字形演變則如下:〔圖〕甲骨文〔圖〕金文〔圖〕簡牘文〔圖〕石刻古文〔圖〕唐寫本〔圖〕説文小篆〔圖〕説文古文〔圖〕説文籀文。
② 古文字字形演變則如下:〔圖〕甲骨文〔圖〕金文〔圖〕説文小篆〔圖〕説文古文。
③ 徐中舒主編,《甲骨文字典》(1988),648頁。

"盤"就是圓型器物,圓型的球就是渾天説中説的宇宙的模樣。"般"也可以做以下解釋。

> 般:根據甲骨文由"凡"和"攴"組成。"凡"是"高脚古圈足"的盤子,上邊畫的是盤子,下邊畫的是仙鶴脚。而盤子在製作過程中必須轉動模具來完成,所以就有了"轉動"的義項。①

即"般"的結構是由"舟"(凡之訛變)和"殳"組成,表示用手轉動船(盤字的原形)的象形,"轉動""移動"是其本義。根據神話,天地是在混沌狀態下,陰陽兩種氣體分離,通過衝突和變化的運動而創造形成,最能夠反映這個過程的字就是"盤"。即"盤"是處於混沌狀態的圓型宇宙,"般"象徵陰氣和陽氣運動並互爲轉化的運動屬性。所以"盤"是圓型器物的名稱,也用於開天闢地的神話主人公的名字。並且使用"古"是因爲他並非實際存在的歷史人物,即超越歷史的古人。②

如下例,反映這種認識的還有對盤古的稱呼,叫渾敦氏,而渾敦即混沌,這正是渾天説的象徵。

> 盤古氏:
> 劉恕《外紀》,太極生兩儀,兩儀生四象,四象變化而庶類繁矣。相傳首出御世者曰盤古氏,又曰渾敦氏。

加之,《風俗通義》裏引用了《後漢書・西南夷傳》將盤古寫成"槃瓠"。另外在湖南、廣西等地以槃瓠爲始祖的仡佬族、瑤族、壯族、侗族等

---

① 徐中舒主編,《甲骨文字典》(1988),949頁。
② 若按照正常的詞語結構,表示"古老的盤"應該是"古盤"。但古代漢語與現代漢語不同,存在大量的"被修飾語+修飾語"的結構,且時間越早,這一結構越爲明顯。例如"后稷"(穀物之神:神+穀物)、"神農"(農業之神:神+農業)、"后羿"(箭矢之神:神+箭矢)都反映了此結構。關於句法結構中的這種差異及其意義,請參考橋本萬太郎,《言語地理類型學》(1990),河永三(譯),第45至86頁。

"一"的象徵和"壹"的原型：漢字的文化性

都稱自己是"盤古後裔"。因此創造天地的主人公盤古也與葫蘆象徵有著聯繫。

五、結　語

從上述"一"和"壹"的形成過程以及象徵體系中，我們可以找出漢字在發展過程中已經消失或隱性存在的文化痕跡。漢字的字形和意義體系包含了中國人的認知，所以漢字是對中國人的認知和文化進行重組和再創造的重要文本。

因此一定要打破漢字和文化學之間的界限，漢字不只是單純的語言表現手段，我們應該站在超語言(metalanguage)的角度去研究漢字，要以前理論階段的思維、前哲學的世界觀、前意識形態的總和來進行研究。

另外，還需打破漢字學和思維科學之間的界限。至今對漢字的研究是對漢字本身進行的研究，應該超越純粹的語言學研究，聯繫臨近學科來進行研究，尤其應該將漢字看作保障東亞整體的基石來進行研究。站在這個角度，對漢字的研究應該是將目前爲止的微觀研究拓展爲宏觀研究。

同時，也需要打破東方學和西方學之間的界限，運用西方的多種文化理論，來分析漢字承載的文化意義，以此爲據構建東方式文化學的框架，反過來也可以爲西方文化理論的修正和新解提供良好的資料。

只有做到了這幾點，"Philologie 才領先於 Philosophie"[①]，漢字的研究是文化理論研究再創造的重要文本，是對文化符號的重新認知，這就是漢字對世界文化研究可以做出貢獻的地方，也是可以實現"漢字學世界化"的途徑。

然而至今爲止，西方的傳統觀點仍是語音中心思維，認爲心靈是思想的源泉，追求理性和邏輯的思維占主導位置。所以他們認爲只有符合邏輯規則的思想才是真正的思想，才是真理；思想的真理只有依賴語言的才

---

① 金容沃，《中國語是什麼？——序論》(1998)，9 頁。

可以交流和理解,在聲音語言和文字語言中,只有聲音語言才可以直接表達心靈,文字語言只能是間接的二次的。如果站在這個角度,那麼漢字只能是反羅格斯主義的。所以關於漢字,萊布尼茲曾進行過近乎無知的、非常偏頗的評價:"也許是啞巴創造的。"這一點也恰恰證明了他們閉塞在羅格斯中心主義、語音中心以及歐洲中心的"白色神話"裏。

幸運的是這幾年德裏達(Jaques Derrida)在《論文字學》(Of Grammatology)中,通過"差異/分延"假想中的表意文字,引出了多元價值的認知,至少提出了西方的"語音"中心研究不是"文字"研究唯一的可行性方法,除西方中心、理性中心、語音中心的命題之外其它命題也是可行的。這種論斷對文學、文化等諸多研究產生了深遠影響,從而形成了後現代主義、後結構主義、後殖民主義等等文化思潮。

在尋找文字文明的特徵和重新審視文字文明的價值中,"漢字的文化性"發揮著比任何資料都重要的作用。在東方文化與東方價值觀貢獻於世界文明的道路上,以及在尋找這條道路的研究中,其核心就是"漢字"。

甲骨文所見"天人關係"
——以人類中心的思惟

一、人間與天空

人與天的關係,即"天人關係",是中國哲學的重要範疇之一,從中可以瞭解中國人的自然觀,所以在探討中國人的思維方式時,經常成爲中心議題。

關於天人關係的探討,歷史悠久,早在《尚書》《左傳》,以及《論語》《孟子》《荀子》《墨子》《老子》《莊子》等先秦諸子著作中都有論述。他們有時認爲人與天,即人與自然是對立的存在,人是主體,可以主宰和改造自然;但大多數的時候,他們認爲人與天,即人與自然,是不可分割的有機整體。如果說前者是"天人相分論",那麼後者就是"天人相合"或"天人合一論"。在中國傳統中,後者的比重遠遠超過前者,成爲中國人的主流情緒。因此,天人合一的傳統被視爲中國人的自然觀,甚至可以稱之爲中國認識論的特徵。

當然,從"天"概念的演變史來看,它有時表示人格化的神;有時也表示具有道德屬性的概念;有時還表示人類不能企及的必然命運;甚至有時還表示自然界等多種概念(方克立:1994,72)。不過在甲骨文時期的先秦時代，"天"主要用以指代除了人以外的自然界所有，將"天"的概念上升到哲學層面並進行系統整理的是在先秦諸子時代。

本文將通過漢字的形成過程，探討中國特有的思維方式，即"天人合一"的傳統在哲學文獻還未產生的甲骨文時期是怎樣體現的；同時考察"天人合一"傳統的初期特點和原始形態，以及能夠帶來此思維特徵的有關基因問題。

通過文字體系來考察其思維體系，首先要建立在該文字體系能夠體現使用民族思維方式的前提之上。關於語言與思維的相關性，洪堡（Wilhelm von Humboldt, 1767—1835）曾指出其重要性。而薩皮爾（Edward Sapir, 1884—1939）和沃爾夫（B. L. Whorf, 1897—1941）繼承了洪堡的觀點，提出了語言決定思維方式的"薩皮爾-沃爾夫"假說（Sapir-Whorf hypothesis）。雖然不能像薩皮爾-沃爾夫假說那樣，認爲語言決定了人的所有思維，但語言與人的思維方式之間的緊密關聯是無庸置疑的。

通常，文字與思維體系間的關係，不是單方面的影響和體現，而是相互依存相互影響的。由於文字是人使用的，所以必然體現了使用民族的思維方式。從這個角度來看，人的思維方式會影響文字的創造，一旦這種思維體系反映在文字體系中，該文字體系又會反過來促進使用該文字的民族思維，使之更加成熟并得到發展和穩固。因此，"文字創造是爲了儲存、交流、傳承已有的思維成果，人類成熟的思維是在創造和使用文字的過程中形成的。只有當某種思維可以被保存時，它才能被反復交流和傳承，而只有在這種交流和傳承的探討中，才能真正成熟。從這個意義上講，成熟的思維或人類的真正文明，是通過文字的創造和使用逐漸形成的"（王樹仁：1996下，222）。

從此角度看來，人類的思維透過語言（文字）這件外衣得以表達，而語言（文字）的使用對思考方式的確定有所影響。因此，漢字，作爲在所有文字中最能系統化地保存象形性的一種，無疑是通過其形成過程來確認中國人原始思考模式的優良資料。

漢字不僅是外在的文字形式，也是龐大的符號系統和象徵系統，還是賦有形象思維的中國人，歷經漫長歲月積澱而成的心理結構。甲骨文是我們現在能夠系統研究的最早漢字體系，所以甲骨文是研究初期中國人思維系統的重要資料。尤其是甲骨文所呈現的意識形態不僅限於商代，它可以上溯到更早時期。因此我們看到的甲骨文雖是商代記錄，但事實上商代甲骨文並不是漢字的初級階段，它已經是相當成熟的文字系統，是經過漫長歲月的打磨，歷經漸進過程的文字體系，所以它的形成時期遠遠早於商代，這也意味甲骨文所體現的意識形態的時代會更早。

雖然系統地考察甲骨文形成過程並不是件容易的事，但從甲骨文所體現的意識形態來看，它比我們目前能看到的其他任何資料，都更完好地保存了原始形態。因此漢字，尤其甲骨文對於探討天人關係論產生階段的原型具有重要意義，通過甲骨文探討天人關係是後來中國哲學的中心議題。站在方法論的角度，通過漢字的形成過程，對商代及以前的部分意識形態進行研究，將是連接漢字學與文化研究的一次嘗試。

二、"頭頂"與"天"

大自然是人類的活動空間，也爲人類提供了生活必需的物質條件。自然環境和人到底存在著怎樣的關係？當人類開始學會思考時，所遇到的最根本問題就是人與自然的關係。在哲學還沒有對此進行研究的時候，中國人認爲這是人和天，或人和神的關係。

中國人始終認爲自然或天，是與人緊密相連的，而人是自然的一部分。所以，他們感受到的自然之神是具有影响力的、日常生活中的神，且非常具體和形象。

形象思惟的發達——意味着抽象思維的缺乏——使得在中國"神"作爲抽象概念出現的時間很晚。在定居的農業社會中，由於其社會特性，人們相對其他社會更加依賴自然力量。所以他們將神細分爲電神、天神、雲神、風神等（其實這些神都能夠以"天神"或者以抽象的"神"來統稱）。但是遊牧社會就不同，對於遊牧民族，自然神沒必要像農耕社會那樣細化，所以他們在很早的時候就出現了抽象概念的神。可是在中國到了西周時期,才出現抽象概念的神,漢字"神"才被用作表示抽象概念的神。

因此,在甲骨文時代,儘管"神"字確實存在,但不是抽象概念,而是作爲具體神的名稱出現。也就是説,在甲骨文中出現了自然神、穀神、土地神、祖先神等記錄,但還沒出現統稱神的文字元號。所以當時雖然有關於神的記錄,但不是抽象概念的神,而是以電神來體現的自然神,其概念具有局限性。

同理,周代以後出現的最高神"天",在甲骨文時期還不具備"神"的概念,在殷商時期,"帝"代表地上神,同時還擁有祖神的含義,儘管"帝"代表地上的神,但在商代各自然神仍然獨立且重複存在。這也是"帝"字,到了殷商時期還沒形成泛指所有神的抽象概念的反證。

在這裏,我們首先重點探討的是,後期天人關係中出現的重要概念"天",在甲骨文中是如何使用的,以及其意義形成過程中出現的象徵含義。

"天"是甲骨文中經常出現的文字之一,書寫方式多樣,大概分爲以下幾種類型:

第一類型(ⓐ):
(1) 🯄(《乙》9092)→ (2) 🯄(《後下》18.7.)→ (4) 🯄(《續》2.22.4.)
　　↘ (3) 🯄(《續》5.13.6.)↗

第二類型(ⓑ):
(5) 🯄(《乙》9067)→ (6) 🯄(于省吾:1996,214)→ (7) 🯄(《乙》4505)→ (8) 🯄(《前》4.16.4.).

關於這是什麼象形的問題,普遍認爲"天"原本是描畫人的正面外觀,同時誇大了人的頭部。換言之,這些都是人的正面外觀"大",加上很誇張的頭部。第一類型是常規外觀,第二類型則多了一橫,是繁化的結果。第一類型的(2)和(3),第二類型(6)中的"日"和"口"代表人的頭部,這是爲了書寫方便,將很形象的(1)和(5)的圖案,改爲綫形來書寫的結果。還有(4)、(7)、(8)分別是由(1)和(5)經歷了(2)、(3)、(6)的變化過程之後,變得更加抽象,寫成一橫。

不過關於(8)的字形,學者們各抒己見。首先將這個字分爲上下兩個部分,分別是一橫和人,上邊一橫表示天空,於是有了各種解釋:有的認爲是人觀看天空的情形;有的認爲是正面站立的人(大),頭上有一方天(一橫)(趙誠:1988,186);還有的認爲是人遥望天邊的情形,筆者認爲這些解釋想像的成分偏多。

因爲將甲骨文中形態各異的"天"字分爲以上兩個類型之後,再分析其變化過程時,可以發現這些字形所存在的共性,幾乎都是將人體的一部分頭部進行了各式各樣的改變。所以應該在與其他字形的關係中尋找合理的解釋,而不是僅僅拿(8)的字形進行個別的、獨立的解釋。這些字形的演變過程,在甲骨文的"天"字、古代文獻中的"天"字以及與"天"字結構相似的其它字的含義形成過程中可以找到合理解釋。

首先從甲骨文"天"的示例來看,其含義爲人的頭頂,另外還有大等含義,再者就是地名、國名以及人名等(徐中舒:1989,3—4)。在甲骨文"天"示例中,可以從其描畫人的正面像中推論出"大"的含義,其餘國名、人名等均是固有名詞,與"天"的含義形成没有直接關係。由此看來,甲骨文"天"示例中的"弗病朕天"(《丙》9067)和"辛丑卜,乙巳歲於天庚?"(《乙》6690),分別表示"頭頂"和"大",其意義僅限於"人"或"人的頭部",此時還不存在天的抽象概念。所以最初含義僅僅是"頭頂",將它與天這一概念聯繫起來使用是後來的事情。因此"天"的字形僅僅表示人的形體,將它解釋爲人仰望天空,是由於後期"天"字擁有的天空含義,在此基礎上人們推斷出來的,並不是"天"字的初始含義。

其次,在古代文獻的"天"字示例中也能確認這一點。中國最早的字書《說文解字》對"天"的釋義"顛也。至高無上,從一大"。《易·暌》關於"其人天且劓"的注釋也表明這是"額頭上刺字的刑法,稱爲天"。因此,我們可以得出這樣的結論:古代文獻將"天"釋義爲"頭頂"。所以"天"的字形本身就是源於人的"頭頂"。

另外,在與"天"字有相似筆劃結構的漢字形成過程中,我們可以推論出"天"字上端的一橫不表示天,而是人頭頂的象形。比如"元"字,是爲側立的人(亻)添加誇張的頭部,其含義爲"最初"或"大",初始含義是"(人的)頭部",甲骨文畫成 ⓒ[字形]①(《前》4.33.4.),與"天"字(8)[字形]的結構相同。"元"在金文中的字形更具表現力,畫成ⓓ[字形]。還有"仄"字,在人的正面象形基礎上增畫微傾的頭,表示傾斜之義,甲骨文中同時出現了ⓔ[字形](《後下》4.14.)和變爲綫條的ⓕ[字形](《乙》5317)。另有"走"字也是如此,最初是擺臂行走的象形,最終有了走的含義,在甲骨文中同時出現兩種寫法ⓖ[字形](《前》4.29.4.)和ⓗ[字形](《甲》2810)。"央"字也有ⓘ[字形]和ⓙ[字形](于省吾:1996,223頁)兩種寫法。還有"正"字,雖說是西周的甲骨文,但也同時出現ⓚ[字形](《遺》458)和ⓛ[字形](《西周探》13)兩種寫法。通過以上"元""仄""走""央""正"等字,我們可以發現一個共性,就是上端的一橫不能解釋爲天。

由此推論,(8)[字形]字形中的一橫與金文不同,由於甲骨文的書寫工具刻刀的特點,將人的頭部象形進行了綫條化處理,變爲一橫。然而金文通過鑄造成型,所以人的頭部可以誇張地以圓型呈現出來。

基於上述幾個原因,"天"在甲骨文中的初始含義是人的頭頂。起初也不是人仰望天空的象形,而是被誇大的頭部,只是甲骨文書寫方式的局限性,有時爲了書寫方便,將人的頭部象形改寫爲一橫。

---

① 見文後所附"引用古文字表",下同。

甲骨文所見"天人關係"

"天"字的天空義項產生是在以後。頭頂是人體的最頂端,又因爲"天大,地大,人亦大"(《老子》),根據以人類爲中心的思維特性,認爲與人體最頂端頭頂相連的存在便是無限廣闊的"天空",由此演變爲至高無上的神。

"天"字由單純的人體頭部,發展爲表示天體或神的概念,《尚書·周書·金縢》篇是最初的記錄:"秋,大熟,未穫,天大雷電以風,禾盡偃,大木斯拔,邦人大恐"。可以推斷此概念至西周時期才出現(劉翔:1992,20、81)。因此可以肯定,後來所說的天人關係中的"天",在甲骨文時期尚不存在"天空"或"天神"的概念。

但值得注意的是,"天"字後來擁有的天空含義源於人的象形。這一點和納西文字尤爲相似,天空的概念和人毫無關係,僅僅單純的描畫了天空的形象如⑩ ⌒ ,或者畫成天空中有雲朵ⓝ ⌒⌒ (方國瑜:1995,91)。還有埃及神聖文字中"天空"的概念同甲骨文一樣,擁有"顛"的義項,卻畫成ⓞ ⌒,通過形象地描畫天體表達所對應的概念(周有光:1997,82),獨具特色。

甲骨文時期"天"概念的形成是這樣的:起初天與人沒有絲毫關聯,最後衍變爲"天"是基於人的存在,通過人來成就的。關於其象徵含義,將在結論部分進一步闡釋。難道甲骨文時期,沒有後來所說的"天空"或者"天神"嗎? 如果存在,是否有必要探尋一下到底是由哪個字來體現的呢?

三、"花蒂"和"帝"

後來表示"天"和"天神"概念的字,在甲骨文時期由"帝"字來體現。首先,我們來看看"帝"含義的形成過程,以及與人的關係。"帝"在甲骨文裏形態多樣,大體分爲以下五種類型。

第一類型(ⓟ):(1) 朿(《京》4349),(2) 朿(《乙》169),

(3) ▽(《合集》115),(4) ▽(《前》4.17.7.)

第二類型(𝖖):(1)(《後上》26.15.),(2) ▽(《丙》86),(3) ▽(《粹》12),(4) ▽(《粹》811),(5) ▽(《寧》1.515.)

第三類型(𝗋):(1) ▽(《合集》2287),(2) ▽(《掇》2.126.),(3) ▽(《京》330),(4) ▽(《京》2287)

第四類型(𝗌):(1) ▽(《粹》1311)

第五類型(𝗍):(1) ▽(《外》214)

甲骨文中"帝"字的以上幾種字形用法大致如下。第一,"自今庚子[至]于甲申,帝令雨?"(《丙》381)代表風、雨、災禍等主宰人類吉凶禍福的神之總稱,指上帝。第二,"乙卯卜,其又歲于帝丁一牢"(《南輔》62)表示對殷先王的稱呼(徐中舒:1989,7)。第三,"癸丑卜,帝南?"(《京》4349)表示祭祀名稱或祭祀的行爲(徐中舒:1989,23—24)。"帝"在甲骨文中,即表示地上神也兼有祖先神的概念。那麼,站在漢字起源的角度,"帝"的字形到底從何而來,又是由於何種特性具有了以上含義的呢?

當然關於"帝"的字形見仁見智。有的認爲起源於"花蒂"的"蒂"字,有的認爲是祭天時的木捆,也有人認爲由巨大木主的象形而來,亦或有人認爲祭祀時的巨大祭祀臺,甚至有的還認爲源於太陽崇拜。關於"帝"的字形雖然沒有確定答案,但是普遍認爲源於"大而飽滿的子房"(許進雄:1991,39)。也就是説,"帝"是"蒂"的原字,甲骨文中的倒三角形"▽"表示飽滿的子房,中間的"⊢⊣"部分表示花萼,下邊的"↑"表示花莖(郭沫若:1982c,53)。

在解釋一個字的形成過程時經常需要一定的假設,爲了證明這個假設又需要必須的資料。郭沫若提出了"帝"最初形象與"生殖"有關的假設,並通過"祖""妣""后"等漢字證明了甲骨文普遍存在的生殖崇拜,從而證明了"帝"字是花蒂的象形。同時還認爲在甲骨文時期"帝"字兼有祖先神的概念。到目前爲止,關於"帝"字,郭沫若的解釋最詳盡也最爲合理,筆者也贊成"帝"是"蒂"的原字,是花蒂象形的觀點。但是,筆者認爲郭沫若的證據不是十分充分,所以拿出下面幾點作爲此觀點論證的補充資料。

首先,仔細觀察前邊羅列出的"帝"字類型。如果按照郭沫若的觀點將"帝"字的組成劃分爲三個部分,即倒三角的子房、中間的花萼、下端的花杆,那麼第一類屬於没有畫出花萼或僅以"—"簡單標識的類型;第二類是專門以"⊢⊣"體現了花萼;第三類,以"□"、"○"或者"▷◁"來表示花萼;第四類表現的是子房上邊有花骨朵的樣子;第五類表達的是花樹,没有花,也没有子房。

第一類的(1)是最簡單的形態,(2)和(3)以一橫表示花萼,(4)是花樹,多出一橫表示樹枝,在這裏子房中多出的一豎,形象的表現了飽滿的子房紋理。第二類(3)畫的是子房的横綫條紋理,(5)是子房上端多了一横,和前邊提到的"天"字情況相同,是繁化的結果。第三類,花萼的形象千姿百態,(4)表現得最爲生動,(2)和(3)也很形象。但由於甲骨文是用刻刀在龜甲或動物骨上刻畫,所以(2)(3)的曲綫和(4)的複雜結構很難做到,於是衍變爲(1),也是成爲第三類能夠存留下來的最具代表性的結構。第四類非常罕見,但是爲"帝"字源於花萼的假設提供了最生動的示例。雖然描畫得很生動,但由於甲骨文書寫的難度,在甲骨文中不經常出現。第五類是没有花萼的花樹,不過也可以解釋爲第一類中的(4)省去一横的結果。所以,可以理解爲第五類不是正式的示例,而是衍變示例。

通過以上類推和分析,我們看到甲骨文"帝"的第四類是最完整的,也是最寫實的;由此依次發展爲第三類、第二類,再通過簡化變爲第一類,同時在每一類裏也存在具體字形上的差異。

其次,通過與"帝"具有相同詞源關係的"蒂""禘""啻""摘"等字族的衍變過程,我們可以推出"帝"字源於花蒂的象形。花蒂是植物繁殖的象徵。植物的繁殖爲植物和動物,最終爲人類提供了生命的基石,尤其在農耕社會,從一開始便是崇拜的物件。在植物中象徵繁殖的花蒂,由於其象徵性成爲被崇拜的對象,到了農耕社會穀物繁殖的意義尤爲重要,所以對花蒂的崇拜優於其它任何神,於是被尊爲最高的神。

在漢字的含義衍變過程中,我們可以看到在一段時期"帝"字本義爲花蒂,之後又增加了新的含義,代表植物繁殖的神,乃至擁有了"最高神"的抽象概念。於是爲了與原有含義花蒂進行區分,添加"艸"字頭演變爲"蒂"字。這樣,原有義項花蒂由"蒂"字表示,植物的繁殖神或者最高神由"帝"字表示。之後,在祭拜植物繁殖的神"帝"時,爲了更具體表現祭祀或祭儀,又增加"示"寫爲"禘"字,這是爲了表達對"帝"的尊崇而創造的漢字。到了金文時期"啻"替代了"禘"字,"啻"由敬拜對象"帝"字和表示祭祀行爲的誦讀咒文"口"字組成,實際意義和"禘"字一脈相承。

另外,甲骨文中出現的㊀ ✤(于省吾:1996,1088頁)由雙手和帝組成,轉換成現代漢字爲"掃",《釋名》釋義爲"摘也"。很明顯這是以雙手摘花蒂的象形,本義爲摘。尤其㊁ ✤(于省吾:1996,1088頁),有時也添加表示走的"彳",如此摘花蒂的行爲更加具象化,摘的含義也更加分明。

總之,通過與"帝"同源(cognate)的"蒂""禘""啻""摘"等字族的衍變過程和結構,我們可以推斷"帝"字源於花蒂的象形,並且是從最初的具體象形逐步抽象化衍變。

第三,"帝"本義爲花蒂的假設,在古代文獻與"帝"字相關的示例中可以得到證實。相傳,在歷史時期開始之前,中國有三皇五帝的時代。三皇五帝中,名字裏帶有"帝"字的是"黃帝"和"帝嚳"。特別爲這兩位附加的"帝"字,使他們擁有了不同於其他諸王的特徵。那麼,"帝"字象徵怎樣的特殊職責呢？

首先，我們來看看黃帝的名字，與其他神話人物一樣，是後人根據他的職責做出的稱呼。黃帝的黃字代表黃色，象徵這一片土地。土地是農作物得以成長的基礎，黃帝當然就是土地神的象徵，於是，據此象徵意義後人為這個神話的主人公起名為黃帝。

然後，再來看看帝嚳，也稱為帝俊，是商的祖神。商的始祖后稷是帝俊所生，[①]據《山海經》所記，是太陽和月亮的父親天神，也是所有聖賢的父親，被描寫成人類之王，即"人王"（郭沫若：1982b，326）。但是帝俊被寫成祖神還是後來的事情，最初是和土地神有關。因在漢字發展過程中，"俊"字是後期出現的文字，其原型應該在"俊""駿""峻"等字的共同組成部分"夋"中考證。

至今還沒有發現單獨使用"夋"字的示例，但是我們可以從"畯"字找到其原形。"畯"在甲骨文中畫成 ⊟ 𣏌 （《前》4.28.6.）或 ⊟ 𣏌 （《後下》4.7.），形象的再現了一個人跪坐在土地（田）前邊，磕頭作揖的情形。《說文解字》釋義為"農夫"，可是它不只是單純的農夫，其實是掌管農事的神。換言之，"畯"畫的是為了農作物的生長，祭祀土地的情形。如同《禮記》中的記載，"歲終大合祭，為神農盡饗禮，那個神就是田畯"（白川靜：1983，82），"畯"在古代中國是被敬拜的土地神。傳說"夋"生商之始祖后稷，而后稷又是農神的象徵，所以作為后稷生父的畯多少是與土地或穀物有關聯的。這麼一來，"夋"應該就是古代土地神"畯"。從而可以斷定，"俊"是在"夋"被擬人化的過程中，添加了"人"字而派生出來的結果。

通過推論，帝嚳也就是帝俊，確實與土地神有關。所以，帝嚳原本是穀神，再由原來的穀神衍變為可以繁衍人類的祖神。王國維和郭沫若提到的祖神，應該就是由土地神演變而來的，而且這個土地神是保障稻穀生長和人類持續生存的神。隨之，俊亦是嚳，而嚳又被稱為"帝"是因為"俊"具有的土地神含義，所以帝的本義是掌管農事的神。

[①] 關於帝俊，本文所采只是其中一種說法。

第四，在甲骨文時期，"帝"擁有地上神的含義同時也擁有祖神的含義，尤其在商時期用具有始祖神的概念，這一點恰恰證明了曾經是繁殖神的象徵，同時更增加了在具有農耕社會歷史的中國，繁殖神是由花蒂演變而來的可能性。所以郭沫若也曾指出："帝之用爲天帝義者，亦生殖崇拜之一例也，帝之興，必在漁獵牧畜已進步於農業種植以後，……然觀花落蒂存，蒂熟而爲果，……果復含子，子之一粒，復可化爲億萬無窮之子孫，……天之神奇，更無有過於此者矣，此必至神者之所寄，故宇宙之真宰，即以帝爲尊號也"（1982c，54）。這樣，"帝"具有的繁殖象徵性，使"帝"字具有了祖神含義，而這種繁殖性只能源於花蒂。

第五，"帝"本義是花蒂的間接證明，還可以從與"帝"字初始意義相同的其它字中找到。比如"華"就是一例。"華"原本是花樹的象形，也是古代中國人對自己的稱呼，體現了植物崇拜的思想。在巴比倫文字中，字也同時擁有天神和人王兩種義項，這與漢字"華"和"帝"的初創含義極其相似。

通過以上推論，可以斷定"帝"字原本是植物繁殖的象徵花蒂的象形。"花蒂"和"花樹"能夠成爲最高神靈以及古代中國人的圖騰，是當時農耕社會穀物的重要性所決定的。穀物的重要性不僅在此得到證實，對土地神的重視也很好地證明了這一點，土地神是穀物成長的保障。

對於很早以前就進入定居農耕社會的古代中國人來說，"帝"是敬拜對象，後來其地位日漸上升成爲神中神，最終成爲掌管自然界所有神，並且對人們的吉凶禍福產生影響的存在。所以在殷商甲骨文中記錄了對"帝"的極至敬拜和時常祭祀。但是到後來，將掌管天庭所有神的"帝"與人類的"神"君主聯繫起來，在商的後期，稱故去君王爲"上帝"。這樣一來，掌管人類和天庭的"帝"演變爲只掌管天庭，而對地上人間事物的掌管則由"君王"來擔任。於是，天上的神逐漸被人格化演變爲神，"帝"的重心也漸漸傾向於爲現實生活帶來直接影響的君王。所以君王被稱作"帝"，義爲天神的"帝"也由於"天"具有了新的含義。

總而言之,後來稱爲天的"天"字,在甲骨文時期還沒有"天"或者"天神"的概念,其字形始於人的象形,説明他們將天和人聯繫起來的認知體系很自然的反映在文字之中。不僅如此,代表當時最高神靈的"帝"也源於"花蒂"的象形,證明這是農耕社會的產物。由此我們可以斷定甲骨文中的"天"以及"天神",并没有作爲抽象的神靈概念而存在,是作爲非常具體,尤其與人類和人類生活有直接聯繫的概念而存在的。

四、人類中心主義

通過上述關於"天"和"帝"概念形成過程的闡述,可以得到以下結論。首先,如"天"字,由具體"人"形,衍生出個抽象的"天"概念;又比如"帝"字,描畫了以"人"的角度,來理解的"天神"含義,來表達"天"并不是與"人"很遥遠的、孤立的、對立的存在,而是始終與人相關聯的存在。這可以視爲,後來中國"天人合一"思維的原始階段,成爲天人關係認識論的主流。對中國人來説,"天"的概念初始就與"人"有關聯,并在與"人"的關係中得到認識。

其次,他們所呈現的認識論,不是簡單的"天人合一"思維,而是在認識方法上所呈現的特徵。換言之,"天"與"人"對立的存在,不只是與人有簡單的關聯,而是始終以"人"爲主題,并且始終以"人"的標準來認識自然界和觀察世界。關於認識論的特徵,筆者曾命名爲"人類中心主義",與對人性進行主體認知的西方"人文主義"不同,"人類中心主義"是作爲觀察者的"我"或者"人",在表達周圍概念時的思維特徵,即英語中的"anthropocentrism",是以人的尺度來判斷世間萬物的思維特徵(河永三:1996,49)。筆者已經通過漢字的形成過程,闡釋了在甲骨文階段,人類中心主義不僅主宰著天人關係,還普遍影響著他們的自然觀、神觀、審美觀和時間觀等。

如此,他們認爲人與天始終相連,其關係也是以人類中心的"人類中心式思維",這一特徵在甲骨文階段的天人關係中得到了充分體現。但以甲骨文爲主的古代中國人類中心主義，並不是將人放置在宇宙或世界的中心，認爲只有人是宇宙的中心、位於自然之上，而是以人類中心來思考和表達宇宙或世間萬物的思維方式。所以，中國人的自然觀是將人放在自然中的循環論思維，將人和自然視爲一體，具有綜合性思維特徵。由於以人類爲中心的思維方式，因此事物概念的形成始終是在與人的關係中進行，並被語言或文字具象化描述。

那麼，這種特有認知的背後，究竟有怎樣的原因呢？解答這個問題並不是簡單的事情。但最根本的部分還是要從古代中國人的生活環境，即從定居農耕爲主的生活方式中找尋。古代中國人的生活方式主要是穩定的農耕生活，其思維方式毫無疑問地依賴於經驗，甲骨文也是基於人們的經驗形成的。這種思維特徵，隨著甲骨文的穩固，反過來又對中國人思維方式的鞏固起到重要作用。

由於當時的社會比較注重農業而不是畜牧或狩獵，基於經驗的思考方式必然具有綜合性，而不是分析性。因此，何九盈的觀點對分析甲骨文也具有說服力。

> 中國人的思維方式具有經驗性和綜合性的特點，傾向於從整體上把握感性經驗。從而，傳統的思維方式就被整體地呈現出來，將自然界與人視爲一體。例如，以表達人體部位、行爲、特徵的字，來表述自然界所有事物的特殊表达方式。（1995，188）

換言之，漢字中眼睛的象形"目"或者耳朵的象形"耳"，不僅代表人的眼睛和耳朵，還代表其它動物的眼睛和耳朵，甚至代表以植物爲主的抽象的眼睛和耳朵。在表達自然界其他事物時，經常會以與人相關的部位名稱來概括。

不僅如此，給事物命名，也是"先根據對事物直觀全面的瞭解後，再與人進行對比、人格化，之後根據類似於人的外在特徵進行命名"（戴昭銘：1996，129）。例如，表示"頭頂"的"顛"字，表示山頂時，添加"山"爲

"巓";表示大樹的最上端時,添加"木"爲"巓"。再比如,表示眉毛的"眉"字,用於表示門楣時添加"木"爲"楣";表示水草交接的河岸時,添加"水"爲"湄"。還有,"兒"字是前囟門還未閉合的樣子,衍生出"嬰兒"的含義,從而將事物的初期階段統稱爲"兒",於是當表示原義"孩子"時,再添加"人"爲"倪";表示小鹿時,添加"鹿"爲"麑",表示蟬的幼蟲時,加上"蟲"爲"蜺"等等。上述例子都很好的體現了表達事物時,始終以人類中心進行描述的思維特徵。漢字將自然界與人描繪成一個整體概念,在表達概念時,也始終通過人的一部分、站在人的角度來表示和認識自然界。

而綜合性思維是以農本社會循環論式思維爲基礎的,這是不爭的事實。例如,雖在此未加以探討,像甲骨文中的"文"或"微"體現的那樣,關於死亡的循環論思維爲主的各種認識框架,無論表現形式如何,都不能脫離以人類中心的思維框架。另外,即使描述動物,也不是以其外形爲中心,而是通過捕捉動物的行爲來表達,從而體現動物與人的關係,就好比"獸"字;還有"買"字,以"網"捕撈"貝"的象形來表示"購買"的含義,這種表達是典型的以人類爲中心,因爲當時貝殼作爲貨幣,只要確保擁有貝殼就能滿足個人所需。不僅這些,關於供奉神明方面,祖神占據了最爲重要的位置,這在西方是很難找到源頭的。在認識美的過程中,如同"美"字,描述了人披著羊皮舞蹈的情景,即羊皮對於人是很實用的物品,但又不僅僅停留在它的實用性,還體現了人們以此來表達慶賀的情景;在描述時間時,無論是一日之中的時段、季節、年的表達,還是抽象時間的表達,都是以人類中心來描述的。在長度、高度等測量標準方面,也有人的身影,還有其他相關概念也經常以人的行爲爲中心來呈現。

這個特質源於古代中國人對事物的客觀觀察,這些觀察都是基於真實所見,將概念具體化形成的。真實所見說明具有親身經歷的經驗性,而能夠進行經驗的卻始終只有"人"。之所以甲骨文的概念形塑只能是以人類中心,是因爲只有人才是測量宇宙萬物尺度的主體,並始終以人類中心來思考和表述自然界中的其他存在。如此一來,他們便能夠"不失於人類與動物之間的連續性、天地之間的連續性以及文化與自然之間的連續性"(張光直：1990,215—16)進行綜合性的思考。

引用古文字表：

ⓐ				ⓑ			
(1)	(2)	(3)	(4)	(5)	(6)	(7)	(8)
大	大	大	大	大	大	大	大
ⓒ	ⓓ	ⓔ	ⓕ	ⓖ	ⓗ	ⓘ	ⓙ
ⓚ	ⓛ	ⓜ	ⓝ	ⓞ	ⓟ		
					(1)	(2)	(3)
ⓟ	ⓠ					ⓡ	
(4)	(1)	(2)	(3)	(4)	(5)	(1)	(2)
ⓡ		ⓢ	ⓣ	ⓤ	ⓥ	ⓦ	ⓧ
(3)	(4)						
ⓨ	ⓩ	㈠	㈡	㈢	㈣	㈤	

296

《語言地理類型學》韓文版譯後記

(橋本萬太郎,北京大學出版社,1985)

　　1986年,我第一次拜見了橋本萬太郎先生。12月29日至31日,在臺北"中央"研究院舉行的第二屆國際漢學會議上,我有幸聆聽了先生的匯報。先生流利的外語、淵博的學識和敏銳獨特的洞察力,對於我這個同樣是外國學的譯者來説,都是非常吸引人的。不久之後的某一天,我在一本雜誌上看到了美國中文學會哀悼橋本先生去世的消息,感到十分震驚。當時,我正深入研究《語言地理類型學》,驟然得知橋本先生去世的消息,想到他原本還有很多有價值的工作尚未完成,卻在這個重要時刻去世,我深爲遺憾。這本書的翻譯既是爲了給韓國學界介紹這本可以説是橋本先生語言理論的總結之作,也是爲了表達我一直以來對橋本先生的尊敬和感激之情。

　　簡單來説,《語言地理類型學》這本書是對現代語言學中最基本且最重要的問題"爲何語言會變化"的探討。與以前的研究不同,橋本先生大膽地從印歐語系的視角中跳脱出來,從地理類型學的角度,以亞洲的語言爲研究對象來尋找答案,可以説是他畢生研究的成果結晶。正如有句話説,語言研究的方法總是因其研究的語言而不斷地被更新和確定。考慮到東亞社會長期以來的發展方式爲定居農業,若對其語言發展的研究,僅僅依賴以畜牧和商業爲主的印歐語系的研究方法,是很難從歷史背景出發解釋東亞語言當前存在的許多非規則現象的。因此,需要提出一種能夠反映這些語言的特性的新研究方法。我認爲,這本書至少在這個意義上充分滿足這種需求。

本書從北到南詳細論述了包括阿爾泰語系、漢藏語系、馬來-波利尼西亞語系在內的亞洲大陸各種語言。作者從"地理學"的角度,對韓語中的各種非公共性規則進行了研究,認爲這是周邊語言逐漸滲透影響的結果,反映出"東方"語言與印歐語系的明顯區別。此外,作者也從這一視角對韓語和日語進行了詳細的論述。本書出版後,不僅得到了亞洲語言研究者的關注,也得到了其他地區語言學家的高度評價。

本書花費約三分之一的篇幅詳細論述了韓語慶尚道方言中的"重音",爲我們進行語言研究提供了獨特的視角、修正的可能性以及驗證方法。正如本書所述,韓語不是均質的,韓語區在北方受到阿爾泰語系影響的同時,南部(尤其是慶尚道方言)又受到波利尼西亞語系的影響。這與韓國的性質非常相似,也爲現有的關於韓語具有非阿爾泰語系特性(尤其是南方語言特性)的研究提供了一定的方向。

本書最初於1978年由日本弘文堂出版,後於1985年由北京大學出版社出版了中譯修訂版。在中譯版出版前,作者自1982年起多次在中國大陸停留,期間與北京大學的教授以及其他中國學者針對之前書中存在的疑問進行了討論。同時,作者還加入了實地研究中的補充調查結果,使得中譯版的內容比原版更加完整和深入。因此,本譯本以中譯版爲底本,同時參考日語原版進行翻譯,特此說明。

譯者知識淺薄,翻譯先生如此宏大且卓越的著作,深感不克勝任,同時也擔心打擾先生。然而作爲一名研究外國學的譯者,我認爲如果這本書的翻譯能對國內學界有所幫助,那麼介紹它正是我們外國學研究的正確之路。因此,儘管知道在翻譯上或許有所不足,我們還是決定將其出版。由於譯者知識的局限性,翻譯中可能存在部分錯誤,我們誠懇地接受各位讀者的批評和建議。最後,感謝學古房出版社的李炳教社長,他懷揣

《語言地理類型學》韓文版譯後記

著對中文學界的熱愛和使命感,樂意出版這本在語言學領域相對冷門的書。同時,也要感謝一直鼓勵我出版這本書,並在各方面給予無微不至的幫助的恩師康寔鎮教授和金泰萬教授。

　　1990 年 7 月於渡古齋,河永三謹記。

《漢語文字學史》韓文版譯後記

（黃德寬、陳秉新,《漢語文字學史》,
安徽教育出版社,1991）

　　中國至今已出版了三種關於漢字學史的著作：1936年,商務印書館出版了胡樸安先生的《中國文字學史》；1991年,安徽教育出版社出版了黃德寬和陳秉新教授的《漢語文字學史》；1991年,學苑出版社出版發行了孫鈞錫教授的《中國漢字學史》。

　　此書是對黃德寬和陳秉新教授《漢語文字學史》的全譯。之所以在這些關於漢字學史的著作中選擇黃德寬教授的著作進行翻譯,原因有三：首先,黃教授的書中廣泛地整合和介紹了胡樸安先生著作中未能提及的從19世紀30年代到80年代的各種新材料和新研究成果,使讀者可以相對完整地瞭解漢字研究的歷史。其次,他不單是按照朝代的劃分來描述漢字學的歷史,而是根據漢字學發展的內在關係,創立、沉滯、振興、開創性發展等主題,使得漢字學研究的流程與漢字本身的發展相關聯。第三,他的論述不是基於漢字學研究的單一成果或人物,而是以漢字學的理論爲中心,使讀者對漢字學研究的理解更爲系統化和綜合化。這些都是比孫鈞錫教授的著作要突出的地方。

　　這本書對文字學研究歷史的敘述具有以下顯著特點。首先,對那些

《漢語文字學史》韓文版譯後記

否定復古或反傳統的改革和有創新傾向的學者與著作，給予了相當高的評價，結果是與傳統評價有所不同的情況經常出現。例如，對堅持傳統或具有復古傾向的《復古編》《類編》等，給予了負面評價；對具有實用性或反傳統傾向的學者和著作，如李陽冰《漢簡》《古文四聲韻》等給予了正面評價和高度的學術價值評估。其次，19世紀30年代以來，隨著甲骨文的大量發掘和古代漢字研究的開始，各方面的漢字學研究成果大量出現，本書對這一時期具有代表性的"科學古文字時期"進行了相當詳細的敘述。

然而，不可否認的是，這種具有創新性和革命性的優點背後，也存在以下幾個缺點。首先，該書過於詳細地陳述了中華人民共和國成立後作爲國家政策的"漢字改革"以及"漢字的拉丁化"的背景和研究成果，漢字拉丁化的錯誤立場不值得如此細述。目前，漢字改革政策的得失已被廣泛討論。漢字簡化運動的新的發展方向也正在討論中，如：漢字簡化與韓國、日本、中國臺灣、中國香港等東亞地區的共同文字"漢字"的功能、漢字的信息化（電腦化）等。正如1986年文字改革委員會正式宣布不再討論進一步的簡化，中國政府的立場也有所變化。因此，目前的趨勢是認識到漢字發展的"另一種模型"，即具有表示意義和表示語音的結構的模型，而不是所有文字都發展爲象形、表示意義和表示語音的結構。在這種情況下，主張用拉丁化的文字替代漢字的文字改革者將失去其理論基礎。無論如何，學者們正爲找出超越西方文字發展模型的漢字發展模型與發展規則而努力。希望讀者能在這種背景知識下閱讀本書的第14章。另一個遺憾是，該書於1991年出版，限於時代，本書未能全面地反映出中國大陸以外地區的學術成果。此時中國臺灣和日本的相關研究，以及美國等西方地區對甲骨文和金文的研究，都取得了顯著的成果。這些問題應該在後續的修訂版或其他著作中得到充分反映。考慮到這些因素，我們認爲漢字學史的研究需要全面的視角，歷史的記述首先是一個確保客觀性的問題，從第三方的視角來看，歷史似乎更加客觀。從這個意義上說，韓國學者外部的視角同樣重要。

再者，還需要補充一些關於翻譯過程的說明。首先，由於書中存在大量的古文字和碑文,原書中存在許多印刷錯誤、遺漏,甚至引文的錯誤,這使得我們需要進行逐一的對照。儘管我們已經盡可能地修正了這些錯誤,並得到了作者黃德寬先生的確認,但由於資料的不足,還是有一些地方無法確認或遺漏,同時在對照過程中可能還有一些錯誤。這些錯誤將在未來被發現時進行修正。其次,雖然這本書是關於"漢字"的專業書籍,但在翻譯過程中,我們努力使其對韓語讀者來說更加易讀,並盡量減少使用漢字。此外,考慮到書的篇幅和視覺效果,除非原文無法理解,否則我們盡量使用完整的翻譯文本來替代引文。漢字學史雖然是漢字研究中不可或缺的部分,但由於書中存在大量的古文字和碑文,使得這本書的出版極爲困難。我們要感謝辛成大先生,他憑藉著推廣東方漢學的使命感,慷慨地允許出版這本書。如讀者所見,書中有大量難以印刷的甲骨文、金文等古文字,以及完全不使用的碑文等,有些頁面上甚至有數十個。在韓國的實際情況下,爲了製作這本書我們付出了大量的心血,如果沒有韓仁淑編輯長和編輯部的努力,這本書很難出版,我們非常感謝他們的辛勤工作。

因此,這本書的出版花了相當長的時間。雖然我在 1995 年初將翻譯稿交給出版社,實際上,從交稿到印刷,花了近乎五年的時間。終於,這本書要出版了,我感到非常高興。最重要的是,我能夠履行之前對作者的承諾,雖然有些遲到,但我很高興能夠兌現這一承諾。當年我作爲交換教授在中國華東師範大學旅居一年時光,卻由於未能履行這一承諾,我倍感壓力,以致沒有正式拜訪過作者。

於此同時,我擔心這本書是由一位不夠資深的譯者出於學術好奇心而翻譯,可能對包括作者在內的許多學者造成困擾。爲了更好的學習,我期待前輩和讀者的指正、教導和鼓勵。

2000 年 1 月於度古齋,河永三謹記。

(本書榮獲大韓民國學術院 2001 年度優秀圖書獎)

《漢字王國》韓文版譯後記

（林西莉, Characters Kindom, Bonnier, 1989）

　　進入21世紀,人們對世界文明的關注正逐漸轉向東方。有人預測21世紀將成爲東方的時代。而漢字與儒家思想一樣,無疑是最能代表東方特徵的重要元素。

　　與其他已經消失的許多文明的文字系統不同,漢字保留著它產生時的模樣,至今仍是全球使用人口最多的文字。有人認爲漢字將成爲未來世界的代表性文字,也是因爲它具有悠久的歷史和令人信服的地位。

　　然而,回顧漢字的歷史,我們難以想象它能順利地在漢字文化圈中發展到今天的地位。自秦始皇以來,漢字一直被指出存在許多問題,例如書寫複雜、無法辨認讀音、字數繁多等等,這些問題都是漢字普遍使用的障礙。特別是在19世紀末20世紀初西方列強對中國的侵略過程中,部分中國學者將"漢字"視爲妨礙中國發展、加速西方統治的罪魁禍首之一,是當時必須消除的過時遺產。因此,在1949年新中國成立後,中國政府曾嘗試過去除漢字,採用拉丁字母作爲文字的冒險性實驗。雖然直到1986年這種嘗試才被正式宣布失敗,但對於漢字的評價仍在進行中。

　　漢字究竟是應該被淘汰的文字系統嗎？還是比其他任何文字系統具有更強大的生命力和優勢的未來型文字呢？關於漢字的使用爭議,以及漢字的優缺點爭議,在當前中國以及我們的土地上依然是一個未解之謎,只有相互對立的主張盛行不衰。

但是在這裏,我們應該思考一個問題:爲什麼漢字這麼不方便,被認爲是低級的文字系統,卻能夠一直存活至今,成爲擁有最多使用者的文字系統? 一種語言是使用該語言的民族文化的反映,與相關文化體系密切相關。文字也不例外,漢字是中國人創造和使用的,他們的文化體系完全融入了漢字之中,這就是爲什麼其他許多文字已經消亡的原因。

漢字是根據他們獨特的思維方式和文化體系創造的,經過無數的整理和變革,漢字獲得了文字使用者的共同認可。通過對漢字的持續使用,這種文化特徵更加固定,成爲他們的獨特特徵。因此,中國人在文獻生成之前的原始形態和他們思維變化的過程都在漢字中得到了真實的反映。在這個意義上,漢字不再僅僅是一種簡單的符號系統,而是超越這一層面,成爲他們的思想和文化本身,可以説是中國文化的精髓。如果説西方是以音符文字爲基礎的"語言(話語)中心文明",那麼中國則是以"意象"文字爲核心發展起來的"文字中心文明"。因此,中國文明的各個方面,包括思維方式、文學、藝術、科學等都應該與此相關聯並予以解釋。

中國人的思想和文化特徵是什麼? 漢字與它有什麼實質關聯? 漢字在中國文化形成和變化中有何功能? 對於這些問題,需要進行更多多角度、更深入的學術研究。

現如今,漢字的價值正在被重新評價,對漢字、使用漢字的各民族文化之間的相關性的關注也持續升溫。林西莉教授的《漢字王國》提供了在這一視角下理解和研究漢字的重要線索,甚至稱得上是優秀的指南。因此,該書自瑞典原版問世以來,已經被譯成英文、波蘭文、德文、法文、中文等多種語言,在各國得到充分認可和肯定。對於韓國讀者,也許需要介紹一下,此書具有以下幾個優點:

首先,這本書的卓越之處在於它通過漢字材料,力圖真實地揭示其中所反映的漢字形成初期中國人的習性和文化面貌。在這本書中,作者以驚人的觀察力、細緻而深入的分析,以及卓越的想像力,對漢字的形成過

《漢字王國》韓文版譯後記

程進行了非常高水準的演繹。

例如,作者的論述包括解釋了"禾"不是"稻"而是中國尚未引進的"野生穀物稷"的形態、對"鼓"和"首"符號性的解讀、對"鬲"足的解釋、對"單"和"宀"符號的新解釋、對"刀"和"孫"字的觀察等,特別是對"工"字的解釋,能把考古學證據等多種資料相結合。

其次,這本書不單單是依賴文獻資料,而是通過徹底的實地觀察與調查得出的結果,將古代中國與現代中國聯繫在一起,出色地描述了它們之間的連續性。由於漢字材料的時間很早,其解釋主要集中在漢字的發生階段,因此對它的描述通常容易局限於古代。然而,作者曾經旅居中國,在參觀山東、山西省的觀察基地時,直接體驗了現代中國不同地區生動多樣的生活方式,給讀者帶來真實感。與此同時,她還強調了古代和現代中國不是割裂的,反映出中華文明的一種連續性。書中展示的寶貴照片大多數是作者親自走訪中國時拍攝和收集的資料。作者積極實地調查並證明自己的想像,無疑是值得我們學習的。

再次,這本書將具有語義關聯的漢字群組合成主題,以引導讀者自然的學習漢字。例如,如同在"人與人類""水與山""農耕""酒和容器""工具和武器""書和樂器"等章節中所看到的,作者將可以歸爲同一主題的漢字一起描述,同一主題中再以部首字爲首的一些漢字群組(部首字)爲中心,關聯地解釋它們,從而使漢字學習變爲理解,而不僅僅是記憶。相對於其他音節文字體系,這是一種充分發揮漢字以意義爲中心的優點的技術方法,也使得本書具有非常實用的價值。同時,在最後一章"意義與聲音"中,作者通過將漢字的發展過程與漢字結構聯繫在一起,解釋了與漢字結構有關的基礎理論,使讀者能夠以更加系統和先進的方式應用和分析更加複雜的漢字。

最後,本書不僅有與漢字筆順原則有關的"附錄",還詳細介紹了"參考文獻"中用於深入閱讀和研究的主要文獻的優缺點,顯示了作者對讀者的周到關懷。另外,本書通俗、生動地闡述了"漢字字源"這一專業問題,減輕了讀者的閱讀負擔,使閱讀更加輕鬆。同時,由於作者曾是瑞典著名作家兼攝影家，基於她獨特的職業經歷，她在書中精心布置的各種圖片資料也使文字内容更加視覺化。

此外，我們需要補充一些關於韓語翻譯過程的背後事情。首先，本書的作者是瑞典人，原書以瑞典語寫成，完全不懂瑞典語的翻譯人員在翻譯過程中不得不參考中文翻譯本和英文翻譯本。但中文和英文翻譯本都是根據瑞典原版所翻譯，因此在翻譯過程中，一些地方可能有所删改，包括與本國的文化習慣不符，或是涉及與本國利益有關的敏感表達等。雖然我們利用中文版和英文版相互對照以增加忠實性，但與瑞典原版比較可能還有一些遺漏。此外，書中還有一些難以被漢字學界接受的觀點和一些錯誤，我們僅糾正了明顯的錯誤，比如錯字、年份錯誤、器物名稱錯誤等，並盡可能尊重了作者的意圖。

譯者們對這本書的翻譯甚感驚訝，只因翻譯實在困難，但對於專業研究漢字的人來說，向讀者介紹這樣的著作應是最基本的義務。

事實上，韓國是中國以外漢字使用歷史最長的地區。然而，韓國學者對於漢字本身的研究水平並不高，也不會徹底考察漢字遺跡。漢字書寫在我們的生活中經常出現，它如此自然地走進我們的生活，以致習而不察。

20世紀初，瑞典曾經培養出偉大的中國學研究家高本漢，然而瑞典處在與中國遥遥萬里的北歐，與漢字似乎不太相關。如今林西莉教授的《漢字王國》以卓越的想像力、深刻的觀察力和高水準的分析能力再次吸引了我們。這也是這本書的英文版能重印20餘次、長期成為歐洲漢字學習入門暢銷書的原因之一。現在終於將林西莉教授的《漢字王國》呈獻給韓國讀者。

然而，由於是譯作，作者對出版條件的要求也很苛刻，要求版式與原版完全相同，甚至要求每個漢字的形狀和每一張照片也要保持原版不變。因此，這本韓文翻譯本在版式、頁數、内容排版、雙色印刷、彩色圖片等方面都與原版完全一致。這是一個非常艱難而繁瑣的工作，成本也不低。青年社為了提高韓國的漢字水平，欣然決定出版這本書，並在排版和校對

《漢字王國》韓文版譯後記

方面也付出了很大的努力,十分辛苦。對於出版社和編輯部的各位,我表示感謝。

　幸運的是,近年來,韓國的漢字研究取得了驚人的進步。《漢字王國》的出版對於韓國的漢字理解和研究將會有很大的幫助,希望它能成爲一位循循善誘的導師,讓我們更加熟悉漢字。雖然在翻譯過程中,我們盡量減少了誤譯,但仍可能存在一些錯誤之處。我承諾在發現時進行修改。期待讀者們的批評。

　2002年6月於度古齋,河永三謹記。

《流行語與社會時尚文化》譯後記

(黃濤,上海辭書出版社,2004)

　　語言是在不斷變化的,社會的變遷有時促使語言的轉變,而語言的變動有時又引領社會的變革。因此,語言成爲理解活躍文化的絕佳資料,尤其是某一時代的流行語更是如此,其變化迅速,真實無遺地反映了民間的日常生活,並充滿了機智的感覺。

　　這本書以過去一百年間在現代中國流行的流行語爲中心,歷史性地探討了現代中國的變遷。從西方文明對中國産生極大影響的20世紀20—30年代,特別是上海地區的流行語;到以毛澤東爲首的中國共産黨人領導的革命取得成功,中華人民共和國成立後直至"文化大革命"結束的20世紀50—70年代的流行語;再到伴隨改革開放和經濟相關的流行語;以及20世紀90年代之後大學校園更加自由的流行語,和隨著互聯網的普及而在虛擬空間中變得更加多樣化的流行語。通過當時的流行語,我們可以體會到那個時代的中國人民的關注、擔憂、失望和希望等情感。

　　這本書是我們慶星大學中文系2006年第一學期"語言與文化"的課程教材,現已完整翻譯並加以完善。還記得那些在課堂上熱情參與,進行激烈討論,展現出自由奔放和語言智慧的學生:姜劍英、金美英、金寶拉、

《流行語與社會時尚文化》譯後記

金勝哲、金恩智、文秀靜、朴秀靜、宋秀真、鄭真雅、李宇錫、鄭在必、崔恩珠。他們那時的幽默和模仿,時而讓人內心一動,時而讓人開懷大笑,那種天真爛漫和機智的模樣,仍然歷歷在目,令人懷念。

2009年1月31日於度古齋,河永三謹記。

《商周金文》韓文版譯後記

（陳絜，文物出版社，2006）

"金文"指的是銘刻於青銅器上的文字。"金"字原初描繪了鑄造青銅器的熔爐形狀，代表"青銅"之意。隨著青銅文明成爲中國文明的特色，"青銅"逐漸代表了"金屬"的整體意義。因此，"金"字在漢代之後，不僅有鐵的意思，甚至也被用來指代最尊貴的金屬黃金。

通常認爲，中國的青銅時代至少始於公元前2000年的二里頭文化時期，並持續到公元前3世紀的秦代，隨著鐵器時代的盛行而結束。換句話說，青銅時代是從夏代的興起到秦始皇統一的時代，在中國歷史中占有重要地位。如哈佛大學的張光直（1931—2001）教授所言，與其他文明的青銅時代不同，中國的青銅並未用於提高生產力的工具製造，而是用於製造祭祀用具。這些青銅製品不僅象徵著統治者的權威，還成爲政治權力的象徵和階級形成的工具。因此，銘刻於青銅器上的文字成爲代表青銅時代的第一手資料，對於理解當時的政治制度、文化、社會狀況以及國際秩序等都具有不可或缺的價值。

衆所周知，古代漢字研究可以大致分爲甲骨文、金文、戰國文字以及篆文等領域。1899年，在河南省安陽發現的甲骨文引起了學界的廣泛關注。過去的一個世紀中，甲骨文研究已成爲古文字研究的主流。然而，擁

《商周金文》韓文版譯後記

有最悠久的研究歷史、完整的學術體系、多樣化的研究領域以及最豐富的文獻和資料的仍然是金文研究。目前已知,擁有銘文的青銅器超過兩萬件。這些由考古挖掘出土的金文資料,爲我們理解古代歷史提供了第一手資料。由於這些資料在漢字研究上的重要價值,金文研究從漢代開始,經過宋代形成基本架構,再經過清代,一直延續至今,成爲漢字學中具有最長研究歷史的一個子領域。

雖然金文資料豐富,具有多樣的地域特色和悠久的研究歷史,但令人驚訝的是,關於金文的綜述或綜合研究書籍並不多見。中國至今只有於1941年出版的容庚《商周彝器通考》、於1963年出版的郭寶均《中國青銅器時代》和於2008年出版的馬承源《中國青銅器》等少數著作。當然,郭沫若的《青銅時代》和張光直的《中國青銅時代》也是卓越的作品,但它們更偏向於利用金文進行社會史研究。日本白川靜的《金文的世界》、美國芝加哥大學夏含夷(Edward L. Shaughnessy)的《西周時代歷史資料:青銅器銘文》和方聞(Wen Fong)的《中國的偉大青銅時代》也是優秀的金文研究書籍。但遺憾的是,除了中國外,擁有最長的漢字使用歷史的韓國至今還沒有出版過此類綜述。值得欣慰的是,近年來,全北大學的崔南圭教授出版了《中國古代金文的理解》(1—2卷),爲韓國讀者提供了金文的綜述和主要金文的解讀,但綜合的綜述仍然缺乏。

本書基於韓國的現實情境,旨在突破當前的困境,幫助讀者理解中國的文明和國家形成過程,並爲韓國的古代史研究提供助力。雖然本書是由相對年輕的學者撰寫,但是與前述的一些重要的金文或青銅時代相關的著作相比,我確信它能忠實地完成其作爲綜述的任務。

首先,它詳細整理了金文研究的目的、方法、意義和研究史等基礎概念,充分發揮其作爲金文研究入門書的功能。其次,考慮到金文研究高度依賴於青銅器的考古發現,本書詳細介紹了至今爲止的各種考古發現資料,並包含了基於這些資料的最新研究成果,爲讀者提供了概覽,指引了未來的深入研究方向。第三,基於金文研究的終極目標是古代社會史研究,本書展示了如何將大量的金文資料轉化爲研究材料,並通過它們揭示商周時代的社會史，對於理解古代中國大有裨益。第四，除了概括和普遍性問題，本書還深入探討了當時的家庭結構、政治階級制度、對"人方"的征伐、廟號制度等，從而揭示了商周社會的特性，爲未來的深入研究提供了堅實的基礎。

然而，除了青銅器銘文外，本書對於青銅器的種類、紋飾以及與青銅器相關的其他問題的討論似乎略顯不足，這確實令人遺憾。但考慮到這本書始終忠於其原始的目標，這樣的遺漏並不構成實質問題。對於這些問題，我們可以參考前述的容庚和張光直的著作。目前，陳絜教授在中國南開大學歷史學系工作，他是1969年出生的年輕學者，因此他憑藉年輕的思維和敏銳的感受力，對"古代"漢字中最重要的資料之一金文進行了清晰和明確的整理。在此，我們要感謝他如此細緻地整理這些資料，並慷慨地同意我們將其翻譯成韓文版本。

本書是韓國漢字研究所三位同事爲整理金文的基礎知識和概念而精心研讀、學習並翻譯的成果。我們具體負責的工作是：序論至第二章由河永三翻譯；第三至第四章由金玲璈翻譯；第五章由羅度垣翻譯。之後，我們再次進行了校對，努力使其盡可能統一。儘管我們分工翻譯，但所有翻譯相關的問題都將由首席譯者河永三負責。

由於我們從未系統地研究過金文，一切都是從學習的興趣開始，因此這樣的書籍出版既讓我感到高興，也讓我感到擔憂。我預計由於譯者對古代漢字和文化瞭解有限，可能會有許多錯誤。對此，我們將虛心地接受讀者的批評。然而，我們的初衷是通過翻譯介紹這本書籍，提高韓國讀者對金文這一被稱爲最系統化和最龐大的古代史資料的關注，並希望相關研究能夠更加活躍。最後，我要感謝在重重困難之下，仍然一力承擔韓國學術發展使命，並始終給予我們鼓勵的李建雄社長，以及精心整理繁難的古代漢字的編輯團隊。

2011年5月於度古齋，河永三謹記。

《中國青銅時代》韓文版譯後記

(張光直,聯經出版公司,1990)

　　中國文明從何處、何時、以何種方式形成? 又經歷了哪些過程才發展成現今的文明? 所謂的"文明"是什麼意思,而"中國文明"指的又是什麼? 這些都是理解中國文明和世界文明史的必要問題,當然,中國是一個擁有偉大文明的國家,在人類歷史中長期擔任中心角色,對於中國旁邊的韓國來說,對中國文明的研究也是研究韓國文明起源和國家形成過程的非常重要的問題。張光直教授的《中國青銅時代》(1983)一書用具體的資料和精彩的内容對這些問題作出了重要的論述。在翻譯的同時,我想簡單地介紹一下這本書的内容。

一、作　　者

　　張光直(Kwang-chih Chang, 1931—2001),1931 年 4 月 15 日出生於北京,2001 年在美國馬薩諸塞州過世。他是中國現代最傑出的考古學家、人類學家和歷史學家之一。根據他自己講述的青年時期的生活《番薯人的故事》(1998),張光直祖籍爲中國臺灣臺北近郊的板橋,他是臺灣新文學的代表人物張我軍(原名張清榮)的兒子。他的父親於 1902 年在中國臺灣出生，1924年赴北京師範大學學習，在那裏遇到了妻子羅心鄉，二人結婚並生下四子，張光直是次子。

張光直1937—1943年間就讀於北京師範大學附屬小學，1943—1946年間就讀於北京師範大學附屬中學，這些學校在當時都是北京的頂尖學校。1946年12月，臺灣剛從日本的殖民統治中解放，他和母親前往臺灣追隨已移居臺灣一年的父親。在臺灣，他轉學到當地最頂尖的高中建國中學，根據他的回憶，剛開始時他非常不舍離開北京師範大學附屬中學。

1947年，當時他還是建國中學的高二學生，親歷了臺灣民衆和國民黨政府之間的衝突，這起臺灣近代史上堪稱悲劇的政治事件，被稱爲"二·二八事件"。這次事件使他對社會現實有了新的認識。此外，他受到當時新任中文老師羅剛（筆名羅鐵鷹）的影響，開始對中國古今有了新的看法，並積極參與文學和戲劇等各種社團活動，萌生了成爲作家的夢想。1948年，高三時期的他於《新生報》上發表了他的首篇作品《老兵的佛像》。《伐檀》這篇作品也得到了羅剛老師很大的幫助和鼓勵。

然而，在高中即將畢業之際，1949年4月6日，他無故被捲入了由臺灣大學生爲主發起的學生運動"四·六事件"，被冤枉爲間諜，並遭到拘留，長達數月的監獄生活中，他多次遭到酷刑，最後於1952年8月被無罪釋放。

但是，"四·六事件"無疑是20世紀50年代在臺灣發生的白色恐怖的前奏。儘管處於這樣的政治動蕩中，他仍於1950年9月進入臺灣大學考古人類學系專攻人類學，並於1954年畢業。之後，他前往美國，於1961年在哈佛大學獲得哲學博士學位。1961年到1973年間，他在耶魯大學人類學系擔任講師、助理教授、副教授、教授和系主任等職，並從1977年開始在哈佛大學人類學系工作。他於1974年被選爲臺灣"中央"研究院院士，1979年被選爲美國國家科學院院士，1980年被選爲美國文理科學院院士。1987年，他在香港中文大學獲得社會科學名譽博士學位，並擔任臺灣"中央"研究院副院長。

張光直主要在考古人類學領域取得了卓越的成果，在美國工作的五

《中國青銅時代》韓文版譯後記

十多年間,他始終從事考古學理論、中國考古學研究和教學,張光直的現代考古學方法和統計學方法對中國上古時代的歷史和文化的深入研究有著引領作用,因此而享譽國際。他一生中出版了二十多部著作,發表了數百篇論文(詳細內容請參考本書的附錄《張光直著述目錄》)。其中,《古代中國考古學》(Archaeology of Ancient China)被評爲向西方世界介紹中國上古時代歷史和文化最重要的著作,並被認爲是中國考古學的教科書。

不僅如此,他於 1969 年和 1972 年返回中國臺灣,執行了"臺灣史前史歷史研究"和"臺灣濁水溪與大壯溪流域的自然史和文化史的跨學科研究"等大型項目,對於臺灣古代歷史文化的新發掘做出了巨大的貢獻,並對臺灣的考古學和人類學研究發展產生了深遠的影響。

張光直的學術成就大致可以歸納爲兩大方面。一方面,他創立了"定居考古學"(settlement archaeology),並在 1970 年代推動了相關的研究。另一方面,他將當時的文化人類學和考古學的理論和方法應用於中國考古學。其代表作《古代中國考古學》(The Archaeology of Ancient China)(於 1986 年被翻譯成中文)至今仍被認爲是關於中國考古學最全面和深入的討論。除此之外,他還有許多對學界產生深遠影響的著作。

《古代中國考古學》(The Archaeology of Ancient China)(1963,2002,四種語言出版)

《重新思考考古學》(Rethinking Archaeology)(1967,2002,五種語言出版)

《定居考古學》(Settlement Archaeology)(1968)

《鳳鼻頭、大坌坑及臺灣史前史》(Fengpitou, Tapenkeng, and the Prehistory of Taiwan)(1969)

《考古學中的定居模式》(Settlement Pattern in Archaeology)(1972,1973)

《商周青銅器與銘文的綜合研究》(1973)

《早期中國文明的人類學視角》(Early Chinese Civilization:

Anthropological Perspectives）（1976,1978）

《中國文化中的食物：人類學和歷史學視角》（*Food in Chinese Culture*：*Anthropological and Historical Perspectives*）（1977,1997）

《臺灣濁水溪與大肚溪流域考古調查報告》（1977,1992）

《商代文明》（*Shang Civilization*）（1980,2002,四種語言出版）

《漢代文明》（*Han Civilization*）（1982）

《藝術、神話與儀式：古代中國獲得政治權力的途徑》（*Art, Myth, and Ritual: The Path to Political Authority in Ancient China*）（1983,2002,四種語言出版）

《中國青銅時代》（1983,1999,中文和日文出版）

《商代考古學研究：商代文明國際學術大會論文集》（*Studies of Shang Archaeology: Selected papers from the International Conference on Shang Civilization*）（1986）

《考古學專題六講》（1986,2010）

《中國青銅時代》（第二集）（1990,中文和日文出版）

《中國考古學論文集》（1995,1999）

《番薯人的故事》（1998）

《中國文明的形成：考古學視角》（*The Formation of Chinese Civilization: An Archaeological Perspective*）（2002,2005）

其中,《商代文明》（由尹乃鉉譯,民音社,1989）和《神話、藝術與儀式》（由李喆譯,東文選,1990）已被翻譯成韓語並出版。

二、《中國青銅時代》（1983）的結構及特點

張光直《中國青銅時代》先後於1983年（臺灣聯經出版公司）和1990年（第二集,三聯書店）出版。前者收錄了從1962年到1981年間發表的關於中國青銅器和青銅文化的13篇代表論文,涵蓋了中國最具代表性的

《中國青銅時代》韓文版譯後記

文化時期,即青銅時代的多個主題,提供了獨創且專業的討論;而後者收錄了1983年之後的論文,如《早期中國的"城市"概念》等9篇代表性論文。韓文翻譯版本是基於韓國研究財團(KRF)指定的1983年臺灣聯經出版公司版本,其具體篇目如下。

第一章　中國青銅時代
第二章　從夏、商、周三代的考古學看三代的關係及中國古代國家的形成
第三章　殷商文明起源研究的關鍵問題
第四章　殷商關係的重新審視
第五章　中國考古學中的定居型態:青銅時代的一例
第六章　古代貿易作為經濟學或生態學的研究
第七章　商代王的廟號新探
第八章　王亥與伊尹的祭祀日
第九章　殷禮中的二分現象
第十章　古代中國的食物與餐具
第十一章　商周神話的分類
第十二章　商周神話與藝術中的人與動物關係的變遷
第十三章　商周青銅器的動物紋樣

此書如作者在序言中所述,是為了"對中國青銅時代的文化和社會的幾個主要特點和整體進行討論"而撰寫的。從上述目錄中可以看出,它涵蓋了在世界文明史研究中占有獨特地位的成果:(1)中國青銅時代的概述,(2)主要王朝夏、商、周三代關係以及通過它們看到的中國古代國家的形成,(3)—(4)殷商文明起源研究和殷商關係史,(5)基於他自己創立的定居考古學理論對中國考古學的解釋,(6)古代貿易研究的性質等。在商代制度研究中,他深入探討了(7)商代王的廟號,(8)通過它看到的殷商王制,以及(9)董作賓的甲骨文時期劃分中的重要理論基礎——殷

代禮制的二分現象。此外,他認爲中國的青銅器是與"神話、藝術、儀式、文字"一同作爲掌握權力的重要手段,並對(11)古代中國的神話、(12)青銅器紋樣中的人與動物的關係、(13)青銅器動物紋樣等,進行了討論,這些都被認爲是卓越的觀點闡釋。

將這13章按主題再次概括,首先是緒論(第一章),其次是夏、商、周文明的起源和相關問題(第2—6章),第三是殷代王位的二分繼承制(第7—9章),第四是商周神話和青銅器紋飾的象徵(第11—13章)。如此,這13篇都是關於理解夏、商、周的社會、文化、制度和關係史的核心文章。作爲在美國的中國學者,這些研究結合中國考古學的實際和西方的理論,揭示了中國的"青銅時代"的特點,是理解中國古代史不可或缺的重要著作。

三、《中國青銅時代》(1983)的學術價值

《中國青銅時代》的學術價值很高,其中最重要的内容可提煉如下:

1. 中國文明起源的多元論

關於中國文明的起源,歷來有多種不同的論述。例如,有中國文明的西方傳入説、中國本土起源説、折中説等。西方傳入説可以説是從拉克伯里(Terrien de Lacouperrie, 1845—1894)開始的,他在 1895 年主張中華民族的始祖黄帝是從巴比倫來的。到了 20 世紀 20 年代,安德森(J. G. Andersson, 1874—1960)研究河南省和甘肅省的彩繪陶器,指出它們與中亞和東歐的彩繪陶器相似。畢士博(C. Bishop)也在論述新石器時代的彩繪陶器、霍爾文化、殷周時期的文明時,主張它們是從近東或印度來的。但不久之後,通過山東省城子崖的龍山文化和河南省安陽市的殷墟等地的發掘,這些文化遺址被證明是中國傳統的獨特文化,基於此,中國獨立起源説開始出現。之後,在 20 世紀 30—40 年代,還出現了一種折中説,認爲中國文明是在中國起源的,但在史前時代已受到西方文明的影響,被稱爲日本考古學之父的濱田耕作(1881—1938)持此觀點(《東亞文明的

《中國青銅時代》韓文版譯後記

起源》,1930)。

自新中國於1949年成立後,夏鼐、安志敏、陳星燦、鄒衡、蔡鳳書、李先登、鄭光、童恩正、李學勤等中國學者開始對中國文明起源進行深入研究,對西方傳入說和折中說提出了批評。特別是李濟,在20世紀30年代早期通過對殷墟的研究,已經主張至少卜骨、殘瓷和殷代的裝飾技術都是明確起源於中國本土。至20世紀70年代,這種觀點得到了廣泛的認同,何炳棣甚至主張中國文明不僅是本土起源,還是東方文明的搖籃。

然而這一問題並不是那麼簡單。雖然中國文明起源於本土,但在後續的文明交流過程中,其的確吸收並融合了其他文明的優越元素。即使僅限於中國地區,考慮到中國的廣袤領土,仍然存在諸如是從某一特定地區的文明擴散到其他地區,還是多個地區的文明同時起源並通過交流和融合形成了現今的文明這樣的問題。

這種問題可以從中國文化起源是一元論還是多元論的角度來討論。關於這一點,作者在《古代中國考古學》的初版到第三版中一直堅持中國文明起源一元論,即黃河流域的仰韶文化和龍山文化是中國文明的搖籃,並且它們擴散到其他地區形成了現今的中國文明。但在第四版(1986年)中,他修正了這一理論,主張中國文明起源多元論。即公元前5000年左右,東北遼河流域的紅山文化、黃河中游的仰韶文化、山東半島的大汶口文化、長江中游的大溪文化、長江下游的馬家濱文化和河姆渡文化、臺灣的鳳鼻頭文化和東南沿海的大坌坑文化等各自獨立發展。直至公元前4000年,它們通過交流和融合形成了更大的文明,如遼河流域的紅山區、黃河流域的華北區和長江流域的華南區。當國家發展起來時,黃河流域的夏、商、周文明成為中心文明,同時南方的楚國地區和北方的燕國地區也長期保持著獨立的文明。

蘇秉琦(1909—1997)也曾提出中國文明的多元起源說。他於1981年主張中國考古學文化的"區域型態說",將中國劃分為相對穩定的六大文化區系:以燕山南北長城地帶為重心的北方;以山東為中心的東方;以環太湖為中心的東南部;以關中、晉南、豫西為中心的中原;以環洞庭湖、四川盆地爲中心的西南部和以環鄱陽湖—珠江三角洲爲中軸的南方(見《中國文明起源新探》,第35—37頁)。

這種主張其實可以追溯到1930年代,當時林惠祥認爲中國文明是以華夏文明爲基礎,並與周邊的文化如黎苗、東夷、荆蠻、百越、山狄、氐羌等文化融合而成。這一觀點起源於李濟所提出的殷墟文化的内在複雜性,即殷墟的文字、農業和彩陶來自西方,卜骨和龜甲占卜、蠶絲的技術以及部分陶藝和雕刻技術來自本土,而水牛、稻米和一些藝術則具有南方特色,這些元素相互融合形成了殷墟文化。

2. 國家的出現與夏、商、周的關係

中國的文明應如何劃分其發展階段?摩根(Augustus de Morgan, 1806—1871)將古代社會文明分爲三個階段:野蠻(savagery)、半文明(barbarism)和文明(civilization)。張光直將其劃分爲四個階段:遊團(bands)、部落(tribes)、酋邦(chiefdoms)和國家(states),並認爲在中國的情境下,文明的形成條件包括文字、鑄造技術、青銅器、城市等要素。

那麽,中國是在何時進入國家階段的呢?根據這種文明發展階段,以古代考古資料相對豐富的黄河流域爲例,可以將其分爲以下五個時期:(1)公元前7000—5000年,以裴李崗和老官臺遺址爲代表的早期新石器時代文化;(2)公元前5000—3000年的仰韶文化;(3)公元前3000—2200年的龍山文化;(4)公元前2200—1500年的二里頭文化;(5)公元前1500—1100年的殷商二里崗和殷墟時期文化。從生產工具、手工業分化、金屬技術、財富分配、建築規模、防禦性城牆、戰爭和刑法、祭祀工具作爲藝術品、文字等九個標準來看,(1)和(2)時期仍處於自給自足的農業階段,手工業還没有完全專業化,財富分配還不明確,真正的文字還没有出現。在(3)時期,階級開始分化,手工業開始專業化,並開始製作骨器和祭祀用的陶器,但宫殿建築、青銅器和文字還没有出現。然而,到了(4)和(5)時期,宫殿建築、大規模的戰爭、銅器和文字等都開始出現。因此,我們可以認爲,(3)的龍山文化時期至少是初級文明社會,而(4)的二里頭和(5)的殷商文化是高級文明社會,並且在(4)和(5)時

《中國青銅時代》韓文版譯後記

期，國家開始出現。

在國家完整出現的階段，以夏、商、周的情況來看，夏、商、周並不是夏代滅亡後商代興起，商代滅亡後周代興起並繼承的關係，而是夏、商、周幾乎在同一時期，以黃河爲中心，在不同地區存在的三種文明。這種"平行存在並共同發展"的觀點超越了以前夏、商、周是線性繼承關係的主張。

也就是說，陝西省南部和河南省西部地區有夏代，河南省東部和山東省西部地區有商代，陝西省地區有周代。我們所稱的夏代是夏族最強大的時期，其文明也是最具代表性的，商代和周代也是如此。從這個角度看，以黃河爲中心，周族的主要基地是陝西省西部，夏族的主要基地是陝西省南部和河南省西部，商族的主要基地是河南省東部和山東省西部，同時商族與沿海地區的東夷族有著密切的原始關係。

除了對夏代文化的探索，早期商代文明的年代在三代考古學中是一個非常重要的課題。關於是將二里頭文化視爲早期商代文化亦或是視爲夏代晚期的文化遺址的問題，作者認爲，二里頭文化存在的陝西省南部和河南省西部是夏代的活動地區，因此二里頭文化應該被視爲夏代文化。而二里頭文化的晚期或鄭州商城初期，應該被視爲真正的商代文化的開始，且明確發端於河南省東部和山東省西部地區。儘管更多證據有賴於考古挖掘，但遺憾的是，由於黃河的洪水，許多資料已經丟失或被深埋地下。

3. 早期商族的起源與東夷文化

對於商代文明的起源究竟是在東方還是西方，或者是從東方和西方同時起源並結合而成的這個問題，作者認爲是"商代文明起源研究的當前階段中最爲關鍵的問題"。同時因爲早期商代文明的年代、商代與東夷族的關聯等問題，由於與我們韓國的古代史研究密切相關，尤其值得關注。

實際上，商代文化起源於東方的東夷文化這一說法已有悠久的傳統，徐中舒（1898—1991）、李濟（1896—1979）、唐蘭（1901—1979）、陳夢家（1911—1966）、傅斯年（1896—1950）等學者早已提出此觀點。眾所周知，徐中舒認爲殷墟的小屯文化的起源應該在東夷尋找，並認爲環渤海灣一帶可能是中國文化的搖籃。李濟在城子崖的發掘報告中指出,卜骨與中國早期文字的發展有著密切的關係,並表示"構成中國最早的歷史時期文化的最重要成分無疑是在東方,即是春秋戰國時期的齊魯地區,是從那裏發展起來的"。

基於這些研究,作者也明確表示商代早期文化起源於東夷文化:"由考古學上來看,一方面殷商文明可以在很基本的一些現象上去追溯到晋南豫西的早商時期(二里頭類型),甚至更進一步追溯到河南龍山文化。另一方面殷商文明中很重要的的一些成分(絕大部分是與統治階級的宗教、儀式、生活和藝術有關的)很清楚的起源於東方。後面這一件事實又使我們對殷人起於東方及殷商都邑全在東方的舊說(如上引唐蘭的文章),重新發生了興趣。"

之後,中國本土的東方文化和西方文化有時也被區分爲玉器文化和青銅器文化,這種對中國文化的東西地區劃分的多樣研究是非常有價值的。基於這種認識,我們期望未來能夠進行更深入的實證研究,明確東夷文化的實質,並與我們韓國的古代史研究相關聯。在這項研究中,《東夷文化通考》(張富祥著,上海古籍出版社,2008)具有重要的參考作用。

4. 古代中國的王位繼承制和"乙丁制"

本書第七章所收錄的作者於1963年發表的《關於商代王廟號的新考察》一文,是對商代社會的近親族系制度進行考察的重要論文,也被認爲是作者的代表性成果。通過分析商王所使用廟號的性質,作者發現商王的廟號具有規律性,進一步指出了先前關於生日說、死日說、卜選說、順序說等的虛構性,並提出了新的假設。

作者詳細分析了商代君王所使用的廟號,可以將其區分爲"甲"組(甲、乙、戊、己)、"丁"組(丙、丁、壬、癸)和其餘的第三組或中立派(庚、辛)。他認爲,商代王的廟號不是基於出生日期,而是其在世和去世後所屬的社會團體的稱謂。商代王室被分爲兩大組,這兩組(即"甲"組和"丁"組)是輪流執政的,這種制度被稱爲"乙丁制"。根據這一制度,登上王位的君王們每隔一代便會擁有相同的屬性。換句話說,兄弟(兄和弟)

《中國青銅時代》韓文版譯後記

和祖孫(祖父和孫子)屬於同一組,而父子(父親和兒子)屬於不同的組。

商代君王的廟號代表了他們所屬的組別,通過這些廟號,我們不僅可以瞭解當時的婚姻制度和兩個組別輪流執政的輪替制度的特點,還可以揭示它們與周代的昭穆制度和宗法制度的系統性關聯。這顛覆了王國維(1877—1927)認爲昭穆和宗法制度是"周人的發明"的觀點。相反,作者主張這不是周代特有的制度,而是中國青銅時代,即夏、商、周三代,大部分時間所實施的核心制度。

這篇論文發表後,社會反響巨大,也引起了許多反駁。因此,作者在10年後再次通過《談王亥與伊尹的祭日並再論殷商王制》一文補充了各種證據,再次堅稱其假設的正確性。

在隨後的多篇論文中,這種二元現象不僅被研究發現是輪流執政的二元制,還擴展到西北岡發現的商代王陵的東西分布、董作賓提出的商王室禮制中顯示的新派(革新派)和舊派(保守派)的問題,甚至還有商代青銅器紋樣中存在的二元趨勢。作者認爲,這種二元現象是商代人觀念上的二元現象,甚至與古代中國人普遍的二元觀念有著明確的關聯,並主張這是當時政治、文化和藝術進化中普遍存在的現象。

這些二元現象,正如作者所說,確實是"中國古代文化研究的重要問題"。因此譯者推測甲骨文中的對貞形式以及正反問的形式,也可能與此有關。

5. 青銅器——權力的掌握手段

人類文明從舊石器時代和新石器時代經過青銅器時代,進入了鐵器時代。古代中國也經歷了鐵器時代,但如《中國青銅時代》這本書的標題所示,作者認爲青銅器是代表古代中國文明的最重要特徵。

中國的青銅器時代是極其璀璨的。例如,商代後期製作的司母戊鼎重達832.84公斤。僅僅實物的重量如此,製作它所需的純銅至少需要1.2噸。即使是最高品質的銅礦石,其純度也不超過5%,所以製作這個器物至少需要60噸的銅礦石。在大約3 300年前的古代社會中,要熔化如此大量的礦石並製作出這樣的鼎,除了需要付出巨大的努力和成本,同時還

323

必須具備非常高的技術水平。

商周二代製作了無數的青銅器。到目前爲止,已知的帶有銘文的商周青銅器已超過兩萬件。爲什麼商周統治者們會投入如此巨大的努力和成本來製作青銅鼎呢?作者認爲,中國的青銅器時代是中國歷史上一個非常具有特色的重要時期。與其他文明的青銅器時代不同,中國對青銅的使用,首先並非用來製作工具以提高内部生產力,或是製作武器以獲得外部資源,而是用它製作供奉神祇的祭器。用青銅製成的各種華麗祭器既是統治者權威的象徵,也是政治權力的一部分。青銅器作爲象徵權力的標誌,表明掌權者能用權力來獲得内外部的資源。

確實,古代的神話、藝術、祭祀以及文字都是如此,正如中世紀宏偉的大教堂和超越想像的古代中國的青銅器皿,都是掌握權力的手段。統治者們獨占青銅器的華麗和沉重,這賦予了他們與神交流的權威,通過這種神聖性,他們掌握了世俗的權力、財富和榮譽。

青銅器的研究有著悠久的歷史,始於漢代。降至宋代,研究青銅器成爲時代風尚。當時的金石學家們對青銅器進行了高水平的研究,爲今日的研究奠定了基礎。及至清代,由於古證學的興盛和對古代漢字的關注增加,學者們對鑄刻在青銅器上的金文進行了大量研究。1899年,甲骨文的出土使青銅器上的金文再次受到關注,並在"古文字學"領域得到了更深入的研究。

然而,迄今爲止對青銅器的研究主要集中在青銅器的文字資料,即金文研究上,對於青銅器上的紋飾或青銅器發展史的研究卻相對稀少。因此,本書通過闡明鑄造在青銅器上的各種紋飾所具有的藝術史和人類學意義,在青銅器的研究上開闢了新領域,爲讀者提供了一個研究青銅器的新視角。特别是作者認爲,青銅器上文字所反映的神話、藝術、祭祀等與權力獲取相關聯,統治者們通過這些來加強王權,建立統治體制,積累財富的方式是中國文明的一大特點,這一觀點值得在未來進行更加深入的研究。

《中國青銅時代》韓文版譯後記

四、致　　謝

　　譯者於1984年在中國臺灣攻讀漢字學碩士學位時首次接觸到此書，書中全新的視角、嚴謹的邏輯和豐富的論證資料立刻吸引了譯者的目光。同時，由於張光直先生在高中時期親身經歷"二·二八事件"和"四·六事件"，與譯者在相似年齡經歷的獨裁時代的恐怖政治和光州民主化運動相似，這使得譯者對這本書更加珍惜。再者，張先生在如此嚴峻的環境下仍能完成在臺灣的大學學業並進入美國頂尖的哈佛大學進修，成爲國際知名的學者，這樣的成功經歷也讓譯者深感敬佩。

　　無論如何，張先生的學術體系和人生軌跡均令我敬慕不已。我一直想要翻譯這本書，但由於其爲大師所著的專業著作，內容之深奧，分析性之強，是令人咋舌的，故而我遲遲難以下定決心。2011年，韓國研究財團將其指定爲"東西方名著翻譯"科研項目的內容之一，我憑藉30年前的感受和一股莫名的熱情參加了公開徵選，出乎意料地被選爲翻譯者。能翻譯張先生的著作，我是高興的，但同時我也爲從更優秀的專家那裏奪走了這個機會而感到抱歉和愧疚。我滿是無知，僅憑一腔孤勇開始了這項工作，因此總是擔心做得不夠好，以致有損張先生偉大的學術聲譽。完成翻譯後，我的擔憂和恐懼超過了我的喜悅。儘管我自認爲已竭盡全力，但仍有許多理解有誤的地方，因此我誠懇地期待讀者的嚴格批評和建議。

　　此書的出版得到了許多人的幫助。特別是在審查過程中，審查者們非常細致地指出並修正了我的錯漏之處，儘管未知姓名，我仍要在此表示衷心的感謝。我還要感謝爲我提供研究機會的韓國研究財團（NRF）、學古房出版社的代表河雲根先生，以及成功完成繁雜編輯工作的金志學團長和朴恩珠主任。學古房出版社在23年前出版了我人生中的第一本翻譯書《語言地理類型學》（橋本萬太郎），這使我更加感慨。

2013年9月於度古齋，河永三謹記。

《許慎與說文解字》韓文版譯後記

(姚孝遂,作家出版社,2008)

    1991年9月中秋節假期,我爲了參加河南省漯河市舉辦的第一屆"許慎紀念國際學術大會"第一次踏上中國的土地。這次訪問對主修漢字學的我來說,至今爲止仍是令我最感動且難以忘懷的中國之行。這是因爲1900多年前開創了漢字學的許慎,至今仍被評價爲最偉大的漢字學者。在甲骨文被發現之前,他被譽爲"漢字學的聖人(字聖)"。能夠訪問許慎的故里,並參拜他的墓和祠堂,對我來說,這就像宗教信徒的朝聖,充滿了深沉的情感。
    當時的中國還未與我們韓國建交,想要前往中國,我事先必須前往首爾接受安全教育,並獲得訪問特定國家的許可。當時還沒有直航,只能從仁川乘坐前往威海的渡輪,回程時還要經過廣州和香港才能返回首爾,可稱得上是一段困難的旅程。從仁川出發到威海需要一整夜的航行,再乘坐"麵包車"前往煙臺,中途等待數小時以轉乘前往濟南的火車,再次等待數小時後,才能乘坐前往鄭州的火車。第三天凌晨三點左右,我終於到達鄭州車站。我仍記得路邊有一間用厚帳篷隔開的錄像室,裏面放著一部老舊的電視,不斷播放著香港武俠片,我在那裏度過了一兩個小時,然後再次轉乘前往漯河的火車。那輛火車,就像我在紀錄片中看到的韓國戰

《許慎與説文解字》韓文版譯後記

争時期的避難火車一樣,被擠得水泄不通。

歷經三天三夜的長途跋涉,我終於從釜山到了漯河——這個我夢寐以求的地方。在此之前,我從未想過我會有機會來到字聖許慎出生、成長並在晚年撰寫《説文解字》的的郾城縣。下火車後,我在車站乘坐人力車抵達了本次會議的地點藍天賓館。一切都很匆忙,我甚至沒來得及洗一把臉,就被帶去與河南省的領導會面,接著便是與中央電視台(CCTV)和其他媒體的訪談。大約我是首次訪問漯河的"南朝鮮"青年學者,因此受到了熱烈的歡迎和特殊的待遇,這令我受寵若驚。

會議當場,我拜見了許多在《説文解字》研究領域頗有建樹的前輩學者,包括周祖謨教授、徐復教授、王寧教授、李圃教授、許威漢教授、張舜徽教授和向熹教授等,由於當時的緣分,不少人至今仍然給予我許多幫助,雖然其中一些已經故去。在開幕式上,我與周祖謨先生一同坐在主席台上,這著實讓我汗顏,但由於是主辦單位所安排的,難以推脱。此外,感謝主辦單位的安排,我還參觀了許慎小學、許慎紀念館的奠基儀式、歡迎儀式和書畫展覽等活動。

15年後,因我所任教的慶星大學和其姊妹學校鄭州大學之間的交流,我爲了指導學生要在中國旅居一學期。懷著對往日的懷念,我再次獨自前往漯河。儘管中國這片土地正經歷著"翻天覆地"的改變,但漯河仍然保持著15年前的模樣。雖然"許慎紀念館"的奠基儀式已經過去了15年,但祠堂、墓地和古道都保持著舊時的模樣。唯一不同的是,這裏正在建立"説文碑林",將由當地著名的書法家將《説文解字》的全文刻寫在石碑上。工作人員表示,碑林一旦完成,將製作"石刻《説文解字》"的限量版。我獨自前往許慎的祠堂"許南閣祠",悄然無聲地完成了這次憑吊。

2010年10月27日,在漯河舉行了"第二屆許慎國際學術大會"以慶祝"許慎文化院"的開幕。此時距離我第一次訪問許慎故里已有20年。多虧了一位在香港經商的許慎後裔,爲我和隨我一同前來許慎故里參觀的同事提供了來回機票和參觀甲骨文出土地點殷墟的所有住宿費用。從機場到參觀安陽的殷墟博物館、中國文字博物館的整個行程,我們都有專車接送，一路所見，使我驚訝於中國經濟的飛速發展，也讓我深深地感受到了中國人的熱情好客。

在學術會場上，我再次拜見了《許慎與說文研究論集》的主編——河南大學的董希謙教授，也是他20年前邀請我參加第一屆國際學術大會的。他身體仍很康健，對當時的每一件事也記憶深刻。漯河總是一個溫暖和親切的地方，在那裏似乎不存在"私有"的概念，因此當地人會非常樂意與第一次見面的"南朝鮮人"分享他們珍藏的物品，或是貨幣郵票，或是剪紙藝術品、書法作品，甚至是珍貴的藥物。20多年前，在一個經濟落後的中原偏遠鄉村所發生的事情，對當時生活在資本主義社會的我來說，是無法想像的震撼，但也是一段寶貴的回憶。

因此，我對許慎、許慎的後代以及許慎故里的人民一直懷揣著特殊而深厚的情感，也一直想要表示我對他們的感謝。對我們的祖先如何看待和研究《說文解字》這一問題，我一直很有興趣，如果有機會，我希望能夠在韓國介紹許慎和《說文解字》，以及《說文解字》的研究。

姚孝遂先生的《許慎與說文解字》一書被認為是"許慎與《說文解字》"研究領域的上乘之作。我在中國臺灣留學期間，也曾想著學習之餘將其翻譯成韓文，可惜的是我當時並未理解其深層的意義，也沒有足夠的能力去解讀其內容，所以這本書一直是我心中的遺憾。

正如為我們寫下了《韓國版序文》的華東師範大學董蓮池教授所言，姚孝遂教授在《說文解字》的研究中，始終承認許慎和《說文解字》的成就，但他既沒有將許慎神化，也沒有將《說文解字》經典化，而是希望"實事求是"地對《說文解字》進行研究和評價，並能提出與傳統不同的創新觀點。因此，我認為姚先生為我們這個注重創新和創意的時代提供了一個非常出色的思路。孔子曾說"溫故而知新"，孔子特意選擇了"溫"這個字，是因為只有加熱，分子運動才會變得活躍，從而產生質的變化，最終將舊的變成新的，並將其轉化為開創未來的創意資產。

這種精神恰好是姚先生的研究與過去的許慎或《說文解字》研究的最大區別，也是這本書的價值所在，因此它被認為是"許慎和《說文解字》研

《許慎與說文解字》韓文版譯後記

究的代表性著作"。現如今,在韓國已經有了諸多關於《說文解字》研究的著作,如陸宗達教授的《說文解字通論》(金謹譯,1994)、阿辻哲次教授的《漢字學:說文解字的世界》(沈慶昊譯,1996)、王寧教授的《說文解字與中國古代文化》(金恩喜譯,2010)。還有金泰完教授的《許慎的苦惱,倉頡的文字》(2007)、嚴正三教授的《說文解字注部首字譯解》(2007)。據我所知,孫叡哲教授正在編寫《說文解字》的完整翻譯和《說文解字研究》。和上述著作一樣,姚孝遂教授這本書的翻譯本將有助於提高韓國學界的漢字研究水平,並爲我們準確理解漢字本身以及漢字研究史指明方向。

毫無疑問,漢字與儒家思想一樣,已成爲能將漢字文化圈統一起來的最大核心代碼之一。現在,它已超越此範疇,成爲人類的重要資產之一。漢字也是檔案寶藏(Archive),承載了文化的記錄。在數千年的演變中,它累積了漢字使用者們有意識和無意識的記憶,成爲了文化代碼。因此,漢字才能夠橫跨過去與現在,融合了廣泛的公共和歷史空間,包含更多口語(言語)無法涵蓋的內容。

學習、理解漢字,《說文解字》可以說是最根本、最重要的文本材料。如大家所知,《說文解字》是許慎與公元100年左右所編纂的,它收錄了當時許慎所能見到的所有漢字——總共9 353字,並作出了字形、字義、字音等的綜合解釋,通過其詳盡的字源分析,我們甚至能夠追溯哲學文獻形成之前的原始思考和信息,可以說是最早的字源辭典。從世界範圍而言,它是一部早期的、龐大而有系統的字源辭典,其獨特性是無與倫比的。

希望這本書的翻譯與介紹能使大家對漢字的理解更加深入,也期待讀者能利用這本書,進行更多的漢字與東亞文化的根源和特點相關的研究。或許有些自不量力,但爲了表達對許慎和在相關領域給予過我幫助之人的感激之情,我還是急切地對本書進行了翻譯。翻譯並不完美,因此我非常擔心其中的錯漏會對許多研究"說文"的學者造成困擾,也誠摯地希望讀者能指出我的錯誤,我會隨時進行修正。

2011年8月,華東師範大學"中國文字研究與應用中心"和韓國漢字研究所在段玉裁的故鄉常州共同舉辦了國際學術大會。研究所的全體研究員、李圭甲教授領導的大藏經研究團隊、康寔鎮教授以及海印寺的大藏經保存局長釋性安有幸參觀了段玉裁紀念館,當時我們還在段玉裁紀念館前期待有一天"說文解字注"能夠完整翻譯成韓文。

　　寫下韓文版序言的董連池教授,不僅是本書作者姚孝遂教授的學生,也是"段玉裁評傳"的唯一作者,還是"説文解字研究文獻集成"的主編,可以説是"説文解字"研究領域的代表學者。他能夠爲這本書寫下如此詳盡且具有高度學術性的序言,我要在這裏再次表達由衷地感謝。

　　2012 年 10 月 24 日於度古齋,河永三謹記。

《漢字文化學》導論：
漢字與東方主義

（河永三，《漢字與 Ariture》，Acanet，2011）

　　東方主義(Orientalism)有多種意義。首先，它可以指"東方研究"或"對東方地區學術的研究"。其次，它也可以指基於東西方之間的存在論和認識論區別所形成的思考方式。但我所使用的東方主義是按照愛德華·賽義德 Edward Said 所提出的，與上述兩個概念區別開來的第三個概念，即"爲了支配、重塑和壓迫東方的西方風格"。換句話說，從啓蒙時代開始，西方人爲了支配和貶低東方，動用政治、社會、意識形態，有時甚至是科學知識所想像和創造出的東方形象就是東方主義。賽義德在他的書中試圖全面拆解那些研究東方的學者所持有的偏見，以及處理東方的詩人、小說家、哲學家、政治學家、殖民地官員，包括衆多作家對東方根深蒂固的偏見。

　　那麼，西方對東方的輕視態度是從何時開始的呢？考慮到各種文化和政治背景，我們必須記住，在近代之前，東西方之間的直接交流是有限的，因此對東方的偏見視角大量出現應該是在近代，特別是歐洲開始積極進行殖民探險的時期。換句話說，東方主義論述真正大量產生和傳播的時期是18～19世紀，特別是在歐洲各國試圖將歐洲以外的地區變成自己殖民地的19世紀。當時，爲了達到目的，他們甚至利用達爾文的進化論等理論。例如，他們聲稱黑人的大腦比白人小，因此天生就是劣等的。從今天的角度看，這種邏輯非常不科學，但在當時，它以科學的名義被頻繁用來證明歐洲人的優越性。

然而從科學的角度看，考慮到中國和東亞有著高度發展的文明，很難說它們比西方文明劣。東亞文明與西方文明有很大的差異，因此，使用西方的發展模型很難解釋這些文化差異，這是西方最大的困境。雖然對東方主義的研究在政治、社會和哲學領域都有所涉及，但如果我們將研究範疇縮小到包括韓、中、日的漢字文化圈，集中到與西方的字母系統完全不同的漢字這一文字系統，這一點就成爲了主要的焦點。

當然，在中世紀時人們已經意識到漢字是一種特殊的文字系統。但在18~19世紀之後，部分學者在研究如何接受音標文字的文化的過程中，除了將漢字視爲另一種文字符號，更多的將其視爲一種劣等的文字系統，並且在很大程度上是有意識地貶低漢字。隨著時間的推移，漢字是一種劣等的文字系統的偏見已經被人們所接受，甚至成爲一個不言而喻的事實，更有甚者妄圖從科學的角度證明，例如盧梭(Jean-Jacques Rousseau)曾主張："用符號表示單詞和命題是適合未開化民族的，而字母文字是適合開化民族的。"這樣的例子比比皆是。特別是被認爲是現代哲學巔峰的黑格爾(Georg W. F. Hegel)，當他宣稱"中國没有對絕對精神的任何表示"時，即使這一主張不僅僅局限於漢字的問題，但事實上人們也已經認爲漢字不能表示絕對精神。證明了這一觀點的語言學家正是著名的索緒爾(Ferdinand de Saussure)。索緒爾通過科學和邏輯的思考，系統地構建了他的理論，這一理論不僅在歐洲，而且對中國的知識分子中也產生了巨大的影響。甚至像魯迅或錢玄同這樣的中國學者也提出了廢除漢字的論調。

從文字的形態來看，漢字不是音標文字，而是象形文字的一種，這使得它在識別和書寫上都不方便。從意義的角度來看，其意義是多層次的,而語法則不夠精確。因此,在當今的學術領域,幾乎沒有一個名詞可以應用於新出現的事物或新的概念。再者,從過去的歷史記錄來看,千分之九百九十九的內容都是記錄儒家學說和道家學說的奇怪符號。這種文字在 20 世紀的新時代絕對無法適應。

廢除儒教和消除道教是阻止中國衰落的根本方法,也是使中國成爲 20 世紀文明國家的途徑。但更根本的方法是廢除記錄孔子的思想和充滿錯誤的道教教義的漢字。

索緒爾的《普通語言學教程》出版於 1916 年,而留下"漢字不滅,中國必亡"這一"遺言",主張廢除漢字的魯迅和錢玄同的上述文章出版於 1918 年。在當時,與今天不同,出版文化並不發達,沒有證據表明魯迅讀過索緒爾的著作,但在索緒爾將他的學說體系化之前,西方普遍認爲漢字是劣等的。更嚴重的問題是,西方認爲漢字劣等的觀點細緻入微,以至於不能簡單地以"偏見"來反駁。

雖然對漢字的偏見,在德里達(Jacques Derrida)提出後現代主義,特別是賽義德的東方主義和德里達的解構主義提出後迅速轉變,學者們也開始從內部批判這種近代的思考。但在此時,我們必須注意的是,後現代主義也是歐洲內部思考的產物。從哲學的角度看,許多理論家將近代定義爲一個追求中心化的主體、理性、整體性和普遍真理的時代,並將後現代主義解釋爲反對這些概念的思考。但重要的是,從它是歐洲的產物這一點來看,近代和後現代是難以區分的。當然,這取決於如何定義概念,但如果近代是以西方爲中心重新編排世界的嘗試,那麼後現代主義可能不僅僅是一種試圖解釋西方世界,而且還擴展到其他世界的嘗試。

因此,漢字這一表面上與西方完全不同的文字系統,成爲了後現代主義的核心議題之一。這是因爲漢字本身與後現代主義的核心議題如語言、時間和存在等,不可避免地相互關聯。結果是,幾乎沒有哪一個著名的後現代理論家不提及漢字,雖然他們對漢字的理解從蔑視轉變爲讚美是明確的,且不無意義,但令人遺憾的是由於他們不是漢字或東方文化的專家，所以他們的研究只停留在表面。

1957年，繼佛洛伊德之後最著名的精神分析學家雅克·拉康（Jacques Lacan）在其文章中評論中國詩歌時，不僅提到了漢字，還提到了象形文字。拉康認爲文字是"從語言中借來支撐具體話語的物質媒介"，但他也認爲意義不是在某種特定的符號中形成的，而是在符號鏈中形成的。他問道："文字奪走了生命，而精神賦予了生命。但是，當我們對那些試圖在文字中尋找精神的人表示敬意時，我們不能不承認，沒有文字，精神怎麼能夠運作？"從而揭示了西方迄今爲止一直壓抑的符號的重要性。但拉康並沒有進一步提供對東方文化的批判性分析或對漢字的具體分析。在《康德（Kant）同薩德（Sade）》中，他討論了東方的佛陀，然而在提及文字時，僅僅將漢字包含在象形文字這一大框架中。

對漢字有更具體說明的學者是米歇爾·福柯（Michel Foucault）。在他的《詞與物》中，他主張："在我們眼中，中國文化似乎已經擴散並凝固在被城牆包圍的大陸的整個表面。即使是記錄該文化的漢字，也無法在水平線上重現已消失的聲音之旅程。"他認爲漢字具有百科全書式的功能，且是一種不需要作者參與的自動化文獻。他進一步指出，文字代表的不僅僅是功能，就像物體在空間中占據位置一樣，漢字填滿了整個中國。與拉丁字母系統相比，漢字確實具有這種功能，但考慮到大多數漢字實際上都是形態結構，說漢字完全沒有記錄聲音的功能似乎有些過於武斷。

再者，羅蘭·巴特（Roland Barthes）也曾說過："中國的漢字似乎保留了其意義。這不是因爲中國有什麼要隱藏的，而是因爲中國解構了概念、主體和名稱的結構。中國是詮釋學的終結。"巴特是對漢字深深著迷的學者之一，但他只是將漢字放在符號的維度上，並沒有更深入地研究漢字和東方文化。

法國學者朱莉婭·克里斯蒂娃（Julia Kristeva）也對漢字深感著迷。她認爲文字是權力轉移的驅動力，並主張它從自然轉化爲人工，從語言轉化爲身體，再從社會歷史空間轉化。由於漢字的象形性與表音文字相反，她將中國視爲"沒有歇斯底里的地方",並將其概念化爲她以爲的替代符號系統。然而,克里斯蒂娃也因對漢字和東方文化的膚淺理解而受到批評,被評判爲仍未能擺脫歐洲中心主義的觀點。

因此,將漢字從邊緣提升到中心的代表性著作無疑是雅克·德里達(Jacques Derrida)的《論文字學》(Of Grammatology)。關於德里達,我們將在下一章進一步詳細討論。但如印度裔後殖民主義評論家佳亞特里·斯皮瓦克(Gayatri Spivak)所主張的,"東方從未在德里達的文本中被認真研究或解構過",即使是對漢字認識轉變做出貢獻的德里達,也難以說他真正研究了漢字本身。對於西方學者來說,漢字只是爲後現代主義的語言轉向(linguistic turn)提供了例子。特別是漢字不是使意義依賴於符號,而是符號的記號的特點,恰好說明了符號的優越性,也成爲了符號帝國如何出現的例子。可以說,西方學者從未真正對東方本身、對漢字本身進行深入研究。

如前所述,漢字至今仍保留有部分象形文字和指事文字的特性。但迄今爲止,在東西方的學術領域中,"東西方完全不同"或者"表面上看起來不同但實質上相同"的兩種觀點曾占據主導地位。前者的觀點似乎是將音標文字和指事文字的文字系統差異歸因爲東西方在根本上的不同;而後者則主張除了在符號產生方法上存在差異外,東西方哲學都試圖接近本質或真理,從這一事實本身很難發現差異。

然而,問題的嚴重性在於,不能僅將語言(邏各斯)中心的思考和音標文字的形而上學視爲西方人對東方文化的無知。漢字不僅是中國的,而且超越了中國,成爲涵蓋整個東亞的東方主義的結構,並一直作爲揭示東方文化普遍劣勢的最明確證據。因此,如果不能從符號—漢字這一問題產生的維度"根本地"進行審查,則可能陷入東方主義這一巨大論述的邏輯陷阱之中,反而被其間接捕捉。

正如之前提到的,將日本分析爲"符號帝國(Empire of Signs)"的巴特和認爲漢字本身包含了母系社會傳統的克里斯蒂娃等,都是典型的例子。儘管他們是有代表性的理論家,希望在解構現代思考和開啟後現代思考的視野中擺脫西方和非西方的二分法,但因爲他們在具體分析漢字和漢字所産生的文化符號上有很多限制,他們的主張往往只是從"蔑視"的位置上轉換爲"著迷"。

糾正這種源於東方主義的偏見,應該是東方文化内部的東方文化專家所應該承擔的責任。因此,我們希望"解構"東方主義能像看起來不會有任何疑問的普遍常識一樣,成爲一種固定的基本前提,所以我們將在第一部分探討漢字文化中的"語音中心主義"和"文字中心主義"問題、"聽覺中心主義"和"視覺中心主義"以及"真理的問題",旨在努力解構和克服這種源於東方主義的偏見。

2011年8月於度古齋,河永三謹記。

《商代甲骨文韓國語讀本》
韓文版譯後記

([美]陳光宇等,上海人民出版社,2017)

  1999 年 8 月,在河南安陽舉辦了"紀念甲骨文發現一百周年國際學術研討會"。趁此機會,譯者首次前往了甲骨文出土地安陽。第一次親自參觀甲骨文的發現地固然令我興奮,但更讓我激動的是,在這次會議上,我有幸拜見了許多甲骨學界的頂尖學者:有中國大陸的李學勤、李圃、裘錫圭、王宇信、林澐等先生,中國香港的饒宗頤先生,中國臺灣的雷煥章、董玉京先生,日本的伊藤道治、松丸道雄、阿辻哲次教授,加拿大的高嶋謙一(Ken-ichi Takashima)教授,美國的艾蘭(Sarah Allan)教授,法國的羅端(Redouane Djamouri)教授等。在甲骨文發現的第 100 年,能親眼見到這麼多著名學者齊聚一堂並親自拜見,我的激動無以言表。

  還記得參觀完沉澱著歷史與文化的殷墟遺址,我漫步在安陽的洹水旁,腦海中浮想聯翩,想象著甲骨卜辭中"今年會有豐收嗎""這個國家的都城會發生洪水嗎"的卜辭。偶然拾起地上的陶片,我環顧遺址,前輩學者們細心解說每一處遺跡的場景又浮現在我眼前。這些畫面至今仍深深鎸刻在我的腦海中,難以忘懷。

  會議上,王宇信教授提及期望趁甲骨文發現 100 周年之際,將這些年來的研究成果結集成《甲骨學百年》一書。他還期待我將其翻譯成韓文，爲了不辜負他的期待，回國後我便開始了翻譯工作，並一步步完善譯本。這次翻譯也成爲我開始研究甲骨文的契機，研究越深入，我越是發現其中所蘊含的文化意涵，便更加著迷於甲骨文的魅力。

如今，甲骨文研究已經成爲在全球成爲熱門。尤其是隨著中國的崛起，甲骨文成爲全球關注的核心議題，這是因爲甲骨文是中國歷史與文化的源頭之一，而想要瞭解中國，就必須先瞭解中國的歷史與文化。漢字是中國先民創造的最優秀的工具之一，作爲他們生活智慧和豐富想象力結晶的甲骨文更是有著特殊的地位。

會議結束後，王宇信教授時常來韓國調研，不僅在韓國漢字研究所進行了演講，還數次訪問了譯者的研究室。雖然年逾八旬，但王教授依然保持著蓬勃的學術熱情。幾年前，我在王教授的邀請下參加了山東淄博高青舉行的"甲骨學暨高青陳莊西周城址重大發現國際學術研討會"。在會議上，我得以與本書的作者陳光宇教授見面。此外，我也多次在學術會議上與本書的合著者宋鎮豪教授見面。宋教授是甲骨文社會史研究領域的頂尖學者，他熱忱於學術事業，在甲骨文研究上具有敏銳的分析力和準確的判斷力，令人欽佩。

此後，陳教授發來消息，爲了紀念甲骨文發現120周年，他出版了一本如何培養西方學者甲骨文解讀能力的書。一看這本書，我就覺得這是自學甲骨學的最佳書籍。經過教授和出版社的允許，我決定將這本書翻譯成韓文以介紹給韓國讀者。

甲骨文是漢字學中最基礎、最起點的部分。因此，無論是中國、韓國、日本還是西方，要從事漢字學，瞭解和解讀甲骨文是必不可少的。因此，包括中國在內的許多國家都開設了針對甲骨文解讀的相關課程。我們研究所去年也開辦了一門市民課程，專門探討甲骨文解讀。儘管這是自由的市民課程，且長達一學期，但我們也驚訝地發現來自首爾和大邱等地的參與者對甲骨文的興趣和關注。

甲骨文研究自其出土至今取得了飛躍式的進展。雖然甲骨文與現代

《商代甲骨文韓國語讀本》韓文版譯後記

漢字有著相對密切的關聯,但甲骨文畢竟是已有 3 300 年歷史的早期漢字,想要在短時間內直接閱讀、理解,並提煉其中的內涵,絕非易事。雖然中國出版的王宇信教授《甲骨文精粹解譯》(雲南人民出版社)和韓國出版的梁東淑教授《甲骨文解讀》(梨花出版社)等重要書籍,滿足了人們對這方面知識的渴求,但針對性地培養甲骨文解讀能力的教材一直處於缺乏的狀態。

對比之下,陳光宇教授的這本書與現有的書籍相比則擁有許多不同的優勢。首先,由於本書的目標讀者是西方讀者而非漢字文化圈的讀者,因此書中對相關內容的解說更符合西方讀者的思維方式。此外,它在設計上非常細緻,有很強的系統性和科學性。即使是更熟悉漢字的我們,也會被這本書的實用性和更容易理解的優點所吸引,而這也恰恰是我將這本書介紹給韓國讀者的最大原因。

這本書的優點可歸納如下。首先,本書選擇了 120 片甲骨,並對篆刻的甲骨卜辭作了詳細的闡釋。雖然 120 片甲骨相對較少,有其局限性。然而值得一提的是,除了學習甲骨文的寫法之外,作者還考慮到春秋戰國時期文化的重要內容,並從語言學和歷史學的角度挑選了代表性材料,進行了有系統、有順序的排列。

其次,書中為每篇甲骨卜辭提供了標題、原始拓片、電子化轉寫和釋文,並針對每個字作出了詳細的解釋,甚至還提供了練習題。這能使學習甲骨文的學生在最短的時間內自行進入專業領域,可以說是相當實用的指南。

再次,為了幫助讀者解讀甲骨文、理解春秋戰國時期的歷史,本書還提供了多種附錄。具體來說,包括:(1)出現的字/詞列表;(2)干支表和六十甲子組合表;(3)君王世系表;(4)春秋時期祭祀週期列表;(5)甲骨文學習所需的基礎知識;(6)參考文獻;(7)關於世界四大源文字的最新研究成果,共七種附錄。特別是精心製作的 500 個個別漢字/詞目錄表,對學習甲骨文非常有用。只要掌握了這些甲骨文,就可以稱得上是優秀的甲骨文學習者。

第四，本書的學術態度科學而謹愼。無論是對本質性問題，還是對個別漢字的考釋，作者都採用通行合理的説法，同時還援引諸家觀點，爲讀者的創造性思考提供了可能。此外，爲了更好地理解甲骨文中出現的君主在商朝歷史中的位置，作者採用了"K（或PK）+數字"的格式，使讀者能夠知曉這位君主在商朝歷史中的大致順序。同樣，對於現代人來説不太熟悉的六十干支，作者以例如"辛丑（第38天）"的形式來標記，以幫助讀者更好地理解時間的流逝。正是這些微小的細節，充分顯示出作者對讀者的細心關懷。

綜上所述，陳光宇教授的這本書確實有許多優點。它不僅注重所選取的甲骨文卜辭的意義，還論及春秋戰國時期重要的文化。此外，作者对书中的每篇甲骨卜辭作了詳細的解釋，并提供了練習題，使初學者能夠通過自主學習進入專業領域。豐富的附錄，特別是500個個別漢字/詞目錄表，對學習甲骨文的人極爲有用。同時，作者科學而謹愼地解釋了字符的起源和特性，並將之與世界四大文明相關聯，以科學的角度從整體上解釋了漢字的發展和特點。最後，作者對各種問題的合理解釋以及提供的便利標記顯示出他對於讀者的細心關懷和學術態度。

總體而言，這本書不僅對專業學者有益，同時對那些喜歡漢字文化和中國歷史的讀者而言也是一本難得的讀物，可稱得上是甲骨文學習的重要資料。這本書的出現不僅豐富了學術研究和文化傳承，同時也凸顯出作者對於學術的貢獻和熱愛。相信在本書的引領下，將會有更多的人投身於甲骨文的研究，共同推動中國古代文字、文化的發展。

作者爲保證本書内容的質量付出了很大的努力。合著者之一的宋鎮豪教授也是利用甲骨文資料進行中國社會史研究的權威專家，同時本書在編纂過程中也獲得了很多來自甲骨文研究泰斗林澐教授的建議。通過與多位專家的合作，本書在力所能力的範圍内盡可能提高了專業性和權威性。

正因如此，該書於2017年在中國出版後立即受到了廣泛關注，法國國家科學院東方語言研究所也於2021年6月出版了法語譯本。韓文譯

《商代甲骨文韓國語讀本》韓文版譯後記

本原本計劃與法語譯本同時在東西方出版,以慶祝"甲骨文發現120週年紀念",但由於譯者懶惰導致進度延誤,因此也錯過了這個機會。這既令譯者遺憾,也令譯者深表抱歉。

韓國是除中國外漢字使用歷史最長的國家,漢字在韓國的歷史中占據了極大的比重。要正確理解韓國文化,瞭解和掌握漢字是必不可少的,而要正確學習漢字,對其根源——甲骨文的學習就至關重要。對中國文化而言也是同樣的道理。甲骨文不僅是漢字最早的起點,同時也是中國思維原始面貌的良好寫照。通過它可以瞭解中國人的原始思維和文化是如何形成的。從甲骨文的發展過程也可以瞭解漢字是如何融入中國以及漢字文化圈中各國的文化中並發展至今的,並能從中尋找到其在當前的意義和未來的價值。除了研究漢字本身外,這對中國古代文明、考古學、科學史、書法學等起源的研究也具有重要的意義。

出版一本書需要許多人的幫助和付出。感謝仔細編排每個筆畫的金泰均同學以及多次細心校對的金和英教授。當然,也必須感謝本書主要作者陳光宇教授,陳教授在翻譯過程中也給予了很多無私幫助。此外,由衷感謝洛教授熱心地幫我們校對韓文譯本,增補了譯本中缺失的部分,並一一更正了譯本中錯誤的轉換字和其他的小錯誤。

2021年9月於度古齋,河永三謹記。

(本書榮獲大韓民國文化體育觀光部2022年度優秀學術圖書獎)

《字字有來頭》韓文版譯後記

(許進雄,臺灣字畝文化出版社,2018)

  1986年,我從臺灣大學的友人那裏得知,許進雄教授在加拿大長時間的旅居之餘,將短暫返回臺灣並講授甲骨文課程。於是我前往臺灣大學旁聽了教授的講座,這也是我初次與教授相見。最初令我驚訝的是教授治學的認真態度和他科學的分析方法。爲我們授課時,教授將當時與甲骨文研究相關的學術論文整理成文檔並打印分發給我們。文檔中的每篇論文都附有該論文的基本信息、內容摘要、問題點、解決方法和參考文獻。那時候,個人電腦剛開始普及,其他人還在用手抄或剪貼卡片或做筆記的方式來整理資料和做研究,教授用印刷出來的資料,於我們無疑是一種衝擊。更何況那些資料里,不僅有西方資料,還有當時難以獲得的大陸資料。當時大陸的資料對我們而言就像是朝鮮的資料,是受到限制的。要查看這些資料,必須去臺灣"國家圖書館"的漢學中心或"國立"政治大學的東亞研究所,經過許可後才能用手抄形式獲得資料。因此,那種衝擊和感慨是難以言喻的。

  教授給我們分享了他在加拿大安大略博物館親手整理明義士所藏甲骨文的過程中獨家的經驗和技巧。當談及可以將甲骨的鑽鑿形態作爲一種新的標準來區分甲骨文時代時,教授興高采烈。這一學術成果,超越

《字字有來頭》韓文版譯後記

了1933年董作賓先生提出的甲骨文斷代的10項書體標準，具有革命性的意義。許教授對商代的五大主要祭祀也有獨到的見解，並從多個方面給我們介紹了最新的研究成果和研究趨勢。此外，教授還建議我們在研究甲骨文乃至漢字時應採取新的視角，特別強調了對甲骨文的研究不能僅僅停留在與文獻關聯的研究上，要將考古學資料和人類學資料與甲骨文的研究結合起來。這也許超越了早期王國維先生提出的"二重證據法"——即結合紙質文獻和出土文獻資料進行研究，並從中尋找共同的證據——而是一種提倡將人類學資料包括進來的"三重證據法"。這無疑是許教授深邃洞察力的明證，也許是因為許教授長時間在加拿大進行研究，才能用跨學科、跨越"中國人思維"的方式去思考這些問題。

能得到許教授的資料我非常欣喜，除自己多次細讀外，還將其作為教學的材料。回想起來，我曾讓學生深入研讀那本既厚重又充滿學術性的著作，為此學生們確實付出了不少努力，甚至有些抱怨。但當時，我告訴他們，與他們同齡的美國、加拿大的中文系本科生也使用的是這本書。身為漢字文化圈的一員，如果你們想要具有競爭力，你們應該消化這些知識。實際上，我現在所從事的漢字文化解釋和漢字語源研究就深受許進雄教授的啟發，也是這本書指引了我將"漢字文化學"作為我對漢字研究的具體方向。1994年，梁東淑教授在首爾淑明女子大學主持了一場韓國前所未有的甲骨學國際學術會議。裘錫圭、王宇信、許進雄等諸位教授都參加了這次會議。當時年輕的我也有幸受到邀請，發表了一篇名為《甲骨文所見人類中心主義》的論文並獲得了良好的評價。從那時起，我開始將"漢字文化學"作為我持續進行的研究方向。

此後，雖然我心中尊敬教授，卻一直未能親自拜訪，更未能真正地向教授請教。1989年，我回國完成兵役。1991年，我幸運地進入大學擔任教職。當時我正努力尋找更新穎的方法來教授漢字，偶然獲知洪熹教授翻譯了許教授的巨著《中國古代社會》，並由東門選出版社出版的喜訊。我常常使用該書的英文版教材，而現在這本涵蓋了教授學術思想的大作已被翻譯成韓語，介紹給韓國的讀者。正如其副標題"文字與人類學的透視"所言,這本書將各種考古學、人類學的研究資料和研究成果與漢字研究相結合,深入探討了漢字的起源和變化過程。

　　後來中國大陸開放,我與上海的華東師範大學的學者聯繫較多,主要往返於中國大陸,沒有很多機會前往臺灣謁見許教授。但我仍然一直收藏許教授的著作,並通過博客等方式關注許教授的學術活動和研究趨勢。有時我甚至能想像到許教授熟練使用電腦的模樣。

　　2019年5月,我應臺灣文字學會的邀請參加學術大會,偶然在書店發現一套教授的《字字有來頭》,共有七冊。這本書用較爲簡單通俗的語言描述了教授的觀點和多年來的研究成果。這使我直觀地感受到,這位已經年近八十歲的世界級學者,爲青少年出版這麼一部龐大的著作所付出的巨大心力。現如今,很多人在沒有學術基礎的情況下隨意解讀漢字,忽略了其中所蘊含的文化特質,僅將其視爲簡單的符號而忽略了對中國傳統文化的研究,教授認爲,要糾正這種趨勢並引起後學的關注,應該從青少年開始。因此,教授選擇了一種大多數學者不常採用的通俗寫作方式。事實上,相對於專業學術寫作,通俗寫作更爲困難。在接近八十歲的高齡,教授還能帶領團隊完成這樣的工作,體現出教授的學術責任與使命。

　　學術會議結束後,我決心將這本書翻譯成韓語以介紹給韓國的讀者,這既是對教授深厚學術恩情的回報,也是對教授指導的感激之情。回國後,我立即向相關出版社提議翻譯,並向教授表達了這一意向,請求他的支持和幫助。出版社和教授都欣然答應。但教授也擔心,能否一次性準確翻譯完七冊《字字有來頭》和即將出版的八冊《甲骨文高級字典》。但我告訴教授,我不是單打獨鬥,而是有韓國漢字研究所的多位學者組成的團隊支持,並承諾一定會進行優質的翻譯。

　　2020年1月初,爲了紀念甲骨文發現120周年,韓國漢字研究所決定舉辦"紀念甲骨文發現120週年國際學術研討會及書法展覽會"。爲此,我們邀請了許教授參加。儘管教授年事已高,且不常參與外部活動,但他還是欣然答應了我們的邀請。這是自淑明女子大學的學術大會後,許教授時隔 25 年再次訪問韓國。我想，許教授可能也想親自瞭解我們研究所和翻譯團隊的情況。在這次的學術大會上，教授提出了一個假設，即儒家三年喪期的傳統其實比我們想像的還要早，可以追溯到商代，並通過甲骨文和相關的考古資料進行了論證。每次參加學術會議，教授總是帶著新的課題和新的研究成果，我再次被他的學術態度所感動。

韓國漢字研究所成立於 2008 年，可以說是一個"年輕"的研究機構，其創立旨在整理韓國的漢字並建立全球性的合作研究網絡。我們堅信漢字是東亞文化的基石，是人類的重要發明之一，也是我們應該繼承和發展的遺產。因此，我們舉辦了各種活動，並成功成爲世界漢字學會的秘書處。在 2018 年，我們被選爲韓國研究基金會的"人文韓國+"（HK+）計劃，目前正在進行名爲"東亞漢字文明之研究"的研究項目，內容是對韓國、中國、日本和越南四國的漢字詞彙作比較研究，此研究預計將持續到 2025 年。漢字是東亞文明的源頭，單一的漢字則是漢字詞彙的起點。每一個字都包含了重要的概念，其結構中刻畫了數千年的變遷。因此，根本和深入地理解漢字是成功的起點和保證。

在此意義上，《字字有來頭》與我們的計劃完美契合，雖是通俗易懂且面向大眾的書籍，但其內容絕不膚淺。此書集結了許進雄教授畢生的研究成果，尤其是《甲骨文高級字典》，不僅包含了最新的甲骨文資料，更是許教授對甲骨文、漢字起源及漢字文化解釋的集大成之作。該書特別強調不能僅視漢字爲文字符號，而要從文化學的角度解讀漢字。它將爲讀者開啟一個將漢字與考古學、人類學相連接的新視角，並一同探索人類歷史中所蘊含的新世界。這部作品比其他任何著作都更具創意和學術性。在我們逐漸與漢字疏遠的今天，透過這本書，我們將能夠深刻體會到漢字的真正面貌和崇高價值，並與漢字重新建立起親近的關係。此外，這本書還將讓我們體驗到漢字所蘊含的無窮智慧和創造力。

雖然這篇《後記》略顯冗長，但希望讀者能通過我的敘述，感受到我與許進雄教授之間的深厚情誼，以及我爲何踏上了漢字文化學的研究之路。同時，我也想藉此機會表達對許教授的深深感激之情。此外，我還要感謝金和英、梁英梅、李智英、郭賢淑教授,他們用最短的時間完成了這部重要書籍的翻譯工作。同時,也感謝金素妍、李叡智、崔宇周、金泰均、朴承賢、鄭昭英等同學在翻譯過程中提供的幫助。衷心感謝他們的付出和努力。

2020年12月20日於度古齋,河永三謹記。

《全譯説文解字》引言

(《説文解字新訂》,[漢]許慎著,臧克和、王平校定,中華書局,2002)

一、《説文解字》之緣

  我與《説文解字》之緣可追溯至 1991 年,那已是三十年前的事了。1991 年是中韓建交的前一年,也是這一年,筆者首次踏足中國大陸,目的地正是《説文解字》的作者許慎的故里——河南省漯河市。我應董希謙(1932—)教授的邀請,參加了在漯河召開的首屆《説文解字》國際學術研討會。

  我原本計劃與我本科的導師敬愛的柳鐸一(1934—2006)教授同行,但由於導師的個人原因,我只能獨自前往。那時候由於兩國尚未建交,通行非常不便。正式出發前,還需要去首爾上四個小時的"特殊教育"才可以。出發後需從釜山乘高速大巴到仁川,再乘船到威海,再坐"麵包車"先到煙臺,從煙臺坐火車到山東省的大城市青島,接著又前往濟南,再前往河南省的省會鄭州,最後轉乘坐普通火車到漯河。這趟旅程整整花了四天三夜,很是辛苦。現在想來,我竟不知道當初的自己是怎麼有勇氣獨自走在那片陌生的土地上。在學術會議上,作爲唯一來自"南朝鮮"的嘉賓,我受到了難以忘懷且極爲殷勤的招待。但我更大的收穫是在那裏拜見了衆多中國學界的著名漢字學者，諸如周祖謨（1914—1995）、劉又辛（1913—2010）、李玲璞（1934—2012）、許威漢（1926—2016）、向光忠（1933—2012）、裘錫圭（1935—）、向熹（1928—）、姚孝遂（1926—1996）、王寧（1936—）和宋永培（1945—2005）等教授。能在同一場合拜見這麼多只在書中看到的著名學者，對我這個剛過三十的年輕學者來説，確實是一個既榮幸又難得的機會。

在許慎墓前上香致意時，我發誓一定要將《説文解字》翻譯成韓語，並將此書作爲我一生學問的基石。然而，這樣的決心曾經停滯不前，直至2000年的元旦，我終於堅定了我的意志，並將其轉化爲實際行動。我意識到"新千禧年"開始後，我不應再將翻譯工作拖延下去，並將段玉裁的《説文解字注》作爲翻譯目標，爲此制定了詳細而具體的翻譯計劃，並開始著手翻譯。爲了激勵自己，也是爲了讓周圍的人能警醒我的懶惰，我還在日記中記録下這一計劃和翻譯的進展。

此後，我還數次拜訪許慎墓。2007年，我在鄭州大學指導學生時特地去了一趟許慎墓。2010年參與第二屆國際學術會議時我又去了許慎墓。每次去我都深感愧疚，不僅是因爲最初在墓前所發的誓，還有在新千禧年開始時向周遭所公開的承諾，都還未能實現，因此心中總是充滿了自責。每次去的時候我都會重新下定決心，然而卻一直事與願違。最後我只得做出妥協，將焦點從段玉裁的《説文解字注》縮小到許慎《説文解字》的原文。

2016年的第三屆國際學術大會上，我有幸代表韓國學者討論《説文解字》的意義。我自認爲這是一次良機，再次公開承諾將翻譯《説文解字》。當時中國文字學會的會長黃德寬教授（1954—）也坐在旁邊，我很有信心地説："爲了翻譯黃會長的著作《漢語文字學史》，我不得不將博士論文延後一年。再後來，爲了紀念甲骨文發現一百周年，我又花了十年時間翻譯王宇信教授的《甲骨學一百年》。這十年讓我白了頭髮。現在，我正在翻譯《説文解字》。我認爲這是我一生的使命，只要我還活著，我一定會完成《説文解字》的翻譯。我的首次中國之行和參與的第一次學術會議,都與《説文解字》有關。我在1991年首次訪問時所立下的誓言,我向在座的各位保證一定會實現。"

當時,我的翻譯進度已經頗有進展,因此我信心滿滿地以爲我很快就可以完成翻譯工作。但後來因爲我在韓國漢字研究所負責的"人文韓國加"(HK+)大課題的運轉,我不得不將翻譯工作再延後數年。幾年的時間過去,曾經系統的翻譯思路和計劃都已遙遠,重新投入大量的精力和時間來熟悉和再次開始,許多部分甚至需要重新來過。歷經波折,我終於竭盡全力地完成了這項翻譯,並將它呈現於世。雖然與最初的規模和內容相比,它在體量上有所縮小且完成度也不足,但我認爲倘若持續下去,它可能永遠也無法出版,故而我還是決定將其出版,只是這樣現實的妥協讓我心中五味雜陳。

二、《説文解字》翻譯與各方的幫助

在漫長且波折的翻譯過程中,有許多人給予了我巨大的支援。其中,華東師範大學中國文字研究及應用中心的主任臧克和教授(1956—),至今仍是我如同親兄一樣的學術導師。我和他於1994年初次相識,他允許我使用中國文字研究及應用中心的《説文解字》校正原文文本、所有字體以及相關數據庫。如果沒有這些,不僅難以輸入龐大且深奧的資料,甚至對《説文解字》小篆以及各種古文字的校正和處理都會變得不可能,更遑論出版。臧克和教授還提供了甲骨文、金文、戰國文字等古文字數據庫,基於這些,我曾出版了《漢字字源辭典》。雖然《説文解字》是經典的優秀著作,但還是有必要將其與許慎所未見的實際文字資料,如甲骨文、金文和戰國文字等古文字資料作比較和修正。在這一過程中,我們可以更加深刻地認識到《説文》釋文的價值及其局限性。

能夠在《漢字字源辭典》中,將每一個古代漢字的實物形狀和語源逐一展示,並能夠將與《説文解字》的原解釋進行對照,正是本次完整翻譯的最大特色。而這一切都是在臧克和教授和上海交通大學王平教授（1958—）的鼓勵和幫助下實現的。

三、文字的屬性

首次參拜許慎墓時，我曾思考2 000多年前的許慎爲何要編寫《說文解字》這部偉大的著作，直到如今我還常常思考這個問題。以前我曾簡單地以爲，當時的漢朝爲了恢復在秦始皇時因焚書坑儒而消失的儒家經典，以儒學爲新的統治思想，並將五經的解釋和研究設置爲國家的任務。被稱爲"五經無雙"的許慎，他編寫《說文解字》是在從純學術熱情的驅使下，意圖恢復和解釋這些經典。但隨著我研究的深入，我發現這只是表面上的原因，還有更深層的本質原因。

毛澤東毛主席用馬克思主義建立了一個新的中國，他選擇了漢字簡化之路。秦始皇橫掃六合，一統天下，結束了戰國時期百國割裂的局面。爲了鞏固統治，他廢除六國文字，採用"書同文"的政策將小篆作爲標準。中國歷史上唯一的女皇帝武則天也創造了自己的文字，儘管只有三十多個字，然而因爲包括了許多常用字，其影響巨大。改革的象徵——宋代的王安石，雖然他沒有創造新文字，但他寫了一本全新的漢字詮釋書——《字說》。這是一本與傳統詮釋完全不同的"改革性"的漢字詮釋書。在他執政時期，它曾因爲被選爲科舉考試的必考科目而備受歡迎。儘管這本書在他失勢後被禁止，但因其影響仍在，最終落得被焚燒的命運。康熙皇帝曾付出巨大努力所編寫的《康熙字典》，最終成爲東亞漢字文化區的標準，王莽在推翻了西漢王朝，建立了新國家後，也試圖改變漢字的解釋方式，他從今文學派中解脫出來，大量吸納了古文學派的解釋，改變了他的支持基礎。

他們都在漢字的標準化、創建和解釋體系上有所作爲，雖然具體的方式略有不同，但他們明確地將"漢字"作爲政治改革和權力掌控的手段。正如哈佛大學已故的張光直教授所說，文字如同古代的神話、藝術和祭祀一樣,都是掌握權力的手段,文字從一開始就與掌握權力有關。

衆所周知,"文字"這個詞是由"文"和"字"組合而成的。在"文字"這個詞普及之前,"文"是指那些不能再分解的基本字符,而"字"則指的是由多個"文"組成的合成字。"文"與現今"部首"的概念相似,它是漢字的最小意義單位,從起初它就代表了"分類"、"關係的規定"和"劃歸"等概念。這也意味著它具有規定事物系統和世界秩序的權力,掌握它等同於取得權力。

讓我們看看"分類"如何與秩序和主導權相關。舉一個簡單的例子:在神、人和猴子的關係中,將"人"與"神"聯繫起來,還是將"人"與"猴子"聯繫起來,意義完全不同。前者是基於宗教神學觀點,認爲人是神的創造物;後者則基於由達爾文(1809—1882)提出的進化論觀點,認爲人是從猴子進化而來。兩者提供了不同的世界觀。根據神學的世界觀,宗教權力是絕對的,而進化論則將這個秩序重新編排,從神學轉向科學,從絕對真理轉向相對真理。因此,科學取代了神學在世界中的位置,並重新編排了世界的秩序。在這過程中,教會感到沮喪,世界進入了一個以人爲中心的新時代,充滿了無盡的新價值和創意。

倉頡是中國神話中創造文字的人物。據說,當倉頡創造文字時,"天上的穀物如雨一般下來,鬼魂整夜哭泣(天雨粟,鬼夜哭)"。爲什麼文字有如此大的影響力,使得鬼魂整夜痛哭,穀物從天而降? 我認爲這是"文字創建導致的世界秩序和權力的重新分配"的象徵。也就是說,穀物如雨從"天"而降,象徵著生產力的飛躍。而"鬼魂"整夜的哭泣象徵著鬼魂的時代結束,人類的時代開始。

四、《說文解字》的編纂

我認爲,《說文解字》的編纂是那些堅信出自孔壁的古文經書的古文學派爲了鞏固自己的權威,對當時壟斷漢代學術的今文學派的反擊。想要將孔壁出土的經典作爲堅不可摧的學術依據,必須要對那些被今文學派否定的古文字進行歷史性的證明。這爲古文學派以五經爲代表的治國意識形態提供了新的解讀和根據,使其學術權力和國家權力的獲得成爲可能。

這之所以成爲可能,是因爲漢字或者文字從一開始就與"權力"有著緊密的關係。正如前所述,文字是將世界上的事物和概念概括成一個形象的一種符號。如何對世界進行分析,以及如何以某種形象或概念來描述和表示它的存在,都是通過分類來重新編排秩序,通過形象來表現概念的。

就像之前提到的,原先和"神"被分到同一類的"人",在達爾文的進化論之後,與"猿猴"被歸爲一類。因此,"神"的神性和地位都受到了削弱,與神同行的權力和利益集團失去了其地位。

不僅如此,文字與國家、階級的出現,以及權力的誕生都有著直接的關聯。如斯大林(1878—1953)認爲,由於剩餘生產的出現和因此產生的階級分化,需要對人進行系統性的管理,國家因此誕生。因此,文字從一開始就與"權力"相關,至今仍然是塑造國家的重要標準之一。

還有,通過對權的解讀,文字積極地參與了權力的維護和加強。例如,"王"字在甲骨文中的形狀是代表王權的"帽子"或"斧頭",孔子解釋説,由"三"和豎畫(丨)組成,"三"代表著天地萬物,"一"象徵貫通,故認爲"王"就是凝聚成一個統一的存在者。聖人孔子所説所解,"王"字不僅僅是一個簡單的符號,而是被朝拜和尊敬的"存在"。許慎在《説文解字》中更進一步,對"王"解讀時加上了"歸往"之語,把"王"説解成是"全世界的人們都回歸並尊敬的存在",從而使王的地位更加崇高。

許慎深入挖掘每一個漢字背後的深沉含義,並做了詳細解釋。在此基礎上,他還結合了當時其他人所不知道的古漢字詞源解釋和對古籍的深入理解,提供了更爲精湛的哲學詮釋,因此他獲得了超乎想像的學術威信。《説文解字》的出現,無疑促使了當時學術權力的重新配置,使古文學派成爲了學界的主流,這似乎是一種必然的結果。

這正是今天我們閱讀許慎《説文解字》的關鍵所在,這一點在我們回想到漢字是中華文明與思想的核心和根本元素時,更顯得尤爲重要。

《全譯說文解字》引言

因此,我們期望讀者不僅僅將《說文解字》視爲一本簡單的詞源辭典,而應詳細探索許慎是如何解讀漢字的,即當漢字遇到許慎時,其領域是如何得到擴展和建構的。希望讀者能夠關注到漢字的意義與其形狀有關的特質,並仔細地解析其從產生之初至今所形成的多種語義。

五、《說文解字》的體例

想要有效地閱讀《說文解字》,就必須要瞭解《說文解字》的體制,否則就難以理解書的內容和作者的意圖。《說文解字》雖成書於公元100年,但從許慎《說文解字·序》和《說文解字》的內容就可管窺其結構相當嚴謹。姚孝遂先生《許慎與說文解字》一文對此作了較爲細緻的研究,大致可整理如下:

(1) 部首和歸屬字的編排

原　　則	實　　例
部首(540部首)	
① 始一終亥	"其建首也,立一爲端,方以類聚,物以群分。同條牽屬,共理相貫。雜而不越,據形繫聯。引而申之,以究萬原。"
② 據形繫聯	● 上、下、示:皆與"上"繫聯 ● 三、王、玉、珏:與"三"繫聯 ● 屮、艸、蓐、茻:皆與"屮"繫聯
③ 以類相從	● 豕、象、彑、豚、豸、舄、易、象、馬、廌、鹿、麤、怠、兔、莧、犬、狀、鼠、能、熊:皆與禽獸有關。 ● 斤、斗、矛、車:皆與器物有關。 ● 甲、乙、丙、丁、戊、己、庚、辛、壬、癸;子、丑、寅、卯、辰、巳、午、未、申、酉、戌、亥:皆與干支有關。
歸屬字9 833字(原本9 353字)	
① 以類相從	● "示"部歸屬字:與神或儀禮有關。 ● "玉"部歸屬字:與"玉"有關。

續表

原　　則	實　　例
② 帝王之諱,列於該部首之首	● 秀:"禾"部之首字,漢光武帝之諱。 ● 莊:"艸"部之首字,漢明帝之諱。 ● 炟:"火"部之首字,漢章帝之諱。 ● 肇:"戈"部之首字,漢和帝之諱。 ● 祜:"示"部之首字,漢安帝之諱。
③ 吉祥在前,不祥在後	● "示"部:禮、禧、祺、禄、禎、祥、祉、福等字在前,皆有吉祥之義;與此相反,祲、禍、祟、禖等字在後,皆有不祥之義。
④ 有實體的在前,無實體的在後	● "水"部:與"江水"相關的專有名詞在前,描述水狀態的字在後,將"有實體的(實)"置前,將"無實體的(虚)"置後。
⑤ 重疊的部首或與部首形狀相反的字,排在該部首的最後	● 譶:由三個"言"組成,故放之於"言"部之最後。 ● 牪、瓜、磊、聶、豩、驫等也是如此。 ● 亍:係"彳"之反形,故放之於"彳"部之最後。 ● 邑:係"邑"之反形,故放之於"邑"部之最後。

（2）解説體例

標題字	釋義	結構	讀音	異説	異體字
祝(祝)	祭主贊詞者。	從示,從人,口。		一曰:從兑省,《易》曰:兑爲口,爲巫。	
中(中)	内也。	從口,丨,上下通,			中古文中。 䄬籀文中。
丌(丌)	下基也,薦物之丌。	象形。	讀若箕同。		

① 標題字

如"今叙篆文,合以古籀,博采通人"所言,《説文解字》將小篆設爲標題字,目的就是爲了凸顯出其探究文字起源的編纂目的。雖然大多數的標題字都是單字,但偶爾會連續出現以小篆書寫的標題字,我們可以稱之爲"連續標題字"。例如:"昧爽,旦明也","⿰卄⿰ 響,布也","湫隘,下也","參商,星也"等。

② 字義

《説文解字》旨在明確漢字的原始意義,可以將《説文解字》中的字義解釋體系歸納爲以下幾點:

首先,必須先解釋字的意義,然後解釋字的形體。

果(果):"木實也。從木,象果實在木之上。"

其次,解釋形體時,首先提及該字的部首,然後提及其他部首的形體。

暴(曓):"晞也。從日,從出,從廾,從米。"

第三,若需提供該字的其他解釋,則使用"一曰"、"或曰"、"又曰"等。

芋(芋):"麻母也。從艸,子聲。一曰:芓即枲也。"

③ 讀音

在《説文解字》中,除了用"亦聲"和"省聲"等方式描述諧音字外,有時還直接用"讀若""讀同"等方式明確該字的讀音。其中"讀同"有兩種形式,一種爲"讀與某同",另一種爲"讀若某同"。《説文解字》有時出現"讀如"的説法,如"匿……讀如羊驕箠",這裏"讀如"與"讀若"同義。

䭆(䭆):"饑也。從食,厃聲。讀若楚人言'恚人'。"

六、《説文解字》的版本與研究

許慎《説文解字》成書於漢和帝永元十二年(公元 100 年)。他的兒子許沖於建光元年(公元121年)呈給漢安帝。此後,《説文解字》開始廣泛流傳,且被著録於《隋書·經籍志》、《舊唐書·經籍志》和《新唐書·藝文志》等書中。《説文解字》一直是中國漢字學史上最重要的研究對象之一。歷代對《説文解字》的研究從未間斷,以下是主要的研究書籍版本列表:

時期	作者	書名	備考
梁	庾儼默	《演説文》	失傳
隋		《説文音隱》	失傳
唐	李陽冰	刊定《説文解字》	
南唐	徐鍇	《説文解字繫傳》	亦稱"小徐本"
宋	徐鉉	校定本《説文解字》	亦稱"大徐本"
宋	李燾	《説文解字五音韻譜》	
宋	鄭樵	《六書略》	
元	戴侗	《六書故》	
元	楊桓	《六書統》《六書溯源》	
元	周伯琦	《説文字原》《六書正譌》	
清	姚文田 嚴可均	《説文校議》	"大徐本"之校勘
清	鈕樹玉	《説文校録》	"小徐本"之校勘
清	汪憲	《説文繫傳考異》	"小徐本"之校勘
清	王筠	《説文繫傳校録》	"小徐本"之校勘
清	段玉裁	《説文解字注》	《説文》四大家
清	王筠	《説文句讀》《説文釋例》《説文繫傳校録》	《説文》四大家

續表

時期	作者	書名	備考
清	桂馥	《説文解字義證》	《説文》四大家
清	朱駿聲	《説文通訓定聲》	《説文》四大家
民國	章太炎	《文始》	
民國	丁福保	《説文解字詁林》《説文解字詁林補遺》	匯集了《説文解字》相關的182種著作和254名學者的學説。
民國	馬叙倫	《説文解字六書疏證》	

這些文獻是我們理解和深入研究《説文解字》的重要資料。

七、《説文解字》之貢獻與局限性

在中國字學史上,《説文解字》地位崇高且有著很大的影響力。在甲骨文研究興盛之前,對《説文解字》的研究就等同於字學研究。王鳴盛(1722—1798)對《説文解字》作出了極高的讚譽:

《説文》爲天下第一種書。讀遍天下書,不讀《説文》,猶不讀也。但能通《説文》,餘書皆未讀,不可謂非通儒也。(《説文解字正義·序》)

清末,陳介祺在《説文古籀補·敘》中極力讚美:"若無許慎之書,則無人識字。"對《説文》的讚譽成爲當時的主流評價。

然而,也有極端的否定意見。石一參在《六書淺説》中認爲《説文》"荒謬"及"淺陋",甚至稱許慎爲"應當死的許慎",實在是有失偏頗。

從現今的角度看,《説文解字》不至於被完全否定,但其並非只有優點,確實有著其時代局限性。隨著時代進步,許多許慎所未能見到的甲骨文及其他古文字資料已被大量發掘,在研究方法上亦有巨大的進步。

(1) 貢獻

姚孝遂先生曾經從以下四個角度對《説文解字》的貢獻進行了評估:

> 首先,從字形的角度,由於許慎在編寫《説文解字》時試圖通過不同時期的文字形狀尋找漢字的根源,因此書中保留了古文、籀文、小篆、或體等多種異體字。漢字在"隸變"過程中,形態發生了巨大的變化,使其原始的形態結構難以辨認。如今能夠略知一二的關於漢字形狀的脈絡,都要歸功於《説文解字》。
>
> 其次,從語義的角度,字的原意需首先被瞭解,之後才能知其引申義與假借義。而字的原始意義與其形態緊密相關。若不知其原始形態,則其真正意義也無法得知。《説文解字》正是通過字的原始形態來揭示其真正意義,同時也保留了大量的假借意義。
>
> 再者,從讀音的角度,書中保存有大量關於"讀若"的資料,且對許多形聲字的音讀來源進行了解釋,這些資料對於研究秦漢時期的古音是非常有用的。
>
> 最後,從文字的規範化和統一的角度,許慎對於他所見的所有漢字進行了逐一的形態和意義分析,這對於漢字的統一起到了相當大的促進作用,對於漢字的規範化和統一也有著重要的影響。

(2) 局限

陸宗達先生(1905—1988)曾在《説文解字通論》中,將《説文解字》的局限性歸納爲以下四點:一是對封建政治的支持和立場;二是科學水平的局限;三是歸納方法的缺陷;四是編輯體制的混亂。

由於許慎所處時代的限制,他只能看到從周朝後期到秦漢時期的文字資料。這些文字已經與其原始狀態相距甚遠。因此,他在編寫《説文解字》時,只能基於這些資料去探究文字的原始形態、原始讀音和原始意義,這是一項非常困難的工作,有時甚至是不可能的。

顧炎武曾説："取其大而棄其小；擇其是而違其非。"這不僅是對《説文解字》的態度，更是對所有古代文獻的態度，也是對所有先前研究成果的態度。

八、感謝之辭

不論是文章或是翻譯，結束之際雖帶有舒解，但往往更多的是遺憾。無可奈何的結束，乃因瑕疵處、不足之處皆多如星辰，而尤以如《全譯説文解字》此般深入且繁複的書籍更是如此。字遺、字誤、字形未轉換者，或格式不一者，雖搜尋再三仍層出不窮。書得以成形並出版，有賴於同僚金和英教授從頭至尾的細心校讀。此外，研究所的助教及衆多學生也給予了不少的幫助。在此，我再次表達深深的感謝。

不知不覺中我也步入了人生的秋天。回顧過去，竟發現我的一生都在接受他人的幫助，我雖覺慚愧，但仍想向曾經給予我無盡幫助的衆人獻上深深的感謝。高中時期引領我踏上此路的金榮一教授，大學時代讓我認識中國的康寔鎮教授，在研究所學習期間讓我領悟學問之趣味的湯民柳鐸一教授、半農李章佑教授，在臺灣求學時指導我碩博研究的簡宗梧教授，以學術之交爲我終身引路的臧克和教授、木齋鄭景柱教授，等等。我要在此深鞠躬，向各位先生獻上最高的敬意。儘管心存羞愧，我仍希望這本書能稍微回饋他人，並對韓國的漢字研究作出些許的貢獻。

過去，我在關注漢字研究的同時，也專注於其背後文化意涵的研究，並出版了《漢字源字典》（2014）。爲了研究漢字的文化性，我撰寫了《漢字與 écriture》（2011），並在近期出版了《以 24 字解讀東亞文化》（2020）。此外我也翻譯介紹了一些關於甲骨文、金文等古文字以及和漢字的歷史相關的書籍，並多次在《釜山日報》《東亞日報》《月刊中央》《中央 Sunday》等刊物發表研究論文。

翻譯這本書的初衷之一是爲了方便我自己的研究，也是爲了將其分享給和我一樣對漢語研究有著同樣學術志向的讀者。如今我已經竭盡我所能完成這本書的翻譯,也在此懇請大家多多包涵我的不足,本書以及過去的著述中所顯示的各種錯誤和不足,完全是我的責任。在此,我衷心期盼讀者們的公正評價。

完成《說文解字》的翻譯後,我打算先暫時放下其他的翻譯工作。在未來,我希望能投身於更深入的研究,給大家帶來反映漢字源流的經典新解。曾經的我如盲人摸象而不知所向,如今我已是花甲之年,悟已往之不諫,知來者之可追,在剩餘的日子裏,我將像過去一樣慷慨地分享我所獲得的一切,並爲社會作更多的貢獻。

2022年3月於度古齋,河永三謹記。

(本書榮獲大韓民國學術院2023年度優秀圖書獎)

《聯想漢字》前言

(河永三,東方媒體出版社,1977)

　　幾年前,在全球化浪潮之下,漢字教育的需求和英語早期教育一樣日益高漲。由於漢字是韓國大學必修的通識課程,又是大型企業入職考試的必考科目,因此,現在幾乎所有的主流報刊都固定地將英語會話和漢字專欄放在一起。當我們接觸到如洪水般湧出的漢字學習書籍時,"漢字正迎來其前所未有的黃金時代"就成爲一種真切的感受。然而與即將到來的漢字的黃金時代相比,衆多解釋漢字的書籍,其學術水平仍有待提高。

　　例如,對描繪母親抱著孩子的形象的"好"字,有人解釋説:"女人和男人是不可分離的'好'關係。"又如對描述從子宮中分娩出來的嬰兒形象的"冥",有人説:"過了陰曆的十六日,月亮會被遮住,所以意思是'暗'。"類似的謬誤頗多,事實上,這些例子出自於韓國水平較高的漢字教育組織出版的書籍。更糟糕的是,影響力頗大的《中央日報》"漢字專欄"裏也出現了許多錯誤。例如,"燕"字本來完整地描繪了燕子的嘴巴、身體、翅膀和尾巴,但有人解釋説:"燕子嘴裏叼著草莖,從北方飛越河海而來。"一來我完全不明白燕子爲什麼一定要從北方飛來;二來字形中燃燒的火的形象(火的變形)爲什麼會被解釋爲與之相反的水;三來其他字中還有類似於"一"的構件被解釋爲草莖的情況嗎?

上述情況讓我這樣一名專攻漢字的學者感到羞恥和自責。這種現實顯示了韓國國內對漢字字源的研究十分不足，也告訴我們這是一個亟待解決的問題。

與其他詞源解析一樣，漢字的字源解析也應從漢字現在的形態和用法出發追溯到漢字最初的形態，像考古發掘幾千年前的遺物一樣，通過梳理其在使用過程中累積的義項和用法，來辨明它們之間的內在關係。這個工作需要通過追溯歷史，分析體系、制度和生活環境的變化，對已經"化石化"的內在關係作合理的推斷和解釋。因此，在解釋漢字時，至少應該遵循以下幾個最基本的原則：

首先，應該基於可以確認的最初的漢字形狀。

其次，從最初的用例確定原始意義，並由此推斷隨後衍生的意義項目。

第三，不應該只對單一字符進行孤立的分析，而應該依據用相同創建原則創建的字符組。

本書的首要目標是從實際根據出發解釋常用漢字的字源，而不是找出並糾正過去所有的錯誤解釋。因此我們盡可能地從甲骨文中尋找漢字的源頭並進行合理的解釋，對於當目前具有多種解釋且難以定論的漢字，我們盡量以目前接受度最高的學說爲准。

本書的另一個目標是通過漢字的字源解釋來探討古代中國文化的特點。因此，本書採用了"文化性解釋"這一方法來解釋漢字的字源。例如，"帝"是如何與"植物崇拜"觀念相聯繫的？又如"美"和"羊"之間的關係，"字""子""宀"之間的關係，"農"與"辰"之間的關係，以及"姓"與"女"之間的關係等。通過對上述字之間的關係的討論，可以探索掩埋在歷史的文化。實際上，隱藏在漢字中的秘密不止於此，從"天"字可以看出古人認爲"天空的基礎是人"，從"微"或"文"等字則能夠認識生命的循環論。

字形、字義和文化內涵正是具有強烈表意性的漢字的特點和獨特優勢。漢字是一個至少有 3300 年悠久歷史的文字系統。考慮到殷代的甲

《聯想漢字》前言

骨文已經是一個相當發達的文字系統,漢字的歷史必然還要更早。這樣長久的歷史,漢字無疑蘊含了使用者累積的文化意識。挖掘這些文化意識並通過它來找到古代文化的原型,是漢字闡釋的重要任務和根本方向。因此,本書努力將漢字的字源解釋與文化性解釋相結合,並將其分爲與神話、生命觀、哲學倫理、時間觀相關的精神文化,與社會制度發展相關的制度文化,與科學和食物相關的物質文化等主題來進行敘述。

爲了更好地對本書的兩大主軸,即漢字字形的解釋和其所反映的文化內涵的解釋,進行論述,本書首先附上了解釋目標漢字和相關字族的"字形變化表",使讀者能夠對其從甲骨文、金文、小篆到楷書的演變過程有清晰的理解。同時,爲了使讀者對字形有清晰的認識,我們精心選擇了與正文內容相關的圖片。在解釋方式上,我們將可以歸爲同一主題的漢字組合在一起,使讀者能夠輕鬆地聯想和掌握其所在字族的其他漢字或用相似造字原形成的字族。此外,我們在附錄中添加了韓文索引以方便讀者查找特定的單字。希望讀者能通過本書,深入瞭解漢字的字源以及中國古代的人類和文化。同時,我們也希望讀者能夠認識到,漢字既不是孤立的存在,也不是一個簡單的文字符號,而是與其他相似的字族緊密相連且蘊含了文字使用者的意識和文化的結晶體。

本書是將《釜山日報》"漢字教室"專欄(1995.5—1997.4)所發表的文章重新編輯和補充而成。由於報紙文章的性質,本書在體系上的連接性略顯不足,對有理論爭議的部分也未能詳細論述。另一遺憾是未能逐一明確所引觀點的出處。我們希望未來能有機會在更專業的著作中對這些不足之處進行系統性地補充,並期望廣大讀者能夠給予諒解和寬容。

本書的出版得到了許多人的幫助。感謝《釜山日報》的李鎮斗局長和全載一、白泰鉉兩位記者,這些略顯生硬和過於學術的文章能連續連載兩年,有賴於他們毫無吝嗇地給予鼓勵和支持。更重要的是,我要感謝柳譯一先生和李章佑先生,兩位先生是我漢字學習路上的啟蒙者和引路人。雖然無法一一列舉,但我也要感謝在連載期間給我提供意見和鼓勵的衆多讀者,以及爲我從頭到尾仔細審查稿件的妻子。還有,我要感謝始終如一地爲我帶來歡樂和笑聲的兒子東杬。最後,我要深深感謝東義大學人文科學研究所學術研究基金的支持,這本書地完成離不開他們的支持。

1997年初冬於度古齋,河永三謹記。

(本書榮獲韓國文化觀光部 1998 年度優秀圖書獎)

《對不起漢字(部首篇)》引言

(河永三, Random House Korea, 2007)

一、爲何學習漢字？

"漢字"即"中國人的文字",作爲韓國人的我們爲什麽要學習漢字呢？特別是生活在信息技術高度發達的現代的我們,學習漢字的意義在哪里呢？

首先,漢字是我們共同的記憶和財富,而許多人誤以爲漢字只是中國的文字。簡言之,雖然漢字主要在中國使用和發展,但漢字並不僅屬於中國,而是整個東亞地區包括韓國在內的文化和傳統的積累。在韓國,漢字不僅發音系統有別於中國,並且還擁有獨特的漢字。此外,韓國的許多歷史記錄也是用漢字書寫的。因此,忽視漢字可能會導致我們記憶之根被割斷。

其次,漢字是理解韓國人母語的基礎。韓國人母語中的詞彙 70%以上源自漢字。因此,討論漢字是否屬於我們的語言已經變得毫無意義。此外,隨著進入更專業化的領域,漢字對詞彙的支配力也變得更強,若缺乏對漢字的充分理解,我們將難以更準確且出色地使用母語來進行理解和表達。

第三,漢字是韓國國際化的工具之一。進入21世紀,韓國、中國和日本成爲世界的重要中心之一,影響力也日益擴大,世界將這一地區稱爲"漢字文化圈"並將其評價爲"恢復了數千年來作爲世界文明中心的榮光"。學習漢字不僅僅是因爲它代表了韓國的文化記憶,更是因爲"漢字"是這一文化圈的統一特質。通過漢字,我們可以互相交流和溝通。日本已經成爲全球最強大的經濟強國之一,不久的將來,中國也將成爲政治、經濟和文化強國。未來,中文將和英文一樣成爲新的世界通用語,成爲國際化的標準之一。漢字正是理解和掌握中文的關鍵部分。

二、如何學習漢字?

如果學習漢字是必須的,那麼最重要的問題將是"如何學習漢字"。雖然學習漢字不再像以前那樣僅僅背誦《千字文》,但和學習其他任何語言一樣,學習本身並不存在捷徑。

大多數完全未經消化的知識很難被頭腦記住,往往一個晚上就會被遺忘。這並不是因爲頭腦不好,即使是記憶力很好的人也無法記住50%以上沒有完全理解的內容。

因此,學習的關鍵在於"如何學"。至少應該做到以下幾點:

首先不要死記硬背。漢字是象形文字,簡單來説就是由圖畫演變而來。因此,如果像記英文字母和單詞一樣去背,很容易失敗。你能記得所有的圖畫嗎? 如果記不住,試著理解圖畫是如何畫出來的,這樣就能自然而然地掌握。

這本書的重點正是專注於基本漢字的圖畫理解。例如,"夫"比"天"高,所以在天上還有一個點。雖非全然正確,但這的確是個經典的説法。"大"是指張開胳膊和腿的人的正面形象,"夫"是在"大"上加上橫畫,象徵戴著髮夾的形象。不要聯想到朝鮮時代的女子形象,那只是當時的風俗。回顧以前的歷史劇,貴族都戴著髮夾。同樣,成年男性即丈夫就是戴著髮夾的人,因此"夫"就是指稱成年男子的詞彙。

其次,《千字文》易學難精,在學習時最好可以拋棄掉《千字文》,否則十之八九會失敗,如此一來九成人都會責怪自己的腦袋不好,認爲因自身耐心不足而無法攻克《千字文》。然而,耐心和智商與能否掌握《千字文》並無直接關係。

《千字文》是一本面向 1 500 多年前讀者的書,並非由我們現今日常使用的漢字組成,不符合現代漢字學習需要。因此,19 世紀,丁若鏞先生選取了 1 000 個漢字創作《兒學篇》以教授兒童漢字。到了丁若鏞先生時代,這本書已不適合學習基礎漢字,更何況在現代!

再次,不要再通過報紙學習漢字。現如今使用韓文字母已普遍化,報紙中出現的漢字詞彙已不再是簡單的單詞。此外,最常見的名字就是由難懂的漢字組成的。因此,報紙中的漢字詞彙已經不再是輕鬆易學的詞彙。因此,報紙對於初學者或希望系統地學習漢字的人來說,幫助已經微乎其微,算不上是一個明智的辦法。

三、該這樣學漢字

那麼,漢字該如何學習呢?又該從何處開始呢?

首先,學習漢字應瞭解基本的部首。

基本部首是不可再分解且構成複雜字的最小意義單位。最早的漢字辭書《説文解字》將漢字分爲 540 部首,而我們認爲,現行漢字表中的基本部首有 214 個。基本部首組合成單個的漢字,單個的漢字再組合成詞語。因此,只要熟練掌握最少 200 個基本部首,就幾乎可以學會中文中的所有詞彙。加上中文是典型的孤立語,掌握了詞彙就可以輕鬆理解句子。

其次,理解基本部首的由來。

雖然基本部首是象形文字,但不是圖畫。因此,要瞭解最初的圖畫是如何繪製的。例如,"目"表示"眼睛",在甲骨文中它是表示"目 "形狀。" "表示"木",它在甲骨文中表示帶有枝葉和根的"樹"的形狀。

"〰"表示"水",甲骨文中它是表示流動的"水道"的形狀。"宀㐆"表示"房子",甲骨文中它是表示古代中國人"房子"的洞窟的形狀。也許這些例子過於簡單,但這就是漢字學習的出發點,無所謂高低之分。

再次,複雜字是由基本部首組合而成,因此要理解它們之間的意義關聯。

例如,"姓"由"女"和"生"組合而成,表示"女人所生"的意思。這可能不容易理解,因為在今天我們通常隨父姓,但聯想到人類早期是母系社會的事實,我們就能理解為什麼"姓"表示"女人所生"的意思。再比如,"進"由"隹"和"辶"組合而成,表示"鳥走"的意思,這裏的"進"就包含著"向前"的意思。倘若仔細觀察過鳥飛的樣子,就會發現鳥只能向前飛,不能後退。因此"進"表示"向前",而"進步"就表示像鳥的腳步一樣一步一步向前走。

第四,圍繞基本部首分組理解相關的漢字。

例如,"谷"表示"山谷",其字形是將"口"和"水"部分省略而組成。山與山之間形成的谷地是水流經的地方,也是人們容易集聚的寬廣地帶。因此,"浴"表示在谷地(谷)的水(氵)中"洗澡","俗"表示在人(亻)們聚集在谷地(谷)裏一起"慶祝"的"風俗","裕"表示衣(衤)像谷地(谷)一樣"寬鬆"。"容"表示像谷地(谷)或者大房子(宀)一樣能"容納"一切的意思。

第五,理解漢字所蘊含的文化特質。

漢字在形成和使用的數百年間,與當時的生活和文化充分融合在一起。舉例來說,"規"象徵著成年男子(夫)的看法(見),正好體現了"法律"的意思。這源自中國早期的農耕文化所強調的經驗主義,因此經驗豐富的長者的觀點便成為"法律"。而用"長"來描繪年事已高,不能自己梳理頭髮,頭髮長得又長又亂的人,除了表示"長大"的意思外,還暗含"領袖"的意思。通過這樣的聯想和理解,在學習基礎部首時將會感受到漢字學習的樂趣,並能更加細緻和系統地理解漢字。

以上方法均著力學習基礎部首，力圖從基礎部首中理解相關的漢字和詞語，並深入探索漢字所蘊含的文化內涵。倘若能用上述方法學習漢字，相信您將會對漢字的學習更有興趣、更見成效。

四、本書的組成是怎樣的？

本書考慮了上述的漢字特性和高效學習方法，由以下幾部分組成：

首先，以214個"部首"爲中心，準確闡明每個部首的來源，並以易於理解的方式解釋了部首在衍生和演變過程中的意義。

其次，對相同部首的漢字進行分組，以便綜合理解，確保能夠自然地掌握相同部首組成的漢字群。

第三，通過214個部首，盡可能涵蓋了當前漢字能力測試1級所需掌握的3500個漢字。雖然限於篇幅，無法包含全部的3500個漢字，但可通過本書中出現的漢字推測遺漏漢字的意義。

第四，通過挖掘漢字反映的文化特性，提升漢字學習的創造力，並增強對漢字文化圈文化的解讀能力。

這種漢字解讀方法曾於2005年在《東亞日報》上連載，獲得了廣泛的好評。本書將過去的連載內容進行系統化整理，補充和糾正了其中的遺漏和錯誤，並增加各種資料以確保系統掌握漢字。書中的漢字解釋多是作者的個人觀點，由於解釋角度不同，有時可能顯得有些激進，但希望能對激發讀者的創造性想像大有幫助。雖然漢字是具有多種可能解釋的開放符號體系，但作者努力依據現有的資源和可查詢的文獻用例，以相關漢字的發展爲基礎進行推理，以避免想象地對漢字進行解釋。然而，本書仍有頗多不足之處，希望讀者們能不吝指教。

《凡例》

（1）本書以214個部首爲核心，針對漢字能力測試的出題範圍，涵蓋3500個以上的漢字，並依據確切的資料和聯想進行了易於理解的解釋。特別是在聲部方面,我們盡可能地以科學的依據將其與意義相關聯。

(2) 在部首的解釋中,爲了讓讀者更容易理解字形的變遷,本書提供了商代甲骨文—周代金文—秦始皇統一的篆書—漢代小篆—魏晉南北朝隸書—隋唐楷書—五代十國楷書—宋代楷書—明代楷書—清代楷書—現代楷書等不同時期的字形對照表。本書對1949年後中國所採用的簡化字與現行漢字有較大差異的情況,也進行了單獨的解說。

(3) 爲了便於閱讀和理解,本書在必要之處使用了圖片資料。

(4) 在字形的解釋上,本書參考了《古文字類編》(高明,臺北:大通書局,1986)和《秦漢魏晉篆隸字形表》(漢語大字典字形組編,成都:四川辭書出版社,1985)。

2007年4月19日於度古齋,河永三謹記。

《對不起漢字(詞彙篇)》引言

(河永三, Random House Korea, 2007)

　　如果說《對不起漢字(部首篇)》是爲對漢字進行系統性學習的讀者而設計的,那麼這部《對不起漢字(詞彙篇)》就是爲更深入、更有趣地學習漢字的讀者而設計的。爲了系統性地學習漢字,《對不起漢字(部首篇)》將學習的重點放在理解基本字的含義上。《對不起漢字(詞彙篇)》則將重點放在日常生活中廣泛使用的詞彙上,探究這些詞彙是如何結合、會聚形成一個意義單位的,並探索其背後的故事。

　　因此,《對不起漢字(詞彙篇)》雖然不如《對不起漢字(部首篇)》那麼系統化,但這本書對具備一定漢字基本知識的讀者而言,會更有趣、更實用。然而,因爲這兩本書都以漢字的起源爲核心,強調聲符之間的意義聯繫,故而兩書在漢字學習的基本方式上並沒有太大的不同。

　　《對不起漢字(詞彙篇)》的製作和組織原則如下:

　　首先,漢字是圖畫,但又與圖畫不同。漢字是象形字,因此基本字與圖畫相似。然而作爲書寫符號,它必須與包含具體物體的圖畫有所區別。最初的文字——甲骨文與圖畫相對接近,但隨著文明的發展,圖畫逐漸抽象化而成爲盡可能簡單的符號。因此,本書以基本單詞爲中心展示了漢字形成時的原貌,並聚焦在漢字意義的衍生和變化上。

其次,本書以當今媒體中最常見的150個核心詞彙爲中心進行編纂。漢字學習的確應從基本字開始。但是,21世紀的社會比以往任何時候都更加複雜。社會變革使詞彙發生變化,這導致僅僅通過最簡單的基本字和其派生字來學習漢字是不夠的。因此,在本書中,我們選擇將媒體中最常見的核心詞彙作爲學習對象。這些詞彙不僅在日常生活中被廣泛使用,而且是全球化和國際化下時代潮流的體現。第三,漢字喚醒了我們對常用詞語準確含義的認識。例如,"責任"的"責"由"束"(代表植物的箭頭)和"貝"(代表貨幣)組成,表達了"擁有更多就有更多困難"的意思。"相生"並不僅僅是"大家都好好生活",而是指"不斷關心對方,幫助對方得以生存"的意思。在工業中,"工"指的是建築學,是工業的根本。在談論陰陽之理時,我們總認爲"陽"是指天,"陰"是指地,但從資源的角度來看,"陰"是指被雲遮蔽而陽光無法照射的陰日,"陽"則是指陽光照射的陽日。

第四,漢字展示了潛藏在我們所使用語言中的無意識碎片。我們習慣使用的詞語中蘊藏著過去數千年來先賢們的心跡。例如,"解釋"起初的含義是辨識野獸的足跡。"毒"則是佩帶著過多的項飾、造型過於華美的貴族女子的形象。這些例子顯示出漢字喚醒了我們對所使用詞彙的起源含義的認識。例如,"民族"常被認爲是指血緣共同體或地域共同體,但實際上它含有共同體理念是指能夠一起作戰的人的集合。"民"是指百姓,"族"(代表箭頭或旗幟)是指持箭聚集在一起的人。因此,"民族"的意義其實是比我們想象的更具有意識形態。

2004年,我首次在《東亞日報》的"漢字根源閱讀"專欄上嘗試這種漢字解釋方法,並獲得了很大的反響。本書對以往的專欄內容進行系統化地收集、整理,並作出了補充修正,可看作是對衆多系統學習漢字的資料的補充。書中收錄的漢字闡釋包含了作者的個人觀點,或有不當之處,但希望透過這些漢字可以激發讀者的創造力、想像力。雖然漢字是具有多種解釋可能的開放符號體系,但作者努力依據現有的資源和可查詢的文獻用例,以相關漢字的發展爲基礎進行推理,以避免想象過多地對漢字進

《對不起漢字(詞彙篇)》引言

行解釋,也希望讀者們能不吝指教。

《凡例》

(1) 本書以當代社會各個領域常用的 150 個核心漢字詞彙爲對象,通過精確解釋這些詞彙的來源,以期深入地揭示其中蘊含的文化意涵,提升讀者對漢字語言的理解能力和使用能力。

(2) 將按照聲部組成的字群合併成表格,以幫助學習者更輕鬆地掌握與音節相關的漢字群。

(3) 對本書中的漢字詞彙提供了甲骨文、金文、篆文、隸書形體表,方便讀者理解字形的演變,同時本書對 1949 年後中國所採用的簡化字與現行漢字有較大差異的情況,也進行了單獨的解說。

(4) 爲了便於閱讀和理解,本書在必要之處使用了圖片資料。

(5) 在字形的解釋上,本書參考了《古文字類編》(高明,臺北:大通書局,1986)和《秦漢魏晋篆隸字形表》(漢語大字典字形組編,成都:四川辭書出版社,1985)。

2007 年 4 月 19 日於度古齋,河永三謹記。

《漢字字源辭典》前言

(河永三,圖書出版3,2014)

　　東亞之所以被稱爲"漢字文化圈",是因爲"漢字"是東亞不同地區所擁有的共同特性。因此,漢字與儒家思想一樣,是瞭解東亞的核心代碼。韓國、日本以及東南亞諸國,都曾借用漢字來生活。雖然後來韓國創造了韓文、日本創造了平假名和片假名、越南創造了喃字和新的字母文字,但是至今漢字仍然大量混用在新創造的文字之中,而且以本國文字寫成的詞彙,絕大多數的本質仍是漢字詞彙。因此,漢字是瞭解東亞,甚至亞洲的不可或缺的文字。

　　那麼,我們要如何學習漢字呢？首先,我們需要瞭解漢字的特點。

　　漢字在地球上衆多的文字體系中稱得上獨樹一幟。文字作爲一種書寫符號體系,其本質是用來表達概念的。因此,文字從誕生開始就有兩個基本目標,一是要很好地表述概念,二是要切實地反映口語語言的特性。然而這兩者在本質上是相互矛盾的。換句話說,如果要很好地表述概念,文字的字形就必須包含語義,但如果要詳細地包含語義,就難以反映口語語言的讀音要素。因此,雖然字母文字起初也是從象形文字出發,但現在已經放棄了語義層面,只保留了語音要素,變成了沒有語義的文字。這樣的文字被稱爲表音文字,韓文、日本的平假名和片假名、英語系諸國的各

《漢字字源辭典》前言

種字母文字以及多種伊斯蘭文字都屬於這一類。

然而,漢字卻走上了不同的道路。它不是放棄語義和語音的其中一個,而是以一種不完美的形式將這兩個目標同時容納進一個形體中。也就是説,漢字在包含語義屬性的同時又包含了語音屬性。占據漢字結構大部分(據稱約95%)的"形聲"結構,一邊含有語義,另一邊含有讀音,從而實現了文字同時具有這兩種本質的目標。也因此,漢字也具有了不能完全同時實現這兩種本質的局限性。

例如,"河"(原義爲黄河,以後引申爲江河)由"水"(語義)和"可(ke)"(語音)組成。左邊的氵表示"水"的意思,右邊的可表示"he"的發音。"河"原本是指黄河,但由於它是中國北方的代表性河流之一,因此成爲表示"河流"的普通名詞。在這裏,表示"水"的氵確實擁有表達這種語義的特性,但僅靠這一點無法表達其完整的意思。同樣,表示發音的"可(ke)"和"he"的發音相似,但並不完全相同(在漢字剛剛形成時他們讀音是一樣)。漢字就是如此,既不完全地表示語義,也不完全地表示發音。

然而,由於漢字中的語義屬性相對較强,漢字本身包含了該漢字語義有關的信息,與其他文字體系相比已經可被稱爲"表意字符"。例如,在韓語中,是無法理解最基本的詞彙"手""頭""口"和"鼻"爲什麼被寫成這些樣子。但是在漢字中,"手"、"首"(頭)、"口"(嘴巴)、"自"(自己,原本表示"鼻子"的鼻的原始形象)這些漢字分别直接描繪了"手""頭""口"和"鼻"的樣子。

這就是漢字的特性。那麼,手、首、口、自是如何描繪成"手""頭""口"和"鼻"的,這些詞又是如何在演變過程中擴展並發展出相應的語義的呢?能使這些能實現的辦法就是"字源學"!通過觀察這些漢字和由它們組成的各種詞語,我們可以輕鬆地理解它們的發展脈絡。

西方曾發現埃及文字和楔形文字,但這些文字早已喪失原意,僅作爲音符使用,因此解讀起來非常困難。漢字從誕生至今,雖然字形有所變化,但令人驚訝的是,漢字仍然保持著形體和語義的聯繫。對只使用韓語

375

的"純粹的韓文時代"的學生們,若給他們展示約三千年前的青銅器文字(金文),他們也略微能辨認幾個字;只需聽一次講解,他們就能解讀更多的文字了。倘若能解讀這麼多埃及文字,那足以被譽爲偉大的文字學家。《漢字字源辭典》提供了漢字的各種原始字形和釋義,一看這些原始字形就能與現在的漢字直接聯繫,並且能夠清楚地理解其語義的發展過程。從這個角度來看,稱漢字爲神奇的文字也不爲過。這也是西方文明被稱爲"斷裂的文明",東方文明被稱爲"連續的文明"的原因所在。

因此,理解漢字的關鍵在於理解其語源。在中國,對漢字語源的討論可以追溯到春秋戰國時期。生活在公元前 6~7 世紀的楚莊王曾表示,"武"字(武器之武)是由戈(戰爭之戈)和止(止戈之止)組成的,並將其解釋爲"能夠停止(止)戰爭(戈)的唯一辦法就是'武力'(武)"。雖然這是一種顯示好戰傾向的恐怖解釋,但這也是歷史文獻所能看到的最早的關於漢字結構分析的解釋。

降至漢代,既是爲了復原秦始皇時被焚燒的儒家經典,也是爲了更加系統地理解這些文獻,許慎於公元 100 年左右編纂完成了人類歷史上首部偉大的漢字字源辭典《説文解字》。《説文解字》共收録了 9 353 字,並通過小篆字形詳細地說明每個文字的結構、原始含義、派生含義以及同一字不同字形的差異。直到現在,《説文解字》仍是最優秀的漢字字源辭典,是一部將永留人類歷史的偉大著作。《説文解字》之後,闡釋《説文》的著作層出不窮,成爲辭書研究的主流。不過偶爾也會出現一些以王安石爲代表的新派解釋,如《字説》一書,但其在學術性和系統性方面都無法超越《説文解字》,也無法成爲歷史的主流。

1899 年偶然發現的記録商代占卜情況的甲骨文,對修正《説文解字》中的錯誤提供了幫助,也使漢字的語源研究取得了巨大的進展。此後,除了甲骨文,形成於小篆之前的新的漢字資料也不斷出土。現在,各種基於《説文解字》和這些出土文獻的漢字語源研究正在持續進行。其中一些日本學者的研究值得關注,特別是白川静(1910—2010)的《字統》和《字訓》等作品,開創了一種新的解釋體系。

《漢字字源辭典》前言

　　韓國作爲漢字文化圈的一員,對漢字的學習不僅只是學習語言,還涉及編纂漢字字典和對漢字根源的探究。李植(1584—1647)《初學字訓增輯》(1639)以約 150 個核心字爲對象,從經學思想出發對這些漢字進行闡釋,以解讀經書。而被稱爲朝鮮最高學者的丁若鏞(1762—1836)也指出:"要理解經書,就要理解漢文句子;要理解漢文句子,就要瞭解漢字詞彙;要瞭解漢字詞彙,就要瞭解文字。"他將漢字的根源視爲理解詞彙、閱讀句子和理解經書的基礎。和丁若鏞同時代的洪良浩(1724—1802)撰寫的《六書經緯》(約於 1800 年成書)一書,以《説文解字》爲基礎,對當時通行的 1 766 個漢字的原始含義作出了詳細的解釋,是當時朝鮮最高水準的漢字語源解釋書。其後,沈有鎭(1723—?)撰寫的《第五游》對 1 535 個漢字(其中 13 個字有重複)進行了解釋,該書排除了《説文解字》的限制,更多地體現出韓國人觀察漢字的獨特視角。李圭景(1788—1856)也留下了許多與漢字根源有關的辯證資料。此後,朴瑄壽(1821—1899)《説文解字翼徵》(1912 年出版)根據金文材料對 832 個《説文解字》中不準確或存在不足的字進行了詳細解釋。他論證嚴密,引用了包括 8 類 387 種青銅器在內的大量資料,因此被稱爲首部基於金文的《説文解字》評論書。日本占領時期,權丙勳(1867—1943)所著《六書尋源》(1936)吸引了全世界的關注,該書共 31 冊 8766 頁,超 60 萬字,其中單單是涉及解釋對象的字就達 6 萬多字,是韓國乃至全球難得的龐大漢字資源解釋書。然而,從 1945 年光復後,儘管韓國國內有嘗試進行一些和漢字根源有關的研究,但遺憾的是,缺乏有意義的學術工作,也沒有取得獨立的、成體係的成果。

　　韓國是除中國之外最早使用漢字且持續時間最長的國家。根據在慶尚南道昌原的茶户里遺址發現的筆等實物推測,可能早在公元前,漢字就已傳入朝鮮半島。因此,韓國至少有兩千多年的漢字使用歷史,特別是在韓文出現之前,漢字是韓國唯一的文字系統,直至近代,漢字仍是韓國最重要的文字系統,並在現今的文字生活中扮演著重要角色。然而,對如此重要的漢字,韓國國內卻缺乏普遍且系統的"字源辭典",這不禁讓大韓民國這個進入世界經濟前十名的國家感到慚愧。

作爲一名專攻漢字學的學者，肩負編纂《漢字字源辭典》這樣的使命是理所當然的，但這項工作並不輕鬆，首先，我們處於一個沒有學術界限的國際化時代，因此如何讓它成爲能讓中國、日本等全球漢語學者產生共鳴的有水準的通識性闡釋書是最大的壓力。其次，編纂的另一關鍵在於持續出土的大量實物漢字材料，因爲這些材料對漢字形態的用例分析至關重要；然而一方面，收集出土的漢字資料對韓國人而言很是困難，另一方面，利用出土材料進行用例分析、原始含義及派生語義的分析等，恰是作者的短板。

一切有賴於華東師範大學（ECNU）臧克和教授的積極幫助，作者才敢將這一想法付諸實踐。華東師範大學是中國華東地區著名的大學，尤其在人文學和教育學領域處於全國領先的地位。臧克和教授主持的"中國文字研究與應用中心"（https://wenzi.ecnu.edu.cn）自 2000 年被指定爲國家重點研究機構，是中國最高水平的漢字研究機構之一，其主要目標是收集中國出土的漢字資料並建立相關數據庫。自 1996 年和他相識以來，臧克和教授在學術和精神上都給予了巨大的幫助，並授予我們漢字字形數據庫的使用權。

有了這些支持，我們才得以開展《漢字字源辭典》的編纂工作。同時，在《釜山日報》1995 年至 1997 年連載"漢字教室"的過程中（後來發表爲《以文化閱讀漢字》，再改爲《聯想漢字》），這些構想已經逐步落實並進行了部分工作。這一時期，我們主要從語源的立場對漢字進行了文化性的解說。

此後十年，我們開展了更爲詳盡的工作，如我們將 2005 年至 2007 年在《東亞日報》"漢字根源解讀"專欄連載的文章整理爲"根源漢字"〔後來出版爲《對不起漢字》（部首篇、詞彙篇）〕。在整理"根源漢字"的過程中，我們確認了漢字語源的系統性，以及對其系統性解讀的必要性。

歷經上述諸事，我們首先以韓國行政計算網所使用的 4 888 個字爲對象，編纂了語源詞典。然而，韓國國家公認的常用漢字僅限於教育部指定的"教育用 1 800 漢字"，比這更廣泛的是 4 888 個韓國機用漢字，其餘的

《漢字字源辭典》前言

則是各種私人機構爲漢字能力檢定而創建的考級漢字(國家雖根據全面調查指定了現行文字生活所需的常用漢字和通用漢字,但國家對等級漢字擱置不問)。爲了解釋所編纂詞典中的 4 888 個韓國機用漢字,必然會產生其他不在 4 888 個機用漢字內的漢字,這些新增的漢字也被納入其中,使得詞典中的漢字總數達到 5 181 個。

我們對這些漢字進行了分節描述,情況如下:(1)條目部分(① 條目,② "訓"和"讀",③ 簡化字形,④ 異體字形,⑤ 漢語音讀,⑥ 部首與筆劃,⑦ 總筆劃,⑧ 漢字能力考試等級等);(2)字的解釋部分(① 六書,② 結構和語義,③ 語義的派生過程,④ 異體字形和簡化字形解釋等);(3)字形信息等。爲了方便查詢,我們還附上了附錄,包括① 部首索引,② 韓語音讀索引,③ 漢語音讀索引,④ 總筆劃索引等四個部分。

特別是在字形信息部分,我們從甲骨文開始,按時間順序排列各種出土漢字材料,包括金文、古代陶器文字、石刻文字、簡牘文字、古代印章文字、古代貨幣文字、帛書、盟誓、漢簡、《說文解字》小篆等,還包括各種異體字形(或體、籀文、古文、俗體、新附字等)。這使讀者能夠一目了然地理解漢字的變化,也使本書成爲世界上首部公開的、最詳細的出土實物漢字材料清單。在此,我再次向臧克和教授表示感謝。

本書的編纂志雖遠大,實際上,當定稿後,發現諸多問題,如內容顯得簡略,不僅收錄的漢字數量不夠多,解釋也不夠完善。然而這本書自編纂至今已有十年,倘若拖延下去,恐怕殺青無日。因此我才決定付諸出版。在韓國這片缺乏一本正規的漢字語源詞典的土地上,我希望因爲有了本書,漢字不再是一個非科學性文字系統。我出版本書的另一原因,是因爲市面上充斥著各種憑空想像的語源解釋書,這對韓國這個世界經濟和文化大國的文化學術地位造成了損害。

漢字作爲有一定開放性的符號體系,具有多種解釋的可能,漢字又是一種歷史久遠而具有嚴密使用體系的文字。對漢字的解釋必須建立在漢字使用材料的基礎上才具有說服力。因此我盡力以考古資料爲依據,根據《説文解字》和前輩學者對相關漢字群意向分析的研究成果來對漢字進行解釋。

如今這本書出版在即,我將對其中內容或形式等方面的錯誤全權負責,也敬請諸位前輩、諸位讀者對本書批評指教,希望《漢字語源詞典》不會就此停步,我將以前輩、讀者們的指教爲依據,製作一本至少包含7 000個以上漢字的更全面的《漢字語源詞典》。

在這裏,我要再次向臧克和教授表示感謝。在這本語源詞典的編纂過程中,除了我的家人和工作學校外,我還得到了許多來自韓國漢字研究所(CSCCK)的同事和研究員、世界漢字學會(WACCS)的漢字學者的幫助和鼓勵。此外,我還要特別感謝在我們研究所工作6年並給我提供各種幫助的王平教授、幫助我出版此書的張賢靜主編以及此書的責任編輯金允壽組長。

2007年2月28日完成初稿。

2008年2月22日製作修改版,包括增加古文字形。

2010年9月9日補充用例並再次修改內容。

2014年3月15日完成出版用校對。

2014年7月28日完成4種索引和印刷版面修改。

2015年1月5日更正初版第1册的部分錯誤。

於度古齋,河永三謹記。

《24個關鍵漢字解讀東方文化》前言

(河永三,圖書出版3,2014)

本書的主旨在於通過24個關鍵漢字解讀東方文明的特點和價值。東方文明是以漢字爲基礎形成的文明,是人類文明的重要支柱之一。人類是使用工具的動物,得益於語言和文字的使用,人類的智慧才能得到系統地積累,人類才能成爲萬物之靈。文字突破了口語在時間和空間上的限制,記錄並傳承著人類的智慧,使人類智慧得到了跨越式的發展,是可以與"語言"相媲美的偉大發明,而擁有文字的文明也比僅有口語的文明更爲發達。

中國、古巴比倫、古埃及、古印度和瑪雅文明等世界文明都早早地擁有了文字。這些文明初期的文字都是從描繪相應概念的象形文字發展而來,後來爲了表達更多樣、更複雜的概念,簡單的象形進行組合,發展成表意文字。但還有很大的局限性,於是通過加入語音標誌形成了音義結合的形聲文字。所以説,語音和語義是文字所具有的根本屬性。

西方捨棄了文字的語義,僅保留語音符號,演變成今天的字母文字,而漢字沒有完全捨棄文字中蘊含的語義,而是同時保留語義和語音這兩個要素而發展至今。因此,漢字具有語義和音標結合的特點,雖然漢字被稱爲象形文字,然而實際上應該稱漢字爲意音字。總之,與代表西方文明的字母文字僅有語音不同,漢字的字形中包含了語義,因此,能夠通過分析漢字的字形溯其源流正是漢字最大的特點。

從三千多年前的甲骨文開始,漢字的字形在漫長的時間里發生了許多變化。字形變化的同時,其語義也隨之變化,在不斷擴展、變形、融合中。因此,通過觀察漢字的變化,可以發現使用漢字的人的思維方式的變化。特別是早期的古老漢字,更能夠充分體現漢字創造初期階段的簡潔思維。這就是爲什麽分析漢字時需要仔細研究甲骨文等初期階段的文字的原因,因爲漢字的語義是會隨文明的發展而擴展的。例如,"好"的意思是喜歡,描繪的是母親抱著孩子的樣子,象徵著母親對孩子愛的起點;而"愛"的意思是愛,描繪的是回頭關注他人的心的樣子,象徵著關懷他人、擔心他人的無私的愛的起點。而表示禮節的"禮",描繪的是向神獻祭的樣子,象徵著敬拜神的虔誠之心,尊重對方的心正是禮節的根本。後來稍晚出現的"毒"字,雖然也有毒的意思,但其描繪的是打扮華麗的成熟女性,蘊含著對女性的負面認識。忠誠的"忠",原本是上位者應對下位者擁有誠實之心,後來逐漸轉變成下位者對上位者應有的順從態度。可以發現,每一個漢字都包含了對相應概念的創意性表達,通過這些我們可以瞭解漢字的變化過程和其中所蘊含的先民認知模式。

文字的發展和其他事物的發展如出一轍,一方面,其在使用者和使用環境的影響下不斷變化,另一方面,它也對使用者的認知和思維造成了深刻的影響。因此文字與使用者的文化背景水乳交融,難以分割,這也是爲什麽漢字能成爲探索中華文明根源的最直接工具。

例如,表示學習的"學習"一詞,一方面結合"學"字,描述了孩子學習結紮繩結的模樣,另一方面結合"習"字,描繪了幼鳥爲了飛翔不斷拍動翅膀的樣子。通過這個詞,漢語使用者在無意識間就對學習即是"具體知識的學習和無限重複"這一含義有了深刻的印象。有些人甚至在這裏找到了東方人的學習方式"盲目而缺乏創造力"的原因。又比如,通過放大人的頭來表示頭頂的"天"以及擴展爲表示天空的詞,人們自然地會聯想到

《24個關鍵漢字解讀東方文化》前言

天空始終與"人"相關,這就是東方社會中普遍存在的"天人關係"的萌芽。

如此一來,漢字字形的各種形態,反映出漢字在使用過程中所發生的連鎖效應,包含著人們對相關事物的認知,是漢字字義變化過程的具體呈現。通過研究保留語義的字形,我們可以復原漢字中所隱藏的不同信息,這是其他文明的拼音字母絕對不可能擁有的。

在三千年前的甲骨文中,中國先民對事物、概念、世界的認知程度以及用文字描述它們的創造力,就令人驚歎不已。譬如,"自私"這個概念是如何表達的?"美麗"這個概念是如何描繪的?還有"既往"和"即將"這樣的時間概念又是如何表達的?"正義"是什麼?"真理"又是什麼?"善"和"惡"呢?"變化"呢?"是"呢?能夠看到的事物或事情可能相對容易描述,但把抽象且高度哲學的概念描繪成具體的形象就絕非易事。

三千年前的漢字卻以超越想像的創意將這些內容表達得非常美妙。"自私"的概念通過畫一個圓形來表示,在畫圓之前內外並無分別,但在畫圓之後,界限被劃分而產生了內外之別,我們和他人之間也就產生了差異。這就是"自私"的起點,並將其描繪成"厶(私)"字。在以穀物作為主要財富的農耕社會中,加入表示穀物的"禾"使"私"字含義的表達更加具體,意指財產之私有。而"公正"的含義是摧毀這種私有並消除界限,在"厶"上再加表示分割的"八",於是"公"字就這樣形成了。同樣地,"卽"就是即將進食的樣子,而"旣"是將食物全部吃掉並迅速回頭的樣子。這就是當時描繪"即將"和"既往"這些含義的方法。

本書選取了最能代表東方文明的根源和核心概念的24個漢字,通過分析這些漢字的詞源來解釋相應漢字所反映的文化意識,並對它們的形成、變化和擴展過程進行研究,以期能為我們現在和未來的生活帶來啟示。

本書在策劃時有如下幾個目標:首先,通過獨特的詞源解釋來確認漢字相應概念的原始意義;其次,關注漢字的實際演變過程,以及其中所反映的文化意識。再次,通過與西方文明的比較,重新評估東方文明的特點和價值;第四,找到可以爲如今的第四次工業革命時代提供智慧的要素。

因此,我們圍繞這24個漢字的詞源、語義變遷、所反映的文化意識、與西方的共性與差異,以及它們目前的應用和未來的價值等方面進行了論述。同時,我們還盡可能地使用相關的字形、圖像、繪畫和照片方便讀者進行理解。每個章節的末尾都單獨列出了詞源整理以供參考。

因爲有完善的構想,所以我原本計劃在閑暇之餘將本書逐漸整理出來,但由於我懶散的本性而一直未能付諸行動。好在2018年初到2019年底,韓國《月刊中央》連續兩年開設了"以漢字關鍵詞閱讀東方文化"的專欄,這本書才得以成形。在此,特別感謝中國人文經營研究所的劉光鍾所長提供的寶貴機會與精美的資料及編輯。書中可能存在一些不成熟或是過於簡化的解釋和一些錯誤,我期待讀者們的指教。

再次補充一點,我所在的韓國漢字研究所於2018年被韓國研究基金會選爲人文韓國加(HK+)計畫組。一直以來,我希望通過比較中國、韓國、日本、越南的漢字詞彙爲東方文明的根本特徵尋求實證。目前,我們正在建立以四個國家的漢字詞彙比較爲内容的數據庫並進行相關詞彙的互相比較,同時通過與英語概念的對比來探索東方文明的身份和特性。期待通過這一研究,未來可以進行以詞彙爲中心的全新文化解釋。

2020年11月於度古齋,河永三謹記。

《韓國歷代漢字字典叢書》前言

(河永三等,圖書出版3,2019)

"工具"是區分人類和動物的重要特徵之一。人類通過創造性的發明和對工具的使用,使自己成爲萬物靈長,也通過創造和使用工具保持著飛躍式的發展。書籍作爲人類積累、傳授知識與智慧的重要媒體,正是使人類從猿猴真正成爲人的重要工具。

如此看來,諸如《牛津(Oxford)英語詞典》、《韋氏(Webster)英語詞典》以及《不列顛百科全書(Encyclopedia Britannica)》一類被稱爲"工具書"的詞典,在人類文明發展史上的功勞不言自明。

詞典的歷史非常悠久。西方早在公元前二世紀就已經出現了關於《聖經》的詞典。東方也在漢代出現了真正意義上的字典。如,以釋義爲主的《爾雅》和《釋名》,集方言資料之大成的《方言》,以字源爲中心的《說文解字》等。尤其是於公元100年左右完成的《說文解字》,收錄了當時能見到的所有漢字,即9 353個漢字的字形、義項、字源和讀音。之後,又出現了《玉篇》(543),《廣韻》(1008),《字彙》(未詳),《康熙字典》(1716)等字典辭書。漢字字典的迅猛發展,爲形成以中國爲中心的漢字文化圈做出了巨大貢獻。

韓國韻書出現於高麗時期。到了朝鮮王朝時期,出現以《東國正韻》(1448)爲代表的各類韻書,以《訓蒙字會》(1527)爲代表的漢字字典,其中《全韻玉篇》更是被譽爲朝鮮王朝時期字典之最。此書以《奎章全韻》(1796)爲基礎編纂而成,在義項的選擇上非常簡練、精細、準確,是一部享譽國外的力作。進入近代以後,基於韓國字典辭書的編纂傳統,同時借助西方和日本的經驗,韓國國內又編纂了各色各樣的詞典,迎來了"詞典的春天"。尤其是《字典釋要》和《新字典》,是當時漢字字典的代表之作,還成爲暢銷書之最。

東亞被稱爲"漢字文化圈",是因爲一直以來東亞地區以漢字爲媒介形成了共同的生活圈。當歷史的車輪進入二十一世紀時,韓國不僅在經濟上進入了世界十強,同時在快速的民主化過程中向世界展示了她模範的一面。韓國的文化之根與漢字有著緊密的聯繫,我們的祖先是如何解讀漢字,又是如何認知漢字的呢?想知道來龍去脈不是件容易的事情。因爲曾經在我們語言生活裏最重要的"工具書"字典,今天大多都是躺在圖書館裏的"古書",倘若不對這些資料進行電子化處理,想要通過網絡檢索是不可能的。

因此我們韓國漢字研究所將目光投向了我們的漢字字典——即將各種傳統漢字字典進行電子化處理以方便其在互聯網上使用。我們的籌備工作是在與中國和日本建立起國家間合作計劃的前提下緊鑼密鼓地進行的。這項工作可以具體呈現出漢字文化圈的主要三國在漢字釋義歷程上的差別。

正值火熱的"第四次工業革命時代","資料的積集"比任何一項工作都重要。所有產業的"視覺化以及與信息通信技術的結合"都離不開"資料的積集"。在我們的語言生活中,整理和積集各種佔據著重要位置的漢字字典,對未來的世界而言也是必要和亟須的。我們所作的漢字電子化,對在漢字文化圈中實現"新的鏈接與協作",也是件非常有意義的事。

我們將這樣的理念付諸於實踐,最終出版了共 16 冊的"韓國歷代漢字字典叢書"。這套叢書選擇了部分從朝鮮王朝到日占時期最具代表性的漢字字典,並對它們進行校勘整理和電子化。期間艱辛頗多,首先,由

《韓國歷代漢字字典叢書》前言

於整理對象是"古書",因此難以找到合適的版本。尤其是日占時期的字典,殘缺亡佚的情況相當嚴重,曾經普通人家觸手可及的《玉篇》,在不到百年時間裏,連國立中央圖書館都找不到完整的藏本了。而且目錄的整理工作也相當困難。幸運的是,我們得到了在這方面潛心研究一生的洪允杓、朴亨翌、河岡震、李東哲等教授的幫助,並通過古書拍賣網解決了難題。在這裏,我真誠地感謝各位給了我們幫助的教授。

其次,漢字電子化本身就是一件異常艱難的"苦差事",因爲漢字的各種字體存在差異,異體字、生僻字、間或出現的日語都是電子化過程上的攔路虎。在活版印刷剛剛起步的近代時期,字典中的錯誤隨處可見。甄別漢字的細微差異、排查字典中存在的錯誤、爲不存在的字建立專門的字庫等工作,非漢字學專業、非博士級以上的研究人員,是無法從事的。可以說,這項工作可稱爲挑戰人類極限的試驗場。因這項工作,我所研究員的身體都出現過一些大大小小的不適。借此機會,我也向他們表示慰問和感謝。

第三,韓國學術界甚至韓國社會僅僅將這項工作看成"苦差事"。要知道,在校勘基礎上將字典電子化並出版需要耗費數年苦工。但是在韓國學術界,對這項工作的肯定卻遠遠不及那些一次都不曾被引用的論文。對其價值的肯定,還不如花幾分鐘就能查找到的由幾篇資料堆砌而成的文章。然而在中國和日本,僅做好字典索引就能被肯定爲學術專著,甚至得到更高的榮譽。在韓國的現實條件下,這套叢書不僅在學術界不受重視,在圖書館也要受到冷遇,這早就是預料之中的事情。因此我們能夠將其出版,實屬不易。

不過我們是幸運的,我們的相關基礎研究得到了韓國研究財團和韓國振興事業團給予的支援。正因爲有兩個機構的支援,基礎研究才得以順利進行,並完成了數據庫的構建。此外,中國華東師範大學(ECNU)"中國文字研究和應用中心"的臧克和所長、上海交通大學"域外漢字文化研究中心"的王平所長也給予了我們大力的支持。他們無私地傳授給我們以《説文解字》爲中心的中國漢字資料的電子化經驗並提供相關資料。同時來自中國政府的支持也使我們動容,借此機會一併向中國方面表示感謝。

當然,其中最辛勞的還是我們的研究人員,我對他們的感激難以言表。工作開展期間,李禾範前所長、王平教授、羅潤基、金意燮、金玲璬、郭鉉淑、羅度垣等前研究員及研究生院的各位研究員、助理研究員們,大家共同經歷了艱辛的日子。還有系裏默默地給我們提供幫助的教授和老師們,以及不辭辛勞的助教們,我要向你們道一聲感謝。正是因爲大家以做學問爲己任,我們才能克服重重困難走到今天,我祝賀也感謝大家。

《韓國歷代漢字字典叢書》即將出版了,說實話,我激動萬分。然而再好的書,如果不能通過網絡進行檢索,對我們生活的時代而言就沒有意義。我希望這本書的出版能爲韓國國學資料和基礎資料的數據庫建設提供助力,成爲東亞字典歷史研究的一部分,爲發現韓國字典的新價值提供契機。

剩下的工作是持續將資料作電子化處理,通過將這些資料進行統合來構建一個更大的數據庫,從而能夠鏈接中國、日本、越南的資料。這些資料是研究漢字文化圈文明的重要基石,只有這樣,才能更好的把握歷時的、共時的、跨國的交流和疏通脈絡。在韓國研究財團(NRF)的大力支持下,我們構建的能夠鏈接韓、中、日主要字典並提供統合信息的服務平臺,已經實現了部分功能的使用("韓中日古代漢字字典統合數據庫", http://ffr.krm.or.kr/base/td022/intro_db.html)。對網絡信息服務平臺的補充和擴展工作仍在持續進行之中,期待有一天我們的夢想能成爲現實。

雖然起步時並不是成竹在胸,但是經過六年如一日的默默努力,我們完成了誰都沒能完成的事,也讓我再次體會到水滴石穿、繩鋸木斷的真理。書中定然存在許多錯漏之處,因此我們非常期待各位讀者能夠給予指正並承諾將繼續修正存在的錯誤。儘管存在不足,但我希望這套叢書能成爲被廣泛應用於相關研究中的基礎資料,同時也成爲開啟一個新局面的契機。另外,我更希望各國學者能夠勤力同心,共同構建一個跨文化、跨國境、共享研究成果的寶貴數據庫。

《韓國歷代漢字字典叢書》前言

本書使用的文獻如下:

書　　名	编著者	初版年度	使　用　版　本
《全韻玉篇》	未詳	未詳	己卯新刊春坊藏板(1819)
《字類注釋》	鄭允容	1856年	覓南本(1974,建國大學影印本)
《國漢文新玉篇》	鄭益魯	1908年	增訂再版本(1909)
《字典釋要》	池錫永	1909年	1917年增補版 (參考版本:1920年增訂附圖版)
《漢鮮文新玉篇》	玄公廉	1913年	彙東書館本(1918)
《增補字典大解》	李鍾楨	1913年	國立中央圖書館藏本(1913年,3134—15)
《新字典》	朝鮮光文會	1915年	1915年新文館初版本
《新訂醫書玉篇》	金弘濟	1921年	1921年初版本 (參考版本:1944年明文堂第三版)
《字林補注》	劉漢翼	1921年	1922年(首爾大學中央圖書館藏本)
《大增補日鮮新玉篇》	彙東書館編輯部	1931年	1931年初版本
《實用鮮和大辭典》	宋完植	1938年	1940年(再版本)
《懷中日鮮字典》	鄭敬德	1939年	1939年(初版本)

　　2017年8月10日,光復72周年、中韓建交25周年前夕,於度古齋河永三謹記。

《韓國近代漢字字典研究》前言

（河永三等,圖書出版3,2019）

　　2017年8月,韓國漢字研究所標點、校勘并發行了《韓國歷代漢字字典叢書》(16冊)電子版。叢書主要對從朝鮮王朝至日占時期韓國最具代表性的漢字字典進行了電子化處理,在標點、校勘的基礎上,增加了導讀、書影韓文索引、漢語拼音索引、筆劃索引等内容。

　　在此期間,中國和韓國出版了《韓國漢文字典概論》(王平、河永三,中國:南京大學出版社;韓國:圖書出版3,金和英譯),書中介紹了韓國出版的韓文字典的歷史、特徵及研究方法。同時爲了對這些字典的傳承、演變作比較研究,我們還按照收録字的順序,對九種最具代表性的中韓字典重新排序,出版了《中韓傳統字書匯纂》(21冊,王平、河永三主編,北京:九州出版社,2017年9月)。目前正在進行中的、由中國政府支持的科研課題成果《韓國傳世漢字字典文獻集成》也即將出版發行。

　　通過一系列成果,韓國漢字字典的研究得到了蓬勃發展。我所的主要研究目標,即對韓國漢字資料的收集、建立數據庫以及跨世界合作研究,其中相當一部分已經實現。基於已有的研究成果,我所於2018年5月被選爲"韓國人文Plus(HK+)"事業(漢字與東亞文明研究),該課題以研究文字中心文明的特點爲最終目標,通過比較韓國、中國、日本、越南等四國的漢字,將研究範圍由漢字字詞擴展到文明。

　　漢字是東亞文明最重要的要素之一,漢字字典是漢字研究的起點。尤其近代,韓國作爲漢字研究中的重要地域,出版的大量漢字字典對韓國文明史的研究起到了重要作用。但是由於日占時期的歷史特殊性,該時期的資料和相關研究都非常稀少。爲了激活這些研究,我們匯編了此書。星星之火可以燎原,願這本書的出版,能對朝鮮時代至現代韓國文明變遷的深層研究起到一粒火種的作用。

　　2019年7月於度古齋,河永三謹記。

（本書榮獲大韓民國文化體育觀光部2020年度優秀學術圖書獎）

《以漢字解讀釜山的歷史和文化》前言

(河永三,圖書出版3,2016)

　　此書以"漢字"爲媒介,旨在挖掘真正的釜山精神,並詮釋所蘊含的文化特質。我們希望通過此書,將釜山所具有的開放、包容的文化精神傳達出來。

　　在世界漢字學會的支持下,慶星大學漢文學系和中國學系的教授們圍繞12個主題對本書進行編纂。本書的12個主題包括:通過漢字閱讀釜山的歷史(鄭景柱),釜山的記憶(林亨錫),釜山的地名(金和英),釜山的佛教文化遺產(鄭吉連),釜山的儒教文化遺產(鄭吉連),釜山的民間遺產和說話(鄭吉連),釜山的地圖(林亨錫),釜山的歷史名稱(金和英),伽倻的文物(河永三),釜山的魚類(朴畯遠),釜山的濡情文化(鄭景柱),以及釜山的記錄文化(鄭景柱)等。此書的出版得到了釜山文化基金會"2016年學藝理論書籍發行支援事業"的資助。

　　通過此次研究,我們確認了以下幾點。首先,漢字不僅在我們近代之前的生活中扮演著重要的角色,在我們的身份認同和文化認知上也有著舉重若輕的地位。更進一步說,漢字應當是每一個生活在"漢字文化圈"中的人必須具備的基礎知識。其次,一直以來,釜山都是對外開放程度最高的地區,它不僅是早期的海洋國家伽倻的故地,而且在近現代時期,它成爲重要的對外窗口和國際城市。因此,瞭解釜山的歷史文化對於推動21世紀的韓國城市發展非常重要。第三,釜山有悠久的漢字歷史,"漢字"這一媒介,對於我們解讀了釜山歷史,確認文化特性和身份,都意義重大。這是一種之前未曾嘗試的新方法和新研究。第四,通過這一方法,我們發現了釜山性格中"開放、融合、包容和文化活力"的歷史根據。同時,我們還擴展了如"漢字人文學""漢字文化學"等研究範圍。第五,通過這項研究,我們希望將釜山的性格特點推向"漢字文化圈"和世界,使釜山成爲21世紀東亞的中心,並爲韓國文化開闢新的重要據點。

儘管這本書篇幅有限且不完美,但它的出版仍是許多人努力的結果。首先,這一構想和嘗試得以實現,有賴於韓國研究財團支持的"漢字人文學"公民課程。本書的內容得以具體化,一是離不開課程參與者的熱情支持和提出的批評和建議,二是離不開釜山文化財團的支持。在此,我們表示衷心的感謝。

此外,這本書能夠出版,要特別感謝撰寫優秀文章的各位作者,特別是提供大量釜山歷史文獻資料的鄭景柱教授。同時金孝貞、金和英老師在擔任秘書的過程中也付出了很多努力,對他們表示特別的感謝。由於本書成於眾手,在整體上可能會缺乏統一性,且必有許多疏忽和不足之處,讀者們的嚴格批評有助於我們修正書中的錯漏,敬請大家多多指教!

2016年10月25日於度古齋,河永三謹記。

《以一百個漢字解讀中國文化》序言

（河永三,圖書出版 3,2017）

　　漢字究竟是何物？在進入第四次工業革命的今日,漢字對我們的世界有何意義,未來,它又會在我們的生活中扮演何種角色？透過漢字,我們又能發現什麼？這些都是我們必須認真思考的問題。

　　過去,也許是因爲漢字與韓文之間的地位和關係,也可能是我們對世界秩序的變化不夠敏感,儘管我們知道漢字的重要性不容忽視,然而我們卻努力地回避這些問題。甚至認爲漢字只屬於中國,不屬於我們韓國。

　　然而不得不承認,漢字已經成爲我們無法忽視的存在。一方面,漢字不僅是理解世界強國之一的中國的必要工具,而且對瞭解人類的發展軌跡,並在其基礎上培養未來社會所需要的綜合性思維也有著重要作用。另一方面,我們不能忽視韓國在漢字的創造、變化、發展和保護中所作的巨大貢獻。漢字不僅僅是中國的字符,從狹義上看,它屬於韓國、日本和越南在內的漢字文化圈;從廣義上看,它是全人類共有的寶貴資產。

　　基於這樣的認識,我們應當珍惜我們身處的漢字文化,並懷著感激之情,積極地利用環境和我們身體中蘊藏的漢字 DNA,通過將其資本化,一方面使其成爲我們在 21 世紀的生活智慧,另一方面,使其成爲我們在第

《以一百個漢字解讀中國文化》序言

四次工業革命後的未來社會中的發展根基和機會。

從這樣的角度看,理解漢字具有如下的作用:

首先,漢字是理解中國的最基本且必要的元素。"漢字"和"儒家思想"通常被稱爲定義東亞的兩大要素。從"漢字文化圈"或"儒家文化圈"這些名稱中可以看出,漢字與儒家思想是東亞地區的兩大代表性支柱,而中國文化正是這兩大代表的源頭。

特別是當今時代,中文已成爲全球人民的必學語言。它與韓語或英語不同,在形態和語法上的變化較少,需通過理解固定詞彙來理解句意,這使得中文成爲一種獨特的語言。因此,中文中的詞彙比語法更爲重要,這些詞彙大多是由單一的漢字或多個漢字組成的複合詞。因此,掌握漢字正是理解所謂的孤立語——中文的最基本方法。

不僅如此,中國在人類歷史中扮演了極爲重要的角色,至今仍是全球最重要的國家之一。中國對人類文化的發展做出了巨大的貢獻,不僅表現在中國的重要發明,如紙、火藥、指南針、印刷術等上,同時也表現在中國歷史上產生的各種學說和思想上。進入 21 世紀後,中國在歷經沉浮後重新崛起,開始再次引領全球文化和技術的發展。2015 年,由中國發明生產的世界第一的產品數達 1 762 個,而排名第二的德國(638 個)、第三的美國(607 個)、第四的意大利(201 個)、第五的日本(175 個)和第六的荷蘭(145 個),在總數上都不及中國。因此在未來,中國無疑也將重返世界文化、經濟、科技的中心之一。

而想要瞭解中國,最根本的是瞭解漢字。首先,漢字起源於從數千年前,至今仍未消逝,而是經歷了一次又一次的變革,並將使用者的生活和文化完整地記錄下來。通過解讀這被稱作"文化活化石"的漢字,我們可以從根源上分層次地、系統地理解中國文化。

其次,學習漢字對拓寬想像力大有助益。漢字將特定的概念描繪成圖像,並在中國的文化與語言環境中汲取養分,進一步擴大其意義。因此,漢字不僅是意義的簡單結合,更是與文化背景相融合的想像力結合。基於此,只有著眼於中國獨特的文化背景,我們才能解讀漢字。這樣的解讀過程如同解開無窮之謎一般，充滿新奇與樂趣，進而可以極大提高整合性的想像力。特別是在兒童大腦發展旺盛的階段，學習漢字的效用將更爲顯著。

例如，"女"（女性）和"子"（孩子）結合便成爲"好"，表示"喜歡"。"女"和"生"組合則爲"姓"，代表姓氏。三個"女"的組合即爲"姦"，代表詭計。而"女"與代表"房屋"的"宀"結合則是"安"，意爲安詳。"子"和代表"綫"的"糸"組合爲"孫"，代表子孫；"子"與代表"穀物"的"禾"結合爲"季"，即末子或季節。再者，代表"人類"的"人"與"木"組合爲"休"，代表休息；"黑"與"尚"組合則爲"黨"，意爲集團。這些組合之背後有何深意？請發揮您的想像。

又如，爲何"進步"的"進"在構形上選擇了代表鳥的"隹"？爲何選擇了代表閃電的"申"（"電"的原字）稱謂神明的"神"？代表盛開的花的"華"與舉行祭祀的祭司"夏"又是如何成爲中國的象徵的？這些字通過不斷的組合使新的意義持續生成，因此學習漢字將有利於提升我們的整合性思維與想像力。

第三，學習漢字對拓展創新性思維有莫大助益。從3 300年前的甲骨文中可以發現，先民們已經能將幾乎所有可以思考的概念形象化並將其用規範化的文字表達出來，至今看來，他們的想像力和創造力仍讓人驚嘆。像"愛""信""公""義""美"和"真"這樣的哲學概念，像"即"和"既"這樣的時間觀念，像"孝"和"忠"這樣的倫理觀念，這些極爲抽象的概念都通過文字具象化地呈現出來，看一次便能深刻理解且不易忘懷。這真的令人驚嘆。若不信，各位可以試著在紙上畫出"愛""公正""義""真理""美麗"和"孝道"等概念，你會發現想要簡明地表達這些概念並不容易，也會意識到我們的想像力並不見得比古人優越。

第四，漢字是能與未來的文化產業結合的絕佳資產。通過被稱爲圍棋之神的李世石九段與AlphaGo的對決、精靈寶可夢Go（Pokemon Go）引發的熱潮等，我們已經預見到第四次工業革命時代即將來臨。未來，漢字將與設計、敘事、卡通、動畫、遊戲、虛擬現實（VR）、擴增現實（AR）以及21

《以一百個漢字解讀中國文化》序言

世紀的其他先進藝術和信息通訊技術（ICT）相結合，其使用範疇將會被無限拓展。到那時，漢字不單是文字，更將成爲一個出色的文化商品、文化產業，甚至是想像力的源泉，並作爲提升人類生活豐富度的珍貴文化內容而存在。

此書著眼於漢字所具有的特質與效用，嘗試通過"漢字解讀文化"的方式，對漢字進行深入探討。尤其是基於漢字的詞源，深入剖析其中所蘊含的中國文化與含義，並嘗試將其與現代文化相結合。爲此，本書採取了以下方法進行研究。

首先，爲了提高漢字的學習效果，本書選定了100個具有代表性的漢字。所謂的具有代表性，指的是選擇的漢字具有源頭性，既是理解中國文化的核心字，同時也具有豐富的文化性，理解該漢字後能夠理解其他與之相關的漢字。只有這樣，我們才能通過有限的100個漢字，理解中國文化的核心，從而達到學習的效果。經過選擇，這100個漢字如下：

數字：一、九
日常生活：食、米、麥、酒、衣、住、家、行、車、舟
經濟活動與特產：絲、陶、茶、金、市、秦、漢
法律與秩序：法、則、公、刑
道德與倫理：道、理、德、仁、義、禮、智、信、愛、忠、孝
階級與國家：士、農、工、商、民、王、衆、軍、國、文、武、社、網
神話與圖騰：華、帝、龍、鳳、羊、牛、壺
時間與空間：東、南、中、左、右、日、月、易、春、夏、秋、冬、年、歲
崇拜與禁忌：玉、紅、錢、鬼、神、壽、福、安、生、死
文化與藝術：音、樂、美、藝
書籍與文房四寶：筆、墨、書、册
思想與世界觀：天、人、陰、陽
宗教與祖先崇拜：儒、佛、仙、祖、祭
中國式價值觀：學、和、善、眞、名

其次，我們致力於尋找中國文化的根源。我們追溯了這 100 個漢字在創製時的原始意識和在使用過程中所反映的文化意識。雖然其中有些特質是中國人獨有的，有些則是普遍存在的人類文化現象。但是，通過這些漢字所解讀出的是具有源始性和代表性的中國文化。

再次，本書將中國文化分爲五大範疇：物質文化、制度文化、風俗習慣、語言藝術、思想價值。這些範疇又被細分爲 14 個具體主題，分別爲：數字、日常生活、經濟活動與特產、法律與秩序、倫理與道德、階級與國家、神話與圖騰、時間與空間、崇拜與禁忌、文化與藝術、書籍與文房四寶、思想與世界觀、宗教與祖先崇拜、中國式價值觀。

最後，我們從漢字文化學的角度，用詞源解析的方式對漢字進行研究。由於漢字以形象爲中心，具有強烈的象形性質，因此它是一種"開放式"的文字系統，相同的字可能具有多重不同的解釋。雖然存在不同的可能性，但我們的解釋必須有科學的根據，不能主觀臆斷。這些科學的根據包括從出土材料中漢字原始字形、基於原始字形的深入詞源分析、與其他文字關係的綜合分析以及該文字在漢語史上的整體演變等。

本書所有的分析和解釋均建立在作者多年來對漢字詞源及其所包含的文化特性的研究結果上，盡可能做到客觀、合理且科學。早在 20 多年前，作者就在《透過漢字閱讀中國的文化》一書中使用了這種分析和解釋方法，並在《聯想漢字》《對不起，漢字》（部首編、詞彙編）中做了進一步的深化，隨後在《漢字與原文字（Ecriture）》一書中系統化地闡述了漢字文化學理論，並利用這一理論對《漢字字源辭典》中的 5 200 多個字的詞源進行了逐一分析。

本書以此爲基礎，旨在通過漢字詞源這一深入淺出的方式，將中國文化的模型呈現給廣大讀者。爲增強視覺性和可讀性，我們提供了每個漢字的隸書、簡化字及詞源表，展示了 165 幅相關的圖片資料。在這些圖片資料中，我們加入了一些未在正文中提及的解說內容，將有助於讀者深入理解中國文化。

本書的出版得到了許多人的幫助。尤其是在校對方面，感謝我們學部的金和英教授、博士研究生郭多藝老師、韓國漢字研究所的姜裕璟助教對每個字不同字體的大小和差異的細心調整。

　我希望這本單薄的書籍能夠有助於從根源上理解漢字、認識中國文化,並以漢字爲基礎更加深入、精確地理解韓國的語詞和文化。更進一步的是,我希望它能夠提高人們對東亞以及全球文化的認識。當然,此書中所選定的代表性漢字以及對文化的解說可能存在不足,內容上也可能存在錯誤,我將對此全權負責,也期待大家批評指正。

2017年3月於度古齋,河永三謹記。

甲骨文研究史的新地平:《甲骨學一百年》韓文翻譯版引言

(王宇信、楊升南等,社會科學文獻出版社,1999)

一、引　　言

　　1999年8月20日,"讓安陽走向世界,讓世界走進安陽"的巨大橫幅掛滿了河南省安陽市。這一天,爲了紀念甲骨文發現一百周年,中國大陸的李學勤、裘錫圭、王宇信、李圃、李民,中國香港的饒宗頤,中國臺灣的吳嶼、蔡哲茂、朱岐祥,日本的松丸道雄、伊藤道治、阿辻哲次,美國的艾蘭(Sarah Allan)、陳光宇,加拿大的高島謙一,法國的雷煥章(J. A. Lefeuvre)、羅端(D. Redouane)等三百多位國際知名的甲骨學者,以及中國國務院副總理李鐵映,歐盟駐中國大使威爾金森(E. Wilkinson),甲骨四堂之一的董作賓先生的長子董玉京教授等,都齊聚安陽。這一天,安陽不再是20世紀末的一個偏僻小城,它仿佛找回了三千五百年前的榮光,成爲了世界上最重要的城市。

　　這些參與者在會議上所展示的不同方向的研究成果,表明了此次會議的重要性以及甲骨文發現一百周年的新期望。特別是中國臺灣的石璋如先生帶來的殷墟發掘實際情況的錄音資料,使所有與會者深受感動。

甲骨文研究史的新地平：《甲骨學一百年》韓文翻譯版引言

不僅如此，中國的中央電視臺、安陽電視臺、煙臺電視臺等媒體都爲此會議製作了長達一小時的特別紀錄片。各大報紙也設立了特別專版來紀念甲骨文發現一百周年的盛會。在會議的最後一天還舉辦了將殷墟列入聯合國教科文組織世界文化遺産名錄的簽字儀式，爲此次活動畫下完美的句點。此後，2006年7月13日，聯合國教科文組織在立陶宛召開了第30次世界遺産大會。大會中，世界遺産委員會將殷墟列爲全人類共同保護的世界文化遺産。2006年11月17日，中國政府宣布了《世界文化遺産保護管理辦法》，明確指出要科學地保護殷墟的珍貴文化遺産，並對其進行有效的管理和合理的利用。

隨後，2009年8月13日，在山東省煙臺市舉行的"紀念王懿榮發現甲骨文110周年國際學術研討會"上，參與會議的中國、美國、日本、俄羅斯、韓國、新加坡、法國、加拿大等200多名學者再次共同提議將"殷墟甲骨文"列爲"世界非物質文化遺産"。經此之後，人們不僅僅將甲骨文視爲中華文明的文字，更認識到其作爲"世界非物質文化遺産"，應當作爲全人類的共同財富來共同保護。趁此東風，2009年10月，安陽建立了國家級的中國文字博物館，並通過持續的努力將自身塑造爲漢字的中心地。

1996年5月，爲了紀念甲骨文發現100周年，中國社會科學院歷史研究所的王宇信、楊升南、宋鎮豪、常玉芝及孟世凱等教授提議編寫《甲骨學一百年》一書。該書於1999年編寫完成並出版。如其名，該書彙編了"甲骨"百年的研究史，內容龐大，超150萬字。該書旨在批判地繼承並總結過去一百年的甲骨文研究成果，確保未來的甲骨學研究從理論上、方法上、規律上的探索更爲自覺而避免盲目性，通過創造性的探索和艱苦的勞動，取得新世紀甲骨學研究的再輝煌。

和《甲骨學一百年》同年出版的還有《甲骨文合集補編》（彭邦炯、謝濟、馬季凡著，王宇信、楊升南監修，語文出版社）和《百年甲骨學論著目》（宋鎮豪主編，語文出版社）。前者補充了《甲骨文合集》中遺漏的甲骨資料，後者整理了過去一百年全球甲骨研究專著的目錄。此外，宋鎮豪還出版了包含過去一百年甲骨學主要研究論文的《甲骨文獻集成》(共 40 卷,四川大學出版社,2001)。這些著作不僅總結了前一百年甲骨學的研究成果,也爲未來一百年甲骨學的研究提供了資料和方向。爲了紀念這次大會,胡厚宣主編的《甲骨文合集材料來源表》(中國社科出版社,1999)和《甲骨文合集釋文》(中國社會科學出版社,1999)也隨之出版。這些都是與《甲骨學一百年》相互輝映的重要資料,反映了一百年來甲骨學的研究成果。

二、結構與體例

1. 結構

1899 年曝光於世的甲骨爲中國學術史帶來前所未有的驚奇與轉機,不僅名爲甲骨學的新興學問誕生,中國考古學也因甲骨的發現而有了新的發展。不僅如此,漢字學及中國古代史都迎來了新的繁榮時期。但最重要的是,甲骨文的發現爲當時因受到西方侵略而深感自卑與失敗的中國人找回了一直以來被掩藏在迷霧中的 600 多年的殷商史,這重新點燃了中國人的自豪感。同時,這也將中華文明有文字的歷史又向前推進了超過一千年,確認了中國一直都是世界文明的中心。

由於甲骨文對中國的重要象徵意義,中國一直持續對甲骨進行挖掘,並進行了各種研究。1899 年甲骨文首次公之於衆,1908 年羅振玉確定其出土地爲河南省安陽的小屯村,1910 年確認該地爲商朝末期(武乙、文丁、帝乙)的都城。1928 年至 1937 年,中央研究院歷史語言研究所考古組進行了 12 次科學的甲骨挖掘,其中 1936 年 3 月 18 日至 6 月 12 日對 YH127 坑的挖掘,驚人地出土了 17 096 片甲骨。進入新中國後,1973 年在小屯村南部、1991 年在花園莊東部再次出土大量甲骨文。至今,甲骨的挖掘工作仍在進行中,2007 年在小屯宮殿遺址北部的河對岸發現了新的王宮遺址,被命名爲洹北商城,這是迄今爲止發現的最大的商朝王宮遺址,新遺址的發現有效填補了商朝歷史研究的空白。

曲折的發現過程和衆多的材料,使甲骨學得到了持續發展,如今它與語

甲骨文研究史的新地平:《甲骨學一百年》韓文翻譯版引言

言學、文字學、歷史學、考古學等多個學科息息相關,且是跨學科研究的基礎之一。《甲骨學一百年》將甲骨學一百年的研究史以 1949 年新中國的成立爲分界點,分爲前 50 年和後 50 年。前 50 年中,再以 1928 年的殷墟發掘爲分界點。後 50 年則以 1978 年《甲骨文合集》的出版爲分界點。前 50 年的前期被稱爲"甲骨學的初創期"(1899—1928 年),後期被稱爲"甲骨文的發展期"(1928—1937 年),後 50 年被稱爲"甲骨學的深化研究期"(1949 年至今)(後 50 年的上半期爲深化研究的第一階段,下半期爲第二階段)。此書從"文字考釋""時期劃分(斷代)""文例與文法"和"甲骨卜辭"等多個角度,盡可能詳細地反映了不同發展階段的各種研究成果。同時,還對利用甲骨文進行的社會史研究成果,如"社會結構與國家功能""社會經濟""宗教祭祀""曆法和醫學"等主題進行了討論。本書的結尾部分還對新世紀甲骨學的研究作出了展望。本書在附錄中,按照時間順序羅列了過去一百年與甲骨文相關的事件記錄,以便讀者能夠一目了然地回顧這段歷史。

2. 體例

此書正文部分共 15 章,後附有 2 個附錄,由中國社會科學院歷史研究所先秦史研究室的諸位教授合作完成,是一部中文原文達一百五十萬字的龐大合著。其主要結構如下:第 1—9 章是關於甲骨學本身的研究;第 10—14 章是基於甲骨文研究的應用研究,主要是與社會文化史相關的研究。第 15 章是在百年來甲骨學研究成果的基礎上,對 21 世紀的甲骨學研究的展望。附錄 1 記錄了一百年來與甲骨學相關的主要事件。附錄 2 是主要甲骨書籍的簡稱表。具體的圖表如下:

分　類	章/題目	著　者
序論	第 1 章　序論	王宇信
研究史與展望	第 2 章　甲骨文出土一百年的歷史 第 3 章　甲骨學基礎工作的持續加強 第 4 章　甲骨文的鑑定及理論化 第 15 章　新世紀的甲骨研究展望	孟世凱 孟世凱 宋鎮豪 王宇信

續表

分 類	章/題目	著 者
理論研究	第5章　斷代 第6~7章　卜辭的文例與文法	王宇信 宋鎮豪
西周甲骨	第8章　甲骨學的新發展——西周甲骨子學科形成	王宇信
社會史研究	第11章　商朝社會結構與國家職能 第12章　商朝的社會經濟 第13章　商朝的周祭及其規律的認識 第14章　商朝的氣象、曆法和醫學傳統的發掘與研究	楊升南 楊升南 常玉芝 常玉芝
附錄	附錄1　甲骨學年表(1899—1999) 附錄2　甲骨文著錄目錄及簡稱	王宇信 輯 王宇信 輯

　　由於本書對過去百年甲骨學研究的詳細論述，許多學者認爲有必要將其翻譯介紹至韓國。幸運的是，有賴於韓國研究財團(KRF)在翻譯基金的支持，昭明出版社已經計劃發行此書的五卷完整譯本。在翻譯《甲骨學一百年》之前，韓國已經翻譯和出版了部分關於甲骨學的主要著作，現按照出版年份列舉如下：

（1）董作賓著，李亨久翻譯，《甲骨學六十年》，臺北：藝文印書館，1965年原出版。韓國譯本於1993年由民音社出版。

（2）饒宗頤著，孫叡哲翻譯，《殷代貞卜人物通考》，香港：香港大學出版社，1959年原出版。韓國譯本於1996年由民音社出版。

（3）吳浩坤、潘悠著，梁東淑翻譯，《中國甲骨學史》，上海：上海人民出版社，1985年原出版。韓國譯本於2002年由東文選出版。

（4）陳煒湛著，李圭甲翻譯，《甲骨文簡論》，上海：上海古籍出版社，1987年原出版。韓國譯本於2003年由學古房出版。

（5）王宇信著，李在碩翻譯，《甲骨學通論》，北京：中國社會科學出版社，1989年原出版。韓國譯本於2004年由東文選出版。

（6）［韓國］梁東淑著，《甲骨文解讀》(兼作甲骨文字典)，藝文人畫出版社，2005。

甲骨文研究史的新地平：《甲骨學一百年》韓文翻譯版引言

上述甲骨學著作及其翻譯，客觀說，在韓國甲骨文的研究上影響有限，但唯有用它們吸引年輕學者的注意，才能使韓國甲骨文研究有新的起點。尤其《甲骨學六十年》與《中國甲骨學史》二書，詳述了甲骨學的發展史；而《甲骨學簡論》與《甲骨學通論》二書則爲獨立的綜合研究。《甲骨文解讀》是韓國人所著的甲骨學綜合介紹專著，證明韓國學界已有學者開始從專業的角度研究甲骨文。然而無論是上述的諸多著述或是其他未曾提及的著述，都不如《甲骨學一百年》涵蓋了至今爲止的所有研究來得系統完備。此書是中國國家項目計劃，於2001年9月獲中宣部"第八屆五個一工程"一等獎，同年十二月獲中國國家新聞出版署"第五屆全國圖書出版獎"提名，於2002年十月再獲中國社會科學院"第四屆優秀著作獎"等獎項。媒體與學術期刊亦多次發表專業書評肯定其對於甲骨學綜合研究的重要性。

此書的共同作者爲：王宇信、楊升南、宋鎮豪、孟世凱、常玉芝。他們都是中國社會科學院歷史研究所先秦史研究室主攻甲骨學的研究員。王宇信精於甲骨學史和甲骨文研究，楊升南則著重於國家結構和經濟史的研究，宋鎮豪的研究重心爲社會史，孟世凱擅長文字考釋，而常玉芝則專注於曆法的研究。

（1）王宇信（1940—2023）

1940年出生於北京平谷。1964年他從北京大學歷史系畢業，同年進入社會科學院歷史研究所接受胡厚宣教授的指導，參與了《甲骨文合集》的編撰，1989年任研究員，曾擔任中國殷商文化研究會的理事長，主要從事甲骨學和先秦史方向的研究，目前的研究重點是中國古代文明和夏商周的政治制度。其代表著作包括《建國以來甲骨文研究》《西周史話》《西周甲骨探論》等。近期他又出版了《中國甲骨學》（上海人民出版社，2008）一書。其《甲骨學通論》也被翻譯介紹至韓國。

（2）楊升南（1938—）

1938年出生於四川省平昌縣。1964年6月，他從四川大學歷史系畢業，同年8月進入中國社會科學院歷史研究所先秦史研究室，1985年任助理研究員,1993年任研究員。目前,他是中國社會科學院歷史學部教授,同時擔任先秦史研究室的副主任,曾擔任中國殷商文化學會的理事、秘書長、副會長等職。他和王宇信一同參與了胡厚宣主編的《甲骨文合集》釋文的校對工作,並著有《商代經濟史》《中國春秋戰國政治史》《商代土地制度史》(合著)等著作。

(3) 宋鎮豪(1949—)

1949年1月出生於江蘇省蘇州市。1978—1981年,他在中國社會科學院歷史學部攻讀碩士學位並畢業。1981年至今,他在中國社會科學院歷史研究所先後任助理研究員、研究員。目前爲先秦史研究室主任、甲骨文殷商史研究中心主任,並擔任中國社會科學院研究生學術評價委員會委員、中國殷商文化學會副主席兼秘書長、中國先秦史學會副主席、中國郭沫若研究學會的理事等職務。他著有《夏商社會生活史》《中國飲食史・夏商卷》《夏商風俗史》《中國春秋戰國習俗史》《中國真跡大觀》(27卷,日本同朋舍)、《中國法典全書・先秦秦漢卷》等著作,主編了《百年甲骨學論集》和《甲骨文獻成果》(40册)等著作。

(4) 孟世凱(1935—)

1935年4出生於四川省西昌市。1959年,他從四川大學歷史系畢業(當時師從徐中舒教授主修先秦史),同年進入中國社會科學院歷史研究所,主攻先秦史和甲骨文。在此期間,他擔任中國先秦史學會秘書長、副主席和常務副主席等職。他是郭沫若主編的《甲骨文合集》的主要編輯者之一,也是《中國歷史大辭典》(先秦史卷)的副主編。他的主要著作有《殷墟甲骨文簡述》《夏商史話》《甲骨學小辭典》《中國歷史大事本末・先秦史卷》《中國文字發展史》《甲骨文合集》釋文(第2本,第13本下半部)、《十三經簡述》《商史與商代文明》和《甲骨辭典》等。

(5) 常玉芝(1942—)

1942年4月出生於黑龍江省哈爾濱市。1966年,她畢業於北京大學歷史系考古學專業,1986年進入中國社會科學院歷史研究所工作,專門從事甲骨文和商代史的研究,特別是在曆法研究上取得了卓越的成果。她

甲骨文研究史的新地平：《甲骨學一百年》韓文翻譯版引言

擔任中國先秦史學會理事、中國殷商文化學會理事等職。她的主要著作有《商代周祭研究》和《殷商曆法研究》等，曾參與《甲骨文合集》的編纂和釋文整理工作、《中國歷史大辭典》和《商代史》（《殷代宗教祭祀》部分）的編纂工作。

三、一百年甲骨學的新評價

1. 對《甲骨學一百年》的評價

《甲骨學一百年》編寫者在後記中如此評價這本書："在甲骨文發現一百周年到來之際，作爲'甲骨學一百年'成果之一的這部《甲骨學一百年》專著終於完成並奉獻給學術界，我們感到十分榮幸和激動。"

這是因爲：首先，自1899年甲骨文被王懿榮發現後，經過幾代國內外優秀學者的努力，甲骨學已經成爲一門擁有大量研究資料和豐富內容的研究課題，並具有嚴密規律的成熟學科和國際性的學問；其次，有賴於中國社會科學院科研局和歷史研究所領導的全力支持；第三，是因爲課題制的優越性，自《甲骨學一百年》立項後，中國政府和社會科學院在科研經費上給與了大力支持，從而保證研究工作的順利進行。最後，《甲骨學一百年》自立項後，受到了國內外學者的廣泛關注和大力支持。

此外，趙誠的《二十世紀甲骨文研究述要》、馬如森的《甲骨學與文史研究——〈甲骨學一百年〉的學術價值》、朱岐祥的《評〈甲骨學一百年〉》、朱彥民的《一部百科全書式的甲骨學研究巨著——〈甲骨學一百年〉》、本田治的《〈甲骨學一百年〉を讀む會の報告》（白川研究所便り，第4號，2009.3，立命館大學白川静記念東洋文字文化研究所）都對該作進行了評論。總體而言，它們都認爲該作系統地整理了甲骨學過去一百年的歷史和研究歷程，是一部百科全書式的優秀著作，爲讀者提供了豐富的材料。

2. 成果與特點

對《甲骨學一百年》的評述已經相當之多，不僅有編纂者的自評，還有

407

其他研究者的評價,但我仍想對本書中的一些突出成果和特點作必要的概述。

(1)甲骨學的邊界定義

不論是什麼學問,最要緊的是對其概念的定義和研究領域的範疇設定。爲此,本書回顧了歷史上各種關於甲骨學的討論,並爲甲骨學作了清晰的定義。"甲骨學"一稱提出於1931年,要比"甲骨文"的提出晚10年(參見16頁)。書中指出"甲骨學"和"甲骨文"應有所區分,甲骨學是以甲骨文爲研究對象的專門學科,是甲骨文自身固有規律系統、科學地反映。因此不能將甲骨文和甲骨學當作同一事物來談論(參見15頁)。甲骨學有狹義和廣義之分,狹義的甲骨學指的是僅僅研究甲骨及其文字,而廣義的甲骨學則包括全部的將甲骨文作爲材料進行的歷史文化研究(參見149頁)。這種定義延續了張秉權《甲骨文與甲骨學》(1988)中對"甲骨學"的定義:"甲骨學的研究對象是甲骨文,但不僅僅局限於甲骨文字,包括用於卜辭的甲骨以及卜筮中提及的一些相關事項也都屬於其範疇"(參見15頁),明確地將過去混淆的甲骨文和甲骨學的界限劃分開來,使甲骨學不再僅限於甲骨文字研究的狹義定義中,將其範疇擴展爲使用甲骨資料進行的所有歷史文化研究,這無疑是一項具有重大意義的成果。

(2)強調研究方法論

研究方法對任何學術領域的發展而言都是至關重要的。特別是通過參考前人的研究方法,研究者可以克服過去研究方法的局限性並推進新的研究方法的生成,從而促進該學術領域的進步。因此,回顧和整理甲骨學一百年的研究歷史,目的之一在於找出甲骨學研究的優秀方法。實際上,"百年來甲骨文研究的發現,與研究課題的不斷開拓和研究方法的不斷改進有著密切關係"(參見8頁)。因此,本書特別在第9章"前輩學者的成果和經驗,是可借鑒的文化遺產"的第三節(參見379—389頁)以及第6—7章"甲骨卜辭的文例和文法"(參見194—280頁)等部分強調了甲骨學的研究方法論,其特點如下:

首先,強調傳統學術與國學基礎的重要性。

甲骨文研究史的新地平:《甲骨學一百年》韓文翻譯版引言

在這一百年間,甲骨學的代表學者們始終認爲成功的條件之一即是"堅固的國學基礎"。書中強調:"在甲骨學史上有成就的學者,無不堪稱'國學大師'。正是他們對中國古代典籍和傳統文化的豐厚底蘊和積累,使他們在文字考釋和商史研究方面闡幽發微,廣徵博引,舉一反三,把甲骨學研究推向一個又一個新的高度。"(參見379頁)這也是新一代學者應該持續追求的目標。

同時,書中提到"同時這些學者擁有深厚的舊學根柢,有較高的鑒別能力,故能在傳統學術的基礎之上汲取西方的智慧,從而達到較高的成就。在我國近百年來甲骨學史上有成就的學者,無不如此"(參見380頁)。在描述羅振玉、王國維、董作賓、郭沫若、胡厚宣、陳夢家等甲骨學大師的成功秘訣時,"深厚的舊學根柢"成爲貫穿全書的綫索。這説明即使甲骨學是一門新學問,但也需要一定的傳統國學基礎才能著手進行研究的,這也體現了中華文明在過去和現在的連續性。

其次,強調東西學問的結合。

一百年的甲骨學史中,獲得成就的學者都有著"深厚的舊學根柢",且在此基礎上汲取西方的智慧,才能取得較高的成就(第380頁)。

正是因爲學貫西中,幾代學者才能保證甲骨學的研究不斷向前推進(第380—383頁)。如此,"前輩學者'學貫中西',爲我們提供了中國傳統文化研究向現代化轉型的成功範例。在我們今天,甲骨學研究的現代化,就是不僅要與社會科學的多種學科,諸如歷史文獻學、民族學、宗教學、考古學等學科研究相結合,而且還要與當代自然科學,諸如天文學、氣象學、農業學和物理學等多種學科的研究相結合"(第383頁)。

任何文明都不能僅僅依靠自身進行持續的發展。學問也是如此,只有在保證自身傳統的基礎上,不斷地吸收、融合外部的方法和成果,才能真正取得發展。我們要永遠銘記這一學術態度。

第三,強調考古學的方法論。

甲骨學的研究首先需要解讀甲骨文字,因此没有文字學的協助,甲骨學就難以發展。同時還需要注意的是,在考釋甲骨文時,包括甲骨實物在內的文化遺物對甲骨文的考釋有著決定性的影響。

因此自 1928 年後,對甲骨的科學發掘取得了前所未有的成果,這與現代考古學方法進入甲骨學領域有著密不可分的關係(第 10 頁)。因此有學者特別强調"甲骨學今後的發展一定要進一步以考古學爲基礎"。(第 13 頁)。該書稱"甲骨本身是一種考古遺物",因此必須將考古學的理論和方法應用於甲骨學的研究中,這同時適用於過去的優秀成果和未來仍需解決的難題。

例如,董作賓在 1933 年發表的《甲骨文斷代研究例》中,將考古學方法引入到甲骨學的研究領域中,歸納了甲骨文斷代的 10 項標準字體和書體並將其劃分爲 5 個時期。從此,甲骨學脱離了金石學的附屬地位,進入了歷史考古學的研究領域。1949 年後,由於考古學研究日臻精密,使對甲骨文真正科學意義上的"考古學考察"成爲可能。關於"文武丁時代卜辭的謎""曆組卜辭"的討論,就是以 1973 年小屯南地甲骨科學發掘地層爲依據。此外,"兩系説"的提出也是以考古類型學的方法爲依據,整理出殷墟王室卜辭"兩系"演進的系列的。該書指出:"期待著殷墟將有更多的科學發掘甲骨出土,並把更多的新地層與坑位的證據提供給學者研究,將會推動甲骨分期研究的不斷前進。"(第 12—13 頁)從而强調考古學方法論的應用是解決甲骨學難題的關鍵。

第四,强調文例與語法研究。

解讀單個甲骨文字是甲骨學中最重要且最基礎的工作。雖然每個漢字都有其獨立的意義,可以作爲獨立的單位運作,但只有在擁有完整句子的具體語境中,文字才能顯示出具體的意義。因此,解讀單個的文字固然重要,但更重要的是在具體的語言環境中解讀它們,這對尚未釋讀出的甲骨文字而言相當重要。

因此,此書强調了甲骨文的釋讀應充分考慮到文例和語法。文例指的是甲骨文的刻寫方式和排列方式等,語法是指甲骨文在使用時句子的結構規則。因爲甲骨文大部分用於卜辭之中,大多數是刻寫在龜甲和動物骨頭上,所以有一定的刻寫方式。因此,首先需要理解這種刻寫方式和

甲骨文研究史的新地平:《甲骨學一百年》韓文翻譯版引言

相關的卜辭制度,只有系統性地理解這些時,才能得到全面、科學、可靠的結果。

第五,強調最新科技的運用及跨學科研究。

在現代科技飛速發展的今天,把現代科技手段和方法引入甲骨學研究領域,必將使甲骨學研究發生再一次的飛躍。雖然近年來,一些學者利用電腦綴合甲骨斷片,並取得了一定的成功,但與甲骨學的現代化要求還存在一定距離。在第五章第六節"斷代研究的新途徑"中,提到舉世矚目的國家重點科研項目"夏商周斷代工程",組織自然科學家和社會科學家聯合攻關,利用碳-14質譜儀和現代天文學等方法開始了商代甲骨年代的探索,並取得了成功的經驗。同時,第十五章第三節"甲骨學研究方法和研究手段的現代化"中,提到中國臺灣彰化師范大學"大學學術追求卓越發展計劃"——甲骨古文化綜合研究重大課題。該計劃組織海內外的甲骨學家和自然科學家,從"人文科學""自然科學""工程及應用科學""生命科學"等方面,提出了大型"甲骨學商史"等18個重大課題,被評爲是與"夏商周斷代工程"一樣將對21世紀的甲骨學研究產生革命性的影響。

(3)對以往研究的再評估

過去一百年間,誕生了衆多的甲骨文研究者,也産生了衆多與之相關的著作和研究成果。儘管對這些研究者和研究成果已有各式各樣的評價,但本書仍從時間上梳理了以往的研究,其中幾項重要的評價如下。

首先,對明義士(James Mellon Menzies,1885—1957)的評價。

在此前的甲骨學研究史中,對明義士的評價多有忽略,不夠全面。本書認爲,明義士的甲骨研究方法上同時結合了中國傳統金石學的方法(如稱謂的考證等)和西方考古學的方法(文字字形的觀察),以此對甲骨文進行分類,可謂首創。在衆多成果中,明義士對甲骨文的分期是"很有意義的工作"(第133頁)。

此外,明義士應被認爲是最早根據"稱謂"判斷甲骨時代並運用到分期整理工作中的第一人,他在這方面遠遠超越了當時的羅振玉和王國維(第132頁)。特別是明義士在進行按時代整理甲骨文時,把他認爲時代相近的甲骨文集中在一起,不僅促進了比較和綜合研究,還發現了甲骨文書體的變化。因此,"這比以後董作賓《甲骨文斷代研究例》所提出的十項標準'字體'和'書體'應早七八年。而所謂'王賓'事類爲祖甲時,也應是最早以'事類'定甲骨時代的探索"(第133頁)。

此外,1977年李學勤提出"曆組卜辭"問題,學術界就"曆組卜其實是武丁晚期到祖庚時期的卜辭"的意見展開了熱烈的討論。實際上,1928年明義士《殷虛卜辭後編·序》中有已有相似的觀點(《文物》1981年第5期),從而證明了明義士觀點的深入性(第373頁)。本書高度評價了明義士在甲骨斷代和研究方法中的先驅成就,是對其研究成果的重新評估,肯定了明義士在甲骨斷代研究中所應用的科學方法和對"曆組卜辭"分類的先驅性成果。

其次,對羅振玉(1866—1940)的評價。

雖然羅振玉得到了"甲骨四堂"的極高讚譽,但由於其曾流亡日本,以及一些親日行爲,封建傾向,中國大陸對其的評價明顯偏向負面。

然而本書認爲,"對待羅振玉和王國維這樣政治立場反動而學術上有貢獻的人物,形而上學的方法是行不通的,不管其政治態度而全盤加以肯定當然不行;根據其政治態度而完全加以否定,也同樣不行。唯一的辦法是面對事實,運用一分爲二的方法實事求是地加以分析,非其所當非,是其所當是"(第347頁)。這是在政治變革的動盪時期,對於那些經歷過困惑的學者,應該採取現實主義的立場科學地認識他們,而不是因爲他們的政治傾向而完全否定他們的學術貢獻。

基於此種認識,我們對羅振玉的成就作了以下五點的概括。首先,在甲骨文的收集和保藏方面,羅振玉用力甚勤。其次,在甲骨文資料的著錄和流傳方面,他做出了很大的努力。第三,羅振玉將甲骨文出土地考訂爲河南安陽小屯村,對甲骨學研究的發展有著不可估量的意義。第四,羅振玉在甲骨文字的考釋和篇章的通讀方面,作出了很大的貢獻。第五,羅振玉開了用甲骨文資料研究商代歷史之先河(第345—346頁)。

甲骨文研究史的新地平：《甲骨學一百年》韓文翻譯版引言

特別是羅振玉首次揭示了甲骨文是"夏殷時代"的龜甲，並在1908年通過探訪確定了甲骨的確切出土地點，在1910年考證出河南安陽小屯村。羅振玉通過大量收集甲骨材料，減少了甲骨資料的損失，並通過對殷墟甲骨文以外出土文物的搜求，爲考古學研究積累了資料，爲殷商考古學的發展提供了契機（第3頁）。此外，"資料的公開"在羅振玉甲骨學成就中具有獨特性。"尚未墨拓，蓋骨質至脆，懼或損文字也"，"然又不忍淹没不傳"。因此，他出版了《殷墟書契》（1911）、《殷墟書契精華》（1914）、《鐵雲藏龜之餘》（1915）、《殷墟書契後編》（1916）等書（第7頁）。這對開展甲骨文的研究有很大作用。

不僅如此，王國維能通過父、兄等稱謂，判定甲骨文的具體時代，應與羅振玉的切磋和啟示有著一定的關係（第131頁）。羅振玉還是第一個依據《殷本紀》對卜辭中的商代帝王名作系統整理的人（第438頁），也是第一個提出商代曆法中存在閏月的人（第676頁）。此外，他在戰爭卜辭和地名研究等方面也有先驅性的成就，對王國維的研究產生了很大的影響。

這樣看來，對羅振玉的評價，不應停留在他對甲骨的研究方法上，更可以說他"確立了甲骨學的幾乎所有基礎"，這樣的評價實事求是，絕不誇張。

第三，對孫詒讓（1848—1908）的評價。

過去對孫詒讓的甲骨學成果並沒有特別的評價。但在這本書中，他被稱爲"初步的較有系統的認識甲骨文字的第一人"（第91頁）。特別是他的《契文舉例》被認爲是首部有關文字考古的甲骨學著作，也是首部對甲骨文進行分類研究的著作（第61頁）。

再者，從甲骨學的發展史來看，孫詒讓之後的古文字學者大都沿襲了他的研究方法。即使是在古文字領域有著出色成就的唐蘭也曾説："余治古文字學，始於民國八年，最服膺孫君仲容之術"（《殷墟文字記·序》），可見孫詒讓的影響力之大。而在古文字學中被認爲是金石之寶的"偏旁分析法"也始於孫詒讓，他通過分析甲骨文中的偏旁部首考釋甲骨文字的方法也得到了高度的評價（第119頁）。

特別是在第四章第一節中,對孫詒讓的《契文舉例》重新進行了深入的評價。過去對此書的評價褒貶不一。貶低者如羅振玉持有的"未能洞析奧隱",或王國維所說的"其書實無可取",更有甚者如"得者十一而失者十九"。但這與事實並不相符,王宇信於1980年代評價說:"《鐵雲藏龜》出版才僅僅一年,孫詒讓就能對甲骨內容進行這樣的科學分類,這在當時是十分難能可貴的。這部書考釋的文字雖然不多,而且不少是錯誤的,但在甲骨學史上篳路藍縷,它的草創之功是不能抹煞的。"齊文心也認爲"(孫詒讓)主要採用與金文比較的方法認出了一百八十多個字,而且多爲基本的常用字……他將《鐵雲藏龜》所著錄的史料按事類分爲十章,這是甲骨文分類研究的基礎",並肯定了孫詒讓《契文舉例》的草創之功(91—92頁)。此評價明確地肯定了孫詒讓在甲骨學中的獨特地位和他的重要貢獻。

從這樣的角度來看,裘錫圭認爲"孫氏在古文字和古文獻方面的學力決不在羅王之下",姚孝遂認爲孫詒讓"提出的研究古文字的思路,如今還是人們普遍應用的科學途徑"。總之,孫詒讓的《契文舉例》在甲骨文字識讀及甲骨學史上的開山地位應該給予充分肯定(第92頁)。因此我們糾正了過去對孫詒讓甲骨文研究過於嚴厲的評價,使原本對孫詒讓著作的關注能從《契文舉例》擴大到《名原》等書,並能解決之前在《甲骨文字集釋》《甲骨文字字釋綜覽》和《甲骨文字詁林》等大型工具書中所遇到的困難。

第四,對王襄(1876—1965)的評價。

近年來越來越多的觀點認爲甲骨文的最初發現者不是王懿榮而是王襄,不論怎樣,王襄在甲骨學的發展史中,其貢獻被淡化,這被評價爲"不公正的待遇"(第32頁)。雖然1951年胡厚宣《五十年甲骨文發現的總結》、20世紀60年代陳夢家《殷墟卜辭綜述》中都介紹了王襄的貢獻,但是之後再未見公開著述涉及此人了(第32—33頁)。

然而,本書在甲骨學的發展史中強調,在甲骨的收集工作中,王襄也是一位不可忘卻的人物(第60頁)。將甲骨文分類著錄始於王襄,民國9

甲骨文研究史的新地平:《甲骨學一百年》韓文翻譯版引言

年(1920年)12月王襄編輯出版了《簠室殷契類纂》(18卷)一書,該書被認爲是甲骨學發展史上首部甲骨文字典(第64頁)。此外,分類編排著錄甲骨文也始於王襄,他在《簠室殷契徵文》(12卷)一書中將1 125片拓本按照内容按順序分爲12類。

王襄分類著錄甲骨文的目的是便於從中考釋研究"殷禮"(第65頁)。這種分類記録的方式具有將甲骨文研究從文字考釋擴展到商代社會史研究的先驅意義。因爲《簠室殷契類纂》是摹録文字,大多失真,又因《簠室殷契徵文》爲了分類編排方便而裁剪、分割了2/3的拓片,因此被許多甲骨學者懷疑是僞刻。孫海波得見王襄所藏原拓影印本後,認定《簠室殷契徵文》的拓本不是僞品。郭沫若在見到相關材料後也表示:"知《徵文》不僞,則其書自爲一可貴之研究資源,中多足以證佐余説者。"(《卜辭通纂·後記》,1933年)(第64—65頁)

因此,王襄在甲骨文的發現、收集、考釋、分類以及甲骨資料的公開等方面都有著巨大的貢獻,將甲骨研究的目的從文字考釋擴展到社會史研究等方面。他在任何誘惑下都不動摇,將一生所收集的甲骨悉數捐贈給國家,展現出愛國主義知識分子的真實形象(第342頁)。

(4)新分科的擴充

首先,將西周甲骨納入研究範圍是本書的一大特點。過去的甲骨文研究多集中在殷墟甲骨上,周原甲骨的出土使西周甲骨學成爲新的甲骨學分科。尤其是1977年陝西省岐山鳳雛村和周公廟遺址出土了共計約一千一百餘片西周甲骨,"西周甲骨"成爲甲骨研究的重要領域,使甲骨研究不再停留於過去僅限於殷墟甲骨的研究上,擴展爲"刻有甲骨文的所有資料"的學問。因此,本書的第8章對此部分進行了專門的論述,提供了比其他著作更爲詳細和多角度的資料。雖然這與王宇信《甲骨學通論》(1989年)的第13—15章有所類似,但增補了更多的資料和内容,足以構成"一部獨立的詳細著作"。實際上,自山西省洪洞的坊堆村首次發現有文字的西周甲骨後,陝西岐山鳳雛村、陝西長安張家坡、陝西扶風齊家村、河南洛陽泰山廟、北京房山琉璃河和鎮江營、北京昌平白浮村、河北邢臺南小汪等地也相繼出土了甲骨，這些出土地點涵蓋了西周王都，以及包括燕和邢在内的西周初期諸侯國的都城和一般的聚落（或墓地），分布範圍相當廣泛。

因此，過去僅僅將甲骨視爲"殷墟甲骨"的傳統被打破了，西周甲骨在各地的出土，不僅爲史料較少的西周史研究提供了彌足珍貴的資料，而且爲甲骨學領域里新分支學科的形成打下了基礎（第332頁）。未來在西周各諸侯國的遺址中都有很高的可能性出土更多的甲骨文（第692頁）。而且，1949年以後，殷墟甲骨文以前的骨刻文字材料也頗有收獲。例如，裴李崗文化時期的舞陽賈湖、龍山文化時期的長安花園村、岳石文化的桓臺史家遺址等（第692頁）。

因此，未來的甲骨文研究很可能不僅僅局限於"西周甲骨"，還會包括殷墟之前的文物，範疇將變得更加廣泛。這本書所做的，就是將甲骨學的研究概念擴大到包括西周甲骨在内的所有甲骨材料，並爲"骨學"的整體研究提供了一個可擴展的平臺。

第二，將甲骨研究從文字考釋擴展爲社會史的研究。

傳統的文字學者認爲甲骨文的研究僅限於古文字的研究。但本書認爲甲骨學研究的不僅僅是文字研究，更要基於文字及内容來研究當時的社會和文化。因此，爲了反映這一理念，本書第11至14章詳細地整理了在甲骨文研究基礎上所進行的關於當時社會生活史的研究。

舉例來說，在第11章"商代社會結構和國家職能研究"中，論述了王室貴族、中央和地方的職官體系——殷正百辟和殷邊侯甸、宗法制度與家庭形態、商代社會中的下層被統治階層、商代的刑罰和監獄、商代的軍隊和軍制研究、商代的對外戰爭、商代的方域地理、貢納制度等議題。在第12章"商代社會經濟研究"中，討論了商代時的農業、畜牧業、漁獵、手工業、商品交換與交通等話題。在第13章"商朝宗教祭祀及其規律的認識"中，論述了商代的宗教祭祀、商代周祭制度及規律，特別是對周祭的發現與研究歷史、周祭卜辭的類型和特徵、周祭的卜問次序和祭祀程序、周祭中先王先妣的祭祀次序和受祭數目、周祭的祭祀周期與五種祀典的祀首、"隹王幾祀"的"祀"的意義及周祭祀譜的復原等問題,作了比其他任何著作都更詳細地論述。另外,在第14章"商代氣象、曆法與醫學傳統的發掘與研究"中,討論了甲骨文氣象記錄和商代氣候的研究、甲骨文天象記錄的研究與辨析、商代曆法的研究與復原、商代的疾病與醫學傳統的發掘等問題。

以甲骨文爲基礎進行的社會史研究被納入甲骨學的範疇,這無疑與作者們來自社會科學院歷史研究所的背景有所關聯。但考慮到文字學研究的最終目的是利用其成果研究當時的社會文化,因此,以甲骨文爲研究材料,並利用相關文獻和出土的考古學材料作爲補充,對商代時期的社會、經濟和文化進行綜合討論,無疑是這本書的一大特色。

(5) 其他

除了以上提及的幾點之外,本書還詳細介紹了諸如斷代研究中李學勤的曆組卜辭研究成果、"兩系説"等相關的研究,以及關於命辭的疑問句特性等爭議頗多的最新研究成果。另外,相較於先前在中國大陸發表的《甲骨學史》,該書還詳細介紹了中國大陸外的學者的研究成果,特別是張秉權《甲骨文與甲骨學》、朱岐祥《周原甲骨研究》以及《殷墟卜辭句法論稿》等。本書還談到了《甲骨文合集》編撰過程中的背後故事。此外,在第6章關於古代甲骨卜辭起源的討論中,本書著重揭示了韓半島的骨卜文化與中國甲骨文化之間的關聯性,並引用了韓國李亨求教授的成果(第222—223頁),這是在其他作品中看不到的內容。

四、《甲骨學一百年》的局限

《甲骨學一百年》總結了從甲骨文發現起至今一百年間的甲骨學研究歷史,其內容之豐富可説是一部相當宏大的百科全書式的研究史。因此,要涵蓋全球與甲骨研究相關的所有資料及各領域的研究成果,需要編纂者具備極高的專業水準,這使得單獨撰寫該書變得相當困難,因此,本書由來自中國社會科學院的5名研究員按照各自的專長領域分工合作共同完成。

　　雖然在本書的編寫過程中，各位作者之間有協商與調整，並由王宇信最終校訂，但每位作者的文風和觀點有所不同，關注點也各有側重，因此本書在敘述焦點上有時會出現些許差異，雖然無傷大雅，但需要小心的是，有時爲方便而調整了所引用甲骨文的解釋，可能會對學術的可靠性產生不利影響。

　　例如，對"壬戌卜，亙，貞有疾齒，隹有毒？"(《續》5.5.4)的解讀，有時看起來可能是基於主觀的解釋。在本書的第14章"商代氣象、曆法與醫學傳統的發掘與研究"的第二節"甲骨文天象記錄的研究與辨析"中，將"聞""毒""祟""齒"等解讀爲表示災禍的卜辭，解釋爲在壬戌日進行占卜，問是否會有災禍(壬戌卜，亙，貞有疾齒，隹有毒？)。(《續》5.5.4)(參見638頁)

　　但在同一章的第四節"商代的疾病與醫學傳統"中，將同一例句中的"齒"解釋爲關於牙齒的疾病，"壬戌日，貞人亙卜問：'我的牙齒很痛，會不會沒事？'"(壬戌卜，亙，貞有疾齒，隹有毒？)(《續》5.5.4)(第687頁)這樣的例子雖然很少，但對於同一資料，必須用明確且嚴格的標準，不應根據需要而產生不同的解釋。

　　此外，如趙誠所指出的，在第七章"甲骨占卜和卜辭文例文法(下)"的第四節"甲骨文文法與語法"的討論中，"自七八十年代以來，美國的David N. Keightley(吉德煒)、David S. Nivison(倪德衛)、Paul L-M. Serruys(司禮義)、加拿大Ken-ichi Takashima(高島謙一)等一批學者對卜辭貞辭爲問句提出了異義，中國如裘錫圭等一些學者也有響應的"(第278頁)。這種描述，彷彿是西方學者首次提出這個問題，然而事實上早在1959年，饒宗頤就在《殷代貞卜人物通考》中就已經提出了此問題。

　　此外，在描述甲骨學家的研究成果時，過於忽略了徐中舒、張政烺、屈萬里等學者的貢獻。再者，對於"廟號"的討論，雖然有提及出生之日、去世之日以及李學勤所認爲的卜問後選定的特定日期等解釋，但卻遺漏了張光直的多種解讀，也讓人感到遺憾。

五、韓語譯本的特點

考慮到此書學術性很高，因此在韓語譯本中主要採用直譯的方法，以儘量不損害原文的原意。再者，爲了忠實於將源語言譯爲目標語言的目的，首先，將"斷代"譯爲"時期劃分"，"綴合"譯爲"拼湊"等，儘量將專業術語韓國化；其次，將如"品類"這樣不常用的漢字用語翻譯爲"器物分類"等，儘量用平易近人的語言來解釋；第三，將困難的術語，如將"磚瓦"譯爲"磚和瓦"，並在括號中簡單地解釋以助於理解；第四，對具有相似意義的漢字，儘量用意思差異明確的語句來翻譯。

特別地，當"斷代"以常規意義出現時，我們譯爲"時期劃分"；但當它與"分期"一同出現具有對稱意義時，我們將"斷代"譯爲"時期劃分"，而將"分期"譯爲"時代劃分"。此外，爲了將"宰"與常規的羊進行區別，將其譯爲"犧牲用羊"；爲了將"牢"與常規的牛進行區別，譯爲"犧牲用牛"。對於與災禍相關的詞彙，"尤"和"咎"都被譯爲"過錯"；"災（祟、齒等）"譯爲"災害"；"禍"譯爲"禍患"；"巷"譯爲"困難"。至於與貢納相關的動詞，"氏（致）"譯爲"攜帶"；"來"譯爲"帶來"；"入"譯爲"引入"。這樣做是爲了展示它們之間的微妙差異。此外，所有的引文都被翻譯成韓語，以便於讀者理解。對於甲骨文中出現的個別漢字，如果有讀音，我們還會列出通用讀音以照顧讀者，我認爲這應該是未來古文字學相關專著在翻譯時可以作爲參考的一點。雖然我們在翻譯時作了一定的調整，但是不可否認的是，將三千多年前的甲骨文，尤其是那些不完整的句子，一一翻譯成現代語言絕非易事。此外，我們還對原文中的一些明顯錯誤進行了更正，並在必要時增補了注釋，並對1999年之後的新研究成果作了補充。

六、總　　結

甲骨學的研究超過百年，已經成爲國際公認的學術分科。據《百年甲骨學論著目録》統計,截止到1999年國内外共發表了一萬多篇與甲骨學相關的論文,幾乎在所有領域都取得了突破性的成果,有些甚至取得了極爲矚目的成就。但是,"甲骨學研究不是已經完成,而是剛剛開始"(第691頁),這樣的作者宣言表明,在迎接新世紀到來的同時,在甲骨學的研究上我們仍面臨許多亟需解决的重要問題。本書的第15章已提出如下議題:

首先,我們需要持續發掘新的甲骨材料,並進行全面而科學的整理。

其次,甲骨學的研究需要進一步深化和拓展,特别是甲骨文字考釋方面的困難需突破,且甲骨文的分期斷代研究也需繼續深化。爲此,我們應不斷嚴密與深化傳統的董作賓"分期研究法"。同時,對"斷代"的新方案需要檢討與實踐,並應用於對商代歷史的全方位研究上。事實上,這一方面的研究已在實踐中。諸如1999年10月20日,宋鎮豪提交的《商代史》研究計劃已被中國社會科學院歷史研究所作爲重點研究課題接受。2010年11月至今,中國社會科學出版社已出版了其中的7本,其中包括第一本《商代史論綱》(宋鎮豪),第二本《〈殷本紀〉訂補與商史人物徵》(韓江蘇、江林昌),第三本《商族起源與先商社會變遷》(王震中),第四本《商代國家與社會》(王宇信、徐義華),第五本《商代都邑》(王震中),第六本《商代經濟與科技》(楊升南、馬季凡),第七本《商代社會生活與禮俗》(宋鎮豪),第八本《商代宗教祭祀》(常玉芝),第九本《商代戰争與軍制》(羅琨),第十本《商代地理與方國》(孫亞冰、林歡),第十一本《殷遺與殷鑒》(宫長爲、徐義華)等,其中有幾本尚未出版。

第三,甲骨學的研究方法和手段需要現代化。

第四,我們需要持續培養能夠進行研究的人才,這將是保證甲骨學研究永續發展的關鍵。

如此,我們才能利用科學技術彙聚全球的所有甲骨材料和研究成果,將之電子化並建立數位檔案,從而提供更爲完整的基礎研究材料,確立研究的有序循環結構。另外,還能與新出土的其他文字資料結合,提高未解碼文字的解碼率,增强其作爲資料的價值。尤其在甲骨文的斷代上能更爲準確專注,從而提升商朝歷史基礎資料的精確性。而最爲重要的是,進行這些研究的主體是"人",各國應該聯合挖掘和培養人才,確保這種研究能持續發展。

在這種意義上,整理過去百年的甲骨學研究史並檢視研究過程,爲未來即將到來的新研究做準備,是學術研究中非常重要的工作。正如"剛過甲骨文發現的一百周年,《甲骨學一百年》已經整理了過去一百年的甲骨學研究史,並爲未來的甲骨文研究指明了方向",這本書比先前的任何作品都優秀,我們學界能夠將其翻譯介紹出來,是一件令人欣喜的事。

本書的譯本目前沒有韓語外的譯本,這本譯本的出現將使韓國學界的甲骨文研究更爲多樣化,也有利於提高韓國學界甲骨文研究的水平。另外,由於近年來有大量年輕研究者的參與,我們似乎看到韓國正在崛起爲甲骨學研究的新基地,也希望這本書能爲韓國成爲名副其實的甲骨文研究的新中心提供助力。

2011年2月於度古齋,河永三謹記。

(本書榮獲大韓民國學術院2012年度優秀圖書獎)

參 考 文 獻

艾蘭(Sarah Allan),1991,《"亞"形與殷人宇宙觀》,《中國文化》第 4 期。

艾蘭(Sarah Allan),吳萬宗(譯),2002,《龜的秘密:中國人的宇宙與神話》,首爾:藝文書院。

愛德華・薩依德(Edward Said),1994,《文化與帝國主義》,倫敦:Vintage 出版社;2005 年由朴洪奎翻譯爲《文化與帝國主義》,首爾:文藝出版社。

白川静,1984,《字統》,東京:平凡社。

白川静,2005,《漢字百話》,首爾:黃牛出版社。

白川静,2008,《漢字的世界》,고인덕(譯),首爾:솔出版社。

白川静、加地伸行(著)、范月嬌(譯),1983,《中國古代文化》,臺北:文律出版社。

本田治,2009,《〈甲骨學一百年〉讀書會報告》,《白川研究所便り》No. 4,2009 年 3 月。

柄谷行人,2004,《語言的悲劇》,趙榮義(譯),首爾:Book Publishing b。

蔡麗利,2010,《楚文字中"罷"字研究述評》,《現代漢語》(語言研究版),2010 年第 9 期。

蔡信發,2010,《説文答問》,臺北:臺灣學生書局。

曹念明,1996,《漢字與漢民族的精神世界》,載於《漢字文化導論》,蘇新春(主編),南寧：廣西教育出版社。

常玉芝,1998,《殷商曆法研究》,長春：吉林文史出版社。

陳初生,1987,《金文常用字典》,西安：陝西人民出版社。

陳江峰,1996,《天人合一與中國文化傳統》,北京：三聯書店。

陳夢家,1956,《殷墟卜辭綜述》,北京：科學出版社。

陳世輝、湯餘惠,2011,《古文字學概要》,福建：福建人民出版社。

陳煒湛(著)、李圭甲(譯),2003,《甲骨學導論》,首爾：學古房。

陳煒湛、曾憲通,1980,《羅振玉與王國維在古文字學領域的地位及影響》,《古文字研究》,第四輯,北京：中華書局。

成中英,1988,《中國語言與中國傳統哲學思維方式》,《哲學與文化》。

成中英,1994,《占卜與貞的五種含義》,《中國文化》,1994年第2期。

崔恒昇,1992,《簡明甲骨文字典》,合肥：安徽教育出版社。

崔南奎(譯注),2016,《郭店楚墓竹簡》,學古房。

崔振姝、鄭浩完,2021,《熊圖騰與語言文化的柔性研究》,《文化與融合》,第43卷第1期,總第77輯。

戴昭銘,1996,《文化語言學導論》,北京：語文出版社。

德里達,雅克(Jacques Derrida),金成道(譯),1996,《論文字學》,首爾：民音社。

德里達,雅克,1967,《論文字學》,G. Spivak(譯),巴爾的摩：約翰霍普金斯大學出版社。김웅권(譯),2004,《그라마톨로지에 대하여》,首爾：동문선출版社。汪堂家(譯),1999,《論文字學》,上海：上海譯文出版社。

丁福保,1983,《説文解字詁林》,臺北：鼎文書局(第2版)。

丁山,1988,《中國古代宗教與神話考》,上海：上海文藝出版社(影印自1961年龍門聯合書局版)。

董蓮池,2009,《關於魚鼎銘文解讀的若干意見》(在2009年12月11日至13日的漢字研究與教學十週年國際研討會上發表),上海：華東師範大學漢字研究與應用中心。

方國瑜(編)、和志武(參訂),1995,《納西象形文字譜》(第2版),昆明:雲南人民出版社。

方克立(主編),1994,《中國哲學大辭典》,北京:社會科學出版社。

方述鑫(等),1993,《甲骨金文字典》,成都:巴蜀書社。

馮契(等),《美學基本原理》,臺北:麥芽文化。

伽達默爾,漢斯-喬治,1989,《真理與方法》,紐約:Continuum International Publishing Group。이길우等(譯),2000,《真理與方法》,首爾:문학동네출판사。

葛兆光,1998,《知識、思想與信仰的世界:七世紀前的中國》,上海:復旦大學出版社。

葛兆光,1998,《作爲思想史的漢字》,載於《知識、思想與信仰的世界:七世紀前的中國》,上海:復旦大學出版社。

工藤元男,2001,《包山竹簡的結構與體系"占卜與祈禱簡"》,陳偉(譯),《人文學理論系列》,2001年。

古文字詁林編纂委員會,1999—2005,《古文字詁林》(12冊),上海:上海教育出版社。

郭沫若,1954,《中國古代社會研究》,北京:人民出版社。

郭沫若,1982,《郭沫若全集》,北京:人民出版社。

郭沫若,1982b,《先秦天道觀進步》,載於《青銅時代》(收入《郭沫若全集・歷史編》第1卷),北京:人民出版社,1982年。

郭沫若,1982c,《釋祖妣》,載於《甲骨文字研究》(收入《郭沫若全集・考古編》第1卷),北京:科學出版社,1982年。

郭仁奇,2013,《"嬴秦出自東夷"及相關歷史理論探究》,《中國文化報》,2013年6月14日。

郭錫良,1986,《漢字古音手冊》,北京:北京大學出版社。

郭旭東(編),2020,《殷墟甲骨學辭典》,北京:中國社會科學出版社。

韓國哲學思想研究會(編),1992,《哲學大辭典》,首爾:동녘출판사(第

三版）。

漢字古今音資料庫：https://xiaoxue.iis.sinica.edu.tw/ccr

何九盈(主編),1995,《中國漢字文化大觀》,北京：北京大學出版社。

何九盈,2000,《漢字文化學》,瀋陽：遼寧人民出版社。

何琳儀,1998,《戰國古文字典》,北京：中華書局。

河永三,1987,《顧藹吉〈隸辨〉研究》,臺灣："國立"政治大學中國文學研究所碩士論文。

河永三,1996,《朝鮮末期民間字研究》,《中國語言學》第 27 期,嶺南中國語言學會。

河永三,1996,《甲骨文中的人本主義》,《中國研究》第 10 期,首爾：淑明女子大學中國研究所。

河永三,1997,《甲骨文中的天人關係》,《中國語文學》第 30 期,大邱：嶺南中國語文學會。

河永三,1997,《文化로 읽는 漢字》,首爾：東方媒體出版社。

河永三,2000,《書寫中心文化中的意識形態形成方式》,《批評》第 2 期,2000 年 3 月。

河永三,2001,《"一"字的象徵與"壹"的原型：漢字的文化屬性》,《中國學》第 16 輯。

河永三,2004,《文化中的聯想漢字：融入文化的漢字字源解讀》,首爾：예담차이나出版社。

河永三,2009,《"真"字的由來與真理的來源》,《中國人文》第 43 期,中國人文學會。

河永三,2011,《漢字與 écriture》,首爾：Akanet 出版社。

河永三,2011,《文化概念的原理在漢字解釋中的應用——透過申有進的政治意識解讀〈第五游〉的字形解釋》,《中國研究》第 40 期,韓國中國學會。

河永三,2013,《漢字的世界：從起源到未來》,新亞社。

河永三,2014,《漢字字源辭典》,釜山：圖書出版 3。

河永三,2014,《"真"和"貞"的同源研究》,《漢字研究》,華東師範大學漢字研究與應用中心,2014年第1期。

河永三,2017,《用100個漢字閱讀中國文化》,釜山：圖書出版3。

河永三,2018,《通過照片導遊漢字歷史》,釜山：圖書出版3。

河永三,2019,《河永三的漢字關鍵詞解讀東方文化(14)"學習—學習的辯證法"》,《月刊中央》2019年1月號。

河永三,2021,《黃河中上游文化符號與人頭壺陶器的意義及漢字考古學方法論》,《國際漢字研究期刊》,第4卷第1期。

河永三,2022a,《"漢字考古學"方法論的確立與漢字研究領域的擴展》,《中國研究》,第80期。

河永三,2022b,《"罷"字的解釋：人類誕生神話中漢字的考古學解釋》,《漢語研究》第103期。

河永三,《東亞文明核心詞的詮釋之———"和"》,《月刊中央》,2018年第03期,網址：http://jmagazine.joins.com/monthly/view/320113。

河永三,《東亞文明核心詞的詮釋之———"真"》,《月刊中央》,2018年第01期,網址：http://jmagazine.joins.com/monthly/view/319340。

河永三,《東亞文明核心詞的詮釋之———"中"》,《月刊中央》,2018年第06期,網址：http://jmagazine.joins.com/monthly/view/321387。

河永三,《漢字與 Écriture》,首爾：ACANET 出版社,2011年。

河永三,《漢字與東方主義：古代中國人的視覺思維》,《漢字研究》,華東師範大學漢字研究與應用中心,2009年第1期。

黑格爾、格奧爾格·威廉·弗里德里希,2001,《歷史哲學》,Batoche Books 出版。

許進雄,2020,《新編進階甲骨文字典》,臺北：字畝文化。

許進雄,洪熹(譯),1991,《中國古代社會》,首爾：東文選出版社。

許慎(著),段玉裁(注),1983,《說文解字注》,臺北：漢京文化事業有限公司。

許慎,河永三(譯注),2022,《說文解字全譯》(5冊),釜山：3出版社。

參考文獻

華東師範大學漢字研究與應用中心(編),《楚文字檢索系統》,上海。

華東師範大學漢字研究與應用中心(編),《商周青銅器銘文檢索系統》,上海。

華東師範大學漢字研究與應用中心,2003,《青銅器銘文現代譯文檢驗》,廣西教育出版社。

黃德寬,2005,《新蔡葛陵楚簡所見的"洞熊"及相關問題》,《古籍研究》,2005年第2期。

黃德寬,2018,《漢字歷史上的三次突破》,《光明日報》,2018年12月23日。

黃德寬,河永三(譯),2000,《中國文字學史》,首爾:東文選出版社。

黃亞平,2004,《典籍符號與權力話語》,北京:中國社會科學出版社。

黃亞平、孟華,2001,《漢字符號學》,上海:上海古籍出版社。

黃穎,2015,《出土文獻與楚國起源研究》,《中原文物》2015年第4期。

季旭昇,2002,《說文新證》(上下冊),臺北:臺灣藝文印書館。

季旭昇,2010,《說文新證》,福建:福建人民出版社。

金謹,1999,《漢字如何統治中國?》,首爾:民音社。

金謹,2009,《漢字中的逆理主義》,首爾:三人出版社。

金容沃,1985,《東方學應該怎麼做?》,首爾:民音社。

金鍾宰,1996,《中國古代史》,上海:華東師範大學出版社。

李圭甲(等),2007,《韓中歷代時期別漢字字形表稿》,首爾:學古房。

李玲璞、臧克和、劉志基,1997,《古漢字與中國文化源》,貴陽:貴州人民出版社。

李零,1993,《包山楚簡研究(占卜類)》,《中國經典與文化研究》,北京:中華書局。

李慶,1996,《中國文化中的人性觀念》,上海:學林出版社。

李時珍,1994,《本草綱目》,北京:中國書店。

李實,1997,《甲骨文字叢考》,甘肅:甘肅人民出版社。

李孝定,1982,《甲骨文字集釋》,臺北:"中央"研究院歷史語言研究所(第

4版)。

李學勤(主編),2012,《字源》,天津：天津古籍出版社。

李學勤,1997,《走出疑古時代》,瀋陽：遼寧大學出版社。

李學勤,2000,《試說郭店簡〈成之聞之〉兩章》,《煙臺大學學報》(哲學與社會科學版),2000年第4期。

李學山(主編),2009,《甲骨學一百一十年：回顧與展望——王宇信教授師友國際學術研討會論文集》,北京：中國社會科學出版社。

李澤厚,1986,《中國美學史》(第一卷),臺北：里仁書局。

梁東淑,2005,《甲骨文解讀》,書藝文人畫。

廖明春,1999,《郭店楚簡〈成之聞之〉、〈唐虞之道〉與〈尚書〉》,《中國歷史研究》1999年第3期。

廖明春,2001,《郭店竹簡〈成之聞之〉編聯與詮釋札記》,《古籍整理與研究學刊》2001年第5期。

林西莉(Cecilia Lindqvist),金河林、河永三(譯),2002,《漢字王國》,首爾：青年社出版社。

林在海,2022,《古代朝鮮王朝熊與虎的歷史現實及圖騰文化的再理解》,《歐亞文化》第6卷。

劉長林,1990,《中國系統思維》,北京：中國社會科學出版社。

劉光鐘,2018,《劉光鐘的中國告別："恢復秩序的中國"》。

劉紅濤,2010,《讀商帛竹簡二札記》,《漢字研究》第13輯。

劉軍、姚忠元,1993,《中國河姆渡文化》,杭州：浙江人民出版社。

劉文英,1996,《漫長的歷史源頭：原始思維與原始文化新探》,北京：中國社會科學出版社。

劉翔(等),2004,《商周古文字本》,北京：語文出版社(第5版)。

劉翔,1992,《中國傳統價值觀念詮釋學》,臺北：桂冠圖書公司。

劉運,2010,《"駉"字及相關字的解釋》,http://www.fdgwz.org.cn/Web/Show/1147

劉釗、馮克堅(主編),2019,《甲骨文常用字字典》,北京：中華書局。

參考文獻

柳鐸一,1989,《韓國語文學研究:中國文獻研究的基礎》,首爾:亞洲文化社。

陸思賢,1995,《神話考古》,北京:文物出版社。

陸揚,1997,《漢字文化與解構》,《漢字文化》1997年第1期。

論匠編輯部(編),1988,《美學辭典》,首爾:論匠出版社。

羅常培,1950,《語言與文化》,北京:北京大學出版社。

馬承源,2008,《上海博物館藏戰國楚竹書》,上海:上海古籍出版社。

馬如森,2001,《甲骨學與文獻學研究——兼談〈甲骨學一百年〉的學術價值》,《東北師範大學學報》(哲學與社會科學版),2001年第4期。

馬叙倫,1985,《説文解字六書疏證》,上海:上海書店。

孟華,2004,《漢字:漢語和華夏文明的内在形式》,北京:中國社會科學出版社。

孟華,2008,《文字論》,濟南:山東教育出版社。

孟世凱,2009,《甲骨學辭典》,上海:上海人民出版社。

牛新芳,2012,《論〈成之聞之〉中的"首辭"及相關字》,《中國古文字研究》,2012年。

潘德榮,2003,《文字・詮釋・傳統——中國詮釋學傳統的現代轉化》,上海:上海譯文出版社。

裴學海,1983,《古書虛辭集釋》,臺北:漢京文化事業有限公司。

朴賢珠,2005,《先秦時期"文"字的意義變化研究》,首爾大學碩士學位論文。

朴相國,2004,《對華嚴經及新羅白紙墨書人物的調查》,《文化遺産研究》37卷,國立文化遺産研究所。

普珍,1993,《中華創世葫蘆》,昆明:雲南人民出版社。

齊文心,1983,《殷商史史料》,載於《中國古代史史料學》,北京:北京出版社。

錢鍾書,1980,《管錐編》,4册,北京:中華書局。

喬瑟夫・坎貝爾,李鎮九(譯),1999,《神的面具(Ⅱ):東方神話》,首爾:

까치出版社。

橋本萬太郎、河永三(譯),1991,《語言地理類型學》,首爾:學古房。

裘錫圭,1978,《歷史壁畫的解釋》,《文物》1978年第3期。

裘錫圭,1992,《談談孫詒讓的〈契文舉例〉》,《古文字學論集》,北京:中華書局。

裘錫圭,2013,《文字學概要》(修訂版),北京:商務印書館。

饒宗頤(著)、孫叡徹(譯),1996,《殷代貞卜人物通考》,首爾:民音社。

任繼愈,1983,《中國哲學發展史》(先秦分册),北京:人民出版社。

容庚,1985,《金文編》,北京:中華書局。

阮元,1977,《經籍纂詁》,臺北:宏業書局(再版)。

尚傑,1995,《漢字與中國古代文化研究》,《哲學研究》1995年第2期。

沈兼士,1986,《"鬼"字本義探討》,載於《沈兼士學術論文集》。

松丸道雄、高嶋謙一(編),1994,《甲骨文字解釋概述》,東京:東京大學出版社。

宋永培、端木黎明(編),1993,《中國文化語言學辭典》,成都:四川人民出版社。

宋鎮豪(等),2013,《秦族始原》,北京:中國社會科學出版社。

宋鎮豪(主編),2005,《夏商社會生活史》(套裝),北京:中國社會科學出版社。

宋鎮豪,1999,《百年甲骨學論著目》,北京:語文出版社。

蘇新春,1996,《漢字文化引論》,南寧:廣西教育出版社。

索緒爾(著)、屠友祥(譯),2002,《第三次普通語言學教程》,上海:上海人民出版社。

唐蘭,1995,《唐蘭先生論文集》,北京:故宮博物院。

陶陽、鍾秀,1989,《中華創世神話》,上海:上海人民出版社。

田兆元,1998,《神話與中國社會》,上海:上海人民出版社。

樋口隆康,1996,《古代中國的遺産》,東京:講談社。

托爾雷夫·博曼(Thorleif Boman),1982,《希伯來思想與希臘思想的比

參 考 文 獻

較》,許赫(譯),首爾:分道出版社(再版)。

王國維,1984,《殷卜辭中所見先公先王考》,《觀堂集林》(第9卷),北京:中華書局。

王力,1983,《同源字典》,臺北:文史哲出版社(影印本)。

王樹人、喻柏林,1996,《傳統智慧的再發現:精神現實與超越》,北京:作家出版社。

王延林(編),1987,《常用古文字字典》,上海:上海書畫出版社。

王宇信(主編),2003,《甲骨文發現一百周年國際學術研討會論文集》,北京:中國社會科學文獻出版社。

王宇信(主編),2009,《王懿榮發現甲骨文一百一十周年國際學術研討會論文集》,北京:中國社會科學出版社。

王宇信,李在碩(譯),2004,《甲骨學通論》,首爾:東文選。

王宇信,1981,《新中國成立以來的甲骨文研究》,北京:中國社會科學出版社。

王宇信,1989,《甲骨學通論》,北京:中國社會科學出版社。

王宇信,2010,《韓文版〈甲骨學一百年〉序言》,《殷都學刊》2010年第3期。

王宇信,2013,《新中國甲骨學六十年》,北京:中國社會科學出版社。

王宇信、楊升南(等),河永三(譯),2011,《甲骨學一百年》(五冊),首爾:소명books。

王志平,2008,《字音及相關問題研究》,《古文字研究》27輯,北京:中華書局,2008年9月。

溫少峰、袁廷棟,1983,《殷墟卜辭研究——科學技術》,成都:四川省社會科學院出版社。

聞一多,1993,《聞一多全集》,武漢:湖北人民出版社。

吳國盛,1996,《時間的概念》,北京:社會科學出版社。

吳浩坤、潘悠(著),2002,《中國甲骨學史》,東文選。

吳玉芳,1992,《寶山二號墓主趙佗家族的譜系研究》,《江漢論壇》1992年第 11 期。

吳玉芳,1996,《寶山楚簡與祈禱簡的解讀》,《考古與文物》1996 年第 2 期。

謝棟元,1994,《說文解字與中國古代文化》,鄭州：河南人民出版社。

辛學飛,2019,《紅山文化各時期的熊圖騰崇拜》,《吉林師範大學學報》(人文社會科學版)2019 年第 6 期。

徐華龍,1991,《中國鬼文化》,上海：上海藝文出版社。

徐文武,2019,《從新蔡楚簡探楚族起源》,《中國楚辭學》第十八輯。

徐旭生,趙宇然(譯),2012,《中國傳說時代和民族形成》(上下冊),學古房。

徐在國等(編),2006,《傳抄古文字編》,北京：線裝書局。

徐中舒(主編),1996,《甲骨文詁林》(四冊),北京：中華書局。

徐中舒,2014,《甲骨文字典》,成都：四川辭書出版社。

亞里士多德,《形而上學》,1857,Bohn's Classical Library 出版。김진성(譯),2007,《形而上學》,首爾：이제이북스出版社。

嚴長貴,2007,《新蔡葛陵楚簡"要辭"分析》,《易學》2007 年第 4 期。

嚴世軒,2000,《郭店楚簡初探(一)》,《郭店楚簡國際學術研討會論文集》,武漢：湖北人民出版社。

楊啟光,1996,《漢字與漢民族的傳統思維方式》,載於《漢字文化導論》,廣西教育出版社。

楊適,1991,《中西人文衝突：文化比較的新探究》,北京：中國人民大學出版社。

姚漢源,1979,《鄂君啟節解釋》,《安徽省考古學會會刊》(第一至第八輯合刊),合肥：安徽省文物考古研究所特別資料集。

姚孝遂(主編),1995,《中國文字學史》,吉林：吉林教育出版社。

葉舒憲,1992,《中國神話哲學》,北京：中國社會科學出版社,1997 年(第三版)。

葉舒憲,1995,《原型與漢字》,《北京大學學報》1995 年第 2 期。

葉舒憲,1997,《中國神話哲學》,北京:中國社會科學出版社。

葉舒憲,2018,《熊圖騰:探索中國祖先神話的起源》(修訂版),陝西師範大學出版社。

葉舒憲,2019,《玉石神話信仰與華夏精神》,上海:復旦大學出版社。

游琪、劉錫誠(編),2001,《葫蘆與象徵》,北京:商務印書館。

于錦繡、楊淑榮(主編),1996,《中國各民族原始宗教資料集成·考古卷》,北京:中國社會科學出版社。

于省吾,1963,《鄂君啟節解釋》,《考古》1963年第8期。

于省吾,1996,《甲骨文字詁林》,北京:中華書局。

于玉安(主編),1993,《字典彙編》,北京:國際文化出版公司。

袁貴仁(主編),1994,《對人的哲學理解》,鄭州:河南人民出版社。

袁金平,2007,《新蔡葛陵楚簡字詞研究》,安徽大學中文系博士論文。

袁金平,2009,《新蔡葛陵楚簡中"罷"字的解釋》,《古代文明》2009年第04期。

袁珂,1987,《中國神話傳說辭典》,臺北:華世出版社(影印本)。

臧克和,1995,《說文解字的文化說解》,武漢:湖北人民出版社。

臧克和,1996,《漢字與儒家思想》,南寧:廣西教育出版社。

臧克和,1998,《漢字單位觀念史考述》,上海:學林出版社。

臧克和,2002,《說文解字新訂》,北京:中華書局。

臧克和,2019,《說文認知研究》,武漢:湖北人民出版社。

臧克和、劉本才(編),2012,《實用說文解字》,上海:上海古籍出版社。

詹鄞鑫,1985,《甲骨文中"酒"字的解釋》,《漢語》1985年第5期。

張岱年,1992,《意識形態·文化·道德》,成都:巴蜀書社。

張光直、李哲(譯),1990,《藝術、神話與儀式》,首爾:東文選出版社。

張儒、劉玉清,2002,《漢字要素普遍性研究》,太原:山西古籍出版社。

張汝倫,1981,《文化的語言學視野》,載於《文化的語言學視野:中國文化語言學論集》,沈嘯龍、張汝倫編,上海:上海三聯書店。

張書巖(等),1997,《簡化字溯源》,北京:語文出版社(初版)。

張維忠,1998,《母語的障礙：從中西語言差異看中西文學的差異》,合肥：安徽大學出版社。

趙誠,1988,《甲骨文簡明辭典》,北京：中華書局。

趙誠,2006,《二十世紀甲骨文研究述要》,北京：書海出版社。

趙平安,1993,《隸變研究》,北京：河北大學出版社。

鄭浩完,1995a,《關於熊信仰的語言投射》,《人文研究》（大邱大學）,第 13 期。

鄭浩完,1995b,《熊信仰的語言表徵》,《中國語言研究》,第 26 卷。

中村元,金智冠(譯),1990,《中國人的思維方式》,首爾：까치出版社。

中國民族宗教與神話辭典編審委員會(編),1993,《中國民族宗教與神話辭典》,北京：學苑出版社。

中國文物交流中心,1992,《出土文物三百品》,北京：新世界出版社。

中國文字古今音資料庫,網址：https://xiaoxue.iis.sinica.edu.tw/ccr

周法高等,1982,《古今漢字彙編》,香港：香港中文大學出版社。

周法高等,1982,《漢字古今音彙》,香港：中文大學出版社。

周法高,1981,《金文詁林》(附索引),京都：中文出版社。

周有光,1997,《世界文字發展史》,上海：上海教育出版社。

周裕鍇,2003,《中國古代闡釋學研究》,上海：上海人民出版社。

朱岐祥,2000,《評〈甲骨學一百年〉》,《漢字新刊》第 26 期,2000 年 12 月。

朱彥民,2002,《甲骨文研究的百科全書式巨著——〈甲骨學一百年〉》,《考古》2002 年第 1 期。

宗福邦等(主編),2003,《故訓彙纂》,北京：商務印書館。

B.A. 伊斯特林(著),左小興(譯),1989,《文字的產生與發展》,北京：北京大學出版社。

Baxter-Sagart Old Chinese reconstruction, https://en.wiktionary.org/wiki/Appendix:Baxter-Sagart_Old_Chinese_reconstruction

Blaise Pascal,《思想錄》,W.F. Trotter(譯),阿德萊德大學出版社,2014。

參考文獻

Boman, Thorleif, 許赫（譯）, 1982,《希伯來思想與希臘思想的比較》, 首爾：分道出版社（再版）。

Bottéro, Françoise, 2002,《重訪文和字：中國漢字的偉大騙局》,《遠東古物博物館公報》第 74 期。

Bottéro, Françoise, 2013,《論許慎字形分析的一些特點》,《漢字研究》（韓國漢字研究所）第 8 輯。

Ernest Fischer, 金成基（譯）, 1984,《藝術是什麼》, 首爾：돌베개出版社。

Étiènne Klein, 박혜영（譯）, 1997,《時間 Letemps》, 首爾：영림카디널出版社。

G. J. Whitrow, 李宗仁（譯）, 1998,《歷史中的時間》, 首爾：영림카디널出版社。

Giorgio Agamben, 朴鎮宇（譯）, 2008,《Homo Sacer》, 首爾：Saemulgyel。

Graham, A. C.,《莊子的齊物論》,《宗教歷史期刊》9.2/3（1969–1970）：137–159, 網址：（http://www.jstor.org/stable/1061836）。

Grahame Clark, 鄭基文（譯）, 1999,《空間、時間與人》, 首爾：藍色道路出版社。

Hall, David, Roger T. Ames, 1998,《從漢代思考：自我、真理與中國與西方文化中的超越》, 奧爾巴尼：紐約州立大學出版社。

Harris, Roy, 1986,《文字的起源》, 伊利諾伊州拉薩爾：Open Court 出版社。

Hegel, Georg W. F., 2001,《中國》, 載於《歷史哲學》, Sibree（譯）, Kitchener：Batoche Books, 116–139。

Heidegger, Martin, 2005,《真理的本質：關於柏拉圖的洞穴寓言與泰阿泰德篇》, 紐約：Continuum 出版社。

Jakobson, Roman, 1956,《語言的兩個方面與語言障礙的兩種類型》, 載於 Jakobson 和 Morris Halle 編《語言的基礎》, 海牙：Mouton 出版社。

Jean L. Cooper, 李潤基（譯）, 1994,《世界文化象徵詞典》, 首爾：Kkachi 出版社。

Joseph T. Shipley, 1984,《英語單詞的起源：印歐語系詞根的辭典》, 倫敦：

約翰霍普金斯出版社。

K-C. Chang(張光直),1988,《考古學專題六講》,臺北:稻鄉出版社。

Lacan,Jacques, 2007,《文集:英文版全譯》,紐約:W. W. Norton & Company。

Lewis,Mark Edward,1999,《古代中國的書寫與權威》,紐約州立大學出版社。崔正燮(譯),2006,首爾:Mitto 出版社。

Louis Gardet,1992,《文化與時間》,臺北:淑馨出版社。

Makeham,John,1994,《古代中國思想中的名與實》,奧爾巴尼:紐約州立大學出版社。

Michel Foucault,1966,《詞與物》,巴黎:伽利瑪出版社。

Michel Foucault,李正宇(譯),2000,《知識的考古學》,首爾:民音社。

Moissej Kagan,陳仲權(譯),1989,《馬克思主義美學講座》,首爾:新路出版社。

Munro,Donald J.,2001,《古代中國的人的概念》,斯坦福:斯坦福大學出版社。

Nathan Sivin,1992,《中國的時間概念與曆法》,載於《中國傳統文化與科學》,首爾:創作과批評社(第三版)。

Needham,Joseph,范庭玉(譯),1987,《大滴定》,臺北:帕米爾書店(再版)。

Ong,Walter J.,1982,《口語與書面語:文字技術的應用》,倫敦:Methuen 出版社。

Pauline Yu,2000,《文字的方式:早期中國文獻的書寫與閱讀》,加州大學出版社。

Plato,"斐德羅篇",載於《柏拉圖全集對話集》,Edith Hamilton 和 Huntington Cairns 編,普林斯頓:普林斯頓大學出版社,1961。

Robert K. Barnhart,1995,《巴恩哈特簡明詞源辭典》,紐約:HarperCollins 出版社。

Said,Edward,1978,《東方主義》,倫敦:Penguin 出版社。

參考文獻

Sapir, Edward, 1921,《語言》,奧蘭多,佛羅里達州:Harcourt Brace & Co.出版社。

Saussure, Ferdinand De, 1952,《普通語言學教程》,巴黎:Payot 出版社。1972,《普通語言學教程》,Wade Baskin(譯),伊利諾伊州:Open Court 出版社。崔承彥(譯),1990,首爾:民音社。高名凱(譯),2002,北京:商務印書館。

Shankman, Steven(編),2002,《早期中國與古希臘:思維與思想比較》,紐約:紐約州立大學出版社。

Shankman, Steven, Durrant, Stephen, 2000,《塞壬與賢者:古希臘與中國的知識與智慧》,Cassell 學術出版社。

William Little(編),1973,《牛津歷史原則簡明詞典》(第 3 版),牛津大學出版社。

Wilson, Edward, 1975,《社會生物學:新的綜合》,劍橋:哈佛大學出版社。

Yasuo, Yuasa, 2005,《形象思維與存在的理解:語言表達的心理基礎》,《東西哲學》55.2。

Zhiming, Bao, 1990,《古代中國的語言與世界觀》,《東西哲學》4.2。

圖書在版編目（CIP）數據

漢字文化學／（韓）河永三著. -- 上海：上海古籍出版社，2024.9. --（漢字知識挖掘叢書）-- ISBN 978-7-5732-1339-6

Ⅰ. H12

中國國家版本館 CIP 數據核字第 202556QA80 號

漢字文化學

[韓國] 河永三 著

上海古籍出版社出版發行

（上海市閔行區號景路 159 弄 1-5 號 A 座 5F　郵政編碼 201101）

(1) 網址：www.guji.com.cn
(2) E-mail：guji1@guji.com.cn
(3) 易文網網址：www.ewen.co

常熟市文化印刷有限公司印刷

開本 635×965　1/16　印張 28　插頁 2　字數 389,000

2025 年 6 月第 1 版　2025 年 6 月第 1 次印刷

印數：1—1,100

ISBN 978-7-5732-1339-6

H・283　定價：128.00 元

如有質量問題，請與承印公司聯繫